道路与桥梁专业"十一五"高职高专应用型规划教材

路基路面工程

(第2版)

主　编　周　娟　李　燕
副主编　贾晓敏　李若军
主　审　刘文灵

黄河水利出版社
·郑　州·

内 容 提 要

本书主要讲授路基工程概论、一般路基设计、路基边坡稳定性设计、路基排水设计、路基防护与加固设计、挡土墙设计、路面工程概论、路面基垫层设计、沥青路面设计、水泥混凝土路面设计、路基路面施工简介及路基路面现场试验检测方法等内容。

本书主要作为高职高专道路与桥梁工程技术专业、监理专业、检测专业等交通、土建类专业的教材，也可作为有关工程技术人员的参考用书。

图书在版编目(CIP)数据

路基路面工程/周娟，李燕主编．—2版．—郑州：黄河水利出版社，2012.2 （2020.2 修订重印）
道路桥梁专业“十一五”高职高专应用型规划教材
ISBN 978－7－5509－0201－5

Ⅰ.①路… Ⅱ.①周… ②李… Ⅲ.①路基－道路工程－高等职业教育－教材 ②路面－道路工程－高等职业教育－教材 Ⅳ.①U416

中国版本图书馆 CIP 数据核字(2012)第 012076 号

出 版 社：黄河水利出版社
地址：河南省郑州市顺河路黄委会综合楼 14 层　　邮政编码：450003
发行单位：黄河水利出版社
发行部电话：0371－66026940　　传真：0371－66022620
E-mail：hhslcbs@126.com
承印单位：河南承创印务有限公司
开本：787 mm×1 092 mm　1/16
印张：16.25
字数：370 千字　　印数：8 101—10 100
版次：2008 年 2 月第 1 版　　印次：2020 年 2 月第 3 次印刷
2012 年 1 月第 2 版

定价：36.00 元

前　言

本书根据2007年3月黄河水利出版社组织的全国高职高专道路与桥梁专业规划教材编写大纲研讨会的精神编写。路基路面工程是高职高专公路与桥梁专业、监理专业、道路检测专业的一门必修的专业课，该课程内容涉及广泛，与工程实际联系紧密并具有一定的地区特点。本书通俗易懂，简单明了，理论联系实际。为使读者能掌握路基和路面工程的特点与技术要领，本书以我国最新的有关工程技术标准、规范为依据，着重于系统阐述路基路面工程的基本概念、技术理论和方法。通过学习和掌握本书介绍的理论与方法要点后，读者可参考和运用有关规范，自如地从事路基路面工程方面的技术工作。

参加本书编写工作的有：江西交通职业技术学院周娟编写总论、第一章、第二章和第六章，吴琼编写第四章和第十二章；山东交通职业学院李若军编写第三章；开封大学王朝锋编写第五章；内蒙古工业大学乌海学院李燕编写第七章和第八章；新乡学院（原平原大学）马芸编写第九章；洛阳工业高等专科学校贾晓敏编写第十章；石家庄铁路职业技术学院杜玉林编写第十一章。全书由周娟统稿。

全书由周娟、李燕任主编，贾晓敏、李若军任副主编，江西交通职业技术学院刘文灵教授担任主审，刘教授十分认真、细致地审核了全书内容，并提出了许多宝贵意见，使本书内容更为严谨，在此深表感谢。

本书在编写过程中参考了较多的文献。为此，对文献的编著者表示感谢。

本课程实际教学学时分配建议如下：

总　论　讲课2学时；

第一章　讲课4学时；

第二章　讲课6学时；

第三章　讲课6学时，课程设计2学时；

第四章　讲课4学时；

第五章　讲课6学时；

第六章　讲课10学时，课程设计2学时；

第七章　讲课4学时；

第八章　讲课4学时；

第九章　讲课6学时，课程设计2学时；

第十章　讲课8学时，课程设计2学时；

第十一章　讲课6学时；

第十二章　讲课4学时，试验4学时；

另外，留机动时间2学时，共计84学时。

由于编写时间仓促，编者的水平有限，书中难免会存在不妥或疏漏之处，恳请广大读者批评指正。

编　者

2007年10月

前　言

目　录

总 论

本章学习重点

公路的基本组成部分。

一、公路的发展概况

道路是供各种车辆(无轨)和行人等通行的工程设施。按其使用特点可分为:公路、城市道路、林区道路、厂矿道路及乡村道路等。

公路是连接城市、乡村和工矿基地等,主要供汽车行驶,具有一定技术条件和设施的道路。公路按使用性质可分为:国家公路、省公路、县公路和乡公路(简称为国、省、县、乡道),以及专用公路五个行政等级。一般把国道和省道称为干线,把县道和乡道称为支线。

国道是指具有全国性政治、经济意义的主要干线公路,包括重要的国际公路,国防公路,连接首都与各省、自治区、直辖市首府的公路,连接各大经济中心、港站枢纽、商品生产基地和战略要地的公路。

省道是指由全省(自治区、直辖市)公路主管部门负责修建、养护和管理的公路干线。国道中跨省的高速公路由交通部批准的专门机构负责修建、养护和管理。

县道是指具有全县(县级市)政治、经济意义,连接县城和县内主要乡(镇)、主要商品生产和集散地的公路,以及不属于国道、省道的县际间公路。县道由县、市公路主管部门负责修建、养护和管理。

乡道是指主要为乡(镇)村经济、文化、行政服务的公路,以及不属于县道以上公路的乡与乡之间及乡与外部联络的公路。乡道由乡级人民政府负责修建、养护和管理。

专用公路是指专供或主要供厂矿、林区、农场、油田、旅游区、军事要地等与外部联系的公路。专用公路由专用单位负责修建、养护和管理,也可委托当地公路部门修建、养护和管理。

我国公路的发展有着漫长的历史,曾经创造了领先于世界的古代道路文化,但是长期的封建制度及近百年帝国主义列强的侵略和掠夺束缚了生产力的发展,导致中国公路的兴建迟至20世纪初才开始,并且新中国成立以前发展十分缓慢。至1949年新中国成立时,全国只有13万km公路,而且这些公路大多标准很低,设施简陋,路况很差,能维持通车的仅有8万km。全国有1/3的县不通公路。

新中国成立以后,我国进入了社会主义建设的伟大时代。特别是1978年以后,国家执行了以经济建设为中心的政策,开始了建设中国特色的社会主义的新时期。公路建设也开创了崭新的局面。2006年起,将村道纳入公路统计里程,截至2006年底,全国公路总里程达到了345.70万km,其中高速公路4.54万km。预计到"十一五"末,全国公路总里程将达到370万km,其中高速公路里程达到6.5万km,全国农村公路里程将达到310万km,基本实现全国所有乡镇通沥青(水泥)路,所有具备条件的建制村通公路。空前的公路事业发展必将带动公路运输的发展,公路运输已渗入经济建设和社会生活的各个方面。可见,公路建设在国民经济中占有越来越重要的地位。

二、公路的基本组成部分

公路是一种暴露于自然界中的带状的三维空间实体,它的中心线是一条空间曲线。公路中心线及沿线地貌、地物在水平面上的投影图称为路线平面图。沿路线中心线的竖向断面图称为路线纵断面图。中桩处垂直于公路中心线方向的剖面图称为横断面图。

公路的基本组成部分包括:路基、路面、桥梁、涵洞、隧道、防护与加固工程、排水设施、山区特殊构造物(如半山桥、明洞)等。此外,还有各种沿线交通安全、管理、服务、环保等设施。

路基是按照路线位置和一定技术要求修筑的带状构造物。它是路面的基础,承受由路面传递下来的行车荷载,并承受自然因素的作用。

路面是用各种筑路材料铺筑在公路路基上供汽车行驶的构造物。

路床是路面的基础,是指路面底面以下0.80 m范围内的路基部分,承受由路面传来的行车荷载。在结构上分上路床(0~0.30 m)及下路床(0.30~0.80 m)两层。

路肩是指位于行车道外缘至路基边缘,具有一定宽度和横坡度的带状结构部分(包括硬路肩与土路肩)。路肩用以保持行车道的功能和供临时停车使用,并作为路面的横向支撑。

路基边坡是指为保证路基稳定,在路基两侧做成的具有一定坡度的坡面。为了防止水流对边坡的冲刷,在坡面上所做的各种铺砌和栽植总称叫护坡。

为防止路基填土或山坡土体坍塌而修筑的承受土体侧压力的墙式构造物称为挡土墙。它是路基加固工程的一种结构形式。

为保持路基稳定和强度而修建的地表与地下排水措施称为路基排水设施,包括边沟、截水沟、排水沟、急流槽、跌水、蒸发池、渗沟、渗水井等。

三、对路基的基本要求

(一)符合规范要求

路基横断面形式及尺寸应符合交通部标准《公路工程技术标准》(JTG B01—2003)(以下简称《技术标准》)的有关规定。

(二)具有足够的整体稳定性

路基的整体稳定性是指路基整体在车辆及自然因素作用下,不产生不允许的变形和破坏。路基是直接在地面上填筑或挖去一部分地面而建成。路基修筑后,改变了原地面的天然平衡状态。因此,为防止路基结构在行车荷载及自然因素作用下发生不允许的变形和破坏,必须因地制宜地采取一定的措施来保证路基结构的整体稳定性。

(三)具有足够的强度

路基的强度是指在行车荷载作用下,路基抵抗变形与破坏的能力。因为行车荷载及路基路面的自重对路基下层和地基产生一定的压力，这些压力可使路基产生一定的变形，当其超过某一限度时，将导致路基损坏并直接损坏路面的使用品质。为保证路基在外力作用下不产生超过容许范围的变形，路基应具有足够的强度。

（四）具有足够的水温稳定性

路基的水温稳定性是指路基在水和温度的作用下保持其强度的能力，包括水稳定性和温度稳定性。路基在地表水和地下水作用下，其强度将会显著降低，特别是在季节性冰冻地区，由于水温状况的变化，路基将发生周期性冻融，形成冻胀和翻浆，使路基强度急剧下降。

四、对路面的基本要求

（一）具有足够的强度和刚度

行驶在路面上的车辆，通过车轮把垂直力和水平力传给路面，水平力又分为纵向水平力和横向水平力两种。此外，由于汽车发动机的机械振动和悬挂系统与车身的相对运动，路面还会受到车辆的振动力和冲击力作用，在车身后面还会产生真空吸力作用。

在上述各种外力的综合作用下，路面会出现断裂、沉陷、波浪和磨损等破坏，从而影响道路的使用质量，严重时还可能中断交通。因此，路面结构整体及其各组成部分必须具备足够的强度，以抵抗在行车作用下所产生的各种应力，如压应力、拉应力、剪应力等，保证不发生压碎、拉断、剪切等破坏。

刚度是指路面抵抗变形的能力。若路面结构整体或某一组成部分刚度不足，即使强度足够，在车轮荷载作用下也会产生过量的变形，而形成车辙、沉陷或波浪等破坏。因此，路面结构整体及其各组成部分必须具备足够的刚度，把路面结构整体及其各组成部分的变形量控制在容许范围内。

（二）具有足够的稳定性

路面的稳定性是指路面保持其本身结构强度的性能，也就是指在外界各种影响因素的作用下路面强度的变化幅度。

大气降水使路面结构内部的湿度发生变化。水泥混凝土路面，如果不能及时将水分排出结构层，会发生唧泥现象，冲刷基层，导致结构层提前破坏；沥青混凝土路面中水分的侵蚀，会引起沥青结构层剥落，结构松散；雨季时，砂石路面会因雨水渗入路面结构而强度下降，产生沉陷、松散等病害。因此，防水、排水是确保路面稳定性的重要方面。

大气温度周期性的变化对路面结构的稳定性有重要影响。高温季节沥青路面软化，在车辆荷载作用下产生车辙和推挤，冬季低温时又可能因收缩或变脆而开裂；水泥混凝土路面在高温时会发生拱胀破坏，温度急骤变化时会因翘曲而产生破坏。

（三）具有足够的耐久性

路面结构要承受车辆荷载的反复作用和大气水温周期性的重复作用，路面材料的各项性能也可能老化衰变，路面使用性能将逐年下降，从而引起路面结构的损坏，缩短路面的使用年限。因此，必须精心设计、精心施工、精选材料，并且要把长年的养护、维修、恢复路面使用性能的工作放在重要的位置，提高路面的耐久性，保持其强度、刚度、几何形态经久不衰。

（四）具有良好的表面平整度

路面表面平整度是影响行车安全、行车舒适性以及运输效益的重要使用性能。特别是高速公路，对路面的平整度要求更高。不平整的路面会增大行车阻力，并使车辆产生附加的振动。这种振动会造成行车颠簸，影响行车的速度和安全、驾驶的平稳和乘客的舒适感。同时，振动还会对路面施加冲击力，从而加剧路面和汽车机件的损坏和轮胎的磨损，并增大油料的消耗。而且不平整的路面还会积滞雨水，加速路面的破坏。因此，为了减小振动冲击力，提高行车速度和增加行车舒适性、安全性，路面应保持一定的平整度。道路等级越高，设计车速越大，对路面平整度的要求也较高。

优良的路面平整度，要依靠优良的施工装备、精细的施工工艺、严格的施工质量控制以及经常和及时的养护来保证。同时，路面的平整度还同整个路面结构和面层材料的强度以及抗变形能力有关。强度和抗变形能力差的路面结构和面层混合料，经不起车轮荷载的反复作用，极易出现沉陷、车辙和推挤等破坏，从而形成不平整的路面表面。

（五）具有良好的表面抗滑性能

路面表面要求平整，但不宜光滑。汽车在光滑的路面上行驶时，车轮与路面之间缺乏足够的附着力或摩擦阻力。在雨天高速行车，或紧急制动或突然启动，或爬坡、转弯时，车轮也易产生空转或打滑，致使行车速度降低，油料消耗增多，甚至引起严重的交通事故。通常用摩擦系数表征抗滑性能。摩擦系数越小，则抗滑能力越小，越易引起滑溜事故。因此，路面应具有足够的抗滑性能，特别是行车速度较高时，对抗滑性能要求应较高。

路表面的抗滑能力可以通过采用坚硬、耐磨、表面粗糙的集料组成路面表层材料来实现，有时也可采用一些工艺性措施来实现，如水泥混凝土路面的刷毛或刻槽等。此外，路面上的积雪、浮冰或污泥等，也会降低路面的抗滑性能，必须及时予以清除。

（六）具有良好的环保性

车辆在砂石路面行驶时引起的灰尘以及行车时车辆在路面上产生的噪音，对乘客、沿路居民的环境卫生、货物和路旁农作物以及车辆本身均带来不良影响。因此，要求路面在行车过程中尽量减少扬尘，降低噪音。

（七）符合规范要求

路面断面形式及尺寸应符合交通部标准《技术标准》的有关规定。

五、影响路基路面稳定性的因素

路基路面结构的主体裸露在大气中，并具有路线长、与大自然接触面广的特点，其稳定性在很大程度上由当地自然条件所决定。因此，应在深入调查道路沿线从总体到局部，从大区域到具体路段的自然情况的基础上，分析研究掌握各有关自然因素的变化规律及对路基路面结构稳定性的影响，从而针对当地实际情况，采取有效的工程措施，以保证路基路面具有足够的强度和稳定性。

（一）影响路基路面稳定性的自然因素

1. 地质和地理条件

道路沿线的地形、地貌及海拔，不仅影响道路的路线走向和线形设计，还影响路基、路面设计。平原、丘陵及山岭区地势各不相同，水温情况各异。平原区地势平坦，易积聚地面水，地下水位高，路基需保证最小填土高度，路面结构层则需选择水稳定性良好的材料，并采用适当的排水设施；丘陵区地势起伏，山岭区地势陡峭，如路基路面排水设计不当，易导致路基路面稳定性下降，出现各种变形和破坏现象。

道路沿线的地质条件，如岩石的种类、成因、节理、风化及裂隙情况，岩层的走向、倾向和倾角、层理和厚度以及有无软弱层或遇水软化的夹层，有无断层或其他特殊的地质现象（岩溶、冰川、泥石流、地震带）等，都对路基路面的稳定性有一定影响。

2. 气候条件

气候条件如气温、降水、空气湿度、冰冻深度、日照、蒸发、风向、风力等，都将影响道路沿线地表水和地下水的状况，并影响到路基路面的水温状况。

一年之中气候的季节性变化，使路基路面的水温状况也发生季节性周期变化。气候还受到地形的影响，如山南与山北、山顶与山脚的气候差别等因素，都将影响路基路面的稳定性。

3. 水文及水文地质条件

水文条件如道路沿线地表水的排泄情况，河流洪水位、常水位的高低，有无地表积水和积水期的长短，河岸的冲刷和淤积情况等；水文地质条件如地下水位、地下水的移动情况，有无泉水、层间水、裂隙水等，所有这些地表水与地下水都将影响路基、路面的稳定性，如处理不当，极易引起各种病害。

4. 土的类别和强度

土是修筑路基路面的基本材料，不同类别的土具有不同的工程性质，将直接影响路基、路面的强度和稳定性。不同类别的土含有不同的颗粒成分，含砂粒成分较多的土，由内摩擦力构成其主要强度，强度较高且不易受水的影响，但施工时压实困难；颗粒直径较细的砂，在渗流的情况下易流动而形成流砂；含黏粒成分较高的土，由黏聚力构成其主要强度，强度随密实度的不同有较大的变化，且随水分的增加而降低；粉类土毛细作用强烈，其强度和承载能力随毛细水上升高度增加、湿度加大而降低，在负温的情况下，水分通过毛细作用移动并积聚，发生冻胀，最后导致路基翻浆、路面结构层断裂等。

(二) 影响路基、路面稳定性的人为因素

(1) 荷载作用。包括静载、动载的大小及重复作用次数。

(2) 路基、路面结构。包括路基填土或填石的类别与性质、路基的断面形式、路面的等级与结构类型、排水构筑物的设置情况、路面表层是否渗水等。

(3) 施工方法与质量。包括不同类别的土是否分层填筑、路基压实方法及质量、面层的施工质量与水平等。

(4) 养护措施。包括一般措施及在设计、施工中未及时采用而在养护过程中加以补充的改善措施。

此外，还有沿线附近的人为设施（如水库、排灌渠道、水田）及人为的活动等。

六、本课程的性质、任务、学习方法

本课程是公路与桥梁专业、监理专业、道路检测专业的一门专业课，主要介绍一般路基设计、路基边坡稳定性设计、路基排水设计、路基防护与加固设计、挡土墙设计、路面基垫层设计、沥青路面设计、水泥混凝土路面设计、路基路面施工方法及检测方法等。

本课程包括多方面的内容，涉及其他学科较多，因而要求有较广泛的先修课知识，如地质与土质、土力学与地基基础、道路材料、桥涵水力水文、公路勘测设计等，并应注意紧密联系工程实际。

在学习中，应抓住重点，掌握基本概念和基本原理，搞清方法步骤，其中路基边坡稳定性设计、挡土墙设计、沥青路面设计、水泥混凝土路面设计，应掌握其设计原理和具体计算方法。由于课程内容与工程实践联系密切，并有地区的差异，在学习时还应注意理论与实际的关系，认真做好课程设计，认真参加实验及实习，做到理论结合实践，提高运用基本理论解决实际问题的独立工作的能力，成为适应我国公路建设需要的既懂理论、会设计，又能组织公路工程施工和管理的复合型人才。

第一章　路基工程概论

本章学习重点

工作区的概念、路基干湿类型及其判定方法。

第一节　路基设计的基本内容

一、路基工程的特点

公路路基是路面的基础，它的作用是保证路面平整，并具有足够的强度与稳定性。因此，要求路基在行车荷载和自然因素的综合作用下，具有良好的使用品质。

从工程性质和结构特点来说，公路路基主要是用土壤或石块修筑而成的一种线形结构物，它的结构形式比较简单，但工程数量很大，而且往往比较集中。以山重区二级公路为例，每千米土石方数量可达7万~11万m^3，四车道山重区高速公路每千米土石方数量可达25万~30万m^3。因此，工程量的大小是控制公路施工进度的关键。特别是由于路基长距离地修筑在地面上，同地面及大气的接触面积很大，它的稳定性受地形、地质、土壤、水文和气候的影响极大，如果设计和施工不当，容易产生经常性的各种病害，导致路基路面破坏，影响交通和行车安全，需耗费较大的投资进行修复。此外，由于公路路线较长，如果设置在平坦地带上，往往会占用农田和影响原有的排灌设施，必须妥善处理好同农业生产的关系。搞好路基工程，并非是轻而易举的事，对此，要有充分的认识。

搞好路基工程的关键在于加强调查研究，摸清沿线的自然条件，尤其是地质和水文状况，了解沿线地方城镇建设规划和农业发展规划，因地制宜，抓住重点，综合改造，确保设计与施工质量。

二、路基工程与其他有关工程项目的关系

(一)路基设计与路线设计的关系

路线设计中，线形的布置和设计标高的控制，必须考虑路基的稳定性、工程难易、土石方数量大小和占用农田多少及环境保护等因素。比如，在多雨的平原区，地面平坦，地下水源充沛，地下水位较高，河沟纵横交错，因此保证路基稳定性的最小填土高度是路线设计标高的主要控制因素之一；在山岭区，地形变化大，地面自然坡度大，路线设计标高主要由纵坡和坡长所控制，但也要从土石方挖填尽量平衡和路基附属工程合理等方面综合考虑。因此，路基设计与路线设计是相辅相成的。

(二)路基工程与路面工程的关系

在路面结构设计时，应把路基和路面各结构层看做是一个有机整体，因为路基是路面

的基础，路基的强度与稳定性，是保证路面强度与稳定性的基本条件，提高路基的强度与稳定性，可以适当减薄路面厚度、降低路面造价。因此，路基设计与路面设计应作综合考虑。

（三）路基工程与桥涵工程的关系

桥头引道路基，与桥位选择和桥孔设计关系密切，其勘测与设计两者应相互配合，路基与涵洞等结构物，亦应配合恰当。故在路线纵断面设计中应考虑路基与桥涵在布置与标高方面的关系，处在河滩的桥头引道路基，还应进行稳定性设计与验算。

三、路基设计的基本内容

路基设计的任务是根据公路的性质、等级和技术标准，结合当地自然条件，综合考虑其与路线、路面和桥涵的关系后，拟定正确的路基设计方案，作为施工的依据。路基设计的内容一般包括以下几个主要方面。

（一）路基主体工程

路基主体工程设计包括选择路基横断面形式，确定路基宽度、路基高度、路基边坡坡度等。

（二）路基排水

根据沿线地表水及地下水埋藏情况，进行沿线排水系统的总体布置，以及地面排水设施和地下排水设施的设计。

（三）路基防护与加固

路基防护与加固设计内容有坡面防护、冲刷防护及支挡结构物的布置、构造设计与计算等。

（四）路基工程的附属设施

路基工程附属设施包括取土坑与弃土堆、护坡道与碎落台、堆料坪与错车道等的布置与计算。

第二节　路基的强度

一、路基受力与工作区

（一）路基受力状况

路基在工作过程中，同时承受两种荷载，一种是路面和路基自重引起的静力荷载；另一种是车轮荷载引起的动力荷载。在两种荷载的共同作用下，路基土处于受力状态。理想的设计应使路基受力时只产生弹性变形，车轮驶过以后恢复原状，以确保路基的相对稳定，不引起路面破坏。

路基土在车轮荷载作用下所引起的垂直应力 σ_1 可以用近似公式计算，并假设车轮荷载为圆形均布垂直荷载，路基为一弹性均质半空间体，如图 1-1 所示。

$$\sigma_1 = \frac{p}{1 + 2.5\left(\frac{Z}{D}\right)^2} \tag{1-1}$$

式中　p——车轮的单位压力,kPa;

D——圆形均布荷载作用面积的直径,m;

Z——圆形均布荷载中心下应力作用点的深度,m。

自重引起土基中的压应力,考虑到在一定深度以下,同路基自重相比较,路面重力的影响不大,所以在研究荷载作用最大深度时,为简化计算,近似地将路面材料看做土基材料,则路基土自重在路基内深度为 Z 处所引起的压应力可用下式计算:

$$\sigma_2 = \gamma \cdot Z \tag{1-2}$$

式中　γ——土的容重,kN/m³;

Z——应力作用深度,m。

路基内任一点处的车轮荷载所产生的垂直应力 σ_1,土基自重引起的垂直应力 σ_2 及两者的应力曲线见图 1-1。

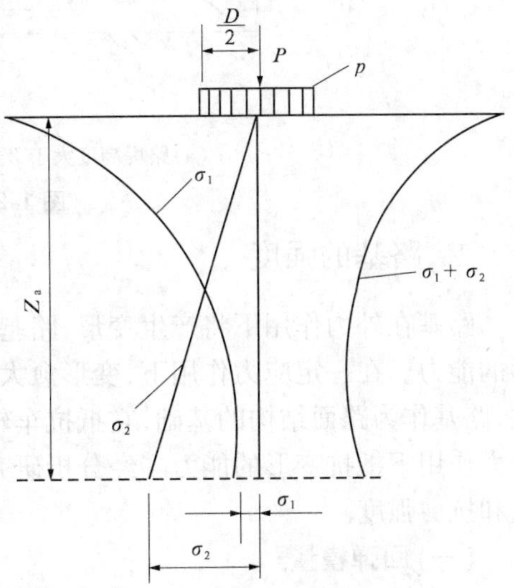

图 1-1　土基应力分布示意

(二)路基工作区

根据图 1-1 分析,路基在某一深度 Z_a 处,车轮荷载所产生的应力仅为自重应力的 1/5 ~ 1/10,在此深度 Z_a 以下,车轮荷载对土基的强度和稳定性影响甚小,故而可略去不计。因此,我们把车辆荷载在土基中产生应力作用较大的 Z_a 范围内的路基称为路基工作区,Z_a 称为路基工作深度。几种汽车车型的路基工作区深度的近似值见表 1-1。

表 1-1　几种汽车车型的路基工作区深度的近似值

汽车型号	每侧后轮重 P(kN)	工作区深度 Z_a(m)
解放 CA－10B 载重汽车	0.5×60.85	1.6
东风 EQ－140 载重汽车	0.5×69.20	1.7
黄河 JN－150 载重汽车	0.5×101.60	1.9
北京 BJ－130 倾卸汽车	0.5×27.18	1.2
黄河 QD－351 倾卸汽车	0.5×97.15	1.9
上海 SH－380 载重汽车	0.5×360.00	2.9
天津 TJ－644C 大客车	0.5×75.30	1.7
红旗 CA－773 小客车	0.5×15.75	1.0

注:该表系以 $\sigma_1/\sigma_2 = 1/5$ 和 $\gamma = 18$ kN/m³ 计算而得。

由表 1-1 可以看出,轻、重型汽车车轮荷载的影响深度相差很大,设计时应予注意。

路基工作区内,土基的强度与稳定性,对于保证路面的强度与稳定性,满足行车要求极为重要。因此,对应力作用区内的土质选择、路基的压实度应提出较高的要求。

当工作区深度大于路基填土高度时,即 $Z_a > H$ 时,车轮荷载不仅作用于路堤,而且作用于天然地基的上部土层,此时,天然地基上部土层和路堤应同时满足路基工作区的设计要求。路基高度与工作区深度的关系如图 1-2 所示。

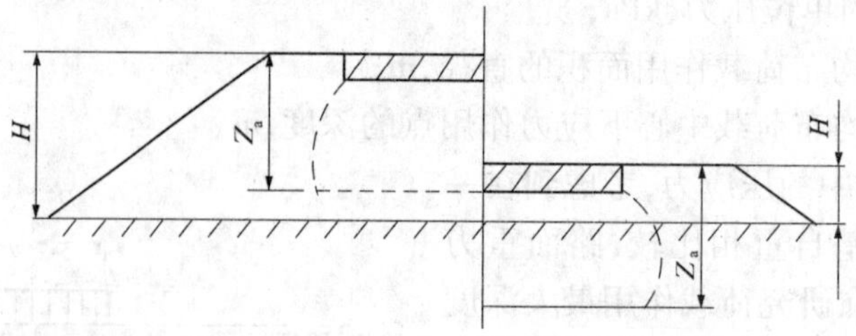

(a)路堤高度大于 Z_a　　(b)路堤高度小于 Z_a

图 1-2　工作区深度

二、路基的强度

路基在外力作用下将产生变形,路基强度是指路基抵抗外力作用的能力,亦即抵抗变形的能力。在一定应力作用下,变形愈大,路基强度愈低;反之,则表明路基强度愈高。因此,路基作为路面结构的基础,它抵抗车轮荷载能力的大小,主要取决于路基顶面在一定应力作用下抵抗变形的能力。经分析研究,用于表征路基强度的参数指标主要有回弹模量和抗剪强度。

(一)回弹模量

回弹模量是指路基、路面及筑路材料在荷载作用下产生的应力与其相应的回弹应变的比值。

通过路面传至土基的垂直压力,使土基产生一定程度的竖向位移变形,如图 1-3 所示,假定土基为均质的弹性体,在圆形垂直均布荷载作用下,在应力与应变成直线关系时,可用弹性理论来建立荷载与变形之间的关系式:

$$l_r = \frac{2p\delta(1-\mu_0^2)}{E_0}a \tag{1-3}$$

式中　l_r——路表面距离荷载中心轴为 r 的某点处的垂直位移,亦称弯沉值,cm;

p——圆形垂直均布荷载,MPa;

δ——圆形均布荷载面积的半径,cm;

E_0——土基回弹模量,MPa;

μ_0——土的泊松比,一般取 0.35;

a——竖向位移系数,是 r/δ 的函数,$r/\delta=0$ 时,$a=1$,$r/\delta=1.5$ 时,$a=0.356$。

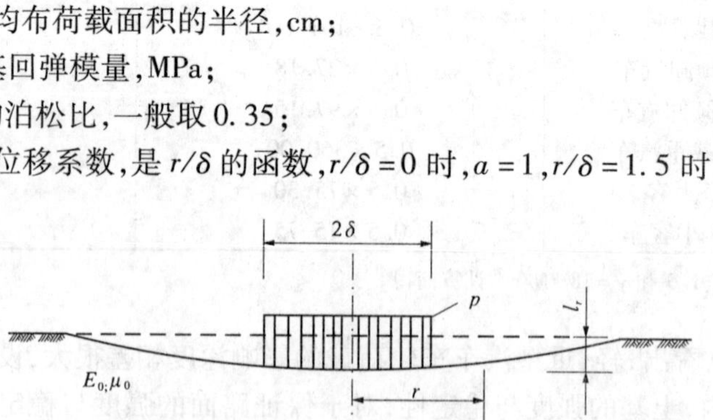

图 1-3　在圆形均布荷载作用下土基的变形

由式(1-3)可知,土基回弹模量表示土基在弹性变形阶段,在垂直荷载作用下,抵抗竖向变形的能力。如果垂直荷载为定值,土基的回弹模量值愈大,则产生的竖向位移就愈小;如果竖向位移是定值,回弹模量值愈大,则土基承受外荷载作用的能力就愈大。因此,路面设计中采用回弹模量作为土基抗压强度的指标。回弹模量值的大小,取决于荷载的作用形式及竖向位移的大小,以及土的性质与状态。土基的回弹模量可通过试验或查找《沥青路面设计规范》附录中提供的参考值选择确定。

(二)抗剪强度

当路基土强度不足以抵抗剪应力的作用时,其相邻的两部分土体将沿某一剪切面(滑动面)产生相对移动,最后导致滑坡或崩塌。这种沿剪切面使土体破坏的现象称为剪切破坏。土体所具有的抵抗剪切破坏的能力称为抗剪强度。土的抗剪强度按下式计算:

$$\tau_f = \sigma \tan\varphi + c \tag{1-4}$$

式中 τ_f——土的抗剪强度,kPa;

σ——作用于剪切面上的法向压应力,kPa;

c——土的黏聚力,kPa;

φ——土的内摩擦角(°)。

由式(1-4)可知,土体的抗剪强度是由黏聚力 c 及内摩擦力 $\sigma\tan\varphi$ 组成的。黏聚力 c 和内摩擦角 φ 称为抗剪强度指标,是路基稳定性验算和挡土墙设计中必不可少的参数。

第三节 路基用土的工程性质

按照《公路土工试验规程》(JTG E40—2007)中土的工程分类方法,将土分为巨粒土、粗粒土、细粒土和特殊土四大类,土分类总体系如图1-4所示。各类土组具有不同的工程性质,在选择其作为路基填筑材料,以及修筑稳定土路面结构层时,应分别采取不同的工程技术措施。各土组的主要工程性质如下。

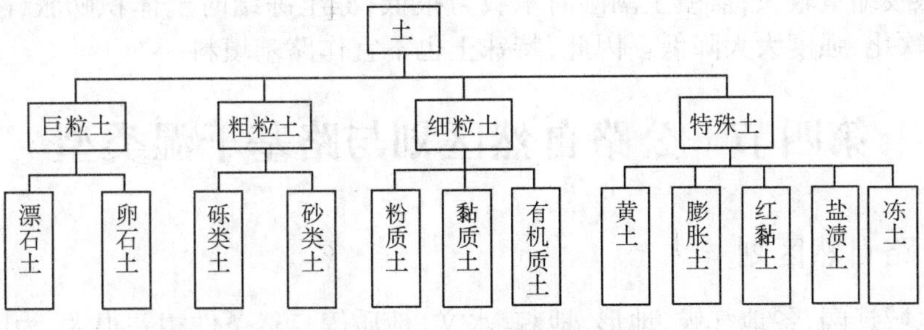

图1-4 土分类总体系

一、巨粒土

巨粒土有很高的强度及稳定性,是填筑路基的良好材料。其中,漂石还可用于砌筑边坡。

二、粗粒土

砾类土由于粒径较大,内摩擦力亦大,因而强度和稳定性均能满足要求,是良好的路基填筑材料。级配良好时,或经人工处理后,可用于高级路面的基垫层。

砂类土又可分为砂、含细粒土砂(或称砂土)和细粒土质砂(或称砂性土)3种。

砂和含细粒土砂无塑性,透水性强,毛细上升高度很小,具有较大的摩擦系数,强度和水稳定性均较好。但由于黏性小,易于松散,压实困难,需用振动法或灌水法才能压实。为克服这一缺点,可添加一些黏质土,以改善其使用质量。

细粒土质砂既含有一定数量的粗颗粒,使路基具有足够的强度和水稳性,又含有一定数量的细颗粒,使其具有一定的黏性,不致过分松散。一般遇水干得快,不膨胀,干时有足够的黏结性,扬尘少,容易被压实。因此,细粒土质砂是修筑路基的良好材料。

三、细粒土

粉质土为最差的筑路材料。它含有较多的粉土粒,干时稍有黏性,但易被压碎,扬尘多,浸水时很快被湿透,易成稀泥。粉质土的毛细作用强烈,上升速度快,毛细上升高度一般可达0.9~1.5 m,在季节性冰冻地区,水分积聚现象严重,造成严重的冬季冻胀,春融期间出现翻浆,故又称翻浆土。如遇粉质土,特别是在水文条件不良时,应采取一定的措施,改善其工程性质。

黏质土透水性很差,黏聚力大,因而干时坚硬,不易挖掘。它具有较强的可塑性、黏结性和膨胀性,毛细管现象也很显著,用来填筑路基比粉质土好,但不如细粒土质砂。浸水后黏质土能较长时间保持水分,因而承载能力小。对于黏质土如在适当的含水量时加以充分压实和有良好的排水设施,筑成的路基也能获得稳定。

有机质土(如泥炭、腐殖土等)不宜作路基填料,如遇有机质土均应在设计和施工上采取适当措施。

四、特殊土

黄土属大孔和多孔结构,具有湿陷性;膨胀土受水浸湿发生膨胀,失水则收缩;红黏土失水后体积收缩量较大;盐渍土潮湿时承载力很低;冻土冻结时土体积膨胀,融化时水分增加,土层软化,强度大大降低。因此,特殊土也不宜作路基填料。

第四节　公路自然区划与路基干湿类型

一、公路自然区划

我国地域辽阔,各地气候、地形、地貌、水文、地质等自然条件相差很大,为区分不同地理区域自然条件对公路工程影响的差异性,并在路基、路面的设计、施工和养护中采取适当的技术措施及采用合适的设计参数,以保证路基、路面的强度和稳定性,特制定《公路自然区划标准》(JTJ 003—86),如图1-5所示。

为使自然区划便于在实践中应用,结合我国地理、气候特点,将全国的公路自然区划分为三个等级。

(一)一级区划

一级区划首先将全国划分为多年冻土、季节冻土和全年不冻土三大地带,再根据水热平衡和地理位置,划分为冻土、湿润、干湿过渡、湿热、潮湿、干旱和高寒七大区。即:

Ⅰ——北部多年冻土区；
Ⅱ——东部温润季冻区；
Ⅲ——黄土高原干湿过渡区；
Ⅳ——东南湿热区；
Ⅴ——西南潮湿区；
Ⅵ——西北干旱区；
Ⅶ——青藏高寒区。

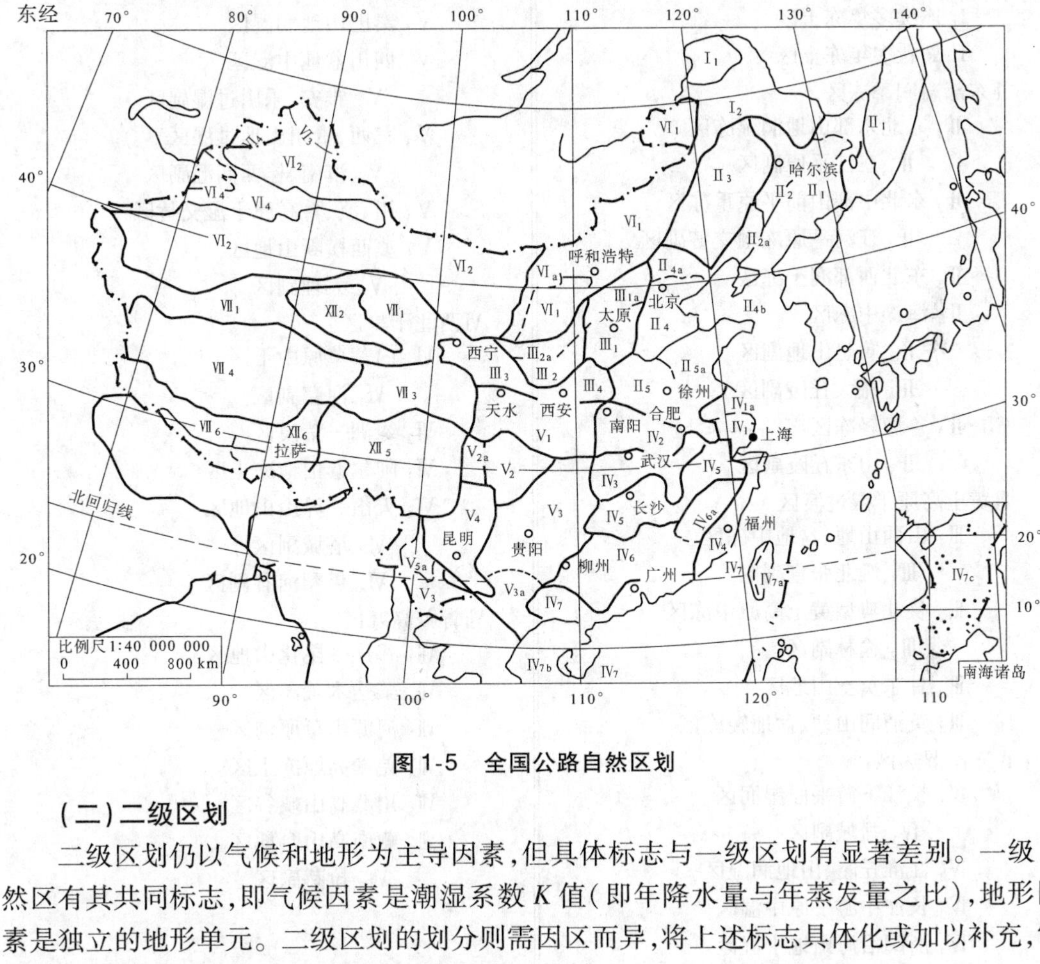

图1-5 全国公路自然区划

（二）二级区划

二级区划仍以气候和地形为主导因素，但具体标志与一级区划有显著差别。一级自然区有其共同标志，即气候因素是潮湿系数 K 值（即年降水量与年蒸发量之比），地形因素是独立的地形单元。二级区划的划分则需因区而异，将上述标志具体化或加以补充，它是以潮湿系数 K 为主要标志的一个体系。

潮湿系数 K 值按全年的大小分为六个等级：

过湿区　　$K>2.00$；
中湿区　　$2.00\geqslant K>1.50$；
湿润区　　$1.50\geqslant K>1.00$；
润干区　　$1.00\geqslant K>0.50$；
中干区　　$0.50\geqslant K>0.25$；

过干区　　$K<0.25$。

根据二级区划的主导因素与标志，在全国 7 个一级自然区内又分为 33 个二级区和 19 个副区（亚区），共有 52 个二级自然区。它们的名称见表 1-2，各二级区的区界、自然条件对工程的影响详见有关标准及其附录。

表 1-2　公路自然区划名称

区域名称	区域名称
Ⅰ北部多年冻土区	Ⅴ西南潮湿区
Ⅰ$_{1}$ 连续多年冻土区	Ⅴ$_{1}$ 秦巴山地润湿区
Ⅰ$_{2}$ 岛状多年冻土区	Ⅴ$_{2}$ 四川盆地中湿区
Ⅱ东部温润季冻区	Ⅴ$_{2a}$雅安、乐山过湿副区
Ⅱ$_{1}$ 东北东部山地润湿冻区	Ⅴ$_{3}$ 三西、贵州山地过湿区
Ⅱ$_{1a}$三江平原副区	Ⅴ$_{3a}$滇南、桂西润湿副区
Ⅱ$_{2}$ 东北中部山前平原重冻区	Ⅴ$_{4}$ 川、滇、黔高原干湿交替区
Ⅱ$_{2a}$辽河平原冻融交替副区	Ⅴ$_{5}$ 滇西横断山地区
Ⅱ$_{3}$ 东北西部润干冻区	Ⅴ$_{5a}$大理副区
Ⅱ$_{4}$ 海滦中冻区	Ⅵ西北干旱区
Ⅱ$_{4a}$冀热山地副区	Ⅵ$_{1}$ 内蒙草原中干区
Ⅱ$_{4b}$旅大丘陵副区	Ⅵ$_{1a}$河套副区
Ⅱ$_{5}$ 鲁豫轻冻区	Ⅵ$_{2}$ 绿洲—荒漠区
Ⅱ$_{5a}$山东丘陵副区	Ⅵ$_{3}$ 阿尔泰山地冻土区
Ⅲ黄土高原干湿过渡区	Ⅵ$_{4}$ 天山—界山山地区
Ⅲ$_{1}$ 山西山地、盆地中冻区	Ⅵ$_{4a}$塔城副区
Ⅲ$_{1a}$雁北张宣副区	Ⅵ$_{4b}$伊犁河谷副区
Ⅲ$_{2}$ 陕北典型黄土高原中冻区	Ⅶ青藏高寒区
Ⅲ$_{2a}$榆林副区	Ⅶ$_{1}$ 祁连—昆化山地区
Ⅲ$_{3}$ 甘东黄土山地区	Ⅶ$_{2}$ 柴达木荒漠区
Ⅲ$_{4}$ 黄渭间山地、盆地轻冻区	Ⅶ$_{3}$ 河源山草原甸区
Ⅳ东南湿热区	Ⅶ$_{4}$ 羌塘高原冻土区
Ⅳ$_{1}$ 长江下游平原湿润区	Ⅶ$_{5}$ 川藏高山峡谷区
Ⅳ$_{1a}$盐城副区	Ⅶ$_{6}$ 藏南高山台地区
Ⅳ$_{2}$ 江淮丘陵、山地润湿区	Ⅶ$_{6a}$拉萨副区
Ⅳ$_{3}$ 长江中游平原中湿区	
Ⅳ$_{4}$ 浙闽沿海山地中湿区	
Ⅳ$_{5}$ 江南丘陵过湿区	
Ⅳ$_{6}$ 武夷南岭山地过湿区	
Ⅳ$_{6a}$武夷副区	
Ⅳ$_{7}$ 华南沿海台风区	
Ⅳ$_{7a}$台湾山地副区	
Ⅳ$_{7b}$海南岛西部润干副区	
Ⅳ$_{7c}$南海诸岛副区	

（三）三级区划

三级区划是对二级区划的进一步划分。三级区划的方法有两种，一种是按照地貌、水文和土质类型将二级自然区进一步划分为若干类型单元；另一种是继续以水热、地理和地貌等为标志将二级区划细分为若干区域。各地可根据当地的具体情况选用。

二、路基的干湿类型

路基的强度和稳定性与路基的干湿状况有密切关系，并在很大程度上影响路面结构设计。为此，在进行路基设计时应严格区分其干湿类型。

（一）路基干湿类型及湿度来源

路基按其干湿状态可分为干燥、中湿、潮湿和过湿四类。为了保证路基路面结构的稳定性，一般要求路基处于干燥或中湿状态。过湿状态的路基必须经过处理后方可铺筑路面。

路基土所处的状态是由土体的含水量或相对含水量决定的，含水量取决于湿度的来源及作用的延续时间。导致路基湿度变化的水源如图 1-6 所示。

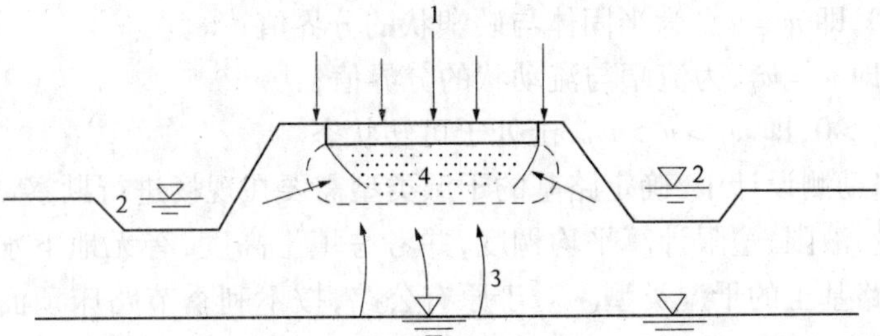

图 1-6　路基湿度来源示意

1—大气降水：大气降水通过路面、路肩和边坡渗入路基；

2—地面水：边沟水及排水不良时的地表积水，以毛细水的形式渗入；

3—地下水：靠近地面的地下水，通过毛细管作用上升到路基内部；

4—凝结水：在土颗粒空隙中流动水蒸气，遇冷凝结为水

（二）路基干湿类型划分

1. 根据平均稠度划分

我国现行《公路沥青路面设计规范》（JTG D50—2006）中规定，路基干湿类型可以实测不利季节路床顶面以下 800 mm 深度内土的平均稠度 w_c，再按表 1-3 路基干湿状态的稠度建议值确定。干燥、中湿、潮湿和过湿四类干湿类型以分界稠度 w_{c_1}、w_{c_2} 和 w_{c_3} 来划分。土的平均稠度 w_c 定义为土的液限 w_L 和土的平均含水量 $\bar{w}$ 之差与土的液限 w_L 和塑限 w_P 之差的比值。即

$$w_c = \frac{w_L - \bar{w}}{w_L - w_P} \tag{1-5}$$

式中　w_c——土的平均稠度；

w_L——土的液限(%);

$\overline{w}$——土的平均含水量(%);

w_P——土的塑限(%)。

表 1-3 路基干湿状态的分界稠度建议值

土质类别	干燥状态	中湿状态	潮湿状态	过湿状态
	$w_c \geqslant w_{c1}$	$w_{c1} > w_c \geqslant w_{c2}$	$w_{c2} > w_c \geqslant w_{c3}$	$w_c \leqslant w_{c3}$
土质砂	$w_c \geqslant 1.20$	$1.20 > w_c \geqslant 1.00$	$1.00 > w_c \geqslant 0.85$	$w_c < 0.85$
黏质土	$w_c \geqslant 1.10$	$1.10 > w_c \geqslant 0.95$	$0.95 > w_c \geqslant 0.80$	$w_c < 0.80$
粉质土	$w_c \geqslant 1.05$	$1.05 > w_c \geqslant 0.90$	$0.90 > w_c \geqslant 0.75$	$w_c < 0.75$

注: w_{c1}、w_{c2}、w_{c3} 分别为干燥和中湿、中湿和潮湿、潮湿和过湿状态路基的分界稠度。w_c 为路床顶面以下 800 mm 深度内的平均稠度。

土的稠度较准确地表示了土的各种形态与湿度的关系,稠度指标综合了土的塑性特性,包含了液限与塑限,全面直观地反映了土的硬软程度,物理概念明确。

(1) $w_c = 1.0$,即 $w = w_P$,为半固体与硬塑状的分界值;

(2) $w_c = 0$,即 $w = w_L$,为流塑与流动状的分界值;

(3) $1.0 > w_c > 0$,即 $w_L > w > w_P$,土处于可塑状态。

在新建公路勘测设计中,确定路基的干湿类型需要在现场进行勘察,根据当地稳定的平均天然含水量、液限、塑限计算平均稠度,并考虑填土高度,有无地下水、地表积水的影响,综合地确定路基土的干湿类型。对于原有公路,按不利季节路床顶面以下 0.80 m 深度内土的平均稠度确定。路床面以下 0.80 m 内,每 0.10 m 取土样测定其天然含水量,以下式求算:

$$\overline{w} = \frac{\sum_{i=1}^{8} w_i}{8} \tag{1-6}$$

式中 $\overline{w}$——土的平均含水量(%);

w_i——路床顶面以下 0.80 m 内,每 0.10 m 为一层,第 i 层上的天然含水量(%)。

根据 w_c 判别路基的干湿类型,要按照道路路基土的类型,查表 1-3,与分界稠度作比较,确定道路所属的路基干湿类型。

2. 根据临界高度划分

对于新建道路,路基尚未建成,无法按上述方法现场勘察路基的湿度状况,可以用路基临界高度作为判别标准。在路基的地下水位或地表积水水位一定的情况下,路基的湿度由下而上逐渐减小,如图 1-7 所示。临界高度是指在不利季节,与分界稠度相对应的路床顶面距地下水或地表积水水位的高度称为路基临界高度 H_i 即:

H_1 相对应于 w_{c1},为干燥与中湿状态的临界高度;

H_2 相对应于 w_{c2},为中湿与潮湿状态的临界高度;

H_3 相对应于 w_{c3},为潮湿与过湿状态的临界高度。

地下水位或地表长期积水水位，通过公路勘测设计、野外调查获得，路基高度从路线纵断面图或路基设计表中查得，扣除预估的路面厚度，即可得到路槽底面距地下水位或地表积水水位的高度 H。

在设计新建道路时，如能确定路基临界高度值，则可以以此作为判别标准，与路槽底面距地下水位或地表积水水位的高度作比较，由此确定路基的干湿类型，如表 1-4 所示。

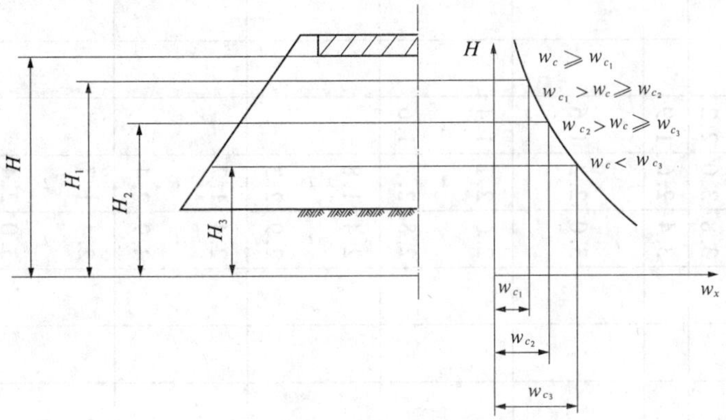

图 1-7　路基临界高度与路基干湿类型

表 1-4　路基干湿类型

路基干湿类型	路基平均稠度 w_c 与分界相对稠度的关系	一般特性
干燥	$w_c \geqslant w_{c1}$	路基干燥稳定，路面的强度和稳定性不受地下水和地表积水影响，路基高度 H 应满足 $H > H_1$
中湿	$w_{c1} > w_c \geqslant w_{c2}$	路基上部土层处于地下水或地表积水影响的过渡带区内，路基高度 H 应满足 $H_2 < H \leqslant H_1$
潮湿	$w_{c2} > w_c \geqslant w_{c3}$	路基上部土层处于地下水或地表积水毛细影响区内，路基高度 H 应满足 $H_3 < H \leqslant H_2$
过湿	$w_c < w_{c3}$	路基极不稳定、冰冻区春融翻浆，非冰冻区弹簧，路基经处理后方可铺筑路面，路基高度 H 应满足 $H < H_3$

注：1. H 为路槽底面距地下水位或地表积水位高度，m。

2. H_1、H_2、H_3 分别为路基干燥和中湿、中湿和潮湿，潮湿和过湿状态的临界高度，m。

3. w_{c1}、w_{c2}、w_{c3} 分别为干燥和中湿、中湿和潮湿、潮湿和过湿状态路基的分界稠度。

为了保证路基的强度和稳定性不受地下水或地表积水的影响，在设计路基时，要求路基保持干燥或中湿状态，路槽底距地下水或地表积水的高度，要大于或等于干燥、中湿状态所对应的临界高度。不同土质和自然区划的路基临界高度，如表 1-5 所示，详见《公路沥青路面设计规范》（JTG D50—2006）。

表 1-5　路基临界高度参考值

（单位：m）

土组	砂质土									黏质土									粉质土								
地下水情况	地下水			地表长期积水			地表临时积水			地下水			地表长期积水			地表临时积水			地下水			地表长期积水			地表临时积水		
临界高度	H_1	H_2	H_3	H_1	H_2	H_3	H_1	H_2	H_3	H_1	H_2	H_3	H_1	H_2	H_3	H_1	H_2	H_3	H_1	H_2	H_3	H_1	H_2	H_3	H_1	H_2	H_3
Ⅱ$_1$										2.9	2.2								3.8	3.0	2.2						
Ⅱ$_2$										2.7	2.0								3.4	2.6	1.9						
Ⅱ$_3$	1.9~2.2	1.3~1.6								2.5	1.8								3.0	2.2	1.6						
Ⅱ$_4$										2.4~2.6	1.9~2.1	1.2~1.4							2.6~2.8	2.1~2.3	1.4~1.6						
Ⅱ$_5$	1.1~1.5	0.7~1.1								2.1~2.5	1.6~2.0								2.4~2.9	1.8~2.3							
Ⅲ$_1$																			2.4~3.9	1.7~2.4							
Ⅲ$_{1a}$																			2.4~3.0	1.7~2.4							
Ⅲ$_2$	1.3~1.6	1.1~1.3	0.9~1.1	1.1~1.3	0.9~1.1	0.6~0.9	0.9~1.1	0.6~0.9	0.4~0.6	2.2~2.75	1.7~2.2	1.3~1.7	1.75~2.2	1.3~1.7	0.9~1.3	1.3~1.75	0.9~1.3	0.45~0.9	2.4~2.85	1.9~2.4	1.4~1.9	1.9~2.4	1.0~1.9	1.0~1.4	1.4~1.9	1.0~1.4	0.5~1.0

续表 1-5

土组	砂质土									黏质土									粉质土								
地下水情况	地下水			地表长期积水			地表临时积水			地下水			地表长期积水			地表临时积水			地下水			地表长期积水			地表临时积水		
临界高度	H_1	H_2	H_3	H_1	H_2	H_3	H_1	H_2	H_3	H_1	H_2	H_3	H_1	H_2	H_3	H_1	H_2	H_3	H_1	H_2	H_3	H_1	H_2	H_3	H_1	H_2	H_3
Ⅲ$_{2a}$	1.4~1.7	1.0~1.3																	2.4~3.0	1.7~2.4							
Ⅲ$_3$	1.3~1.6	1.1~1.3	0.9~1.1	1.1~1.3	0.9~1.1	0.6~0.9	0.9~1.1	0.6~0.9	0.4~0.6	2.1~2.5	1.6~2.1	1.2~1.6	1.6~2.1	1.2~1.6	0.9~1.2	1.2~1.6	0.9~1.2	0.55~0.9	2.3~2.75	1.8~2.3	1.4~1.8	1.8~2.3	1.4~1.8	1.0~1.4	1.4~1.8	1.0~1.4	0.55~1.0
Ⅲ$_4$																			2.4~3.0	1.7~2.4							
Ⅳ$_1$、Ⅳ$_{1a}$										1.7~1.9	1.2~1.3	0.8~0.9							1.9~2.1	1.3~1.4	0.9~1.0						
Ⅳ$_2$										1.6~1.7	1.1~1.2	0.8~0.9							1.7~1.9	1.2~1.3	0.8~0.9						
Ⅳ$_3$										1.5~1.6	1.1~1.2	0.8~0.9	0.8~0.9	0.5~0.6	0.3~0.4				1.7~1.9	1.2~1.3	0.8~0.9	0.9~1.0	0.6~0.7	0.3~0.4			

续表 1-5

土组	砂质土									黏质土									粉质土								
地下水情况	地下水			地表长期积水			地表临时积水			地下水			地表长期积水			地表临时积水			地下水			地表长期积水			地表临时积水		
临界高度	H_1	H_2	H_3	H_1	H_2	H_3	H_1	H_2	H_3	H_1	H_2	H_3	H_1	H_2	H_3	H_1	H_2	H_3	H_1	H_2	H_3	H_1	H_2	H_3	H_1	H_2	H_3
Ⅳ$_4$	1.0~1.4	0.7~0.8								1.7~1.8	1.0~1.2	0.8~1.0															
Ⅳ$_5$										1.7~1.9	1.3~1.4	0.9~1.0	1.0~1.1	0.6~0.7	0.3~0.4				1.79~2.1	1.3~1.5	0.9~1.1						
Ⅳ$_6$										1.8~2.0	1.3~1.5	1.0~1.2	0.9~1.0	0.5~0.6	0.3~0.4				2.0~2.2	1.5~1.6	1.0~1.1						
Ⅳ$_{6a}$										1.6~1.7	1.1~1.2	0.7~0.8							1.8~2.0	1.3~1.4	0.9~1.1						
Ⅳ$_7$				0.9~1.0	0.7~0.8	0.6~0.7				1.7~1.8	1.4~1.5	1.1~1.2	1.0~1.1	0.7~0.8	0.4~0.5												
Ⅴ$_1$	1.3~1.6	1.1~1.3	0.9~1.1	1.1~1.3	0.9~1.1	0.6~0.9	0.9~1.1	0.6~0.9	0.4~0.6	2.0~2.4	1.6~2.0	1.2~1.6	1.6~2.0	1.2~1.6	0.8~1.2	1.2~1.6	0.8~1.2	0.45~0.8	2.2~2.65	1.7~2.2	1.3~1.7	1.7~2.2	1.3~1.7	0.9~1.3	1.3~1.7	0.9~1.3	1.3~1.7

续表 1-5

土组	砂质土									黏质土									粉质土								
地下水情况	地下水			地表长期积水			地表临时积水			地下水			地表长期积水			地表临时积水			地下水			地表长期积水			地表临时积水		
临界高度	H_1	H_2	H_3	H_1	H_2	H_3	H_1	H_2	H_3	H_1	H_2	H_3	H_1	H_2	H_3	H_1	H_2	H_3	H_1	H_2	H_3	H_1	H_2	H_3	H_1	H_2	H_3
V_2、V_{2a}（紫色土）										2.0~2.2	0.9~1.1	0.4~0.6							2.3~2.5	1.4~1.6	0.5~0.7						
V_3										1.7~1.9	0.8~1.0	0.4~0.6							1.9~2.1	1.3~1.5	0.5~0.7						
V_{3a}（黄壤土，现代冲积土）										1.7~1.9	0.7~0.9	0.3~0.5							2.3~2.5	1.4~1.6	0.5~0.7						
V_4、V_5、V_{5a}										1.7~1.9	0.9~1.1	0.4~0.6							2.2~2.5	1.4~1.6	0.5~0.7						
VI_1	(2.1)	(1.7)	(1.3)	(1.8)	(1.4)	(1.0)	0.7	0.3		(2.3)	(1.9)	(1.6)	(2.1)	(1.7)	(1.3)	0.9	0.5		(2.5)	(2.0)	(1.6)	(2.3)	(1.8)	(1.3)	(1.2)	0.7	0.4
VI_{1a}	(2.0)	(1.6)	(1.2)	(1.7)	(1.3)	(1.0)	(1.0)	(0.5)		(2.2)	(1.9)	(1.5)	(2.0)	(1.6)	(1.2)	(0.9)	(0.5)		(2.5)	(2.0)	(1.5)	(2.2)	(1.7)	(1.2)	0.6		
VI_2	1.4~1.7	1.1~1.4	0.9~1.1	1.1~1.4	0.9~1.1	0.6~0.9	0.9~1.1	0.76~0.90	0.4~0.6	2.2~2.75	1.65~2.2	1.2~1.65	1.65~2.2	1.2~0.65	0.75~1.2	1.2~1.65	0.75~1.2	0.45~0.75	2.3~2.15	1.85~2.3	1.4~1.85	1.85~2.3	1.4~1.85	0.9~1.4	1.4~1.85	0.9~1.4	0.5~0.9
VI_3	(2.1)	(1.7)	(1.3)	(1.9)	(1.5)	(1.1)				(2.4)	(2.0)	(1.6)	(2.1)	(1.7)	(1.4)	(0.8)	(0.6)		(2.6)	(2.1)	(1.6)	(2.4)	(1.8)	(1.4)	(1.3)	(0.7)	

续表 1-5

土组	砂质土									黏质土									粉质土								
地下水情况	地下水			地表长期积水			地表临时积水			地下水			地表长期积水			地表临时积水			地下水			地表长期积水			地表临时积水		
临界高度	H_1	H_2	H_3	H_1	H_2	H_3	H_1	H_2	H_3	H_1	H_2	H_3	H_1	H_2	H_3	H_1	H_2	H_3	H_1	H_2	H_3	H_1	H_2	H_3	H_1	H_2	H_3
Ⅵ$_4$	(2.2)	(1.8)	(1.4)	(1.9)	(1.5)	(1.2)	0.8			2.4	2.0	1.6	(2.2)	(1.7)	(1.3)	1.0	0.6		(2.6)	(2.2)	1.7	2.4	1.9	1.4	1.3	0.8	
Ⅵ$_{4a}$	(1.9)	(1.5)	(1.1)	(1.6)	(1.2)	(0.9)	(0.5)			(2.2)	(1.7)	(1.4)	(1.9)	(1.4)	(1.1)	0.7			(2.4)	(1.9)	1.4	2.1	1.6	1.1	1.0	0.5	
Ⅵ$_{4b}$	(2.0)	(1.6)	(1.2)	(1.7)	(1.3)	(1.0)				(2.3)	(1.8)	(1.4)	(2.0)	(1.6)	(1.2)	(0.8)			(2.5)	1.9	1.4	(2.2)	(1.7)	(1.2)	1.0	0.5	
Ⅶ$_1$	(2.2)	(1.9)	(1.6)	(2.1)	(1.6)	(1.3)	(0.8)	(0.4)		2.2	(1.9)	(1.5)	(2.1)	(1.6)	(1.2)	(0.9)	(0.5)		(2.5)	(2.1)	(1.6)	(2.2)	(1.6)	(1.1)	0.9	0.4	
Ⅶ$_2$										(2.3)	(1.9)	(1.6)	1.8	1.4	1.1	0.8	0.4		(2.5)	(2.0)	(1.5)	(2.4)	1.8	1.3	1.1	0.6	
Ⅶ$_3$	1.5~1.8	1.2~1.5	0.9~1.2	1.2~1.5	0.9~1.2	0.6~0.9	0.9~1.1	0.76~0.9	0.4~0.6	2.2~2.75	1.65~2.2	1.2~1.65	1.65~2.2	1.2~1.65	0.75~1.2	1.2~1.65	0.75~1.2	0.45~0.75	2.4~3.1	2.0~2.4	1.6~2.0	(2.0~2.4)	(1.6~2.0)	(1.0~1.6)	(1.6~2.0)	1.0~1.6	0.55~1.0
Ⅶ$_4$	(2.1)	(1.6)	1.3	(1.8)	(1.4)	1.0	(0.9)			(2.1)	(1.6)	(1.3)	(1.8)	(1.4)	(1.1)	(0.7)			(2.3)	(1.8)	(1.3)	(2.2)	(1.6)	(1.1)	0.9	0.4	
Ⅶ$_5$	(3.0)	(2.4)	1.9	(2.4)	(2.0)	1.6	(1.5)	(1.0)	(0.5)	(3.3)	(2.6)	(2.1)	(2.0)	(2.0)	(1.6)	(1.5)	(1.1)	(0.5)	(3.8)	(2.2)	(1.6)	(2.9)	(2.0)	(1.5)		(1.3)	(0.5)
Ⅶ$_6$、Ⅶ$_{6a}$										(2.8)	2.4	1.9	2.5	2.0	1.6	1.4	(0.8)		(2.9)	(2.5)	1.8	(2.7)	2.1	1.5	1.6	1.1	

注：1. 表中 H_1、H_2、H_3 分别为路基干燥、中湿、潮湿状态临界高度；路床顶面至地下水位高度小于 H_3 时为过湿路基，须经处理后方能铺筑路面。

2. 表列数值中有括号者表示该数值是根据规律推算的，非实测数据。

3. Ⅲ$_2$、Ⅲ$_3$、Ⅵ$_2$、Ⅶ$_3$ 资料系甘肃省 1984 年所提建议值，其他地区供参考。

4. 缺少资料的二级区可论证地参考相邻二级区数值，并应积极调研积累本地区的资料。

本章小结

通过本章的学习，要求学生熟悉路基设计的基本内容，了解路基受力状况、路基工作区的概念和路基强度指标，能根据路基用土的工程性质选择路基用土，了解公路的自然区划，掌握路基干湿类型及其划分方法。

复习思考题

1-1　路基设计包括哪几方面内容？

1-2　何为路基工作区？路基工作区与路基高度有何关系？

1-3　如何选择路基用土？

1-4　路基的干湿类型有哪几种？划分方法有哪几种？各适用什么条件？

1-5　测得某路槽下 80 cm 内土层含水量见表 1-6。$w_{c_1}=1.08$，$w_{c_2}=0.86$，$w_{c_3}=0.77$，土的液限为 40%，塑限为 18%，试判断土基干湿类型。

表 1-6　路槽下 80 cm 内土层含水量

深度(cm)	0~10	10~20	20~30	30~40	40~50	50~60	60~70	70~80
含水量(%)	18.54	18.63	19.21	19.23	19.52	19.75	19.85	19.87

1-6　已知某地段是黏性土，IV_3，路表距地下水位高度为 1.58 m，预估路面厚度为 30 cm，又得知路表距地表长期积水高度为 0.75 m，查得有关资料如下：

地下水　$H_1=1.5\sim1.7$ m，$H_2=1.1\sim1.2$ m，$H_3=0.8\sim0.9$ m；

地表长期积水　$H_1=0.8\sim0.9$ m，$H_2=0.5\sim0.6$ m，$H_3=0.3\sim0.4$ m；

试判断该地段的干湿类型。

第二章　一般路基设计

本章学习重点

路基典型横断面设计、路基边坡坡度确定、路基变形破坏现象及其原因。

第一节　概　述

一般路基通常是指在良好的地质和水文条件下，填土高度或挖方深度不超过《公路路基设计规范》(JTG D30—2004)(以下简称《路基设计规范》)允许范围的路基。通常情况下，一般路基只要结合当地的地形、地质情况，直接选用典型横断面图或设计规定即可进行设计，不必进行论证和验算。但对于超过规范规定的高填、深挖路基，以及地质和水文等条件特殊的路基，为确保路基具有足够的强度和稳定性，优选出经济合理的横断面，需要进行个别设计和验算。

路基设计的一般规定如下：

(1)路基工程应具有足够的强度、稳定性和耐久性。

(2)路基设计之前，应做好全面调查研究，充分收集沿线地质、水文、地形、地貌、气象、地震等设计资料。改建公路设计时，还应收集历年路况资料及当地路基的翻浆、崩塌、水毁、沉降变形等病害的防治经验。

(3)路基设计应根据当地自然条件和工程地质条件，选择适当的路基横断面形式和边坡坡度。河谷地段不宜侵占河床，可视具体情况设置其他结构物的防护工程。

(4)陡坡上的半填半挖路基，可根据地形、地质条件，采用护肩、砌石或挡土墙；当山坡高陡或稳定性差，不宜多挖时，可采用桥梁、悬出路台等构造物；三、四级公路的悬崖陡壁地段，当山体岩石整体性好时，可采用半山洞。

(5)受水浸淹路段的路基边缘标高，应不低于路基设计洪水频率的水位加壅水高、波浪侵袭高，以及 0.5 m 的安全高度，并根据冲刷情况，设置必要的防护设施。各级公路路基设计洪水频率应符合表 2-1 规定。沿河路基废方应妥善处理，以免造成河床堵塞、河流改道或冲毁沿线构造物、农田、房屋等不良后果。

表 2-1　路基设计洪水频率

公路等级	高速公路	一级公路	二级公路	三级公路	四级公路
设计洪水频率	1/100	1/100	1/50	1/25	按具体情况确定

(6)路基设计应从地基处理、路基填料选择、路基强度与稳定性、防护工程、排水系统以及关键部位路基施工技术等方面进行综合设计。

(7)路基设计应避免高路堤与深路堑。当路基中心填方高度超过 20 m、中心挖方深度超过 30 m 时,宜结合路线方案与桥梁、隧道等构造物或分离式路基作方案比较。

(8)路基设计应符合环境保护的要求,避免引发地质灾害,减少对生态环境的影响。

第二节　路基的类型

为了满足行车的要求,路线有些部分高出地面,需要填筑;有些部分低于原地面,需要开挖。因此,路基横断面形状各不相同。典型的路基横断面有路堤、路堑、填挖结合路基及零填零挖路基等四种类型。

一、路堤

高于原地面的填方路基称路堤。路堤在结构上分为上路堤和下路堤,上路堤是指路面底面以下 0.80 ~ 1.50 m 范围内的填方部分;下路堤是指上路堤以下的填方部分。图 2-1是填方路基横断面的基本形式。按其填土高度可划分为:填土高度低于 1 ~ 1.5 m 的路堤属矮路堤;填土高度在 1.5 ~ 20 m 范围内的路堤为一般路堤;填土高度超过 20 m 的路堤属于高路堤。按其所处的条件及加固类型的不同还有沿河路堤、陡坡护脚路堤及挖渠填筑路堤等。

填方路基的填料选择,压实度和原地基表面处理等技术措施应符合《路基设计规范》的要求。

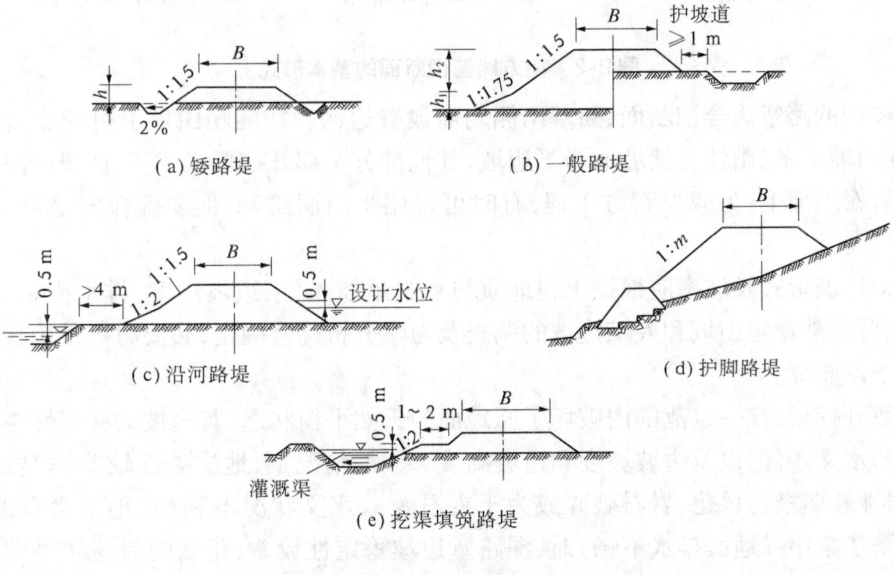

图 2-1　填方路基横断面的基本形式

路堤通风良好,排水方便,且为人工或机械填筑,对填料的性质、状态和密实程度可以按要求加以控制。因此,路堤式路基病害较少,是经常采用的一种形式。平坦地区往往是耕地,地势较低、水文条件差,设计时要特别注意控制最小填土高度,使路基处于干燥或中湿状态。

填方高度在 1.5 ~ 12.0 m 范围内，一般情况下属于正常的路堤，可按常规设计，采用规定的横断面尺寸，一般不作特殊处理。原地面倾斜的全填路堤，当倾斜度陡于 1∶5 时，需将原地面挖成台阶(土质地面)，台阶宽度等于或大于 1.0 m，向内倾斜 1% ~ 2%，或将原地面凿毛(石质地面)；原地面倾斜度陡于 1∶2 时，则宜设置石砌护脚等横断面形式。矮路堤因易受地面水的影响，有时难以满足最小填土高度要求，故其两侧均应设置边沟。有时基底需作特殊处理与加固，如清除基底、换土、设隔离层、排除地下水等。一般路堤可不设边沟。沿河路堤浸水部分，其边坡应按规定放缓或采取防护与加固措施。地面横坡较陡时，为防止填方沿山坡向下滑动，并节省用地，可设置石砌护脚或挡土墙。填土高度超过 20 m 的路堤，应进行个别设计。

二、路堑

低于原地面的挖方路基称为路堑。图 2-2 是挖方路基的基本形式。

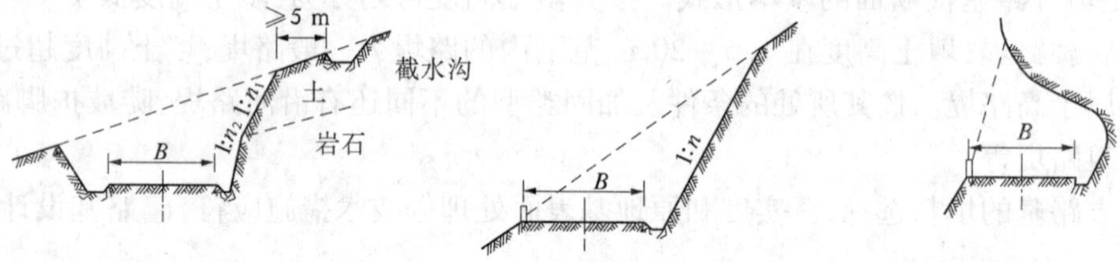

(a) 全挖路基　　(b) 台口式路基　　(c) 半山洞路基

图 2-2　挖方路基横断面的基本形式

最典型的路堑为全挖断面，路基两侧均需设置边沟。在陡峭山坡上可挖成台口式路基，即在山坡上，以山体自然坡面为下边坡，其他部分全部开挖形成。三、四级公路在整体坚硬的岩石坡面上，为减少石方工程，有时可采用半山洞路基，但要确保安全可靠，不得滥用。

路堑边坡形式及坡率应根据工程地质与水文地质条件、边坡高度、排水措施、施工方法，并结合自然稳定山坡和人工边坡的调查及力学分析综合确定，必要时可采用稳定性分析方法予以验算。

路堑开挖后，在一定范围内破坏了原地面的天然平衡状态，其边坡的稳定性主要取决于地质与水文条件，以及边坡坡度和边坡高度。一般情况下，地质条件较差(如岩层倾向边坡、岩性软弱极易风化、岩石破碎或为土夹石等)，水文状况不利(如地层含有地下水，当地暴雨量集中或地面排水不畅)时，深路堑边坡稳定性较差，路基的后遗病害较多。所以，深路堑的设计，需要根据地质及水文条件，选用合适边坡坡率，并且自下而上逐层放缓而成折线形边坡或台阶形边坡。

水文状况对路堑的影响较大，地质条件愈差，水的破坏作用愈明显。因此，路堑排水至关重要。路堑必须设置边沟，以排除边坡和路基表面的降水。为防止大量地面水流向路基，造成坡面冲刷或边沟溢流，应在路堑两侧坡面的上方规定的距离以外(不小于 5 m)

设置一道或多道截水沟。

如挖方路基位于含水土层，因地下水文状况不利，会经常产生水分聚积现象，可能导致路面的破坏。所以，路堑以下的天然土层，要压实至规定的密实程度，必要时还需翻挖重新分层填筑或换土，或采取加铺隔离层，设置必要的地下排水设施等措施予以处理。

路堑由天然地层开挖而成，其构造取决于当地的自然条件，如岩土类型、地质构造、水文等。此外，路堑成巷道式，受排水、通风、日照影响，病害多于路堤，且行车视距差、行车条件和景观要求亦有所降低，施工难度大。所以，设计时应尽量少用很深的长路堑，必须时要选用合适情况的边坡坡率及边坡形式，以确保边坡的稳定可靠。同时加强排水，处理基底，保证基底不产生水温情况的恶化。在确定路线走向和进行路线平、纵面设计时，要兼顾日照、积雪、通风等因素，尽可能选用大半径平竖曲线和缓和的纵、横坡度等技术指标。等级较高的公路，还必须进行平面、纵面线形的组合设计，兼顾道路景观和环境协调，以改善路堑的行车条件。

三、填挖结合路基

在一个断面内，部分为路堤，部分为路堑的路基称为填挖结合路基。陡坡上的填挖结合路基，可根据地形、地质条件，采用护肩、砌石或挡土墙；当山坡高陡或稳定性差，不宜多挖时，可采用桥梁或悬出路台等构造物。图 2-3 是填挖结合路基横断面的基本形式。这种类型的路基工程量最小，是路基横断面设计时应当首先考虑的一种断面形式。如处理得当，路基稳定可靠，这种形式是比较经济的。但由于开挖部分路基为原状土，而填方部分为扰动土，往往这两部分密实程度不相同。另外，填方部分与山坡结合不够稳定，若处理不当，路基会在填挖交界面处出现纵向裂缝、填方沿基底滑动等病害。因此，应加强对填挖交界面结合处的处理；同时其处理技术方案还应满足《路基设计规范》的要求。

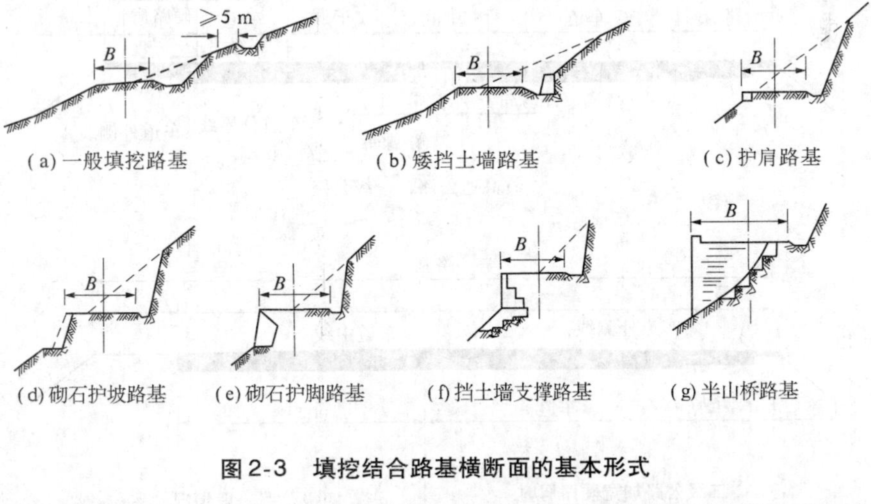

(a) 一般填挖路基　(b) 矮挡土墙路基　(c) 护肩路基

(d) 砌石护坡路基　(e) 砌石护脚路基　(f) 挡土墙支撑路基　(g) 半山桥路基

图 2-3　填挖结合路基横断面的基本形式

从路基稳定性需要考虑，陡坡路基一般应“宁挖勿填”或“多挖少填”；在陡峭山坡上，尤其是沿溪路线，为减少石方的开挖数量，避免大量废方阻塞溪流，有时又需要少挖多填。因此，填挖结合的路基，在选定路线和线形设计时，应予以统一安排，进行路线的平、纵、横

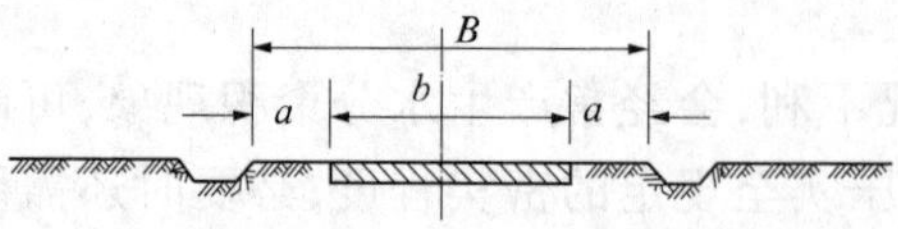

图 2-4　零填零挖路基横断面的基本形式

B—路基宽度；*b*—路面宽度；*a*—路肩宽度

三者综合设计，权衡利弊，择优而定。

四、零填零挖路基

图 2-4 是零填零挖路基的基本横断面形式。这种路基虽然节省土石方，但对排水非常不利，且原状土密实程度往往不能满足要求，容易发生水淹、雪埋、沉陷等病害，因此应尽量少用或不用该类路基，干旱的平原区和丘陵区、山岭区的山脊线方可考虑。为保证路基的稳定性，需要检查路床顶面以下 30 cm 范围内的密实程度，必要时翻松原状土重新分层碾压，或采用换填土层。同时路基两侧应设置边沟，以利于排水。

第三节　路基的构造

路基由宽度、高度和边坡坡率等构成。路基宽度取决于公路技术等级；路基高度取决于路线的纵坡设计及地形；路基边坡坡度取决于土质、地质构造、水文条件及边坡高度，并由边坡稳定性和横断面经济性等因素比较确定。下面分别叙述其确定方法。

一、路基宽度

路基宽度是在一个横断面上两路肩外缘之间的宽度。各级公路路基宽度为车道宽度与路肩宽度之和，当设有中间带、加（减）速车道、爬坡车道、紧急停车带、错车道等时，应计入这些部分的宽度。其相应宽度值的大小详见《公路工程技术标准》（JTG B01—2003）（以下简称《标准》）路线设计部分。各级公路路基标准横断面如图 2-5 所示。

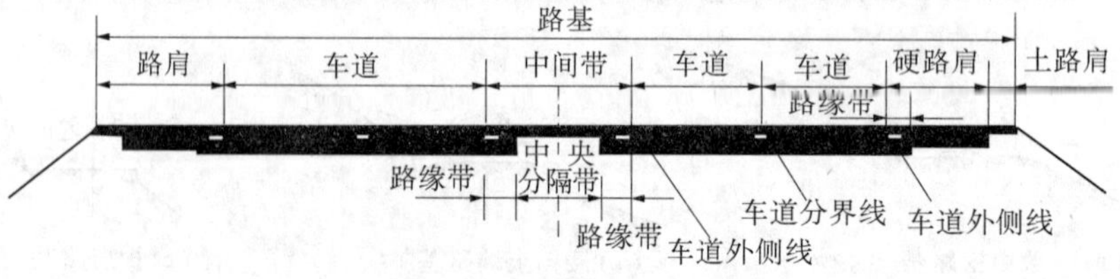

(a) 高速公路、一级公路

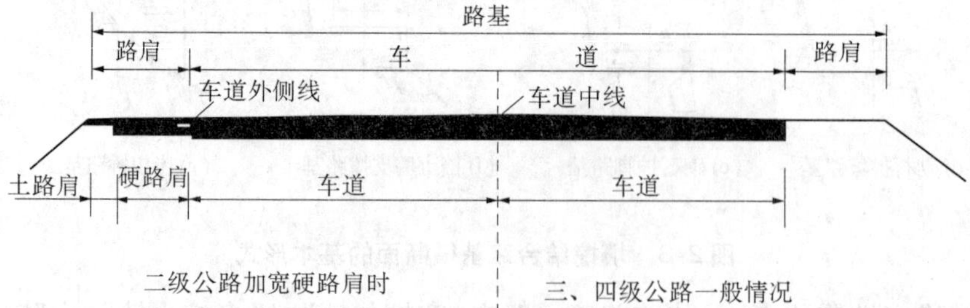

(b) 二、三、四级公路

图 2-5　路基标准横断面

高速公路、一级公路的路基横断面分为整体式和分离式两类。整体式断面包括车道、中间带（中央分隔带及左侧路缘带）、路肩（硬路肩及土路肩）以及紧急停车带、爬坡车道、加（减）速车道等；分离式断面包括车道、路肩（硬路肩及土路肩）以及紧急停车带、爬坡车道、加（减）速车道等。

二、三、四级公路的路基横断面包括车道、路肩以及错车道等。二级公路位于中、小城市城乡结合部、混合交通量大的连接线路段，实行快、慢车道分开行驶时，可根据当地经验设置车道或加宽右侧硬路肩。

各级公路路基宽度应符合《标准》中规定的宽度值，如表 2-2 所示。

表 2-2　各级公路路基宽度

公路等级		高速公路、一级公路								
设计速度（km/h）		120			100			80		60
车道数		8	6	4	8	6	4	6	4	4
路基宽度（m）	一般值	45.00	34.50	28.00	44.00	33.50	26.00	32.00	24.50	23.00
	最小值	42.00	—	26.00	41.00	—	24.50	—	21.50	20.00

公路等级		二级公路、三级公路、四级公路					
设计速度（km/h）		80	60	40	30	20	
车道数		2	2	2	2	2 或 1	
路基宽度（m）	一般值	12.00	10.00	8.50	7.50	6.50（双车道）	4.50（单车道）
	最小值	10.00	8.50	—	—	—	

注：1. “一般值”为正常情况下的采用值；“最小值”为条件受限制时可采用值。

2. 八车道高速公路路基宽度“一般值”为设置左侧硬路肩、内侧车道采用 3.50 m 时的宽度；八车道高速公路路基宽度“最小值”为不设置左侧硬路肩、内侧车道采用 3.75 m 时的宽度。

二、路基高度

路基高度与路基强度和稳定性有关，也与工程量的大小密切相关。所以，它既是路线纵断面设计的重点，也是路基设计的重点。

路基高度是路基设计标高和中桩地面标高的差值。路堤为填筑高度，路堑为开挖深度。路基设计标高：一般公路指路肩外缘的设计标高；高速公路和一级公路指中央分隔带外侧边缘的设计标高。此外，由于除平原区外，路基自然横断面多为倾斜面，所以路基宽度范围内，两侧的高差有较大差别。而路基两侧边坡高度是指填方坡脚或挖方坡顶与路基边缘的相对高差。这一高差通常称为边坡高度。当地面横坡度较大时，该边坡高度将严重影响路基的稳定，所以在路基设计时应引起重视。

路基高度的确定，是在路线纵断面设计时，综合考虑路线纵坡要求、路基稳定性和工程经济等因素后确定的。从路基的强度和稳定性要求出发，路基上部土层应处于干燥或中湿状态，并满足最小填土高度的要求。在满足上述条件的情况下，尽量满足“浅挖、低填、缓边坡”的《标准》要求。对于高路堤和深路堑，由于土石方数量大，占地多，施工困难，边坡稳定性差，行车不利，应尽量避免使用。矮路堤和浸水路堤，还要考虑排水和设计洪水频率要求。

三、路基边坡坡率

确定路基边坡坡率，是路基设计的基本任务。为保证路基稳定，路基两侧应做成具有一定坡度的坡面。公路路基边坡坡率，可用边坡高度 H 和边坡宽度 b 之比值表示。习惯将高度定为1，一般写成 $1:m$（路堤）或 $1:n$（路堑），称为边坡坡率。如图2-6所示，边坡坡率分别为1:0.5及1:1.5。

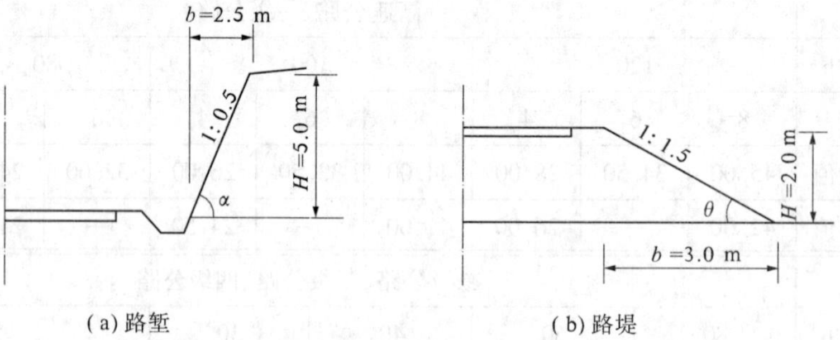

图2-6　路基边坡坡率示意

路基边坡坡率的大小，关系到边坡稳定和路基工程数量。边坡愈陡，稳定性愈差，若处理不当，易造成塌方等路基病害；边坡过缓，土石方数量增大，裸露面积增大，自然影响面加大，如果不能快速恢复生态，也会影响路基边坡稳定，所以在确定边坡坡率时，要根据实际情况，综合考虑路基边坡稳定、国家及地方环保政策、工程造价等因素后合理确定。

路基边坡坡率的大小，主要取决于地质、土壤与水文等自然因素。影响路基边坡稳定的因素是多方面的，除上述因素外，边坡的高度也是一个重要方面。在陡坡或填挖较人的路段，边坡稳定不仅影响土石方工程量的大小，也涉及工程施工的难易，是路基整体稳定的关键。一般路基的边坡坡度可根据多年工程实践经验和设计规范推荐的数值采用。

（一）路堤边坡

一般路堤边坡，当地质条件良好，边坡高度不大于20 m时，其边坡坡率不宜大于表2-3的《路基设计规范》中规定。

表2-3　路堤边坡坡率

填料种类	边坡坡率	
	上部高度（$H≤8$ m）	下部高度（$H≤12$ m）
细粒土	1:1.5	1:1.75
粗粒土	1:1.5	1:1.75
巨粒土	1:1.3	1:1.5

注：采用台阶式边坡时，下部边坡可采用与上部边坡一致的坡度。

沿河路堤边坡坡度,要求在设计水位以下部分视填料情况,可采用1∶1.75～1∶2.0;常水位以下部分可采用1∶2.0～1∶3.0。当公路沿线有大量天然石料或路堑开挖的废石方时,可用于填筑路堤。填石路堤坡面应用不易风化的较大(大于25 cm)石块砌筑,边坡坡度可用1∶1。

当沿着比较陡峻的山坡填筑路堤时,填方边坡接近平行于山坡,以致填方量过大或占地太宽,甚至无法填筑。此时,可以利用当地石料,分别砌筑护肩、护脚、边坡砌石及挡土墙等路基断面。

对边坡高度超过20 m的路堤或地面斜坡坡率陡于1∶2.5的路堤,以及不良地质、特殊地段的路堤,应进行个别勘察设计,对重要的路堤应进行稳定性监控。

(二)路堑边坡

路堑边坡根据路堑开挖的岩土性质可分为土质和石质两大类,其边坡形式也因高度和岩性的不同而有所区别,常见形式如图2-7所示。

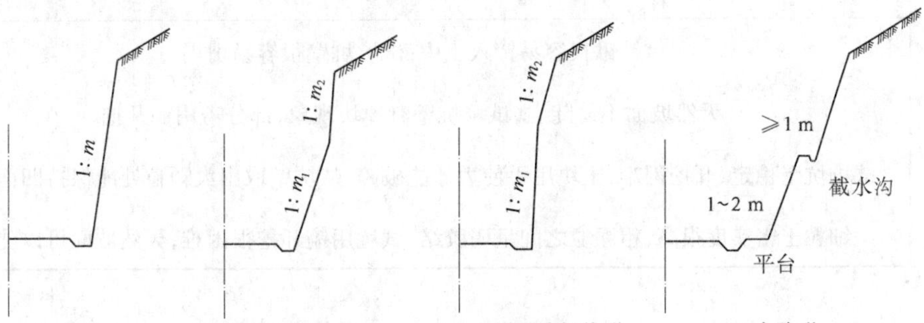

(a)直线形　(b)上陡下缓折线形　(c)上缓下陡折线形　(d)台阶形

图2-7　路堑边坡形式

在进行路堑边坡设计时,首先应从地貌和地质构造上判断其整体稳定性。遇到工程地质或水文地质条件不良的地层时,应尽量使路线绕开它;而对于稳定的地层,则应考虑开挖后,土体是否会由于失去了支撑、坡面风化加剧而引起失稳的因素。

影响路堑边坡稳定的因素非常复杂,路堑开挖深度、地质构造、岩性、岩石风化破碎程度、地下水和地表水的影响、土体结合的密实程度、土壤的性质、当地的自然气候、施工方法等都会影响路堑边坡的稳定性,所以在进行路堑边坡设计时必须综合考虑。

凡具有一定黏性的土质路堑,边坡高度小于20 m,其挖方边坡坡度可参照表2-4所列数值范围,结合当地已有公路的实践经验选择采用。

表2-4　土质路堑边坡坡率

土的类别		边坡坡率
黏土、粉质黏土、塑性指数大于3的黏土		1∶1
中密以上的中砂、粗砂、砂砾		1∶1.5
卵石土、碎石土、圆砾土、角砾土	胶结和密实	1∶0.75
	中密	1∶1

土的密实程度，应通过挖坑试验判别。其划分标准如表2-5所示。黄土、红黏土、高液限黏土、膨胀土等特殊土质的挖方边坡形式及坡率应按《路基设计规范》相关章节规定确定。

在确定岩石路堑边坡时，除考虑上述影响路堑边坡稳定性的因素外，由于存在地区自然差异，所以还要不断积累当地的实践经验，结合施工方法进行综合分析。根据长期的设计经验和部分地区的调查资料，岩石路堑边坡值可参照表2-6，结合当地的工程地质和水文条件，参考当地相应类型稳定的成形边坡坡度，加以对比选用。同时，还要根据环保设计要求修正边坡值。对于定性比较困难的地段，必要时还要进行个别设计与验算，并结合采用排水、防护与加固等技术措施。

表2-5　土的密实程度划分

分级	试坑开挖情况
较松	铁锹很容易铲入土中，试坑坑壁很容易坍塌
中密	天然坡面不易陡立，试坑坑壁有掉块现象，部分需用镐开挖
密实	试坑坑壁稳定，开挖困难，土块用手使力才能破碎，从坑壁取出大颗粒处能保持凹面形状
胶结	细粒土密实度很高，粗颗粒之间呈弱胶结，试坑用镐开挖很困难，天然坡面可以陡立

表2-6　岩质路堑边坡坡率

边坡岩体类型	风化程度	边坡坡率	
		$H<15$ m	15 m$\leqslant H<30$ m
Ⅰ类	未风化、微风化	1∶0.1～1∶0.3	1∶0.1～1∶0.3
	弱风化	1∶0.1～1∶0.3	1∶0.3～1∶0.5
Ⅱ类	未风化、微风化	1∶0.1～1∶0.3	1∶0.3～1∶0.5
	弱风化	1∶0.3～1∶0.5	1∶0.5～1∶0.75
Ⅲ类	未风化、微风化	1∶0.3～1∶0.5	
	弱风化	1∶0.5～1∶0.75	
Ⅳ类	弱风化	1∶0.5～1∶1	
	强风化	1∶0.75～1∶1	

岩石的风化破碎是地质动力作用与长期风化作用的共同结果。表2-7为岩石风化破碎程度外观特征分级表。

土质挖方边坡高度超过20 m，岩质挖方边坡高度超过30 m以及不良地质、特殊岩土地段的挖方边坡，应进行个别勘察设计。

表 2-7 岩石风化破碎程度分级

分级	外观特征				
	颜色	矿物成分	结构构造	破碎程度	强度
轻度	较新鲜	无变化	无变化	节理不多,基本上是整体,节理基本不张开	基本上不降低,用锤敲很容易回弹
中等	造岩矿物失去光泽,色变暗	基本不变	无显著变化	开裂成 20 ~ 50 cm 的大块状,大多数节理张开较小	有降低,用锤敲声音仍较清脆
严重	显著改变	有次生矿物产生	不清晰	开裂成 5 ~ 20 cm 的碎石状,有时节理张开较多	有显著降低,用锤敲声音低沉
极重	变化极重	大部分成分已改变	只具外形,矿物间已失去结晶联系	节理极多,爆破以后多呈碎石土状,有时细粒部分已具塑性	极低,用锤敲时不易回弹

第四节　路基的附属设施

为保证路基稳定和行车的安全畅通,除应认真搞好路基结构及必要的排水、加固与防护等主体工程外,根据《标准》“路基设计应重视排水设施与防护设施的设计,取土、弃土应进行专门设计,防止水土流失、堵塞河道和诱发路基病害”的要求,还应同时合理设置取土坑、弃土堆、护坡道、碎落台、堆料坪、错车道及护栏等。这些附属设施也是路基设计的组成部分,正确合理的设置也是十分重要的。

一、取土坑与弃土堆

路基土石方的挖填平衡,是公路路线设计的基本原则之一,但往往难以做到完全平衡。土石方数量经过合理调配后,不可避免地在全线还会出现借方和弃方(又称废方)。路基土石方的借或弃,首先要合理选择地点,即确定取土坑或弃土堆的位置。选点时要兼顾土质、数量、用地及运输条件等因素,还必须结合沿线区域规划,因地制宜,综合考虑,维护自然平衡,防止水土流失,做到借之有利、弃之无害。借、弃所形成的取土坑或弃土堆,要求尽量结合当地地形,力争得以充分利用,并注意外形规整,弃堆稳固。对高等级公路或位于城郊附近的干线公路,尤其应注意。

平坦地区,如果用土量较少,可以沿路两侧设置取土坑,与路基排水和农田灌溉相结合。路旁取土坑,大致如图 2-8 所示,深度约 1.0 m 或稍大一些,宽度依用土数量和用地允许情况而定。为防止坑内积水危害路基,当堤顶与坑底高差不足 2.0 m 时,在路基坡脚与取土坑之间需要设宽度不小于 1.0 m 的护坡平台,坑底设纵横排水坡及相应设施。

河水淹没地段的桥头引道近旁一般不设取土坑,如设取土坑要设在距河流中水位边界 10 m 以外,并与导治结构物位置相适应。此类取土坑要求水流畅通,不得长期积水危

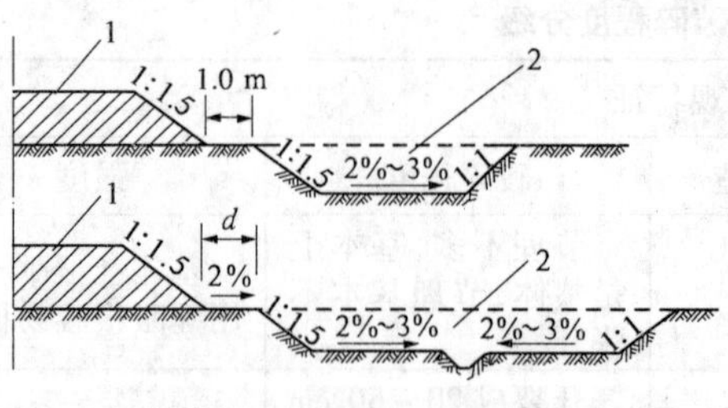

图 2-8　路旁取土坑示意

1—路堤；2—取土坑

及路基或构造物的稳定。

路基开挖的废方，应尽量加以利用，如用以加宽路基或加固路堤，填补坑洞或路旁洼地，也可兼顾农田水利或基建等所需，不得任意倾倒，要做到变废为利，弃而不乱，并采取必要的防护措施。

废方一般选择路旁低洼地，就近弃堆。当地面横坡缓于 1:5 时，弃土堆可以设在路堑两侧，地面较陡时，宜设在路基下方。沿河路基爆破后的废石方，往往难以远运，条件许可时可以部分占用河道，但要注意河道压缩后，不致壅水危及上游路基及附近农田等。路旁弃土堆的设置，大致如图 2-9 所示，要求堆弃整平，顶面具有适当的横坡，并设置排水沟，宽度 d 与地面土质有关，最小 3.0 m，最大可按路堑深度加 5.0 m，即 $d \geqslant (H+5.0)$m。弃土堆表面应进行绿化设计，以使其尽快恢复生态。

积砂或积雪地区的弃土堆，宜有利于防砂防雪，可设在迎风面一侧，并且有足够的距离。

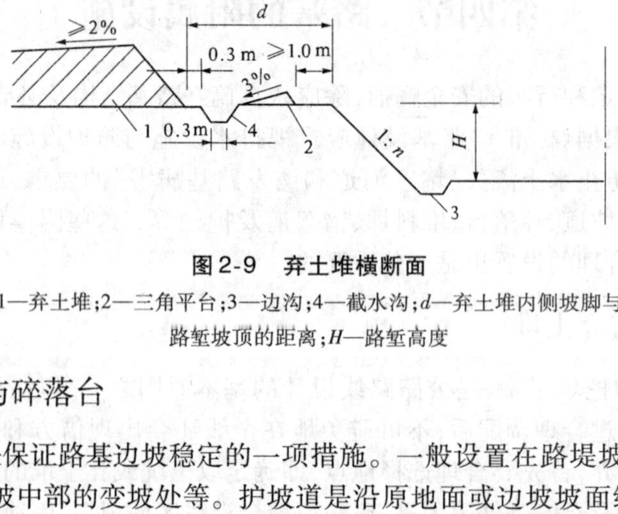

图 2-9　弃土堆横断面

1—弃土堆；2—三角平台；3—边沟；4—截水沟；d—弃土堆内侧坡脚与路堑坡顶的距离；H—路堑高度

二、护坡道与碎落台

设置护坡道是保证路基边坡稳定的一项措施。一般设置在路堤坡脚，如取土坑与坡脚之间，高路堤边坡中部的变坡处等。护坡道是沿原地面或边坡坡面纵向做成的有一定宽度的平台，如图 2-10(a)所示。设置的目的是加宽边坡横向距离，减小边坡平均坡度，增加边坡整体稳定性。护坡道愈宽，愈有利于边坡稳定，但工程量也随之增加。护坡道宽度至少为 1.0 m，兼顾路基稳定与经济合理，通常护坡道宽度 d 视边坡高度 h 而定，$h \geqslant 3.0$ m时，$d=1.0$ m；$h=3\sim6$ m 时，$d=2.0$ m；$h=6\sim12$ m 时，$d=2\sim4$ m。浸水路基的护坡道，可设在浸水线以上的边坡上。

在岩石破碎、土质较差或土夹石地段开挖路堑，在雨水作用下，路堑边坡经常发生碎落坍方，容易堵塞边沟或阻碍交通。因此，可在边沟外侧或路堑边坡中间预设碎落台，如图 2-10(b)所示，以供风化碎落土石块积聚，养护时再作定期清除。设置碎落台，同时提高了边坡稳定性，兼有护坡道和视距台(弯道)的作用。碎落台宽度一般为 1.0～1.5 m。

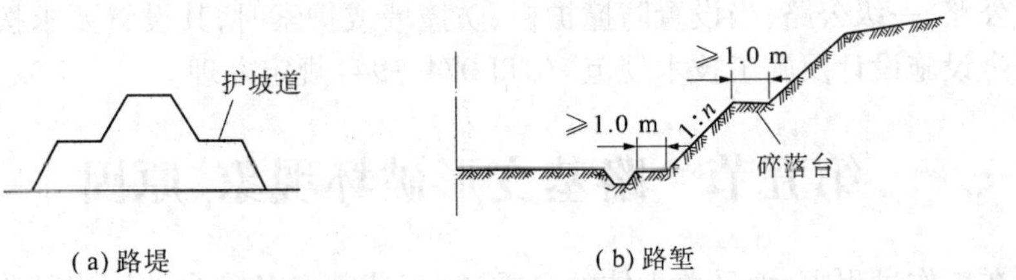

图2-10　护坡道、碎落台示意

三、堆料坪与错车道

二级以下公路，路面养护所用集料，可以就近选择路旁合适地点堆置备用。也可以在路肩外侧设置堆料坪，其面积可结合地形与材料数量而定，一般每隔50～100 m设置一个，其长为5.0～8.0 m，宽为2.0 m左右，如图2-11所示。

《标准》规定，四级公路采用4.5 m路基时，应设置错车道。设置错车道的该段道路的路基宽度不得短于6.5 m，通常应每隔200～500 m设置一处错车道。按《标准》规定，错车道的长度不得短于30 m，两端各有长为10 m的出入过渡段，中间10 m供停车用，如图2-12所示。错车道是单车道路基的一个组成部分，应与路基同时设计与施工。

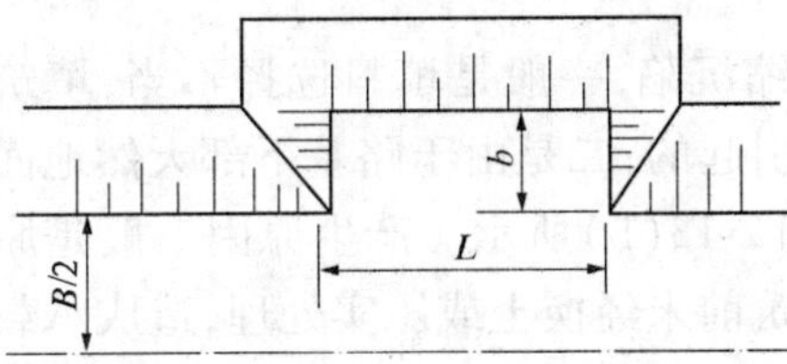

图2-11　堆料坪示意

b—堆料坪宽度；*L*—堆料坪长度；*B*—路基宽

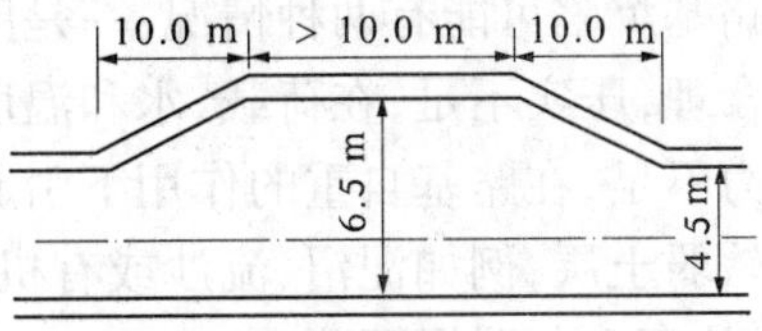

图2-12　错车道

四、护栏

护栏是公路附属的安全设施。不封闭的各级公路，当路堤高度大于或等于6 m，以及急弯、陡峻山坡、桥头引道等危险路段应设置护栏。设置护栏路段的路基，一侧应加宽0.5 m，以保持设置护栏后的路肩宽度。护栏分墙式和柱式两种。重力式挡土墙、砌石、填石路基应该采用墙式护栏；其他情况可以设置柱式护栏。

墙式护栏的内侧为路肩边缘，外侧距路基边缘应为10 cm。墙式护栏应采用浆砌片(块)石或混凝土块砌筑，宽40 cm，高出路肩50～60 cm，每段长200 cm，净间距200 cm。墙式护栏应用M7.5水泥砂浆砌筑、抹面，外涂白色。

柱式护栏中心距内侧路肩边缘应为20 cm，距外侧路基边缘应为30 cm。柱式护栏宜采用钢筋混凝土制作，直径为15～20 cm，高出路肩70～80 cm，埋深约70 cm。柱式护栏中心距，在平曲线路段为200 cm，在直线路段为300 cm。柱式护栏应用涂料标出红白相间的条纹或加反光材料。

高速公路、一级公路，当设置防撞护栏、防撞墙或护索时，其设置要求按现行《高速公路交通安全设施设计及施工技术规范》(JTJ 074—94)规定办理。

第五节　路基变形破坏现象、原因

路基在工作过程中，承受着土体的自重、行车荷载和各种自然因素的作用，如遇设计和施工不当，必然产生各种病害，严重时，危及路基的整体性和稳定性。

一、路基变形、破坏的形式

(一)路基沉陷

路基沉陷是指路基表面在垂直方向产生的不均匀的竖向变形，如图 2-13 所示。

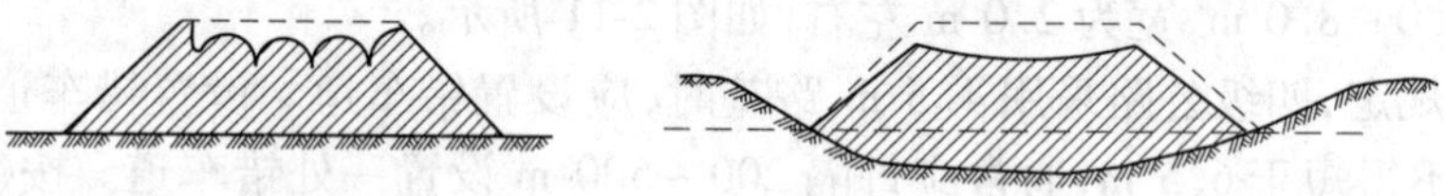

(a) 堤身下陷　　(b) 地基下陷

图 2-13　路基沉陷

路基沉陷可能有两种情况：一是路基本身的压缩沉陷，一般是填料选择不当，填筑方法不合理，压实不足，在荷载、水和温度综合作用下引起的；二是由于路基下部天然地面承载能力不足，在路基自重的作用下引起的沉陷，如图 2-13(b)所示。产生原因一般是原地面为软弱土层，例如泥沼、流沙或有机质堆积等，填筑前未经换土或压实处理，造成承载力不足，从而引起路堤下陷。

(二)路基边坡坍方

路基边坡因坡度过陡，或受水冲刷，或岩土风化，或地震造成边坡土体坍塌的现象叫坍方。

按其破坏规模与原因的不同，路基边坡的坍方可分为剥落、碎落、滑坍、崩坍、坍塌等，如图 2-14 所示。

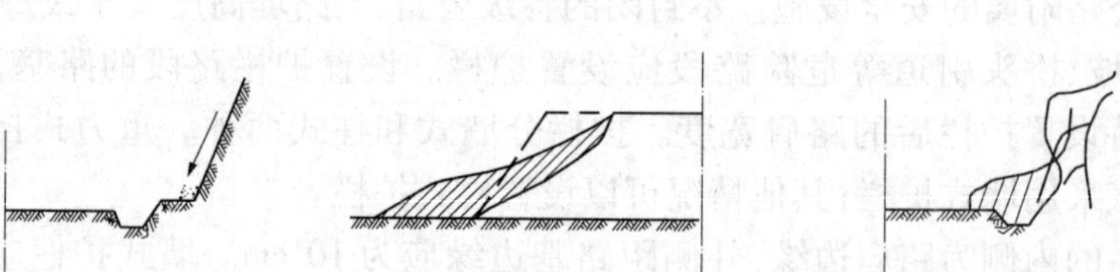

(a) 剥落、碎落　　(b) 滑坍　　(c) 崩坍

图 2-14　路基边坡坍方

剥落是指边坡土层或风化岩层表面，在大气的干湿或冷热的循环作用下，表面不断风化，使表层土或岩石成片状或带状从坡面上剥落下来的现象，而且老的脱落后，新的又不断产生。

碎落是坡面岩体风化、破碎比较严重时的一种现象。

滑坍是指路基边坡土体或岩石沿着一定的滑动面整体向下滑动，其规模与危害程度较碎落更为严重，有时滑动体可达数百立方米以上。

崩坍是岩体或土体脱离母岩而沿边坡倾落下来的现象。

坍塌（亦称堆坍）主要是由于土体（或土石混杂的堆积物）遇水软化，而边坡又在45°～60°之间，且边坡无支撑情况下产生的坍陷。

路基边坡坍方的主要原因有：挖方边坡过陡，覆盖土体比较松散，边坡为顺向坡，填筑路堤方法不当，土体过于潮湿，坡脚被水冲刷，岩石破碎和风化严重等。

（三）路基沿山坡滑动

在较陡的山坡上填筑路基，如果原有地面较光滑，未作必要的处理，如未进行凿毛或人工开挖台阶，或植被未清除，坡脚又未进行必要的支撑，特别是在受到水的浸润后，填方路基与原地面之间摩擦阻力减小，从而造成路基整体或局部沿地面向下移动，如图2-15所示。

（四）不良地质水文条件造成的路基破坏

公路通过不良地质水文地区，或遭受较大的自然灾害作用，如巨型滑坡、泥石流、地震及特大暴雨等，均能导致路基的大规模破坏。

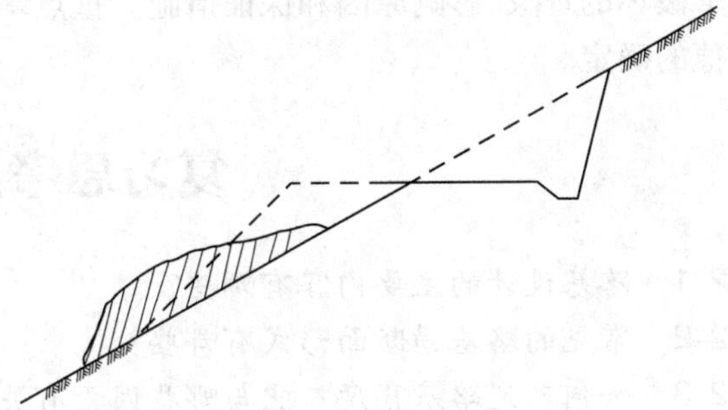

图2-15　路堤沿山坡滑动

二、路基变形、破坏的原因

综上所述，路基发生变形、破坏的主要原因可归纳为如下几个方面：

（1）不良的工程地质与水文地质条件。

（2）不利的水文与气候因素。

（3）设计不合理。

（4）施工不符合设计图纸和施工规范规定要求。

上述原因中，地质和水文条件是影响路基工程质量和产生病害的主要因素。为此，必须强调设计前应详细地进行地质与水文的勘察工作，针对具体条件及各种因素的综合作用，采取正确的设计方案和施工方法，消除或尽可能减少路基病害，确保路基工程达到规定的质量要求。

三、保证路基强度与稳定性的措施

路基因大面积裸露于大气之中，其强度和稳定性很大程度上受到当地地形、地质、气候等自然条件的影响，此外设计、施工质量的好坏也是影响路基强度与稳定性的主要原因。因此，为保证路基的强度与稳定性，必须深入进行调查研究，仔细分析各种自然因素与路基的关系，抓住主要问题，采取有效措施。一般有如下措施：

（1）合理选择路基横断面形式，正确确定边坡坡率。

(2)选用工程性质良好的土填筑路基。

(3)严格执行施工规范、规程,选择正确的施工方法。

(4)充分压实土基,提高土基的强度和水稳定性。

(5)正确地进行地面和地下的排水设计。

(6)合理选用边坡加固与防护措施,以及修筑支挡结构物;对存在稳定性隐患的边坡,应进行稳定性分析,采用加固、防护措施。

(7)特殊地质环境地段的路基,必须与该特殊工程整治措施相结合,进行综合设计。

本章小结

通过本章学习,要求学生能根据《路基设计规范》进行一般路基的横断面设计,掌握路基宽度、高度和边坡坡度的确定方法,了解其他路基附属设施的设计原则与方法以及路基变形破坏的现象、影响原因和保证措施。重点掌握路基横断面的基本形式及一般路基边坡值的确定。

复习思考题

2-1 路基设计的主要内容有哪些?

2-2 常见的路基横断面形式有哪些?

2-3 如何确定路基宽度? 它与哪些因素有关?

2-4 路基高度和路基稳定性与工程量的大小关系如何? 如何控制?

2-5 分别叙述路堤边坡和路堑边坡坡度的确定因素。

2-6 如何设计路基附属设施?

第三章　路基边坡稳定性设计

本章学习重点

直线法和圆弧法确定稳定系数的步骤及陡坡路堤边坡稳定性验算方法。

第一节　概　述

一般路基设计可套用典型横断面图，不必进行边坡论证和验算，然而对高路堤、深路堑、陡坡路堤、浸水路堤以及不良地质的路基，应进行个别分析、设计及验算，以确定安全可靠、经济合理的路基断面形式，并寻找相应的防护与加固措施。

路基稳定性，除施工质量等因素外，一般取决于边坡和地基的稳定性，填筑在陡坡上的路堤，还取决于路堤在陡坡上的稳定性。地基的稳定性涉及水文地质、地形、填土高度与经济因素。本章主要对土质边坡的稳定性、陡坡路堤的整体稳定性等作简要介绍。

一、边坡破坏形状

大量的实践证明，边坡破坏时，要形成一滑动面，该面的形状和路基填土的性质有关，由松散的砂土或砂性土或渗水材料填筑的路堤，边坡破裂的形状近乎直线平面，可按直线滑动面法验算边坡的稳定性；以黏性土填筑的路堤，破坏时形状为一曲面，为简化计算，通常近似地假设为一圆弧状滑动面；有的则可能是不规则的折线平面，如图 3-1 所示。

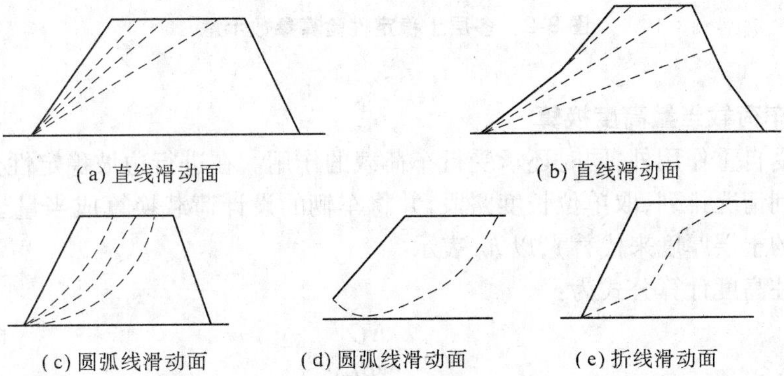

(a) 直线滑动面　(b) 直线滑动面　(c) 圆弧线滑动面　(d) 圆弧线滑动面　(e) 折线滑动面

图 3-1　边坡破坏形状示意

二、边坡稳定性验算的计算参数

(一) 土的计算参数

对于路堑或天然边坡，土的计算参数有以下几种：

(1)原状土的容重 γ,kN/m³;

(2)内摩擦角 φ(°);

(3)黏聚力 c,kPa。

对于路堤边坡,土的计算参数有以下几种:

(1)压实后土的容重 γ,kN/m³;

(2)内摩擦角 φ(°);

(3)黏聚力 c,kPa。

路堤边坡时,应取与现场压实度一致的压实土的试验数据。

由多层土体所构成的边坡,如图 3-2 所示,其稳定性验算参数,可采用以层厚为权重的加权平均值法,如下式:

$$\gamma=\frac{\gamma_1 h_1+\gamma_2 h_2+\cdots+\gamma_n h_n}{h_1+h_2+\cdots+h_n} \tag{3-1}$$

$$c=\frac{c_1 h_1+c_2 h_2+\cdots+c_n h_n}{h_1+h_2+\cdots+h_n} \tag{3-2}$$

$$\tan\varphi=\frac{\tan\varphi_1 h_1+\tan\varphi_2 h_2+\cdots+\tan\varphi_n h_n}{h_1+h_2+\cdots+h_n} \tag{3-3}$$

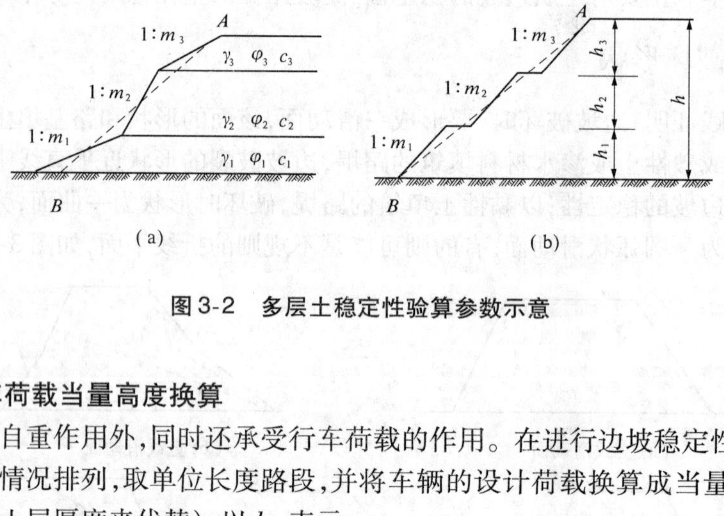

图 3-2　多层土稳定性验算参数示意

(二)汽车荷载当量高度换算

路堤除受自重作用外,同时还承受行车荷载的作用。在进行边坡稳定性分析时,需将车辆按最不利情况排列,取单位长度路段,并将车辆的设计荷载换算成当量土柱高度(即以相等压力的土层厚度来代替),以 h_0 表示。

当量土柱高度计算公式为:

$$h_0=\frac{NG}{\gamma BL} \tag{3-4}$$

式中 N——横向分布的车辆数,单车道 $N=1$,双车道 $N=2$;

G——每一辆车的自重,kN;

γ——路基填料的容重,kN/m³;

L——汽车前后轴(或履带)的总距;

B——横向分布车辆轮胎最外缘之间总距,m,其计算公式为:$B=Nb+(N-1)d$(见图 3-3),其中 d 为车身的净距,b 可近似取车身宽度,m。

（三）边坡取值

边坡稳定性分析时，对于折线形或阶梯形边坡，一般可取平均值，也可用坡顶与坡脚连线近似表达。

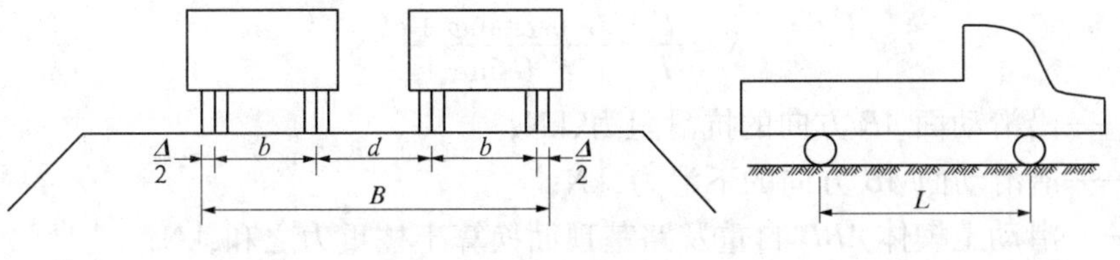

图 3-3　汽车荷载布置示意

第二节　边坡稳定分析方法

边坡稳定性分析的方法，按失稳土体的滑动面特征，大体分为直线、曲线和折线三大类，而且均以土的抗剪强度为理论基础，按力的极限平衡原理建立相应的计算公式。

路基边坡稳定性分析计算方法，还可以分为工程地质法（比拟法）、力学分析法和图解法。

一、工程地质法

根据不同的土类及所处状态，由调查及长期生产实践，拟定边坡稳定值的参考数据，在设计时，将影响边坡稳定的因素作比拟，采用类似工程地质条件下的稳定边坡值。应调查收集的资料如下：

（1）土的名称、类别、组成结构、密度、成因等，或者岩石的岩性结构构造、风化破碎程度等；

（2）地表水、地下水的状况；

（3）当地相似条件的自然极限山坡或人工开挖边坡的坡度及现状；

（4）人工边坡采用的施工方法。

二、力学分析法和图解法

力学分析法是数解方法，对于某些比较复杂的数解方法，亦可运用图解法加以简化。任何一种方法都有针对性和局限性，现有的各种方法均属于近似解。

力学分析法，首先假定出若干个可能的滑动面，再按力学平衡原理，对每个可能的滑动面进行验算，从中找出最危险的滑动面，以此来判断边坡的稳定性。在进行边坡稳定性分析时有如下假设：

（1）不考虑滑动土体本身内应力的不均匀分布；

（2）滑动土体无局部的变形和移动；

（3）极限平衡状态只在滑动面上达到。

(一)直线法验算

直线法适用于砂性土、砂土(两者合为砂类土),土的抗力以内摩擦力为主,黏聚力甚小,边坡破坏时,破裂面近似平面。

计算公式:

$$K=\frac{F}{T}=\frac{G\cos\alpha\tan\varphi+cL}{G\sin\alpha} \tag{3-5}$$

式中 F——沿滑动面 AB 方向的抗滑阻力,kN;

T——沿滑动面 AB 方向的下滑力,kN;

G——滑动土楔体 ABD 自重及路基顶面换算土柱重力之和,kN;

α——滑动面 AB 对于水平面的夹角(°);

φ——路堤填土的内摩擦角(°);

c——路堤填土的黏聚力,kPa;

L——滑动面 AB 的长度,m。

分析:先假定路堤边坡值,然后通过坡脚 A 点,假定 3 ~4 个可能的滑动面倾角值 α_i,如图 3-4(a)所示,求出相应的稳定性系数 K_i 值,得出 K_i 与 α_i 的关系曲线,如图 3-4(b)所示,在 $K=f(\alpha)$ 关系曲线上找到最小稳定系数 K_{min} 及对应的极限破裂面倾斜角 α_0 值。

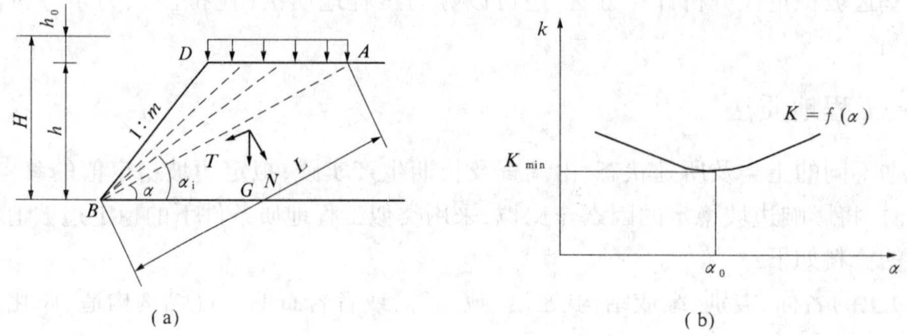

图3-4 直线法验算图

由于土工试验所得的 c、φ 值有一定的局限性,为保证边坡有足够的安全贮备量,稳定性系数 $K_{min}\geqslant 1.25\sim1.5$,但 K 值亦不宜过大,以免工程不经济,所以 K 值一般取 1. 25 ~ 1. 5。

当为砂类土时,c 很小,可以忽略不计,则公式(3-5)可表达为:

$$K=\frac{F}{T}=\frac{\tan\varphi}{\tan\alpha} \tag{3-6}$$

$K=1$ 时,路堤处于极限平衡状态,路堤极限坡度等于内摩擦角,坡角 α 为自然休止角。

$K>1$ 时,路堤边坡处于稳定状态,且与边坡高度无关。

$K<1$ 时,不论边坡高度多少,路堤都不能保持稳定。

(二)圆弧法验算

圆弧法适用于黏性土,因为黏性土具有显著的黏聚力,而内摩擦力较小,土坡破坏时滑动面有时像圆柱形,有时像碗形,而并非简单线形。

1. 基本原理

通过坡角先假定一圆弧滑动面，将圆弧滑动面上的土体分成若干竖向土条，依次计算每个土条滑动面圆心的抗滑力矩和下滑力矩，然后分别叠加求出整个滑动土体的抗滑力矩和滑动力矩，再求它们的比值可得稳定系数，从而判断出路基边坡是否稳定。如图 3-5 所示。

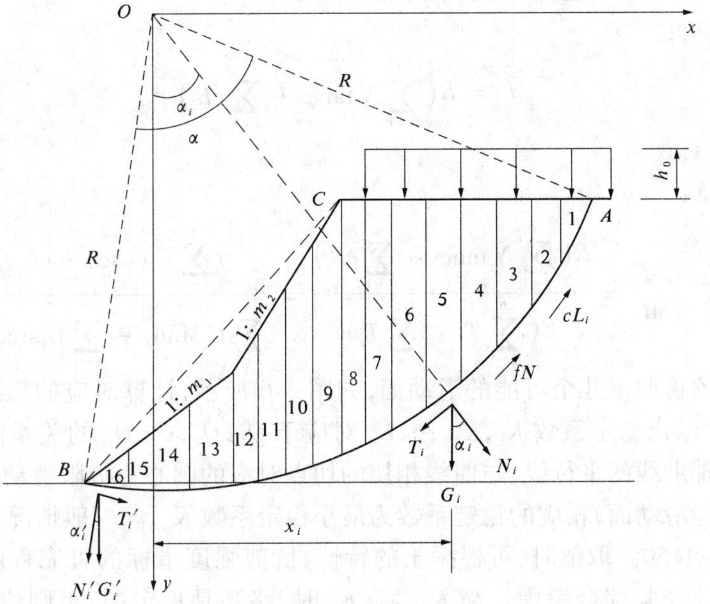

图 3-5　条分法边坡稳定性设计

2. 验算步骤与计算公式

1）选定圆弧滑动面

通过坡脚任意选定可能的圆弧滑动面，其半径为 R。取单位长的路段，将其划分为若干个垂直土条，其宽一般取 2 ~4 m。

2）计算土条

计算每个土条的自重（包括其上部换算土柱的重力），引至滑动圆弧上，并分解到滑动面的法向和切线方向上。

法向分力：
$$T_i = G_i \sin\alpha_i \tag{3-7}$$

切向分力：
$$N_i = G_i \cos\alpha_i \tag{3-8}$$

式中　G_i——第 i 条土体重，kN；

α_i——第 i 条土体弧段中心点的径向线与该点垂线之间的夹角，$\alpha_i = \arcsin \dfrac{x_i}{R}$。

以点 O 为转动圆心，R 为转动力臂，计算滑动面上各土条对点的转动力矩。

滑动力矩 M_s：

$$M_s = R\left(\sum_{i=1}^{n} T_i - \sum_{i=1}^{m} T_i \right) \tag{3-9}$$

式中　$\sum_{i=1}^{n} T_i$——Oy 轴右侧的力矩；

$\sum_{i=1}^{n} T'_i$——Oy 轴左侧的力矩，与 Oy 轴右侧的力矩方向相反；

n——Oy 轴右侧的土条数；

m——Oy 轴左侧的土条数。

抗滑力矩 M_r：

$$M_r = R\left(\sum_{i=1}^{n} N_i \tan\varphi + \sum_{i=1}^{n} cL_i\right) \tag{3-10}$$

3）求稳定系数

稳定系数 K：

$$K = \frac{M_r}{M_s} = \frac{R\left(\sum_{i=1}^{n} N_i \tan\varphi + \sum_{i=1}^{n} cL_i\right)}{R\left(\sum_{i=1}^{n} T_i - \sum_{i=1}^{m} T_i\right)} = \frac{f\sum_{i=1}^{n} G_i\cos\alpha_i + cL}{\sum_{i=1}^{n} G_i\sin\alpha_i - \sum_{i=1}^{m} G_i\sin\alpha_i} \tag{3-11}$$

按上述步骤再假定几个可能的滑动面，如图 3-6 所示，计算对应的稳定系数 K，在圆心辅助线 MI 上绘出稳定系数 $K_1, K_2, \cdots, K_n$ 对应于 $O_1, O_2, \cdots, O_n$ 的关系曲线，在该曲线最低点作圆心辅助线的平行线，与曲线相切的切点对应的圆心为极限滑动面圆心，对应的滑动面为最危险滑动面，相应的稳定系数为最小稳定系数 $K_{\min}$。一般情况下，容许稳定系数 $[K]=1.25\sim1.50$。取值时，可根据土的特性、抗剪强度指标的可靠程度、公路等级和地区气候特点及经验综合考虑。当 $K_{\min} \geqslant [K]$ 时，路基是稳定的，否则应采取相应的措施，如放缓边坡、更换填料等，重新进行稳定性验算，直至满足要求为止，或选择适当的加固措施。

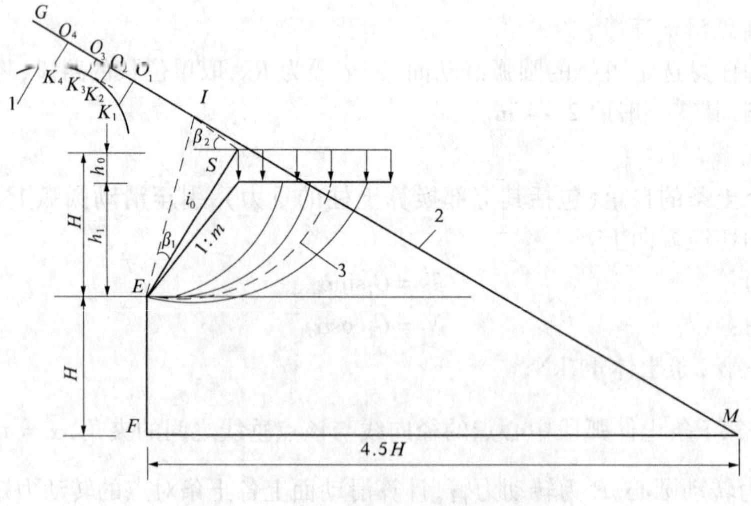

图 3-6　4.5H 法最危险滑动面圆心确定

1—K 值线；2—圆心辅助线；3—最危险滑动圆弧

4）危险圆心辅助线的确定

确定危险圆心辅助线的方法有4.5H法和36°法、表解法。

（1）4.5H法。①自坡脚E点向下作垂直线，垂直线长度$H=h_1+h_0$（若不考虑荷载，则$H=h_1$）得F点；②自F点向右作水平线，在水平线上量取4.5H得M点，M点为圆心辅助线上一点；③计算平均边坡i_0，并连接E、S点（不考虑荷载时，S点为路肩外边缘点，$H=h_1$），根据i_0值查表3-1得β_1和β_2；④自E点以ES线为一边，逆时针旋转β_1角得一边线EI；⑤自S点以水平线为边线，顺时针转β_2角得另一边线SI，边线EI和SI相交于I点，I点为圆心辅助线上的另一点；⑥连接M点和I点并向左上角延伸至G，则MG即为圆心辅助线，如图3-6所示。

表3-1　辅助线作图角值

边坡坡度	边坡倾斜角	β_1	β_2
1.0∶0.5	60°00′	29°	40°
1.0∶1.0	45°00′	28°	37°
1.0∶1.5	33°40′	26°	35°
1.0∶2.0	26°34′	25°	35°
1.0∶3.0	18°26′	25°	35°
1.0∶4.0	14°03′	25°	36°
1.0∶5.0	11°19′	25°	37°

如果$\varphi=0$，I点即为最危险滑动面的圆心；如果$\varphi>0$，最危险滑动面的圆心在MI辅助线的延长线上。

（2）36°法。为简化计算，圆心辅助线可通过路基边缘E点或荷载当量高度边缘E点作一水平线，顺时针旋转36°作一射线，该射线即为圆心辅助线，如图3-7所示。

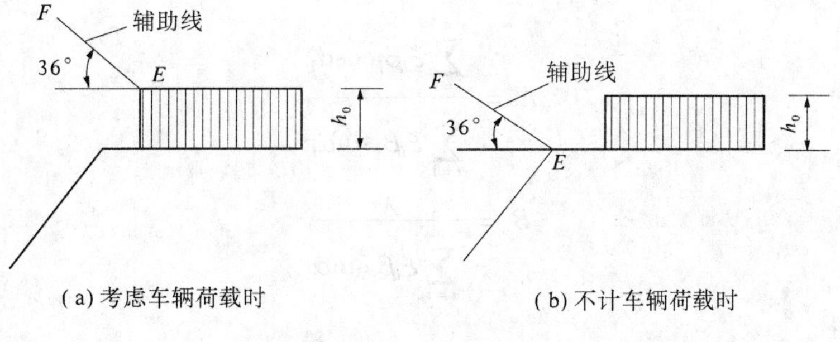

图3-7　36°法绘辅助线图

（3）表解法。如图3-8所示，将土体划分成各小块，其宽为b、高为a、滑弧全长为L，将此三者换算成关于边坡高度H的表达式，即：

$$b_i=\beta_i H, a=\xi_i H, L=\lambda H \tag{3-12}$$

每1 m坡长的土块总重量为：

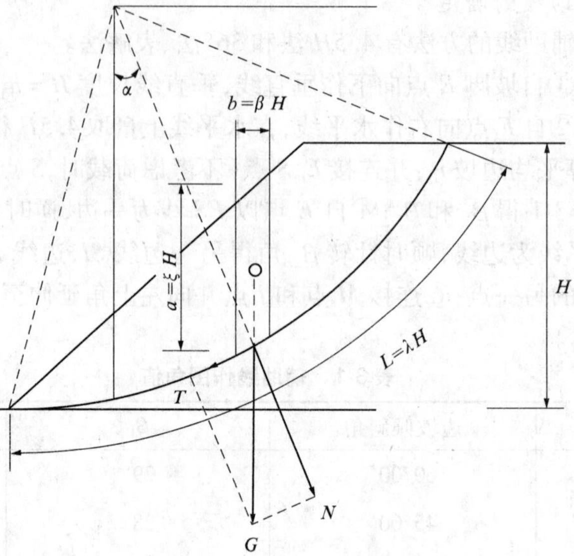

图 3-8　表解法边坡稳定性分析原理

$$G_i = a_i b_i \cdot 1 \cdot \gamma = \gamma \xi_i \beta_i H^2 \tag{3-13}$$

其法向和切向分力分别为：

$$N_i = G_i \cos\alpha_i = \gamma \xi_i \beta_i H^2 \cos\alpha_i, \quad T_i = G_i \sin\alpha_i = \gamma \xi_i \beta_i H^2 \sin\alpha_i \tag{3-14}$$

式中　H——边坡高度，m；

A、B——取决于几何尺寸的系数，可由表 3-2 查得。

稳定系数 K 为：

$$K = \frac{f\sum_{i=1}^{n} N_i + cL}{\sum_{i=1}^{n} T_i} = \frac{f\sum_{i=1}^{n} \xi_i \beta_i \gamma H^2 \cos\alpha_i + c\lambda H}{\sum_{i=1}^{n} \xi_i \beta_i \gamma H^2 \sin\alpha_i} \tag{3-15}$$

令

$$A = \frac{\sum_{i=1}^{n} \xi_i \beta_i \cos\alpha_i}{\sum_{i=1}^{n} \xi_i \beta_i \sin\alpha_i}$$

$$B = \frac{\lambda}{\sum_{i=1}^{n} \xi_i \beta_i \sin\alpha}$$

由此可得

$$K = fA + \frac{c}{\gamma H}B \tag{3-16}$$

A 与 B 随路基边坡坡度而变化，如表 3-2 所示。

【例 3-1】　已知路基高度 13 m，顶宽 10 m，其横截面初步拟定如图 3-9 所示。路基填土为粉质中液限亚黏土，土的黏聚力 $c = 10$ kPa，内摩擦角 $\varphi = 24°$（$\tan\varphi = 0.45$），填料容重 $\gamma = 17$ kN/m^3，一辆车的重力为 800 kN。试分析其边坡稳定性。

解：

(1)用方格纸以1:50比例绘出路基横断面。

(2)将车辆换算成土柱高度(当量高度)。

设其中一车辆停在路肩上，另一车辆以最小间距 $d=0.4$ m 与它并排。

$$h_0=\frac{NQ}{\gamma BL}=\frac{2\times800}{6.4\times7.4\times17}=2.0\ (\text{m})$$

表 3-2 滑动面通过坡角时表解法的 A、B 值

边坡坡度	滑动圆弧的圆心									
	O_1		O_2		O_3		O_4		O_5	
	A	B	A	B	A	B	A	B	A	B
1:1	2.34	5.79	1.87	6.00	1.57	6.57	1.40	7.50	1.24	8.80
1:1.25	2.64	6.05	2.16	6.35	1.82	7.03	1.66	8.03	1.48	9.56
1:1.5	3.06	6.25	2.54	6.50	2.15	7.15	1.90	8.33	1.71	10.10
1:1.75	3.44	6.35	2.87	6.58	2.50	7.22	2.18	8.50	1.96	10.41
1:2	3.85	6.50	3.23	6.70	2.80	7.26	2.45	8.45	2.21	10.10
1:2.25	4.25	6.64	3.58	6.80	3.19	7.27	2.84	8.30	2.53	9.80
1:2.5	4.67	6.65	3.98	6.78	3.53	7.30	3.21	8.15	2.85	9.50
1:2.75	4.99	6.64	4.33	6.78	3.86	7.24	3.59	8.02	3.20	9.21
1:3	5.32	6.61	4.69	6.75	4.24	7.23	3.97	7.87	3.59	8.82

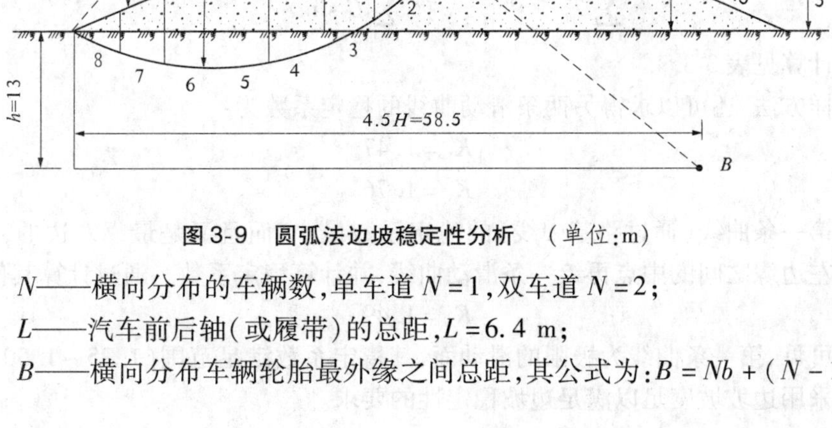

图 3-9 圆弧法边坡稳定性分析 (单位:m)

式中 N——横向分布的车辆数，单车道 $N=1$，双车道 $N=2$；

L——汽车前后轴(或履带)的总距，$L=6.4$ m；

B——横向分布车辆轮胎最外缘之间总距，其公式为：$B=Nb+(N-1)d$，其中

b 可近似取 3.5 m，d 取 0.4 m，$B=2\times3.5+0.4=7.4$（m）。

(3)用 4.5 H 法确定圆心辅助线。

在此取 $\theta=25°$（边坡倾斜角 $\theta=\arctan\dfrac{13}{27.5}=25°18'$），由表 3-1 得：$\beta_1=25.5°$，$\beta_2=35°$。据此两角分别从坡脚和左顶点作直线相交于 O 点，BO 的延长线即为滑动圆心辅助线。

(4)绘出三条不同位置的滑动曲线：一条通过坡脚和路基中线，一条通过坡脚和路基的右边缘，一条通过坡脚和距右边缘路基 1/4 路基宽度处。

(5)将圆弧范围土条分成 8 段，先由坡脚起每 5 m 一段，最后一段可能略少。

(6)算出滑动曲线每一分段中点距圆心竖线之间的偏角 α_i。

$$\sin\alpha_i=\frac{X_i}{R}$$

式中 X_i——各段中点的横坐标值，圆心竖线右侧为正，左侧为负；

R——滑动曲线半径。

(7)计算每一分段面积。

将曲线形底部近似取直线，各分段图形简化成矩形、梯形或三角形，求其面积，其中包括换算土柱部分的面积。

(8)计算各分段的重力 G_i。

以路堤 1 m 长计算，得 $G_i=\gamma\cdot A_i$。

(9)将每一分段的重力分解为两分力：

滑动曲线的法向分力：　　$N_i=G_i\cos\alpha_i$

滑动曲线的切向分力：　　$T_i=G_i\sin\alpha_i$

分别求出两者的总和 $\sum_{i=1}^{n=8}N_i$ 和 $\sum_{i=1}^{n=8}T_i$。

(10) 用比例尺量出滑动曲线总长度 L。

(11) 计算稳定系数：

$$K_2=\frac{f\sum_{i=1}^{n=8}N_i+cL}{\sum_{i=1}^{n=8}T_i}=\frac{\sum_{i=1}^{n=8}(G_i\cos\alpha_i\tan\varphi+cL_i)}{\sum_{i=1}^{n=8}G_i\sin\alpha_i}=1.54$$

详细计算见表 3-3。

用同样方法，还可以求得另两条滑动曲线的稳定系数为：

$$K_1=1.47$$

$$K_3=1.76$$

由于第一条曲线（通过路基中线）的稳定系数最小，而且又是最靠左边的，因此在路基中线与左边缘之间的中点再绘一条滑动曲线，并计算稳定系数。通过计算其值为：

$$K_4=1.49$$

由此可见，第一条曲线为极限的滑动面，其稳定系数满足范围（1.25～1.50）要求，因此本例所采用边坡坡度足以满足边坡稳定性的要求。

表 3-3 圆弧法边坡稳定性分析表(K_2)

分段	α_i	$\sin\alpha_i$	$\cos\alpha_i$	A_i (m^2)	$G_i=\gamma\cdot A_i$ (kN/m)	$N_i=G_i\cos\alpha_i$ (kN/m)	$T_i=G_i\sin\alpha_i$ (kN/m)	L (m)
1	58°00′	0.85	0.53	29.9	508	269	432	
2	39°47′	0.64	0.77	57.5	978	753	626	
3	28°02′	0.47	0.88	56	952	838	447	
4	16°15′	0.28	0.96	51	867	832	243	45.2
5	6°18′	0.11	0.99	49.7	845	837	93	
6	−4°00′	−0.07	1.00	38.5	654	654	−46	
7	−15°40′	−0.27	0.96	24	408	392	−110	
8	−21°43′	−0.37	0.93	4.8	82	76	−30	
合计						$\sum N_i=4\ 651$	$\sum T_i=1\ 655$	

【例 3-2】 已知某土坡 $\varphi=22°$,$c=9.8$ kPa,$\gamma=16.66$ kN/m^3,$m=1.5$,$H=10.0$ m,试用表解法验算边坡稳定性。

解:

查表 3-2 得 5 个圆心的 A、B 值,$f=\tan22°=0.404$,$c/(\gamma H)=0.059$。

由式(3-16)的计算结果见表 3-4,其中 $K_{min}=1.26$。

表 3-4 表解法计算结果

项目	O_1	O_2	O_3	O_4	O_5
A	3.06	2.54	2.15	1.90	1.71
B	6.25	6.50	7.15	8.33	10.10
K	1.60	1.41	1.29	1.26	1.29

稳定系数 $K_{min}>1.25$,该边坡稳定。

表解法为近似解,K 值应略为提高,例如要求 $K_{min}>1.5$,则上述算例的边坡为不稳定。

第三节 浸水路堤边坡稳定性验算

一、渗透动水压力的作用

受到季节性或长期浸水的沿河路堤、河滩路堤等均称为浸水路堤。河滩路堤除承受普通路堤所承受的外力及自重外,还要承受浮力及渗透动水压力的作用。当河中水位上升时,水从边坡的一侧或两侧渗入路堤内;当水位降落时,水又从堤身内向外渗出。由于土体内渗水速度比河中水位升降速度慢,因此当堤外水位升高时,堤内水位的比降曲线(浸润线)呈凹形;当堤外水位下降时,堤内水位比降曲线呈凸形。如图 3-10 所示。

当路堤一侧或两侧水位发生变化时,水的渗透速度与土的性质和时间有关。因此,当水位开始上升时,土体内的渗透浸润曲线比边坡外面水位低,经过一定时间后,才与外面水位齐平。如填土有毛细管作用,则土体内的浸润曲线可继续上升至一定高度。在砂性土中,这一高度为 0.15 m 左右;在黏性土中,能达到 1.5 m 或更高。水位上升时,土体除承受竖向的向上浮力外,还承受渗透动水压力的作用,其作用方向指向土体内部。

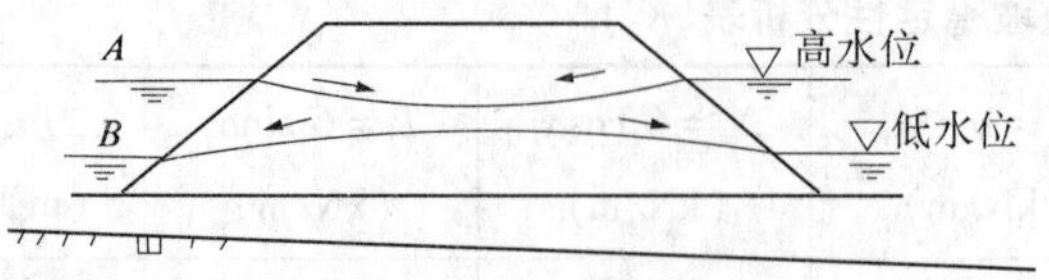

图 3-10　路堤内浸润曲线

当水位骤然下降时(见图 3-11(a)),土体内部的水流出边坡需要较长的时间,由于水位的差异,其渗透动水压力的方向指向土体外面,这就剧烈破坏路堤边坡的稳定性,并可能产生边坡凸起和滑坡。此外,渗透水流还能带走路堤细小的土粒而引起路堤的变形。

在高水位时,如路堤两侧边坡上的水位不一致,就会产生横穿路堤的渗透,即使水位相差较小,也需予以考虑(见图 3-11(b))。

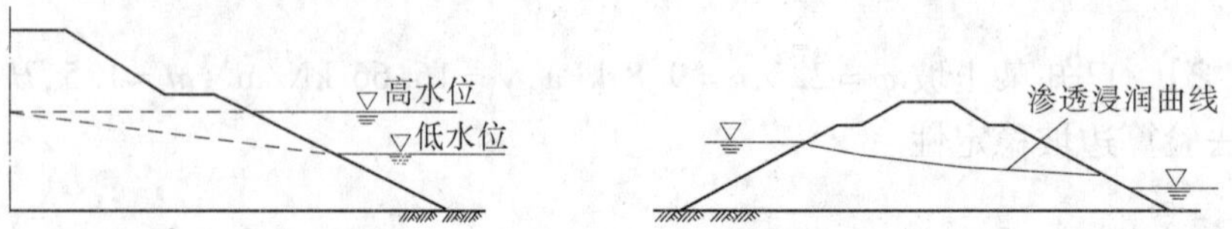

(a) 水位降落时的浸润曲线　　(b) 水位不一致时的浸润曲线

图 3-11　水位变化时路堤中的浸润曲线

因此,凡是用黏性土填筑的浸水路堤(不包括渗透性极小的纯黏土),都必须进行渗透动水压力的计算。

二、渗透动水压力的计算

如图 3-12 所示,渗透动水压力可按下式计算:

$$D = I\Omega_B\gamma_w \tag{3-17}$$

式中　D——作用于浸润线以下土体重心处的渗透动水压力,kN/m;

I——渗流水力坡降(取用浸润曲线的平均坡降);

Ω_B——浸润曲线与滑动弧之间的面积,m^2;

γ_w——水的容重,kN/m^3。

三、浸水路堤边坡稳定性分析

浸水路堤的稳定性,应按路堤处于最不利的情况进行边坡稳定性分析,其破坏一般发生在最高洪水位骤然降落的时候。边坡稳定性分析的原理和方法与普通路堤边坡稳定性的圆弧法基本相同。但应注意考虑浮力和动水压力作用,且浸润线以上土条与浸润线以下土条的容重不同,在计算土重时必须分开计算。浸润线以上和浸润线以下分别按土的天然容重和浸水容重计算。

采用圆弧法进行浸水路堤边坡稳定性分析,其稳定系数 K 可按下式计算:

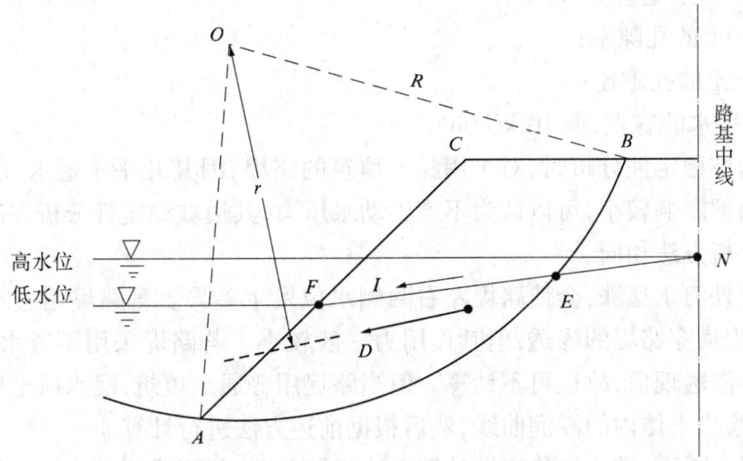

图 3-12　渗透动水压力示意

$$K = \frac{M_r}{M_s} = \frac{(f_C \sum N_C + f_B \sum N_B + c_C L_C + c_B L_B)R}{(\sum T_C + \sum T_B)R + \sum D_n S_n}$$

$$= \frac{f_C \sum N_C + f_B \sum N_B + c_C L_C + c_B L_B}{\sum T_C + \sum T_B + \sum D_n S_n / R} \tag{3-18}$$

由于渗透动水压力一般较小，为简化计算，分母第三项可用 D 代替，即

$$K = \frac{f_C \sum N_C + f_B \sum N_B + c_C L_C + c_B L_B}{\sum T_C + \sum T_B + D} \tag{3-19}$$

式中　K—— 稳定系数，一般取 1.25 ~ 1.50；

$f_C \sum N_C$—— 浸润线以上部分沿滑动面的内摩擦力，$f_C = \tan\varphi_C$；

$f_B \sum N_B$—— 浸润线以下部分沿滑动面的内摩擦力，$f_B = \tan\varphi_B$；

c_C—— 浸润线以上部分沿滑动面的单位黏聚力，kPa；

c_B—— 浸润线以下部分沿滑动面的单位黏聚力，kPa；

L_C—— 浸润线以上部分沿滑动面的弧长，m；

L_B—— 浸润线以下部分沿滑动面的弧长，m；

$\sum T_C$—— 浸润线以上部分沿滑动面的下滑力；

$\sum T_B$—— 浸润线以下部分沿滑动面的下滑力；

D—— 渗透动水压力；

D_n—— 分段渗透动水压力；

S_n—— 分段渗透动水压力作用线距圆心的垂直距离。

计算水位线以下土的浸水容重 γ_B 可按下式（考虑水的浮力）计算：

$$\gamma_B = (\gamma_s - \gamma_w)(1 - n) = \frac{\gamma_s - \gamma_w}{1 + e} \tag{3-20}$$

式中　γ_s—— 土粒容重,kN/m^3;

n—— 土的孔隙率;

e—— 土的孔隙比;

γ_w—— 水的容重,取 10 kN/m^3。

在进行边坡稳定性分析时,对于用黏土填筑的路堤,因其几乎不透水,所以堤外水位涨落对土体内部影响较小,可以认为不产生动水压力,其边坡稳定性分析方法与一般路堤边坡稳定性分析方法相同。

浸水路堤外河水猛涨,会使路堤左右两侧水位发生差异。若路堤用透水性较强的土填筑,虽可发生横穿路堤的渗透,但其作用力一般较小。若路堤采用不透水材料填筑,则不会发生横穿渗透现象,故也可不计算。但当路堤用普通土填筑,浸水后土体内产生动水压力,则需先绘出土体内的浸润曲线,然后根据前述方法进行计算。

如果是混合断面,其边坡稳定性计算方法仍同前述,仍可采用各土层的物理力学数据用圆弧法进行边坡稳定性分析。

四、浸水路堤边坡稳定措施

(1)选择恰当的断面形式,必要时可设折线形边坡,或设置 1 ~2 m 宽的护坡道。

(2)在受到水位变化或淹没部分的路基应尽可能选用渗水性能较好的材料。

(3)根据河床特征、水流强弱、施工条件等因素,采取适当的防护加固措施。

(4)如基底土质不良可能造成滑坍,应首先采取加固措施处理,或经技术经济比较,改用其他方法,如修建桥梁或栈桥通过。

第四节　陡坡路堤稳定性验算

一、概述

(一)陡坡路堤的滑动面形式

在坡度较大的山坡上填筑的路堤,有时会产生山坡下滑的现象。陡坡路堤的滑动面可能有以下几种形式:

(1)在陡坡岩石基底或稳定山坡基底处,路堤整体沿基底接触面产生滑动,如图 3-13(a)所示。

(2)基底为不稳定的坡积覆盖层,且下卧基岩层较陡,致使路堤连同其下坡层滑动,如图 3-13(b)所示。

(3)路堤连同其下的软弱土层沿某一圆弧滑动面滑动,多发生在基底为较厚软弱层的路堤,如图 3-13(c)所示。

(4)基底下岩层强度不均匀,致使路堤沿某一最弱的层面滑动,如图 3-13(d)所示。

(二)陡坡路堤产生下滑的原因

陡坡路堤产生下滑的原因主要有以下几种:

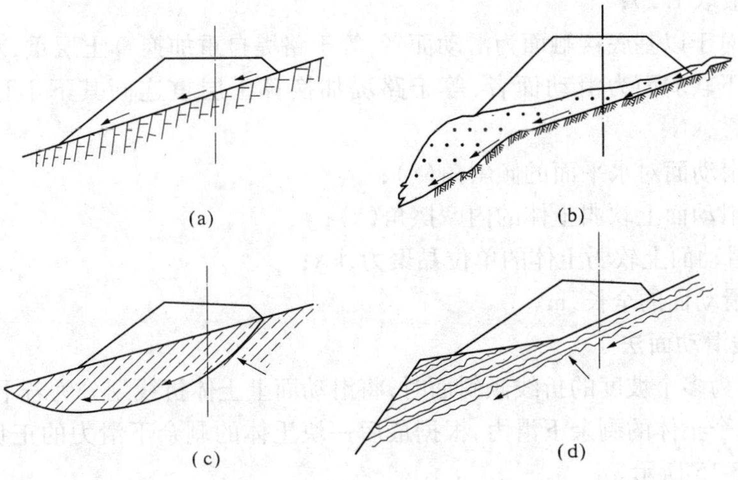

图 3-13　陡坡路堤可能的滑动面

(1)地面横坡较陡。

(2)基底土层软弱或强度不均匀。

(3)地表水、地下水的作用。

(三)陡坡路堤稳定性判断

当原地面横坡大于 1∶2.5 时，需验算路堤沿原地面陡坡下滑稳定性。验算时，不考虑土体内部所产生的局部应力，只计算滑动土楔体的剩余下滑力，以剩余下滑力的正负来判断路堤的稳定性。正值为不稳定，负值为稳定。

剩余下滑力 E 是指滑动面上的土体下滑力 T 与抗滑力 R 之差值，并考虑安全系数 K(取 1.25 ~ 1.50，一般取 1.25)，按下式计算：

$$E = T - \frac{R}{K} \tag{3-21}$$

二、陡坡路堤稳定性验算方法

(一)直线滑动面法

当基底为单一坡面，土体沿直线滑动面整体下滑时，可用直线滑动面法进行边坡稳定性分析，如图 3-14 所示。

$$E = T - \frac{R}{K} = G\sin\alpha - \frac{1}{K}(G\cos\alpha\tan\varphi + cL) \tag{3-22}$$

图 3-14　陡坡路堤直线滑动面法整体验算

式中　E——剩余下滑力，kN；

T——土体下滑力，kN；

R——抗滑力，kN；

K——安全系数，取 1.25 ~ 1.5，一

般取 1.25；

G——对于以基底接触面为滑动面者，等于路堤自重加换算土层重，对于以基底以下软弱面为滑动面者，等于路堤加换算土层重连同其下不稳定土体的自重，kN；

α——滑动面对水平面的倾斜角（°）；

φ——滑动面上软弱土体的内摩擦角（°）；

c——滑动面上软弱土体的单位黏聚力，kN；

L——滑动面的全长，m。

（二）折线滑动面法

当滑动面为多个坡度的折线倾斜面时，将滑动面上土体折线划分为若干条块，自上而下分别计算每个土体的剩余下滑力，根据最后一块土体的剩余下滑力的正负确定其整体稳定性，如图 3-15 所示。

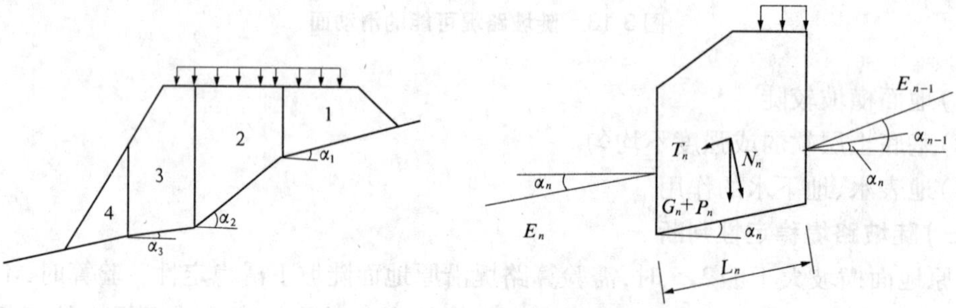

图 3-15　陡坡路堤折线滑动面稳定性验算

E_n 为：

$$E_n=[T_n+E_{n-1}\cos(\alpha_{n-1}-\alpha_n)]-\frac{1}{K}\{[N_n+E_{n-1}\sin(\alpha_{n-1}-\alpha_n)]\tan\varphi+c_nL_n\} \tag{3-23}$$

剩余下滑力等于或小于零时，认为稳定；大于零时则不稳定，必须采取稳定措施。

三、增加稳定性的措施

（1）改善基底，如开挖台阶，放缓边坡，以减小下滑力；清除坡积层，夯实基底，使路堤置于密实的稳定基础上；选择大颗粒的填料，嵌入地面，以增加接触面的摩擦系数。

（2）加强排水设施，在路堤上侧设置边沟或截水沟，以阻止地面水浸湿滑动面；受地下水影响时，则设置渗沟等地下排水设施以疏干基底；并且尽快将水排除到影响范围外。

（3）设置支挡结构物，如石砌护脚、干砌或浆砌挡土墙等。

【例 3-3】　如图 3-16 所示，已知陡坡路堤的横断面面积 $A=125\ \mathrm{m}^2$，基底与水平面的夹角 $\alpha=30°$，填土容重 $\gamma=18\ \mathrm{kN/m^3}$，基底接触面的内摩擦角 $\varphi=20°52'$，试验算此路堤的整体稳定性。

解:土体重:$G=\gamma A=18\times 125$

$=2\ 250\ (\text{kN})$

剩余下滑力:$E=T-\frac{1}{K}(N\tan\varphi+cL)$

$=G\sin\alpha-\frac{1}{K}\cdot(G\cos\alpha\tan\varphi+cL)$

$=2\ 250\times\frac{1}{2}-\frac{1}{1.25}\times(2\ 250\times\cos 30°\tan 20°52'+9.8\times 12)$

$=436.69\ (\text{kN})>0$

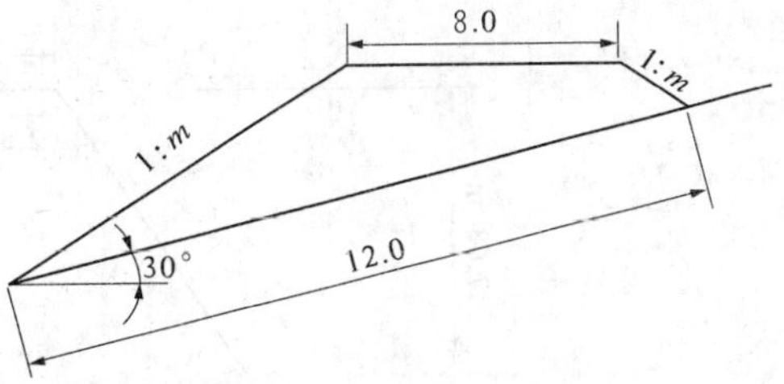

图3-16 直线滑动面法整体稳定性分析 (单位:m)

因此,路堤不稳定。

本章小结

本章介绍了边坡的破坏现象及滑裂面的形状;边坡稳定性验算的参数及等代土层厚度的计算;直线法和圆弧法确定稳定系数的步骤。要求学生能参照示例进行边坡稳定性验算;掌握浸水路堤边坡稳定性验算方法,陡坡路堤边坡稳定性验算方法。

复习思考题

3-1 直线滑动面法和圆弧滑动面法各自适用的条件是什么?各自验算的方法和步骤有哪些?

3-2 路基边坡稳定性分析中,有关的设计参数应如何选择?

3-3 什么叫当量土柱高?

3-4 什么叫工程地质法?

3-5 什么叫浸水路堤?

3-6 什么叫陡坡路堤?陡坡路堤稳定性验算的方法步骤有哪些?

3-7 已知陡坡路堤的路堤横断面面积 $A=125\ \text{m}^2$,基底与水平面的夹角 $\alpha=29°$,填土容重 $\gamma=17.64\ \text{kN/m}^3$,基底接触面的内摩擦角 $\varphi=21°34'$,试验算此路堤的整体稳定性。

3-8 已知某土坡 $\varphi=25°$,$c=9.8\ \text{kPa}$,$\gamma=17.4\ \text{kN/m}^3$,$m=1.75$,$H=9.0\ \text{m}$,试用表解法验算边坡稳定性。

3-9 有一高路堤,顶宽 7.5 m,高 15 m,初步拟定横断面如图 3-17 所示。折线性边坡,上段坡高 7.68 m,坡比 1:1.5,下段坡高 7.32 m,坡比 1:1.75。填料容重 $\gamma=17.64\ \text{kN/m}^3$,单位黏聚力 $c=9.8\ \text{kPa}$,内摩擦角 $\varphi=27°$,设计荷载为公路-Ⅱ级汽车荷载。试验算其稳定性。

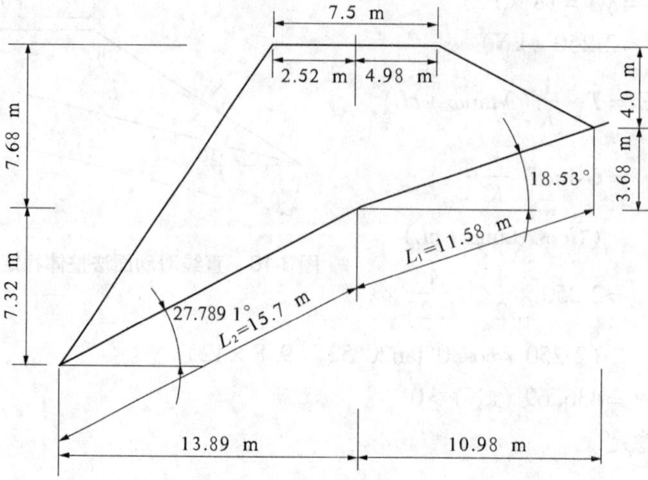

图 3-17　折线滑动面法边坡稳定性分析

本章课程设计

一、目的

通过本课程设计，要求掌握确定最危险圆心辅助线的方法和圆弧法确定边坡稳定性的步骤。

二、设计资料

已知某路基横断面，如图 3-18 所示，路基高 8 m，路基宽 9 m，边坡 1∶1.5，护坡道为 1 m，车辆等代土层厚度为 1 m，路基填土为黏性土，容重为 18.5 kN/m^3，土的黏聚力为 20 kPa，内摩擦角为 30°。

三、设计依据

《路基路面工程》。

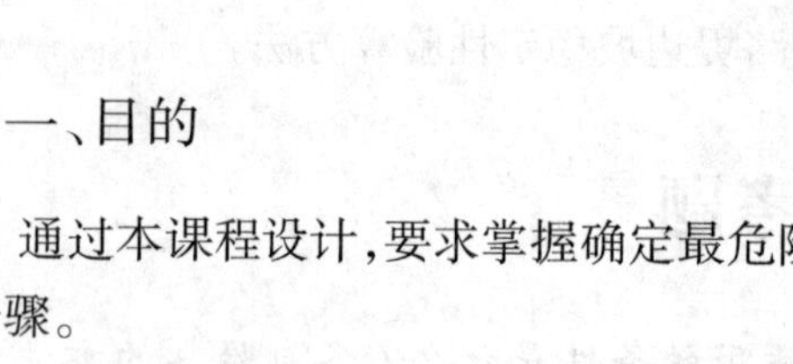

图 3-18　某路基横断面　(单位:m)

四、设计方法与设计内容

用 A3 方格纸以 1∶100 比例绘出路堤横断面，并按 4.5H 法确定圆心辅助线，找出最危险的圆心，试分析其边坡稳定性。

五、设计要求

(1)整个设计应符合设计要求;
(2)设计、计算过程条理清晰,内容完整;
(3)设计图清晰、线条均匀,图幅规格为3号图纸。

第四章　路基排水设计

本章学习重点

路基地表、地下排水设施的构造特点、作用及要求。

水是危害路基的主要自然因素。路基的沉陷、冲刷、坍塌、翻浆等病害，都不同程度地与地表水和地下水的侵蚀有关。水的作用加剧了路基和路面结构损坏，缩短了它们的使用寿命。因此，路基排水设计是公路工程的重要组成部分，对保证公路的使用性能和使用寿命具有重要作用。

第一节　概　述

不同的水源由不同的途径浸入路基并对路基产生危害，因此做好路基排水设计，就必须深入调查水源及其地质条件，以便进一步了解水源存在的形式及其特征，采取必要的工程技术措施加以排除。

影响路基的水流分为地表水和地下水两大类，与此相适应的路基排水工程设施相应称为地表排水设施和地下排水设施。根据水分来源的不同，水流分为地面水和地下水。地面水主要是由降水（雨和雪）形成的地面径流。地下水又可分为：上层滞水，即从地面渗入尚未深达下层的土中水；层间水，即在地面以下任何两个隔水层之间的含水层中的水，当地面低于水源时，它可以通过岩层裂隙冒出地面而成为泉水；潜水，即在地面以下第一个隔水层以上的含水层中的水，距地面较近，在重力作用下可沿土层流动。

各种地表水及地下水，如暴雨径流、冰雪覆盖、上层滞水、潜水和泉水等，均能软化、冲刷甚至毁坏路基，造成路基的一系列病害。因此，在设计中，必须考虑将影响路基稳定的地面水加以拦截，排除到路基范围以外，并防止漫流、停积或下渗。对于影响路基稳定的地下水，应注意予以截流、疏干、降低并引导至路基范围以外。在施工中，首先应核实全线路基排水系统的设计是否完备和妥善，必要时予以补充和变更。此外，在施工现场还应设置一些必要的临时性排水设施，以保证工程质量和施工顺利。

一、路基排水设计的目的

路基排水设计的目的，是拦截路基上方的地面水和地下水，迅速汇集基身内的地面水，把它们引导至顺畅的排水通道，并通过桥涵等将其渲泄到路基的下方。而排引有困难时，也可将地面水拦蓄在坡顶。降落在路基基身范围内的水，则应将其迅速汇集，并引导和渲泄至路基下方，以免停滞在基身范围内浸湿基身而降低基身的强度和稳定性。对于路基下方，则应采取措施妥善处理路基上方渲泄下来的水流或者路基下方水道内的水流，防止它们冲刷路基坡脚，危及路基稳定性。

二、路基排水设计的要求

路基施工中，首先应校核全线范围排水系统的设计是否完备和妥善，必要时应予以补充或修改，应重视排水工程的质量和使用效果。此外，应根据实际情况与需要，设置施工现场的临时性排水措施，以保证路基土石方及附属结构物在正常条件下进行施工作业，消除路基和土体内与水有关的隐患，保证公路工程质量，提高施工效率。

路基养护中，对排水设施应定期检查与维修，以保持排水设施正常使用，水流畅通，并根据实际情况不断改善路基排水条件。

三、路基排水设计的一般原则

路基排水设计一般遵循以下几个原则：

(1)排水设计要因地制宜、全面规划、因势利导、综合治理、讲究实效、注意经济，并充分利用有利地形和自然水系。一般情况下，地面和地下设置的排水沟渠，宜短不宜长，以使水流不过于汇集，做到及时疏散，就近引流。

(2)各种路基排水沟渠的设置，应注意与农田水利设施相配合，必要时可适当增设涵管，以防农业用水影响路基稳定，并做到使路基排水有利于农田排灌。路基边沟一般不应用做农田灌溉渠道，两者必须合并使用时，边沟的断面应加大，并予加固，以防水流危害路基。

(3)设计前必须进行调查研究，查明水源与地质条件，重点路段要进行排水系统的全面规划，考虑路基排水与桥涵布置相配合，地下排水与地面排水相配合，各种排水沟渠的平面布置与竖向布置相配合，做到综合治理和分期修建。对于排水困难和地质不良的地段，还应与路基防护加固相配合，并进行特殊设计。

(4)路基排水要注意防止附近山坡的水土流失，尽量不破坏天然水系，不轻易合并自然沟渠和改变水流性质，尽量选择有利地质条件布设人工沟渠，减少排水沟渠的防护与加固工程。对于重点路段的主要排水设施，以及土质松软和纵坡较陡地段的排水沟渠，应注意进行必要的防护与加固。

(5)路基排水要结合当地水文条件和道路等级等具体情况，注意就地取材，以防为主，既要稳固实用，又必须讲究经济效益。可以考虑先重点后一般，先地下后地面，实行分期修建和逐步完善步骤，但应注意不应遗留后患而导致短期内路基、路面的严重破坏，从而影响交通和造成经济等方面的损失。

第二节　路基地表排水设施的构造与布置

常用的路基地表排水设备包括边沟、截水沟、排水沟、跌水与急流槽、拦水带、蒸发池和倒虹吸与渡水槽等设施。高速公路、一级公路的辅道应有自身的地表排水设施。这些排水设施，分别设在路基的不同部位，各自的主要功能、布置要求及构造形式，均有所差异。

一、边沟

挖方路基路肩外侧及低填方路基坡脚外侧，与路中心线平行的路肩外缘均应设置的纵向人工沟渠，称之为边沟。其主要功能是汇集和排除路基范围内和流向路基的少量地面水，以保证路基稳定。平坦地面填方路段的路旁取土坑，常与路基排水设计综合考虑，使之起到边沟的排水作用。

边沟排水量不大，一般不需要进行水文、水力计算，依沿线具体条件，直接选用标准横断面即可。边沟由于紧靠路基，通常不允许其他排水沟渠的水流进入，亦不能与其他人工沟渠合并使用。

边沟不宜过长，应尽量使沟内水流就近排至路旁自然水沟或低洼地带，必要时增设涵洞，将边沟水流引入路基另一侧排出。

边沟的纵坡（出水口附近除外）一般与路线纵坡一致。平坡路段，边沟仍应保持0.3%～0.5%的最小纵坡。边沟出水口附近，以及排水困难路段，如回头曲线和路基超高较大的平曲线等处，边沟应进行特殊设计。

边沟可采用三角形、流线形、梯形或矩形横断面，如图4-1所示，按公路等级、所需排泄的流量、设置位置和土质或岩质选定。高速公路及一级公路宜采用三角形或碟形边沟；受条件限制而需采用矩形横断面时，应在顶面加带槽孔的盖板。二级及二级以下公路可采用梯形横断面，边沟内侧边坡坡度按土质类别采用1:1.0～1:1.5；岩石挖方路段，可采用矩形横断面，其内侧坡面用浆砌片石砌筑以保持直立。矩形和梯形边沟的底宽与深度不应小于0.4 m。挖方路段边沟的外侧坡面应与路堑下部坡面的坡度一致。

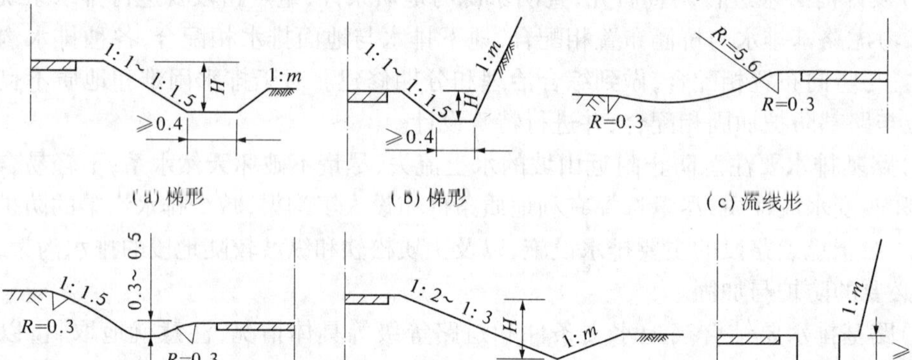

图4-1　边沟横截面示意　（单位：m）

边沟的纵坡坡度应结合路线纵坡、地形、土质、出水口位置等情况选定，尽可能与路线纵坡坡度保持一致。当路线纵坡坡度小于沟底最小纵坡坡度时，边沟应采用沟底最小纵坡坡度，并缩短边沟出水口的间距。高速公路及一级公路的土质边沟，均应采取防护措施。

边沟出水口的间距，一般地区不宜超过500 m，多雨地区不宜超过300 m，三角形和碟形边沟不宜超过200 m。边沟出水口的排放应结合地形、地质条件以及桥涵水道位置，排引到路基范围外，使之不冲刷路堤坡脚。

二、截水沟

设置在挖方路基边坡顶以外或山坡路堤上方的适当位置,用以拦截路基上方流向路基的地面水,减轻边沟的水流负担,保护挖方边坡和填方坡脚不受水流冲刷和损害的人工沟渠,称为截水沟(又称天沟),降水量较少或坡面坚硬和边坡较低以致冲刷影响不大的地段,可以不设截水沟;反之,如果降水量较多且暴雨频率较高、山坡覆盖层比较松软、坡面较高、水土流失比较严重的地段,必要时可设置两道或多道截水沟。

图 4-2 为路堑段挖方边坡上方设置的截水沟示例之一,图中距离 d 一般为 5 m,土质不良地段可取 10 m 或更大。截水沟下方一侧,可堆置挖沟的土方,要求做成顶部向沟倾斜 2% 的土台。路堑上方设置弃土堆时,截水沟的位置及断面尺寸,如图 4-3 所示。

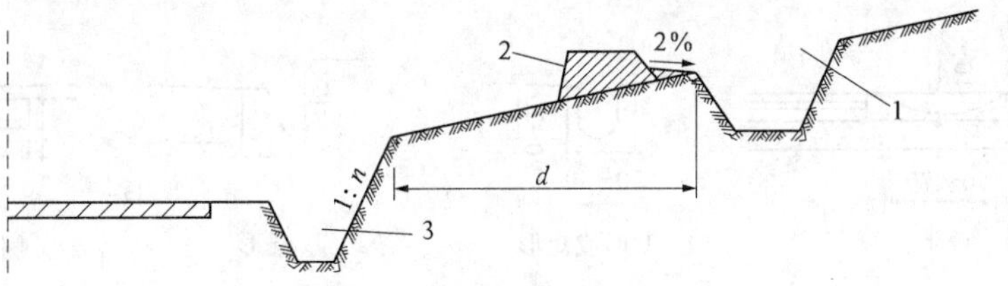

图 4-2　挖方路段截水沟示意

1—截水沟;2—土台;3—边沟

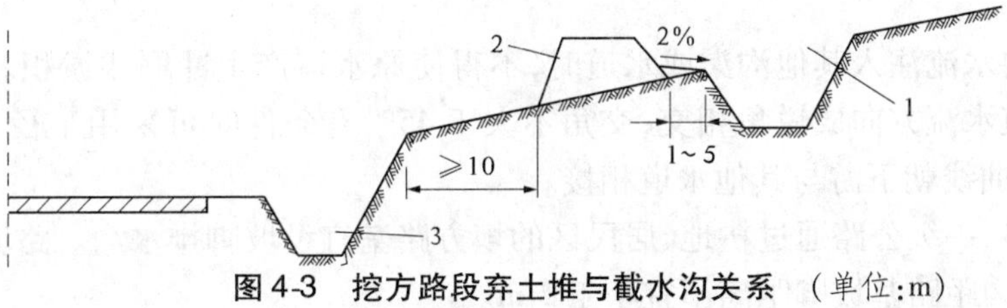

图 4-3　挖方路段弃土堆与截水沟关系　(单位:m)

1—截水沟;2—弃土堆;3—边沟

山坡填方路段可能遭上方水流作用,此时必须设截水沟,以拦截山坡水流保护路堤,如图 4-4所示。截水沟与坡顶之间,要有不小于 2.0 m 间距,并做成向截水沟倾斜 2% 的横坡,如土质良好、路堑边坡不高或进行沟壁铺砌时,路堑距坡顶的距离也可小于 2 m。截水沟应结合地形和地质条件沿等高线布置,将拦截的水顺畅地排向自然沟谷或水道。截水沟长度以 200 ~ 500 m 为宜,超过 500 m 时,可在中间适宜位置增设泄水口,由急流槽或急流管分流排引。

截水沟一般采用梯形横断面,边坡坡度为 1∶1.0 ~ 1∶1.5,沟底宽度与沟的深度不宜小于 0.5 m,地质或土质条件差,有可能产生渗漏或变形时,应采取相应的防护措施。

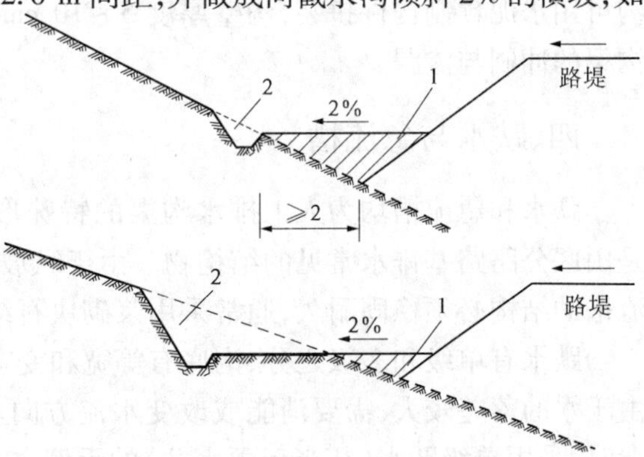

图 4-4　填方路段上的截水沟示意　(单位:m)

1—土台;2—截水沟

三、排水沟

排水沟主要用于排除来自边沟、截水沟或其他水源的水流，并将其引至路基范围以外的指定地点。排水沟的布置必须结合地形条件，因势利导，离路基尽可能远些，平面上力求短捷平顺，以直线为宜，必须转向时，尽可能采用大半径(10 ~20 m 以上)，缓慢改变方向。排水沟距路基坡脚的距离一般不宜小于 3 ~4 m，月不宜超过 300 m，沟底纵坡以1% ~3% 为宜。当纵坡大于 3% 时，应采取加固措施；大于 7% 时，则应改用跌水或急流槽。

排水沟的断面形式一般为梯形，如图 4-5 所示，其截面尺寸由水力、水文计算确定。用于山沟、截面水沟及取土坑出水口处的排水沟，由于其流量较小，不需特殊计算，但底宽与沟深均不得小于 0.5 m，土沟的边坡率可取 1∶1 ~1∶1.5。

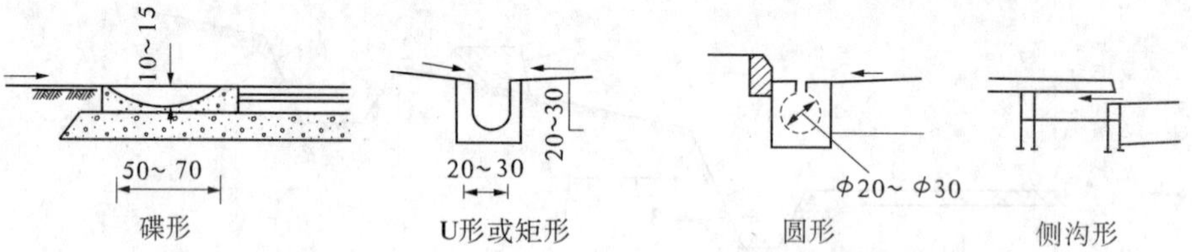

(a) 偏平式　　　(b) 路拦式

图 4-5　排水沟横断面形式示意　(单位：cm)

排水沟内水流注入其他沟渠或水道时，不得使原水道产生冲刷或淤积。通常应使排水沟与原水道水流方向成锐角相交，交角不大于 45°，有条件时可采用半径 $R = 10b$(b 为沟顶宽)的圆曲线朝下游与其他水道相接。

高速公路、一级公路通过耕地、居民区的填方路基宜设坡脚排水沟。路堤边沟设急流槽地段，排水沟距路基坡脚距离不宜小于 2 m。

边坡平台设排水沟时，平台应做成 2% ~5% 向内侧倾斜的排水坡度。可采用三角形或梯形横断面，当水量较大时，宜设置 30 cm ×30 cm 的矩形、三角形或 U 形排水沟，排水沟可用水泥预制构件拼装，沟壁厚度 5 ~10 cm。排水沟必要时应予加固，以防止水流对沟渠的冲刷与渗漏。

四、跌水与急流槽

跌水和急流槽均为人工排水沟渠的特殊形式，可用于陡坡地段，沟底纵坡可达 45°，是山区公路路基排水常见的结构物。由于纵坡陡峭，水流湍急，冲刷严重，要求跌水与急流槽的结构必须稳固耐久，通常采用浆砌块石结构，并且有相应的防护加固措施。

跌水有单级和多级之分，沟底有等宽和变宽之别。单级跌水适用于排水沟渠连接处，由于水的落差较大，需要消能或改变水流方向。图 4-6 所示为路基边沟水流通过涵洞排泄时，采用单级跃水(相当于雨水井)的示例之一。较长陡地段的沟渠，为减缓水流速度，并予以消能，可采用多级跌水，图 4-7 所示即为一等截面多级跌水结构设计示意图，槽底具有 1% ~2% 的纵坡。其断面尺寸必须通过水文、水力计算确定。多级跌水底宽和各级长度，均采用各自相等的对称形，亦可根据实地需要，设置为变宽或不等长度与高度。跌水可带消力池,并根据坡度和坡长的不同,设置成单级或多级。不带消力池的跌水,其台阶高度不应大于0.5 m,以0.3 ~0.4 m 最为适宜,高度和长度之比应与地面坡度相吻合。带消力池的跌水,单级跌水墙的高度以1 m 左右为宜,如图4-8 所示,消力坎的高度以0.5 m左右为宜,消力坎与跌水墙的距离以5 m 左右为宜,但高度与长度之比也应结合原地面的坡度确定。消力池台面应设2% ~3% 的外倾纵坡,消力坎顶宽不宜小于0.4 m,坎底应设泄水孔。跌水的槽身横断面可采用矩形,浆砌片的槽底厚度为0.2 ~0.4 m,槽壁厚0.3 ~0.4 m。槽深最小0.2 m,槽宽度最小0.25 m。

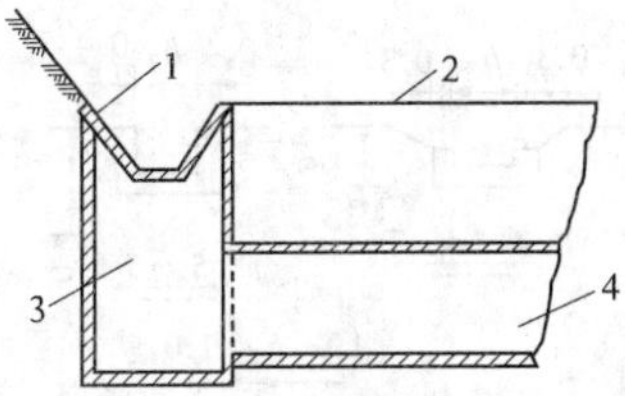

图4-6 边沟与涵洞单级跌水连接

1—边沟;2—路基;3—跌水井;4—涵洞

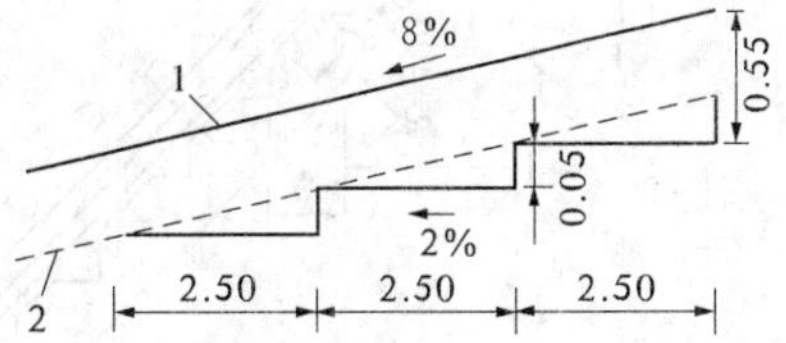

图4-7 等截面多级跌水结构 (单位:m)

1—沟顶线;2—沟底线

跌水两端的土质沟渠,应注意加固,保持水流畅通,不致产生水流冲刷和淤积,以充分发挥跌水的排水效能。在路堤和路堑坡面或者坡面平台上从坡顶向下竖向集中排水时,或截水沟、排水沟纵坡较大时,可设置急流槽或急流管。

急流槽的纵坡,比跌水的平均纵坡更陡,结构的坚固、稳定性要求更高,是山区公路回头曲线、沟通上下线路基排水及沟渠出水口的一种常见排水设施。急流槽主体部分的纵坡,依地形而定,一般可达1∶1.5。当急流槽纵坡陡于1∶1.5 时,宜采用金属管,管径至少20 cm。各节急流管用管桩锚固在坡体上,其接口应采用防水联结,以免管内水流渗漏而冲刷坡面。

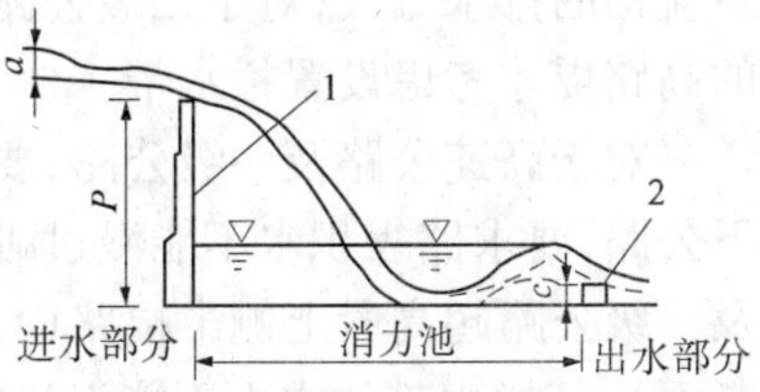

图4-8 跌水构造示意

1—护墙;2—消力坎

急流槽可采用由浆砌片石铺砌的矩形横断面或者由水泥混凝土预制件铺筑的矩形横断面(见图4-9)。浆砌片石急流槽的槽底厚度可为0.2 ~0.4 m,槽壁厚0.3 ~0.4 m。

急流槽厚度可为0.2 ~0.3 m。槽顶应与两侧斜坡表面齐平。槽深最小0.2 m,槽底宽最小0.25 m,槽底每隔2.5 ~5 m 应设置一个凸榫,嵌入坡体内0.3 ~0.5 m 以避免槽体顺坡下滑。

急流槽或急流管的进水口与沟渠泄水口之间应设置成喇叭式联结,变宽段应为至少15 cm 的下凹,并设立铺砌防护。急流槽或急流管的出水口处应设置消能设施,可采用石块铺筑的消力坪或消力池。

五、拦水带

拦水带是路基横断面为路堤时路面表面水的排除方法,设置在路肩外侧,目的是将路面表面水汇集在拦水带同路肩铺面(或者路肩和部分路面铺面)组成的浅三角形过水断面内,然后通过按一定间距设置的泄水口和急流槽集中排放到路堤坡脚外,对于高速及一

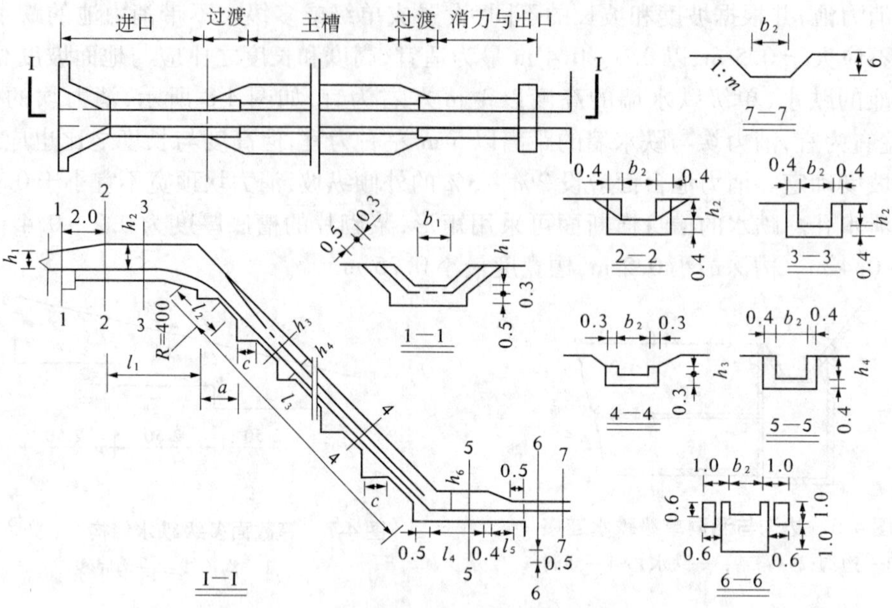

图 4-9　急流槽结构图　（单位：mm）

级公路，在路堤较高、纵坡较大且土质疏松情况下，即使采用护面防护，仍要选择拦水带和急流槽的排水方式；对于二级公路及二级以下公路，只有在多雨地区、纵坡大和土质坡面的高路堤才考虑设置拦水带。

对于高速公路及一级公路，要求路表积水只能覆盖路肩宽度；对于二级公路及二级以下公路，要求路表积水不能漫过毗邻车道的一半宽度；对于中央分隔带设缘石的高速公路及一级公路超高段上侧半幅路面，以及未设路肩的道路（如设非机动车道分隔带的道路断面），其拦水带的水面不能漫过毗邻车道的一半宽度。

按汇集路面表面水的要求，拦水带的顶面应略高于过水断面的设计水位，而后者的限值受制于水面不漫过右侧车道外边缘或中心线的要求，如图 4-10 所示，拦水带的设计外露高度（即过水断面的水深），还取决于设计流量和路肩的横向坡度。在高速公路及一级公路路堤边缘设防撞护拦时，拦水带的高度可以大些，但一般不超过 15 cm；在不设防撞护拦时，为了保障偶尔驶出路肩的车辆安全，拦水带的高度不应大于 10 cm，并且迎车面的斜坡坡度不宜陡于 1∶2（最好采用 1∶4），以便车轮能滚过拦水带。拦水带泄水口可做成对称式或非对称式的喇叭口，如图 4-11 所示，其间距应根据流量确定，以保证降水时路面积水能迅速排除，泄水不能进入车行道为原则，一般为 20 ~ 50 m，干旱少雨地区可达 100 m。泄水口长度一般为 2 ~ 4 m。对称式便于施工，但在有纵坡的路段上，非对称式泄水口的泄水能力由于水流顺畅而优于对称式。因而，对于设在纵坡坡段上的泄水口，建议采用非对称式。水流通过泄水口时的水流状态为孔口流，为提高泄水口的泄水量，可在泄水口处设置低凹区。为便于施工，低凹区可设在拦水带内边缘的外侧。低凹区采用与路肩相同的铺面结构，以免受到水流的冲刷破坏。

为了避免汇集在拦水带内的路表积水横向流过相交的道路、匝道、超高段路面、横坡变换处的路面，或者流经相衔接结构物的铺面，应在这些地点设置泄水口，将汇集的水排

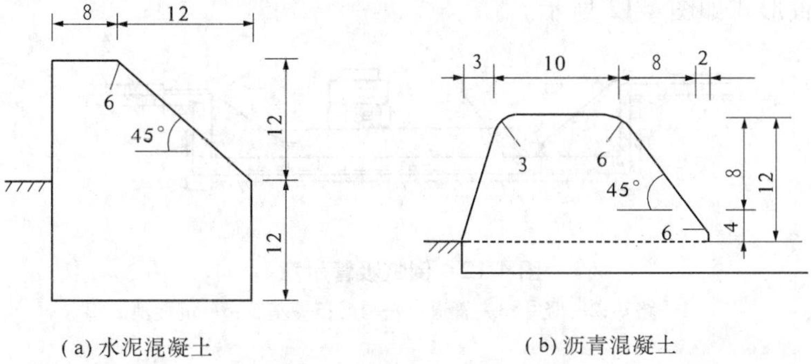

图 4-10 拦水带 (单位:cm)

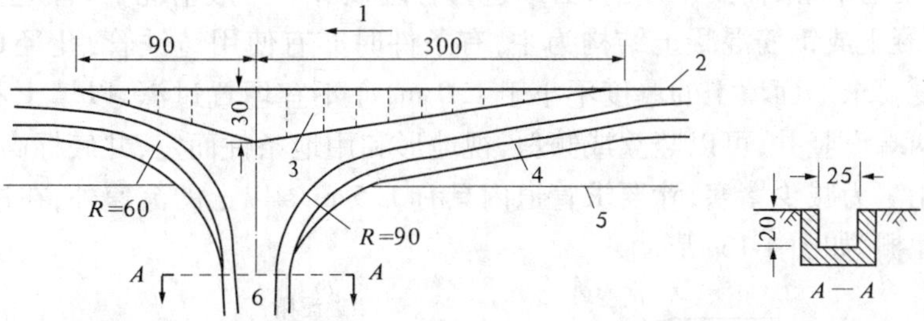

图 4-11 纵坡坡段上拦水带不对称泄水口的平面布置示意 (单位:cm)

1—水流流向;2—硬路肩边缘;3—低凹区;4—拦水顶;5—路堤边坡坡顶;6—急流槽

出去。泄水口的间距取决于过水断面水面漫流宽度的要求和泄水口的泄水能力。在凹形竖曲线的底部,须设置 3 个泄水口,以备设在最低点的泄水口被杂物堵塞后还有两个后备的泄水口可以排放汇集的地表水。

六、蒸发池

气候干旱、排水困难地段,可利用沿线的集中取土坑或专门开挖的凹坑修筑蒸发池,以汇集路表水,并通过蒸发和渗漏使之消散。蒸发池边缘距路基边沟不应小于 5 m,较大的蒸发池面积不得小于 20 m^2。蒸发池同边沟或排水沟之间设排水沟相连,池中水位应低于排水沟沟底。池的容量应以一个月内的地表水汇入池中的水量能及时完成渗透和蒸发为依据,但每个池的容量不超过 200 ~ 300 m^3,蓄水深度不应大于 1.5 m。

蒸发池的平面形状采用矩形或其他的形状,其设置不应使附近地面形成盐渍化或沼泽化,蒸发池周围可围筑土埂以防止其他水流流入池中。

七、倒虹吸与渡水槽

当水流需要横跨路基时,可根据流水的需要设置管道或水槽,从路基下部或上空跨过,称为倒虹吸或渡水槽,前者相当于涵洞,后者为简易过水桥梁,两者属于造价较高的路基排水结构物,一般因配合两侧农田水利而设置。

倒虹吸管的设置,往往是路基穿过原有沟渠,且沟渠水位高于路基,不宜设涵洞,亦不能架空，其布置形式如图 4-12 所示。

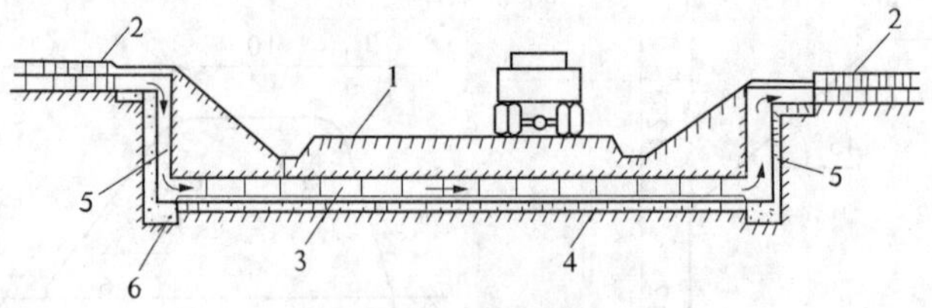

图 4-12　倒虹吸管示意

1—路基；2—竖井；3—管道；4—沟渠；5—基底；6—沉淀池

倒虹吸是利用上下游水位差，迫使水流降落而复升，经路基下部埋设的管道引向另一侧。此种结构为有压管道，水流连续改变方向，水流条件较差，管内易漏水，极易淤塞受阻，亦难以修复与清理，需要采用时，必须进行合理设计。一般情况下，管道选用箱形或圆形，以水泥混凝土或钢筋混凝土结构为主，有条件时亦有使用铸铁管，孔径 0.5 ~ 1.5 m。主管埋置深度要求上面填土的厚度不小于 1.0 m，亦不宜埋置过深，以填土不超过 3.0 m 为宜。管道两端设竖井，可以竖立或倾斜，视地形和用地条件而定，井底标高低于管道，起沉淀泥沙作用。为减少堵塞，除要求管道内具有 1.5 m/s 以上的流速外，在进口外宜设置沉沙池和拦泥栅，如图 4-13 所示。

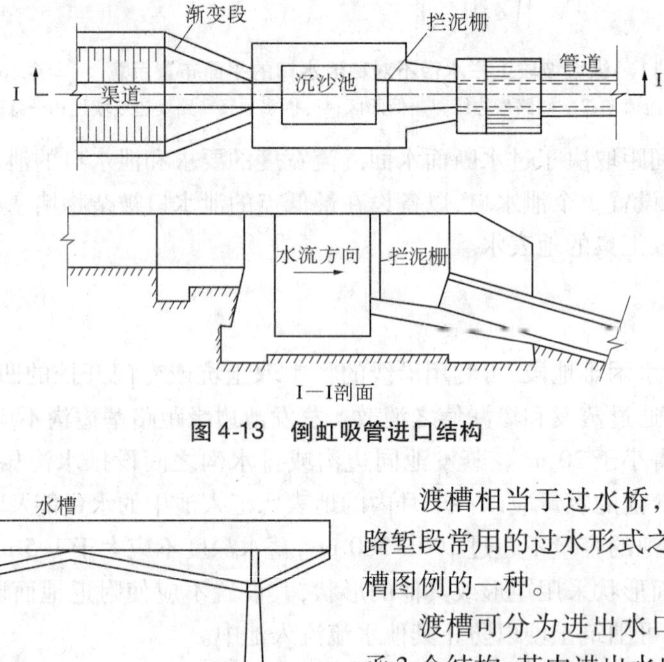

图 4-13　倒虹吸管进口结构

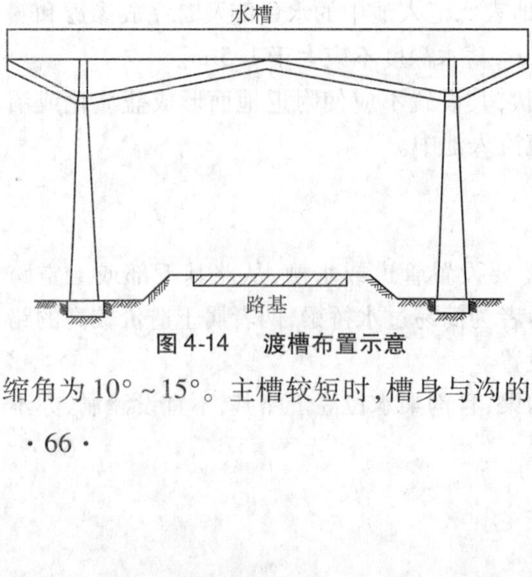

图 4-14　渡槽布置示意

渡槽相当于过水桥，是穿过农田地区路堑段常用的过水形式之一，图 4-14 是渡槽图例的一种。

渡槽可分为进出水口、槽身与下部支承 3 个结构，其中进出水口的结构形式，如图 4-15 所示。槽身断面小于两端人工沟槽，以提高主槽的流速和降低主体结构的造价。为此主槽与沟槽之间设过渡段，其中，出水段要比进水段长，过渡段的平面收缩角为 10° ~ 15°。主槽较短时，槽身与沟的断面尺寸相同，此时不设过渡段。主槽两端连接的土质沟渠,应予以加固。加固的长度,不小于沟内水深的4倍。

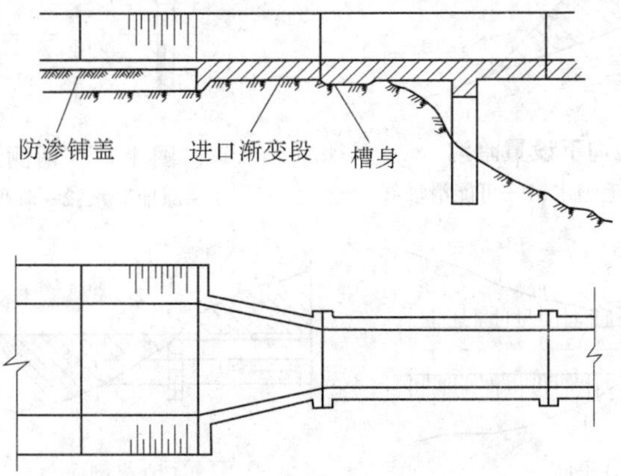

图4-15　渡槽进出口结构

第三节　路基地下排水设施的构造与布置

当地下水露出路基范围或地下水位较高,影响路基、路面强度或边坡稳定时,应设置地下排水设施加以排除。

常用的地下排水设施有暗沟(管)、渗沟、渗井等。排水设施的类型、设置地点及尺寸应根据工程地质和水文地质条件决定。由于地下排水设备埋置于地面以下,不易维修,在路基建成后又难以查明失效情况,因此要求地下排水设备能牢固有效。

一、暗沟(管)

暗沟(管)又称盲沟,可利用其透水性将地下水汇集到沟内,并沿沟排至指定地点,其水力特性属于紊流。

路基底局部范围有泉水外涌或要排除地下集中水流时,应设置暗沟(管)将水引排至路堤坡脚外或路堑边沟内。泉井壁和沟壁可采用浆砌片石砌筑,沟顶设置石盖板,盖板顶面上的填土厚度不应小于50 cm。沟宽视泉井范围而定。

暗沟的纵坡不宜小于1%,出水口应高出地表排水沟常水位0.2 m。寒冷地区的暗沟,应作防冻保温处理或将暗沟设在冻结深度以下。

图4-16~图4-18表示了暗沟的设置情况。其中,图4-16为在一侧边沟下设置暗沟,用以拦截流向路基的层间水,防止路基边坡滑坍和毛细水上升危及路基的强度与稳定性。图4-17所示为路基两侧边沟下均设暗沟,用以降低地下水位,防止毛细水上升到路基工作区范围内,形成水分积聚而造成冻胀和翻浆,或土基过湿而降低强度等。图4-18则为设在路基挖方与填土交界处的横向暗沟,用以拦截和排除路堑下层间水或小股泉水,使路堤填土不受水害。

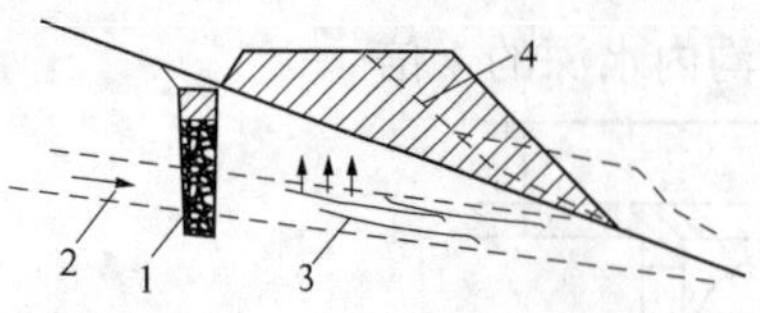

图 4-16　一侧边沟下设置暗沟

1—暗沟;2—层间水;3—毛细水;4—可能滑坡线

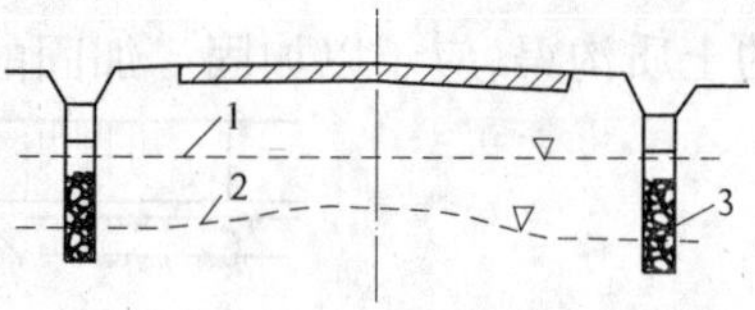

图 4-17　两侧边沟下设置暗沟

1—原地下水;2—降低后的地下水;3—暗沟

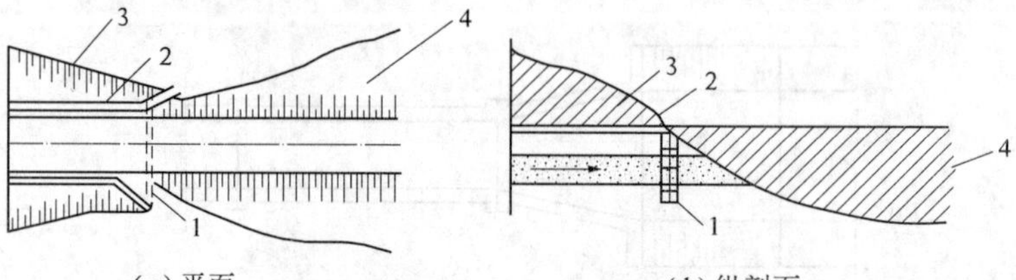

(a) 平面　　(b) 纵剖面

图 4-18　挖填交界处设置横向暗沟

1—暗沟;2—边沟;3—路堑;4—路堤

二、渗沟

为降低地下水位或拦截地下水,可在地表以下设置渗沟。渗沟可分为管式渗沟、洞式渗沟和边坡渗沟。当水量较大时,渗沟底部可增设排水管(孔)。

为拦截含水层地下水或降低地下水位,可设置管式渗沟。

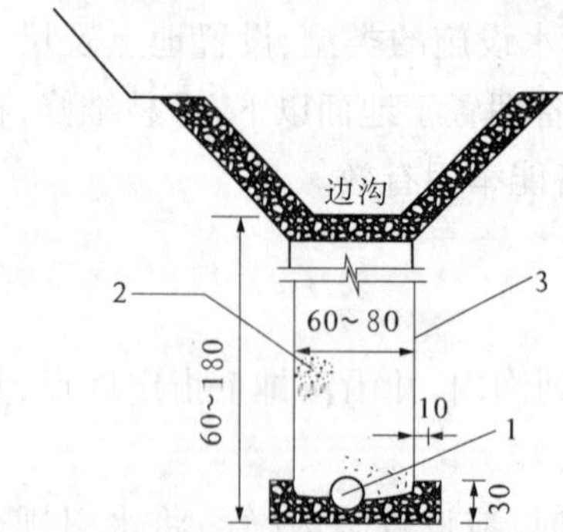

图 4-19　管式渗沟　(单位:cm)

1—带槽孔排水管;2—透水性填料;3—反滤织物

渗沟的埋置深度按地下水的高度(为保证路基或坡体稳定)、地下水位需下降的深度,并根据含水层介质的渗透系数等因素考虑确定。排水管可采用带槽孔的塑料管或水泥管。

管径按设计渗流量确定,但最小内径宜为 15 cm(渗沟长度不大于 150 m 时)。排水管周围回填透水性材料,管底回填料的厚度为 15 cm,管两侧的回填料宽度不宜小于 30 cm。透水性回填料可采用粒径 5 ~ 40 mm 的碎石或砾石,但粒径小于 2.36 mm 的细粒含量不得大于 5%。含水层内的细粒有可能随渗流进入沟内而堵塞渗沟时,应在渗沟的迎水面沟壁处设置反滤织物(见图 4-19)。

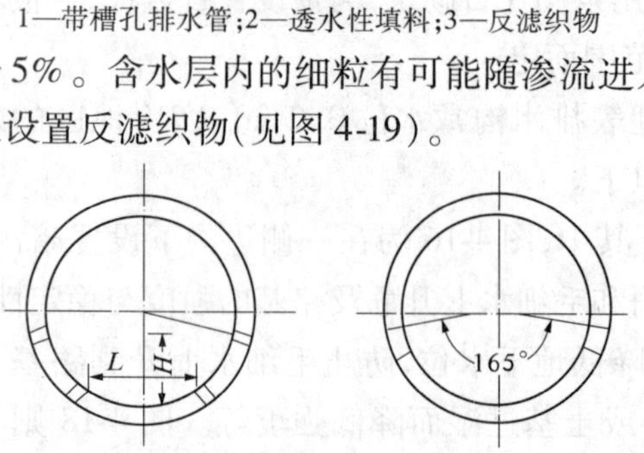

图 4-20　带槽孔排水管的圆孔和槽口布置

带孔排水管,其圆孔的内径为 5 ~ 10 mm,纵向间距为 15 mm,按 4 或 6 排对称地排列在圆管断面的下半截,如图 4-20 所示。最上面一排圆孔距管内底的最大高度 H 与管下部无圆孔截面的弦长 L 应满足表 4-1 要求。槽口按两排间隔 165°对称排列在圆管断面的下半截,在渗沟内安设排水管时,槽孔向下。

表 4-1　带槽孔排水管的槽孔布置尺寸

管径(mm)	圆孔			槽口		管径(mm)	圆孔			槽口	
	排数	H(mm)	L(mm)	长度(mm)	间距(mm)		排数	H(mm)	L(mm)	长度(mm)	间距(mm)
150	4	70	98	38	75	300	6	140	195	75	150
200	4	94	130	50	100	380	6	175	244	75	150
250	4	116	164	50	100	460	6	210	294	75	150

在盛产石料地区,也可采用洞式渗沟在路基范围外拦截地下水,如图 4-21 所示,渗沟底部,以浆砌片石组成矩形排水槽,槽顶覆盖水泥条形盖板,形成排水洞。其横断面尺寸按设计渗流量的要求确定。板条间留有宽 20 mm 的缝隙,间距不超过 300 mm。在盖板顶面铺以透水的土工织物。沟内回填透水性填料,沟顶覆盖 20 cm 厚的不透水封闭层。含水层内的细粒有可能随渗流进入沟内而堵塞渗沟时,应在渗沟的迎水面沟壁处按渗滤要求设置若干层粒料反滤层,每层反滤层由厚度为 15 ~ 25 cm 的粒料组成。

为疏干潮湿的土质路堑边坡坡体和引排边坡上局部出露的上层滞水或泉水,可采用边坡渗沟,修建边坡渗沟的边坡坡度不应陡于 1:1,如图 4-22 所示。

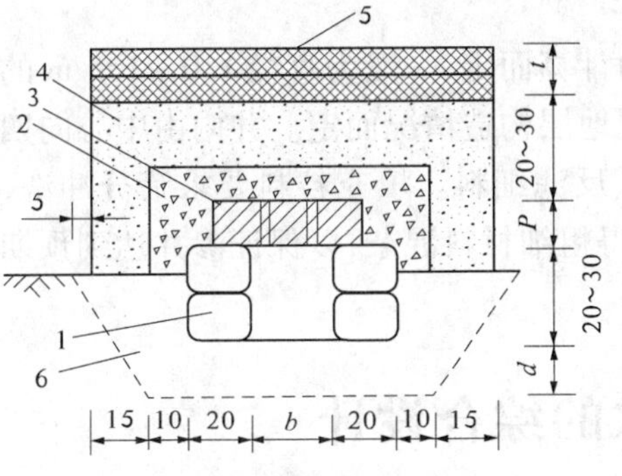

图 4-21　洞式渗沟　(单位:cm)

1—浆砌片石;2—碎砾石;3—盖板;4—砂;
5—双层反铺草皮或土工布;6—基础

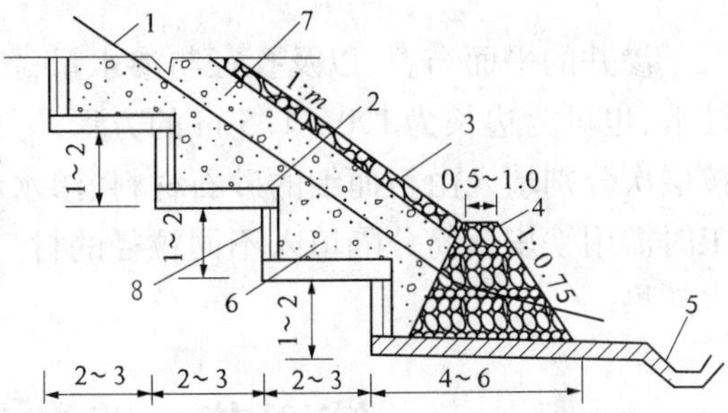

图 4-22　边沟渗沟布置和构造　(单位:m)

1—干湿土层分界线;2—浆砌片石铺砌;3—干砌片石覆盖;4—干砌片石垛;5—边沟;6—底部回填粗粒料;7—上部回填细粒料;8—反滤织物或反滤层

边坡渗沟应垂直嵌入边坡坡体,其平面形状宜采用条带形布置,对于范围较大的潮湿坡体,可采用增设支沟的分岔形布置或拱形布置。主沟间距 6 ~ 10 m,渗沟宽度 1.2 ~ 1.5 m,其基底应设在较干燥且稳定的土层内,筑成阶梯状,基础采用浆砌片石。沟内回填透水性粒料,其底部采用大粒径的碎石或砾石,而上部可采用较小粒径的砂砾。粗回填料外围设置反滤织物或反滤层。沟顶部采用干砌片石铺砌,其表面与边坡面大致齐平。下部出水口宜采用干砌片石垛支撑,渗出的水流直接进入边沟。

三、渗井

渗井属于竖直方向的地下排水设施。当地表水或对路基有影响的浅层地下水较难排除时，距地面不深处有良好的渗水层，且地下水流向背离路基或较深，可设置渗井，穿入透水层中，将路基范围内的上层地下水及少量地面水，引入更深的透水层中去，以排除地面水或降低上层的地下水位，如图 4-23 所示。

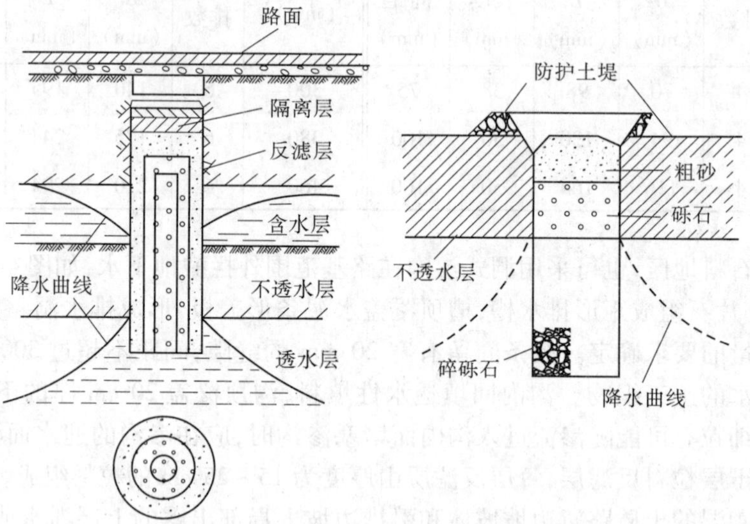

图 4-23　渗井结构

渗井的平面布置，以及孔径与渗水量，按水力计算而定，一般为直径 1.0～1.5 m 的圆柱形，也可为边长为 1.0～1.5 m 的方形。井深视地层构造情况而定。井内由中心向四周按层次分别填入由粗而细的砂石材料、渗水粗料、反滤细料。填充粒料要求筛分冲洗，施工时需用铁皮套筒分隔填入不同粒径的材料，不得粗细材料混杂，以保证渗井达到预期排水效果。

第四节　路基排水的综合设计

路基的各个组成部分，为完成各自的排水任务，需采用不同的排水设备，而要完成整个的排水任务，将全部地面水有效地拦截、汇集、引导和渲泄到路基范围之外，就必须将各种排水设备组成一个完整的综合排水系统，使各处的水均能顺畅地排出。

布置排水系统时，应首先着重分析研究所遇到的各种水的来向和它们对路基的危害程度，然后根据其轻重缓急，分别采用不同的排水设备，把对路基确有危害的水流有效地排除；同时，也要考虑每一项排水设备可能起的作用，以及它们在位置、构造等方面的具体要求，在布置时使之大体符合这些要求，起到预期的作用。

排水系统综合设计必须满足如下基本要求：

（1）路基排水，必须与农田排灌和水土保持工作结合起来考虑。如地形平坦，灌溉渠道较多的地段，路线通过时可能或多或少地破坏原有的农田灌溉系统；路线穿过梯田，可能切断位于路基下侧梯田的水渠。对此，应采取相应的措施，如增设涵管、渡槽等，以保证农田正常排灌的需要，各种排水沟渠也可同时作为灌溉渠道，两者应有机地结合。在汇水面积较大、植被稀少、易受到冲刷的坡面上，宜采用多道小断面截水沟来拦截并排除坡面水，以免水量过于集中而造成冲刷；也可结合水土保持措施，采取分散径流、降低流速、节节拦蓄的方针，使泥不下山、水不出沟，既防止了坡面的冲刷，有利于农业，又保证了路基山坡的稳定性。总之，因地制宜和综合治理，是路基排水综合设计的基本要求之一。

(2)对于明显的天然沟槽，一般宜依沟设涵，不必勉强改沟与合并。对于沟槽不明显的漫流，应在上游设置束流设施，加以调节，尽量汇集成沟，导流排除；对于较大水流，注意因势利导，不可轻易改变流向，必要时配以防护加固工程，进行分流或束流。

(3)地面沟渠宜大体沿等高线布置。可提高截流效果，减少工程量。尽可能使沟渠垂直于水流方向，且应力求短捷，水流通畅。沟渠转弯处应以圆曲线相接，以减少水流的阻力。

(4)路基排水系统的布置与桥涵布置相结合。桥涵是渲泄水流的主要构造，在布置桥涵时应考虑路基排水的需要。桥涵的位置和密度应结合截水沟、边沟或排水沟等沟渠对出水口位置的要求，桥涵的孔径大小应能满足排水量的需要。在布置路基排水系统时，也应结合桥涵的布置情况，确定各沟渠排引的方向及出水口的位置。

(5)收集现有资料，进行总体规划。路基排水综合设计必须做好收集已有的工程地质和水文地质等有关资料，并通过野外调查及坑深和钻探测试，收集相关数据，做出总体规划，提出总体布置方案，逐段逐项进行细部设计计算，并进行效益分析和经济核算。

对于排水系统中各沟渠排引方向及出水口位置的具体布置，可按下列步骤进行：

(1)将主要流向路基的天然沟和排水沟规划成横向排水系统(垂直路线方向)。

(2)拦截山坡水流，设置成纵向排水系统，并汇集排入横向排水系统，或者拦蓄山坡水流，做成纵向蓄水系统。

(3)在横向和纵向排水沟渠之间的山坡上，根据面积大小和地形，确定是否需要设置支沟和各种排水沟渠，以构成排水网络。

(4)在路基两侧设置边沟、排水沟等，或利用取土坑排水，保证路基经常干燥。

(5)选定桥涵的位置，并使这些沟渠同桥涵连成网。

(6)考虑是否需要设置地下排水系统。

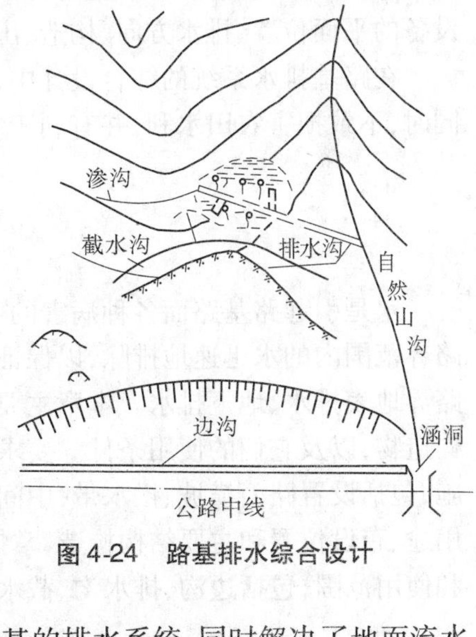

图4-24　路基排水综合设计

图4-24是路基排水综合设计的一个例子，利用渗沟将路基上方出现的泉水汇集，经排水沟排至自然沟内，同时，截水沟与边沟拦截并汇集地面水也排至自然沟内，在自然沟路线处设置涵洞将水流排至路基下方。上述几种排水设施，构成该段路基的排水系统，同时解决了地面流水与地下泉水对路基的危害，疏干了路堑顶部的泉水，可防止边坡滑塌等危害。

在丘陵及山岭地区，除设边沟排水外，还应注意坡面上水流的冲刷会造成边沟淤塞并影响路基的稳定。这时应考虑是否在上方坡面上设置截水沟拦截、引导水流离开路基，如

图 4-25 所示。

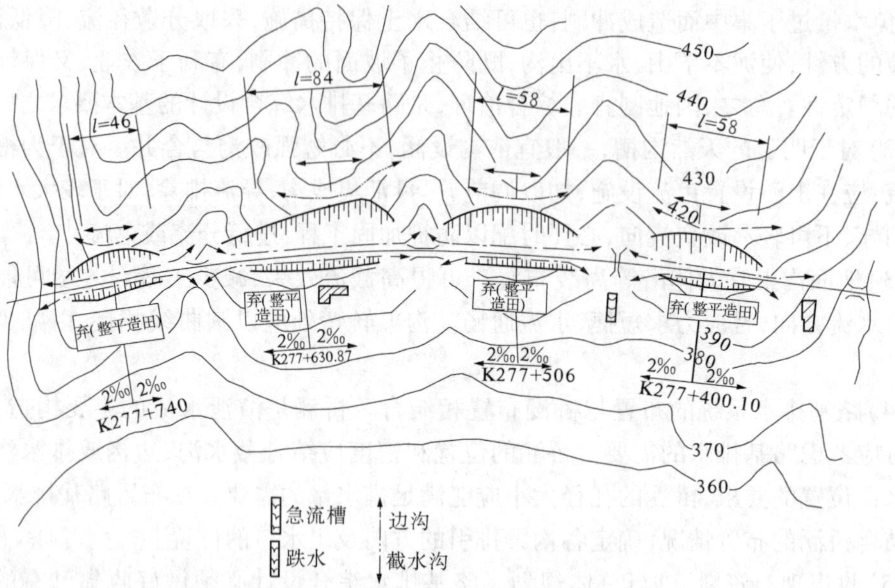

图 4-25 丘陵及山岭地区路基排水综合设计 （单位：m）

路基排水系统综合设计，应按一般路段和特殊路段区别对待。在一般路段上，水流的危害较小，排水设计可简单些。此时，仅需拟定一些主要原则，并分别在横断面图上和工程数量表上注明，交由施工单位具体掌握。而对地质和水文条件复杂的或者已产生严重路基病害的路段，则应单独进行排水设计。在平面图上具体布置排水系统，确定各项排水设备的平面位置、排水方向、构造、出入口、纵坡等。

在路基排水系统的综合设计中，还应照顾当地农田水利规划，以便在防范路基水害的同时，不致损害农田水利，并有利于农业生产。

本章小结

水是引起路基路面各种病害的主要原因之一，排水的目的是拦截流向路基的水，并将路界范围内的水迅速地排除，以保证路基路面的强度和稳定性。路基路面排水设施分为路界地表排水、地下排水。本章主要介绍排水的基本方法、主要的技术措施、常见的排水构造物，以及它们的使用条件。要求学生能够掌握路基排水设计的原则，熟悉路面排水措施，包括设置路面横坡、拦水带，中间带下设沟、管等措施。了解各种路界地表排水设施的用途、布设位置和主要结构构造，掌握坡面排水技术方法，熟悉主要构造物，以及结构构造和使用范围，包括边沟、排水沟、截水沟、急流槽、跌水等。

复习思考题

4-1 简述路基路面排水的意义和作用。

4-2 简述路基排水的原则。

4-3 路基排水设计的一般原则有哪些?

4-4 地面排水设施和地下排水设施有哪些?各自的作用和适用条件是什么?

4-5 具体布置和设计各种路基排水结构物时应注意哪些问题?怎样才算形成排水系统?

4-6 排水系统综合设计必须满足哪些基本要求?

第五章 路基防护与加固设计

本章学习重点

坡面防护、冲刷防护、湿软地基加固各自的特点、适用情况。

第一节 概 述

道路暴露于自然界，长期受自然因素的作用，在不利的水温条件作用下，其物理、力学性质将发生变化。浸水后湿度增大，土的强度降低；岩性差的岩体，在水温变化条件下，加剧风化；路基表面在温差作用下形成胀缩循环，在湿差作用下形成干湿循环，可导致强度衰减和剥蚀；地表水流冲刷，地下水源浸入，使岩土表层失稳，易造成和加剧路基的水毁病害；沿河路堤在水流冲击、淘刷和侵蚀作用下，易遭破坏；湿软地基承载力不足，易导致路基沉陷。所有这些均取决于道路的物理力学性质及自然因素，且与道路承受的行车荷载有关。合理的道路结构设计，应在路线位置、横断面尺寸、结构组成等方面综合考虑。为确保道路结构的强度与稳定性，路基的防护与加固是不可缺少的工程技术措施。随着道路等级的提高，为保证正常的汽车运输，减少道路灾害，确保行车安全，保持道路与自然环境相协调，路基的防护与加固更具有重要意义。实践经验证明，在高等级公路建设中，路基防护与加固工程对保证公路使用品质、提高投资效益都有重要意义。

路基防护与加固设施主要有边坡坡面防护、沿河路堤河岸冲刷防护与加固以及湿软地基加固。

坡面防护，主要是保护路基边坡表面免受雨水冲刷，减缓温差及湿度变化的影响，防止和延缓软弱岩土表面的风化、破碎、剥蚀演变进程，从而保护路基边坡的整体稳定性，在一定程度上还可以兼顾美化路基和协调自然环境。

堤岸冲刷防护与加固主要是对沿河滨海路堤、河滩路堤、水泽区路堤防护与加固，也包括桥头引道及路基旁边的防护路堤等。堤岸防护与加固，主要针对水流的破坏作用，起防治水害和加固堤岸双重功效。

湿软地基的承载能力较差，为防止修筑其上的路基产生沉陷、滑移或其他病害，填筑路基前必须对其进行加固。湿软地基加固工程规模大、造价高，应注意方案比较，综合考虑技术和经济方面的可行性，力求科学合理。

路基防护与加固种类和方法多种多样，设计、施工中应遵循“因地制宜、就地取材、经济适用、照顾景观”的原则。

因地制宜，就是要结合实际地形、地质条件来确定路基的防护。盲目地提高防护标准会提高工程造价；过低的防护标准则达不到防护目的。只有结合实际情况、因地制宜，才能制定出科学合理的防护措施。

就地取材,就是尽量利用当地材料,就地采集、就地利用,以节省运输费用,降低工程造价。如在石料丰富的地区,就应尽量利用石料砌筑的方式,而在适合植物生长的土质路段边坡,应优先选用植物防护的方式来保护路基。

经济适用,就是要少花钱、多办事,既要经济耐用又要养护工作量最小,尽可能节省工程费用和其他开支。对于有价值的新材料、新技术、新工艺和新方法,只要符合技术政策和经济耐用的原则,且通过评审鉴定可以推广应用的,也应该结合工程特点,积极组织实施。

照顾景观,就是任何一种防护方式不仅要保护路基,还要力求适合当地环境,与周围环境相协调,尽可能美观一些。虽然修建高速公路对其周边地区经济发展起到了巨大的推动作用,但也对环境造成一定的破坏。所以,路基的防护措施应强调符合环保要求,照顾景观,与当地自然环境和谐,把对当地生态环境造成的损害降到最低。

第二节　坡面防护

坡面防护即指通常的“护坡工程”,主要是保护路基边坡表面免受雨水冲刷,减缓温差及湿度变化的影响,防止和延缓软弱岩土表面的风化、破碎、剥蚀演变进程,从而保护路基边坡的整体稳定性,在一定程度上还可兼顾路基美化和协调自然环境。坡面防护设施要求必须坡面岩土整体稳定牢固。

常用的坡面防护方式有植物防护(种草、铺草皮、植树等)和工程防护(抹面、喷浆、勾缝、砌石、护面墙等)。前者可视为有“生命”防护,后者为无机物防护。有“生命”防护以土质边坡为主,无机物防护以石质路堑边坡为主。在一定程度上,有“生命”防护在边坡稳定和改善路容方面,优于无机物防护。

一、植物防护

植物防护可美化路容,协调环境,调节边坡土的温湿状况,起到固结和稳定边坡的作用。它对于坡高不大、边坡比较平缓的土质坡面是一种简易有效的防护设施,其方法有种草、铺草皮和植树等。土质边坡防护也可采用拉伸网草皮、固定草种布或网格固定撒种,用土工合成材料进行土质边坡防护的边坡坡度宜在1:1~1:2。

(一)种草

种草适用于边坡稳定、坡面冲刷轻微的路堤或路堑边坡。一般要求边坡坡度不陡于1:1,边坡地面水径流速度不超过0.6 m/s。长期浸水的边坡不宜采用。采用种草防护时,对草籽的选择应注意当地的土壤和气候条件,通常应以容易生长、根部发达、叶茎低矮或有匍匐茎的多年生草种为宜。最好采用几种草籽混合播种,使之生成一个良好的覆盖层。播种的坡面应平整、密实、湿润。

播种方法有撒播法、喷播法和行播法等。采用撒播法时,草籽应均匀撒布在已清理好的土质边坡上,同时做好保护措施。对于不利于草类生长的土质,应在坡面上先铺一层5~10 cm的种植土。路堑边坡较陡或较高时,可通过试验采用草籽与含肥料的有机质泥浆混合,用喷播法将混合物喷射于坡面。采用行播法时,草籽埋入深度应不小于5 cm且行距均匀。种草应在温度较高、湿度较大的季节播种。播种前应在路堤的路肩和路堑的堑顶边缘埋入与坡面齐平的宽 20 ~ 30 cm 的带状草皮。播种后，应适时进行洒水、施肥、清除杂草等养护管理，直到植物覆盖坡面。

（二）铺草皮

铺草皮适用于各种土质边坡。特别是当坡面冲刷比较严重、边坡较陡、径流速度大于 0.6 m/s 而又需要快速绿化时，采用铺草皮防护比较适宜。草皮应选择根系发达、茎矮叶茂、耐旱的草种，不宜选用喜水草种。铺草皮的方式有平铺（平行于坡面）、水平叠铺、垂直坡面或与坡面成一半坡角的倾斜叠置，以及采用片石铺砌成方格或拱式边框、方格式框内铺草皮等，如图 5-1 所示。

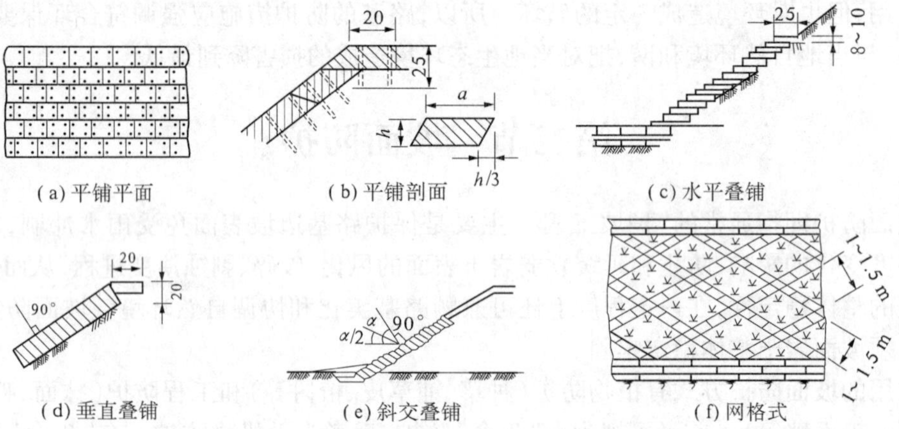

图 5-1　草皮防护示意　（单位：cm）

h—草皮厚度，5 ~ 8 cm；a—草皮边长，20 ~ 25 cm

铺草皮需预先备料，草皮可就近培育，切成整齐块状，然后移铺在坡面上。草皮的规格一般为 20 cm × 25 cm、25 cm × 40 cm 及 30 cm × 50 cm 的块状，或宽 25 cm、长 200 ~ 300 cm 的带状；草皮厚 6 ~ 10 cm，干旱和炎热地区为 15 cm。铺时应自下而上，并用竹木小桩将草皮钉在坡面上，使之稳定。草皮根部土应随草切割，坡面要预先整平，必要时还应加铺种植土，草皮应随挖随铺，注意相互贴紧。铺草皮施工时，应将边坡表面挖松整平，并尽可能在春秋季或雨季进行，不宜在冰冻时期或解冰时期施工。

（三）拉伸网草皮

拉伸网草皮是在土工网或土工垫等土工合成材料上铺设 3 ~ 5 cm 厚的种植土层，经过撒种、养护后形成的人工草皮。固定草种布（也可称植生带）是在土工织物纺织时将草种固定于土工织物中，然后到现场铺筑、养生，以促使草皮生长的一种土工合成材料草皮制品。网格固定撒种是先将土工网固定于需防护的边坡上，然后撒播草种形成草皮的一种边坡防护方法。

（四）植树

植树适用于各种土质边坡和风化极严重的岩石边坡，边坡坡度不陡于 1∶1.5。在路基边坡和漫水河滩上植树，对于加固路基与防护河岸可起到良好的效果。它可以降低水流速度，种在河滩上可促使泥沙淤积，防止水流直接冲刷路堤。在风沙和积雪地面，林带可以防沙防雪,保护路基不受侵蚀。此外,还可以起到美化路容、调节气候、改善高等级道路的美学效果。

植树防护宜选用在当地土壤与气候条件下能迅速生长、根系发达、枝叶茂密的树种,用于冲刷防护时宜选用生长很快的杨柳类或不怕水淹的灌木类,公路弯道内侧边坡严禁栽植高大树木。种植后在树木未成长前,应防止流速大于3 m/s的水流侵害。必要时,应在树前方设置障碍物加以保护;植树防护最好与种草结合使用,使坡面形成一个良好的覆盖层,才能更好地起到防护作用。

二、工程防护

当不宜使用植物防护或考虑就地取材时,采用砂石、水泥、石灰等矿物材料进行坡面防护是常用的防护形式。它主要有砂浆抹面、喷浆、勾缝或喷涂以及石砌护坡或护面墙等。这些形式各自适合于一定条件。

(一)抹面防护

抹面防护,适于石质挖方坡面,岩石表面易风化,但比较完整,尚未剥落,如页岩、泥沙岩、千枚岩的新坡面。对此应及时予以抹面,以预防风化成害。抹面作业前,应对被处置的边坡加以清理,去掉风化层、浮土、松动石块并填坑补洞,洒水湿润,以达到牢固耐久。常用的抹面材料有石灰浆等,其中石灰为胶结料,要求精选。混合料如加纸筋或竹筋,可提高强度,防止开裂;掺加适量制盐副产品卤水,因其含有氯化钙与氯化镁,可使抹面加速硬化和预防开裂。抹面厚度视材料与坡面状况而定,一般为2~10 cm,分两次进行,底层抹全厚的2/3,面层抹全厚的1/3。操作前,应清理坡面风化层、浮土与松动碎块,填坑补洞,洒水润湿。抹面后,应拍浆、抹平和养护。

(二)喷浆及喷射混凝土

喷浆及喷射混凝土适用于易风化但尚未严重风化的岩石边坡,且坡面较干燥。对高而陡的边坡、上部岩层较破碎而下部岩层完整的边坡和需大面积防护的边坡,采用此种方法较为适宜。对成岩作用差的黏土岩边坡不宜采用。喷浆厚度一般为5~10 cm,喷射沉淀土厚度以8 cm为宜,分2~3次喷射。喷浆的水泥用量较大,重点工程可选用。比较经济的砂浆是用水泥、石灰、河砂及水,按重量比1:1:6:3配合而成。坡脚应做1~2 m高的浆砌片石护坡。施工前,坡面如有较大裂缝、凹坑应先嵌补牢固,使坡面平顺整齐;岩体表面要冲洗干净,土体表面要平整、密实、湿润。喷层厚度应均匀,喷后应养护7~10 d。

(三)勾缝、灌缝

勾缝适用于较硬、不易风化、节理缝多而细的岩石路堑边坡;灌缝适用于较坚硬、裂缝较大较深的岩石路堑边坡。灌缝可用体积比1:4或1:5的水泥砂浆。灌缝和勾缝前应先用水冲洗,并清除裂缝内的泥土、杂草。勾缝时要求砂浆嵌入缝中,与岩体牢固结合。灌缝时要求插捣密实,灌满缝口并抹平。

上述几种防护方法,可以局部处理、综合使用,并与放缓边坡等方法加以比较,力求实用和经济。如果在坡面防护时着色或修饰,还有助于改善路容。

(四)砌石防护

砌石防护有干砌和浆砌两种,可用于土质或风化岩质路堑或土质路堤边坡的坡面防护,也可用于浸水路堤及排水沟渠的冲刷防护。如图5-2所示。

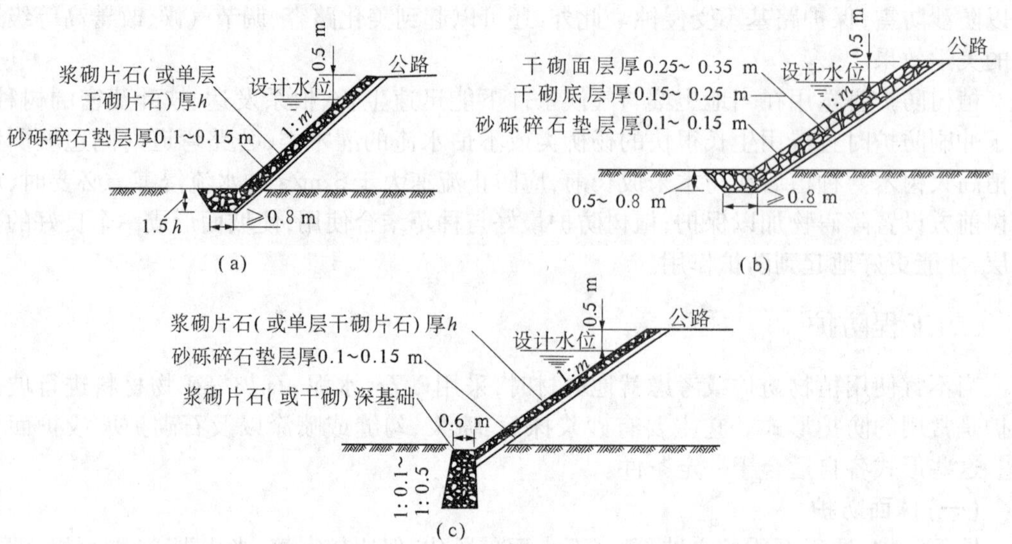

图5-2 砌石防护示意

注:m 值应小于或等于 1∶1.5;h 值干砌为 0.25 ~0.35 m,浆砌为 0.25 ~0.4 m。

易遭受雨、雪、水流冲刷的较缓土质边坡,风化较重的软质岩石坡,受水流冲刷较轻的河岸和路基,均可采用干砌片石防护。这些边坡应符合路基边坡稳定要求,坡度一般为 1∶1.5 ~1∶2。干砌片石防护一般有单层铺砌、双层铺砌和网格内铺砌几种,流速较大时宜采用网格内铺砌的防护。单层铺砌厚度为 0.25 ~0.35 m,双层的上层为 0.25 ~0.35 m,下层为 0.15 ~0.25 m。

当干砌片石护坡效果不好,或水流速度较大,波浪作用强,有漂浮物冲击时,可采用浆砌片石护坡。其厚度一般为 0.25 ~0.35 m,用于冲刷防护时最小厚度一般不小于 0.35 m。浆砌片石护坡较长时,应在每隔 10 ~15 m 处设置沉降缝,缝宽约 2 cm,内填沥青麻筋或沥青木板;护坡的中、下部设 10 cm×10 cm 的矩形或直径为 10 cm 的圆形泄水孔。其间距为 2 ~3 m,孔后 0.5 m 范围内设置反滤层。

砌石防护应先在片石下面设置 0.1 ~0.5 m 厚的碎(砾)石或砂砾混合物垫层,以起到整平、反滤的作用,并可增强抗冲击能力;然后由下而上平整铺砌片石,要错缝嵌紧,并用砂浆勾缝,以防渗水。石砌护坡坡角处应设置墁石基础。在无河水冲刷时,基础埋置深度一般为护坡厚度的 1.5 倍。当受水流冲刷时,基础应埋置在冲刷线以下 0.5 ~1.0 m 处,或采用石砌深基础。

(五)护面墙

如图 5-3 所示,护面墙指为覆盖各种软质岩层和较破碎岩石的挖方边坡,以免其受自然因素影响,防止雨水渗入而修的墙。护面墙应紧贴边坡坡面修建,只承受自重,不承受墙背土侧压力。故要求挖方边坡必须符合稳定性要求。护面墙厚度尺寸的设定可参照表 5-1。墙基要求设置在可靠地基上,在底面做成向内斜的反坡。冰冻地区墙背应埋置在冰冻线 0.25 m 以下。

护面墙较高时,应分级修筑,每级 6 ~10 m,每一分级设不小于 1 m 的平台,墙背每

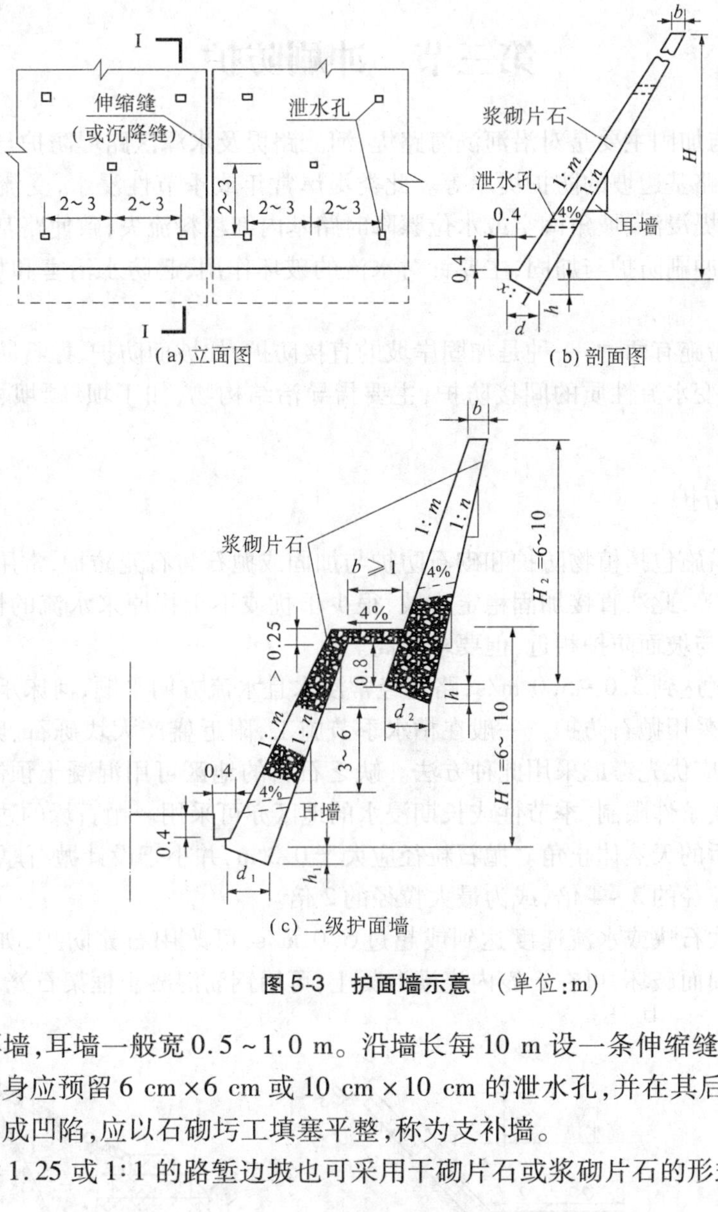

图 5-3　护面墙示意　(单位:m)

4 ~6 m高设耳墙,耳墙一般宽 0.5 ~1.0 m。沿墙长每 10 m 设一条伸缩缝,宽 2 cm,填以沥青麻筋。墙身应预留 6 cm×6 cm 或 10 cm×10 cm 的泄水孔,并在其后做反滤层。若坡面开挖后形成凹陷,应以石砌圬工填塞平整,称为支补墙。

对缓于 1∶1.25 或 1∶1 的路堑边坡也可采用干砌片石或浆砌片石的形式防护。

表 5-1　护面墙厚度参考

护面墙高 H(m)	路堑边坡	护面墙高(m)	
		顶宽 b	底宽 d
$H \leqslant 2$	1∶0.5	0.40	0.40
$H \leqslant 6$	>1∶0.5	0.40	$0.40 + H/10$
$6 < H \leqslant 10$	1∶0.5 ~1∶0.75	0.40	$0.40 + H/20$
$10 < H \leqslant 16$	1∶0.75 ~1∶1	0.60	$0.60 + H/20$

第三节　冲刷防护

冲刷防护与加固主要是对沿河滨海路堤、河滩路堤及水泽区路堤防护与加固，亦包括桥头引道，以及路基边坡的防护堤岸等。此类堤岸常年或季节性浸水，受流水冲刷、拍击和淘洗，造成路堤浸湿、坡角淘空或水位骤降时路基内细粒料流失，致使路基失稳，边坡崩坍。所以，堤岸冲刷防护与加固，主要针对水流的破坏作用，起防水治害和加固堤岸双重功效。

冲刷防护措施有两种：一种是加固岸坡的直接防护，如坡面防护、抛石防护、石笼防护等；另一种是改变水流性质的间接防护，主要指导治结构物，如丁坝、顺坝、防洪堤、拦水坝等。

一、直接防护

直接防护措施包括植物防护和砌石防护与加固或抛石与石笼防护，常用的有植树、铺石、抛石或石笼等，此法直接加固稳定边坡，很少干扰或不干扰原来水流的性质。植物防护与砌石防护，与坡面防护相近，但要求更高。

当水流速度达到3.0～5.0 m/s，路基经常浸水且水流方向平顺，河床承载力较好，无严重冲刷时，宜采用抛石防护。一般在枯水季节施工，附近盛产大块砾石、卵石以及废石方较多的路段，应优先考虑采用此种方法。缺乏石料的地区可用混凝土预制块代替。抛石防护不受气候条件限制，季节性或长期浸水的地区亦可采用。抛石垛的边坡坡度，不应陡于抛石浸水后的天然休止角。抛石粒径应大于0.3 m，并小于设计抛石厚度的1/2。抛石厚度一般为粒径的3～4倍，或为最大粒径的2倍。

如果缺乏大石块或水流速度达到或超过5.0 m/s，可改用石笼防护，如图5-4所示。为防铁丝被磨损而破坏，可在石笼内浇灌混凝土，可用钢筋混凝土框架石笼。临时工程可用竹石笼代替。

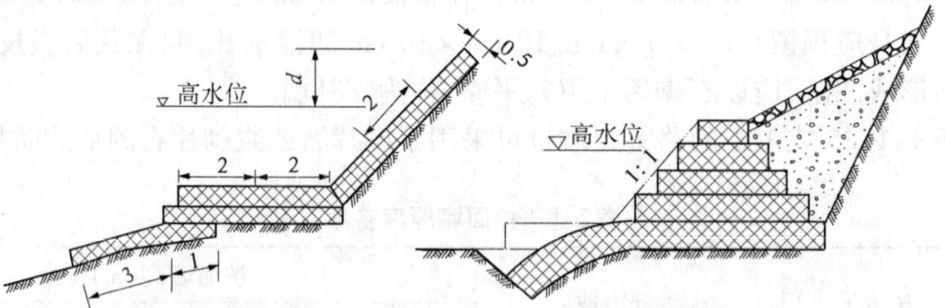

图5-4　石笼防护　（单位：m）

石笼是用铁丝编织成框架，内填石料，设在坡脚处，以防急流和大风浪破坏堤岸，也可用来加固河床，防止淘刷。铁丝框架可以为箱形或圆形。笼内填石最好为密度大、坚硬未风化的石块，粒径不能小于石笼网孔，最小不小于4 cm，一般为5～20 cm。外层应用大石块并使棱角突出网孔，内层用较小石块填充。石笼应平铺并与坡角线垂直，必要时底层各角应用铁棒固定于基底土中。

二、间接防护

间接防护是采用导流与导治构造物，改变水流方向，消除和减缓水流对堤岸直接破坏，同时可减轻堤岸近旁淤积，彻底解除水流对局部堤岸的损害，起安全保护作用。主要有丁坝、顺坝、拦河坝及改河工程等。导治结构物是桥涵和路基的重要附属工程，由于涉及水流方向，影响范围较大，工程费用亦较高，务必慎重。用于防护堤岸的改河工程，一般限于小型工程，如裁弯取直、挖滩改道、清除孤石等，可在小河的局部河段上进行。

导治结构物主要是设坝，按其与河道的相对位置，一般可分为丁坝、顺坝和格坝，如图5-5所示。

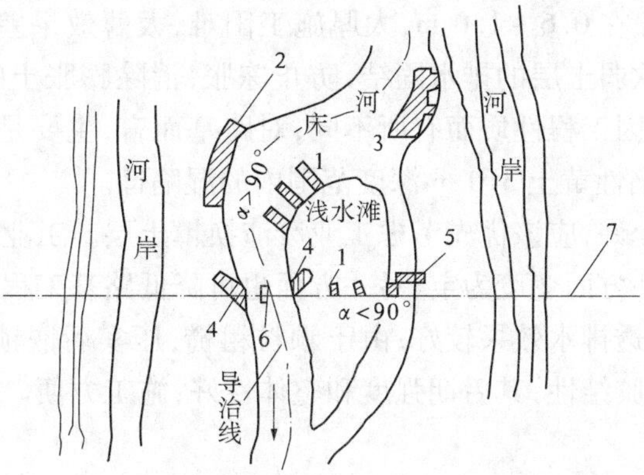

图5-5　河流导治构造物布置示意

1—丁坝；2—顺坝；3—格坝；4—导流坝；5—拦水坝；6—桥墩；7—路中线

丁坝也叫挑水坝，是指坝根与岸滩相接，坝头伸向河槽，坝身与水流方向成某一角度，能将水流挑离河岸的结构物。丁坝一般用来束水归槽，改善水流状态，保护河岸。

顺坝为坝根与岸滩相接，坝头大致与堤岸平行的结构物。主要用于导流、束水，调整河道，改变流态，也可称做导流坝、顺水坝。

格坝为建于顺坝与河岸之间，一端与河岸相连，另一端与顺坝坝身相连的横向导治结构物。格坝的作用是将水流反射入主河床，同时防止洪水溢入顺坝冲刷坝后的河床与河岸，并促进其间的淤积。

导治结构物的构造与要求以及具体计算方法，可查阅有关《路基设计手册》等文献。

第四节　湿软地基加固

湿软地基泛指天然含水量过大、孔隙率大、胀缩性高、承载能力低的土质地基，如软土泥沼、湿陷性黄土、松散杂填土、膨胀土等。土是一种松散介质，作为路基本身或其支撑体，明显的缺点就是强度太低，对于湿软路基更是如此。特别是高填路堤，由于其自身荷载较大，在修筑高等级公路时，如果对湿软地基不加处理或处理不当，往往会导致路基失稳或过量沉降。因此，要保持地基稳定，保证地基具有足够的承载能力，不产生过大沉降变形,就必须对湿软地基进行加固处理。湿软地基处理的方法很多,各种方法有各自的特点,可得到不同的效果。

一、换填土层法

换填土层法是指将影响路基范围内的湿软土层挖除,换填上强度较高,稳定性好的砂、碎(砾)石、工业废渣、灰土或素土等土类,并分层压实的方法。此法主要用于路基工程中低洼区域填筑、高填方路基以及挡土墙、涵洞地基处理等。不同的换填材料,其应力分布虽然有所差异,但其极限承载力比较接近,而且沉降特点亦基本相似,因此大致按砂垫层的计算方法,结果相差不大。砂料以中、粗砂较好,并且要级配良好,颗粒的不均匀系数应大于5,含泥量不超过3% ~5%。

砂垫层的厚度一般在0.6 ~1.0 m,太厚施工困难,太薄效果差。砂垫层可提高承载力,减少沉降量,加速软弱土层的排水固结,防止冻胀,消除膨胀土的胀缩作用,也可处理暗穴。砂垫层的作用,因工程性质而有所不同,对路基而言,主要是排水固结,素土(或灰土)垫层,可以消除湿陷性黄土3.0 m深度范围内的湿陷性。

如果工程中情况允许,应该优先考虑工业废渣换填土层。工业废渣占用土地、污染环境,采用废渣作垫层,一方面变废为宝,另一方面也可降低路基工程造价。同时,这种垫层材料也有诸多优点:渗透排水效果较好;由于颗粒粗糙,压实后嵌锁牢固,稳定性好,强度高;废渣料具有一定的胶结性,其后期强度和整体性好;施工方便。

二、碾压夯实法

控制最佳含水量,对土基分层压实,提高强度和降低压缩性,是路基施工的基本要求。对于非黏性土及松散杂填土,振动压实法效果良好。振动压实效果,因土质和振动时间而不同,一般振动时间越长,效果越好,但时间过长就会无效。对于以矿渣、碎砖、瓦块为主的建筑垃圾,时间约1 min即可;含细炉渣等细颗粒填土,振动时间一般为3 ~5 min,有效深度为1.2 ~1.5 m。

重锤夯实法加固地基,可降低湿陷性黄土的湿陷性,使杂填土表层土的强度一致。重锤夯实法适用于地下水位0.8 m以下稍湿的一般黏性土、砂土、湿陷性黄土、杂填土等。重锤一般用钢筋混凝土制成截头圆锥体,底部垫钢板,重量宜为1.5 t或稍重,锤底直径为1 ~1.5 m。夯击时提升重锤2.5 ~4.5 m高后,自由落下,夯击地基。重锤的夯击遍数,一般以最后两次的平均夯沉量不超过规定值来控制,即一般黏性土和湿陷性黄土为1 ~2 cm,砂土为0.5 ~1.0 cm。实践结果表明,一般夯击8 ~12遍,作用深度为锤底直径的一倍左右。

在重锤夯实法的基础上,20世纪60年代末法国梅拉技术研究所研究出了一种新的技术,即强夯法,也称动力固结法,它是以8 ~12 t(甚至20 t)的重锤,8 ~20 m落距(最高达40 m),对土基进行强力夯击,利用冲击波和动应力,达到加固土基的目的。强夯法具有施工简单、加固效果好、使用经济、运用面较广等优点。缺点是需要相应的机具设备,操作时噪音和振动较大,不宜在人口密集或附近防震要求高的地点使用。

国外资料说明,经强夯法处理的地基,其承载力可提高2~5倍,压缩性降低2~10倍,可广泛用于杂填土、碎石土、砂土、黏性土、湿陷性黄土及泥炭和沼泽土。此项技术出现后迅速在国际上得到广泛应用,我国津、沪等地,不仅成功运用,而且在加固饱和软黏土地基方面,取得了新的成果与经验。

三、排水固结法

排水固结法是在湿软地基中设置排水井,用堆载预压的方法加速土中水的排出,加快土的固结,提高土的抗剪强度,达到加固的目的。这种方法常用于加固含水量较大、土层较厚的地基,如沼泽土、淤泥及淤泥质土、水力冲积土等。排水固结法按排水井不同有砂井法和排水板法;按堆载预压方式不同有路堤荷载压重法、降低水位压重法及真空预压法。排水固结的实际效果取决于地基土的固结特性、厚度、预压荷载和预压时间。

砂井堆载预压时,砂井直径和间距取决于地基土的固结特性和预压时间,直径常为20~30 cm,间距是井径的6~8倍。平面上可布置成三角(梅花)形或正方形,其中三角形排列效果较好。砂井长度应穿越地基可能的滑动面,如能穿越主要受压层更有利。如果软土层较浅,有透水性下卧层,则井长深入透水层,对排水固结更有利。为了把砂井中的水分尽快排到路基范围外,缩短固结时间,应在路堤底部设砂垫层,也可在每排砂井顶设置一条砂沟,在纵横向连接贯通。砂沟宽可为砂井直径的2倍,高为0.4~0.5 m。一般情况下,加载量大致与设计荷载接近,预压至80%固结度。为缩短排水距离,可采用袋装砂井,这样可保持砂井的密实性和连续性,具有施工简单、成本低的特点。

砂井成孔,有沉管法和水冲法两类。沉管法是用捶击或振动方式将带靴的钢管沉入地基,管内灌砂,在振动作用下拔出钢管,最后在土中形成砂井。水冲法是利用高压水冲孔,孔内灌砂,此法施工速度快,但难以保证孔径匀称,质量较差。砂井用的砂,以中粗粒径为宜,含泥量不宜大于3%,灌砂量(按质量计)大于井管外径所形成体积的95%。

四、挤密法

土基中成孔后,在孔中灌以砂、石、土、灰或石灰等材料,捣实成直径较大的桩体,利用桩体间的横向挤压作用,使地基土粒彼此靠紧,孔隙减少,而且孔被填满和压紧,形成桩体。桩体具有较高的承载能力,以致桩和原土组成复合地基,达到加固的目的。

孔中灌砂,形成砂桩,它与砂井相比,形式相近,但作用不同。砂井的作用是排水固结,井径较小而间距较大,适用于过湿软土层。砂桩的作用是将地基土挤密,井径较大而间距较小,适用于处理松砂、杂填土和黏粒含量不大的普通黏性土,也可有效地防止砂土基底的振动液化。

孔中填石灰而成石灰桩,石灰桩用来挤密加固湿软地基具有自己的优势。除了挤密作用外,此方法还可利用生石灰的吸水、膨胀、发热及离子交换作用使桩体硬化,改善原地基土的性质,另外,还可减小因周围土的蠕变所引起的侧向位移,达到加固的目的。石灰桩吸水膨胀和对土体的挤压作用,是石灰桩加固地基的特殊功能。石灰桩施工的基本要求是:生石灰必须密封贮存,最好选新鲜灰块;灰块必须粉碎至一定粒径。

砂桩和石灰桩的布置与尺寸,需通过设计计算而定,一般桩径为20~30 cm,桩的间距约为桩径的3.5倍,可在平面上按梅花形布置,桩的长度与加固土层厚度及加固要求有关。桩孔的施工方法,有冲击和振动等方法,在湿陷性黄土中还可用爆破成孔法,即先钻孔,孔直径约10 cm,孔内每隔50 cm置炸药筒,引爆扩孔挤压,再灌以黄土或灰土,分层捣实,可以消除黄土的湿陷性。

20世纪30年代在国外开始采用振动水冲洗法加固松砂地基,50年代开始用于加固软黏土地基,我国70年代后期开始引进该方法,用以提高地基承载力,减少地基沉降和差异沉降,提高抗地震液化能力,均取得满意效果。

振冲法是以起重机吊起振冲器、电动振冲器产生高频振动,水泵喷射高压水流,在振动和高压水的联合作用下,振冲器沉入土中预定深度,经过清孔用循环水带出孔中稠泥浆,向孔中逐段添加填料予以振动挤密,在地基土中形成振冲桩。振冲器的起重能力为10~15 t,水压力宜大于500 kPa,供水量大于20 m^3/h,加料量的供应能力不小于0.4~0.8 m^3/min。

五、土工织物法

在湿软地基与路基之间铺设土工织物,可起到扩大基础、分散荷载、增强地基和填土强度的作用,使地基沉降均匀。土工织物对路堤的沉降量无太大影响,但能明显改善路堤的稳定性及保持沉降均匀,并起到排水、反滤、分割、加固的作用。

土工织物包括土工布、土工格栅等,多以丙纶(聚丙烯)和涤纶(聚酯树脂)为主要材料。土工织物具有质地轻、强度高、弹性好、耐磨、耐酸碱、不易腐烂和防虫蛀、吸湿性好等优点;缺点是抗老化能力差,尤其是对紫外线敏感,故在使用时应避免太阳光长期照射,一般措施是将土工织物全部埋入土中或涂以沥青保护。

在碎石路基和土基之间铺入土工布后,土工布因承受垂直负荷而产生水平应力使其绷紧,负荷分布到较大面积的土基上,减弱了地基土中的垂直应力。如果用土工布和碎石组成渗水层,地基和路基中的水分都可渗过土工布,再通过碎石渗水层向公路两边流走,这时土工布不仅起到渗水作用,还起到隔离作用,防止碎石嵌入土基中。

六、化学加固法

采用压力灌注或搅拌混合等措施,将化学溶液或胶结剂均匀注入软土层中,使土颗粒胶结起来,达到对土基加固的目的,称为化学加固法,又称胶结法。目前化学溶液主要有以水玻璃溶液为主的浆液,以丙烯酸氨为主的浆液,水泥浆液和以纸浆溶液为主的浆液。其中以水泥浆液使用较多,纸浆液有毒性,且易污染地下水。今后应研制使用高效、无毒、易渗的化学浆液。

化学加固的施工工艺有灌浆法、旋喷法和深层搅拌法。灌浆法是利用机械压力将浆液通过注入管,均匀注入地层,浆液以填充和渗透方式,排挤土粒间或石隙中的水分和空气,占据其位置,一定时间后,浆液凝固,使原土层或缝隙固结成整体。此法用途很广,路基中除用于防护坡面和堤岸外,还可用于改善地下工程的开挖条件等。

旋喷法又称化学搅拌成型法,是用钻机钻孔至设计深度后,用高脉冲泵并通过安装在钻杆下端的特殊喷射装置,向土中喷射化学浆液,同时,钻杆以一定速度旋转并逐渐往上提升,高压射流使一定范围内的土体结构破坏,强制破坏的土体与化学浆液混合,胶结硬化后在土层中形成直径较匀称的圆柱桩体。旋喷的浆液以水泥浆液为主,如果土的渗水性较大或地下水流速较快,为防止浆液流失,浆液中应加速凝剂(如三乙醇胺和氯化钙等)。

本章小结

本章对道路工程中常见的路基防护与加固措施即坡面防护、冲刷防护、湿软地基加固等进行介绍,这也是路基主体工程中的一部分。实践中应根据公路等级,结合当地气候、水文、地质、路基标高、断面形式等方面进行综合处置,在确保道路使用功能的基础上,最大限度地保持公路与自然环境相协调,避免对环境造成破坏。在有条件的情况下,应尽可能实施植物防护,既环保,又可改变路容。对间接冲刷防护,由于其影响范围较大,工程费用较高,应慎用。对湿软地基加固,工程中应首先查明不良地质因素,然后有针对性地采取措施,以保证路基的强度和稳定性。

复习思考题

5-1 路基防护与加固设施可分为几大类?它们各自适合在什么情况下使用?

5-2 植物防护与工程防护各自有哪些常用形式?它们各自适用于哪些条件?

5-3 直接防护与间接防护有何异同?哪种措施工程量较大?

5-4 湿软地基有何特征?公路工程中常用的加固措施有哪些?

第六章　挡土墙设计

本章学习重点

重力式挡土墙稳定性验算方法。

第一节　概　述

一、挡土墙的分类

挡土墙是指承受土体侧压力的墙式构造物。在路基工程中,挡土墙可用以稳定路堤和路堑边坡,减少土石方工程量和占地面积,防止水流冲刷路基,并经常用于整治塌方、滑坡等路基病害。在山区公路中,挡土墙的应用更为广泛。

路基在遇到下列情况时可考虑修建挡土墙:①陡坡地段;②岩石风化的路堑边坡地段;③为避免大量挖方及降低边坡高度的路堑地段;④可能产生塌方、滑坡的不良地段;⑤高填方地段;⑥水流冲刷严重或长期受水浸泡的沿河路基地段;⑦为节约用地、减少拆迁或少占农田的地段;⑧为保护重要建筑物、生态环境或其他特殊需要的地段。

挡土墙各部分的名称如图 6-1(a)所示。墙身靠填土(或山体)一侧称为墙背;大部分外露的一侧称为墙面(或墙胸);墙的顶面部分称为墙顶;墙的底面部分称为墙底;墙背与墙底的交线称为墙踵;墙面与墙底的交线称为墙趾;墙背与竖直面的夹角称为墙背倾角,一般用 α 表示,工程中常用单位墙高与其水平长度之比来表示,即可表示为 $1:n$;墙踵到墙顶的垂直距离称为墙高,用 H 表示。

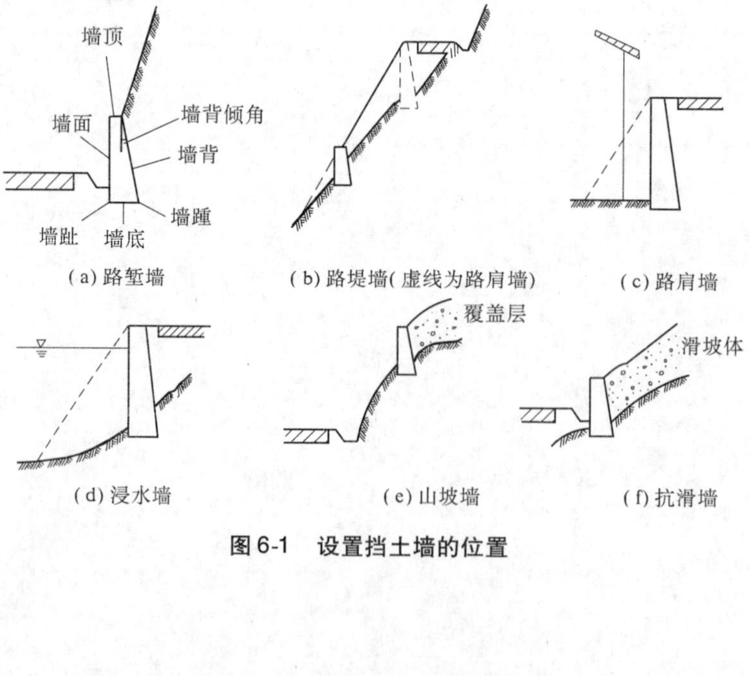

(a) 路堑墙　(b) 路堤墙(虚线为路肩墙)　(c) 路肩墙

(d) 浸水墙　(e) 山坡墙　(f) 抗滑墙

图 6-1　设置挡土墙的位置

按照挡土墙在路基横断面上的设置位置不同,挡土墙可分为路堑墙、路堤墙、路肩墙、浸水墙、山坡墙及抗滑墙等类型,如图 6-1 所示。

按照挡土墙的墙体材料不同,挡土墙可分为石砌挡土墙、砖砌挡土墙、混凝土挡土墙、钢筋混凝土挡土墙、钢板挡土墙等类型。

按照挡土墙的结构形式不同,挡土墙可分为重力式挡土墙、加筋土挡土墙、锚定式挡土墙、薄壁式挡土墙、桩板式挡土墙等类型。

二、挡土墙的使用条件

挡土墙应综合考虑工程地质、水文地质、冲刷深度、荷载作用情况、环境条件、施工条件、工程造价等因素,经论证后选择使用。

(一)重力式挡土墙

重力式挡土墙是指依靠墙身自重抵抗土体侧压力来维持其稳定的挡土墙。一般多用片(块)石砌筑,在缺乏石料的地区有时也用混凝土修建。图 6-1 所示的挡土墙均为重力式挡土墙。重力式挡土墙形式简单,施工方便,可就地取材,适应性较强,故被广泛应用。但其圬工数量较大,对地基的承载能力要求较高。适用于一般地区、浸水地区和地震地区的路肩、路堤和路堑等支挡工程。墙高不宜超过 12 m,干砌挡土墙的高度不宜超过 6 m。高速公路、一级公路不应采用干砌挡土墙。

(二)加筋土挡土墙

加筋土挡土墙是填土、拉筋、面板三者的结合体,如图 6-2 所示。填土和拉筋之间的摩擦力改善了土的物理力学性质,而使得填土与拉筋结合为一个整体。在这个整体中起控制作用的是填土与拉筋之间的摩擦力,面板的作用是阻挡填土坍落挤出,迫使填土与拉筋结合为整体。加筋土挡土墙按设置位置分为路堤式、路肩式;按设置方式分为双面交错式、双面分离式、台阶式等,如图 6-3 所示。

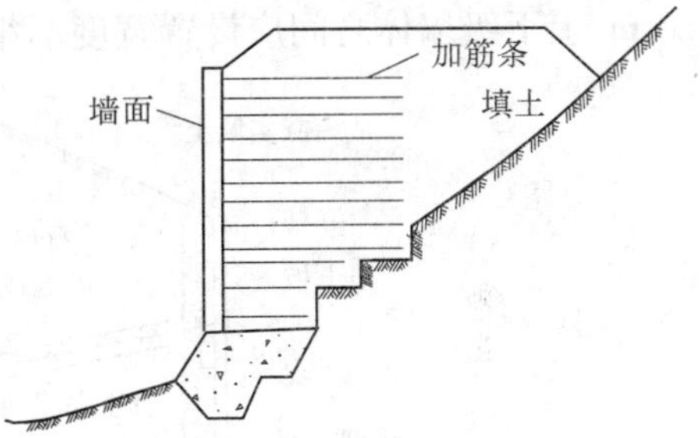

图 6-2　加筋土挡土墙

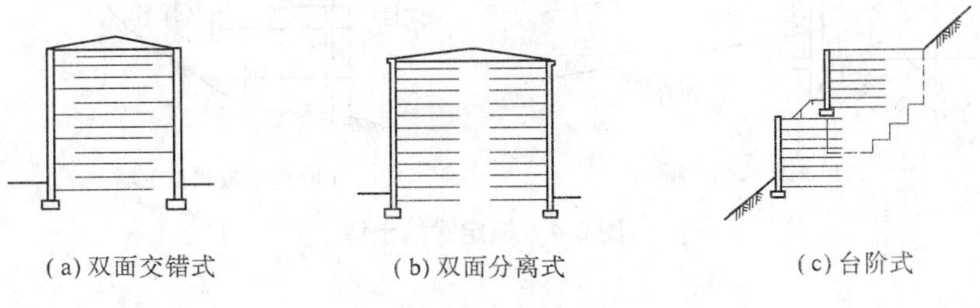

图 6-3　加筋土挡土墙的形式

加筋土挡土墙属于柔性结构,对地基变形适应性大,建筑高度大,具有省工、省料、施工方便、快速等优点,适用于一般地区的路肩式挡土墙、路堤式挡土墙,但不应修建在滑坡、水流冲刷、崩塌等不良地质地段。高速公路、一级公路墙高不宜大于 12 m,二级公路及二级以下公路墙高不宜大于 20 m。当采用多级墙时,每级墙高不宜大于 10 m,上、下级墙体之间应设置宽度不小于 2 m 的平台。

(三)锚定式挡土墙

锚定式挡土墙可分为锚杆式和锚定板式两种。

锚杆式挡土墙是指由钢筋混凝土墙板和锚杆组成,依靠锚固在岩层内的锚杆的水平拉力来承受土体侧压力的挡土墙,如图 6-4(a)所示。锚杆的一端与立柱连接,另一端被锚固在山坡深处的稳定岩层或土层中。墙后侧向土压力由挡土板传给立柱,由锚杆与稳定岩层或土层之间的锚固力,使墙获得稳定。它适用于墙高较大的岩质路堑地段,具有锚固条件的路堑墙,对地基承载力要求不高。用做抗滑挡土墙时,可采用肋柱式或板壁式单级墙或多级墙,每级墙高不宜大于 8 m,多级墙的上下级间应设置宽度不小于 2 m 的平台。

锚定板式挡土墙是指由钢筋混凝土墙板、拉杆、锚定板以及其间的填土共同形成的一种组合挡土结构,如图 6-4(b)所示。它借助于埋在填土内的锚定板的抗拔力抵抗侧向土压力,保持墙的稳定。锚定板式挡土墙的特点在于构件断面小,工程量省,不受地基承载力的限制,构件可预制,有利于实现结构轻型化和施工机械化。它适用于缺少石料地区的路肩墙或路堤墙,但不应修建于滑坡、坍塌、软土及膨胀土地区。可采用肋柱式或板壁式,墙高不宜超过 10 m,肋柱式锚定板挡土墙可采用单级墙或多级墙,每级墙高不宜超过 6 m,上下级墙体之间应设置宽度不小于 2 m 的平台,上下两级墙的肋柱宜交错布置。

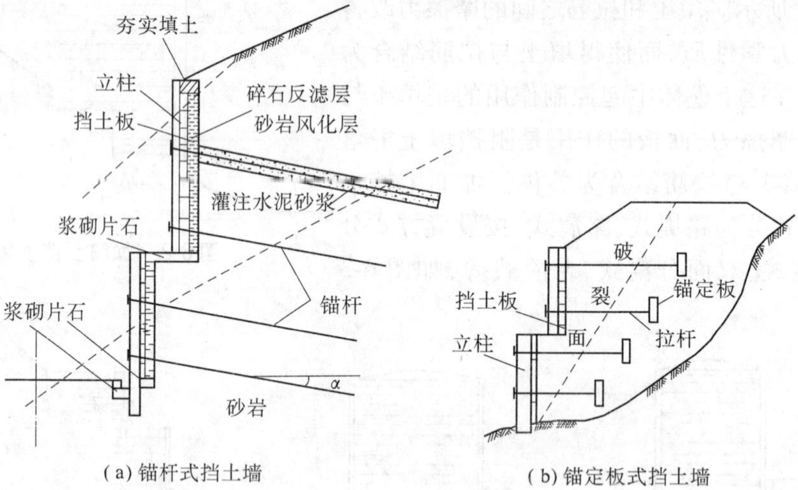

(a) 锚杆式挡土墙　　(b) 锚定板式挡土墙

图 6-4　锚定式挡土墙

(四)薄壁式挡土墙

薄壁式挡土墙属于钢筋混凝土结构,可以分为悬臂式和扶壁式两种。

悬臂式挡土墙是指由立壁、墙趾板和墙踵板 3 个钢筋混凝土悬臂式构件组成的挡土墙,如图 6-5(a)所示。扶壁式挡土墙是指沿悬臂式挡土墙的立壁,每隔一定距离加设一道扶壁(肋板),将立壁与踵板连接起来的挡土墙,如图 6-5(b)所示。薄壁式挡土墙结构的稳定不是依靠本身的重量,而是主要依靠墙踵板上的填土重量来保证。悬臂式挡土墙高不宜超过 5 m,扶壁式挡土墙高不宜超过 15 m。它们具有断面尺寸小、自重轻、能修建在较弱的地基上等优点,适用于城市或缺乏石料的地区及地基承载力较低的填方地段。其缺点是需耗用一定数量的水泥和钢筋,施工工艺较为复杂。

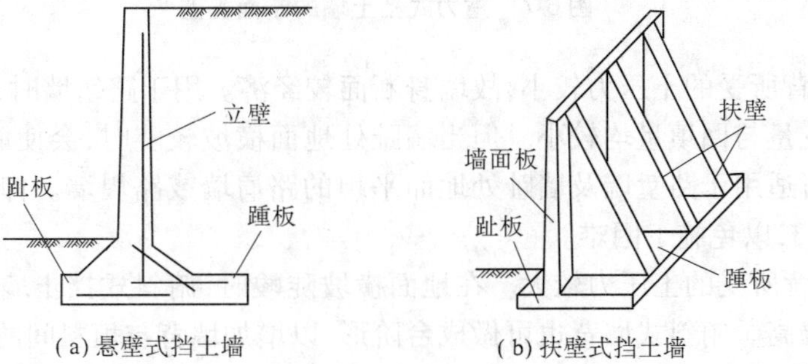

图 6-5　薄壁式挡土墙

(五)桩板式挡土墙

桩板式挡土墙由钢筋混凝土锚固桩和挡土板组成,如图 6-6 所示。它利用深埋的锚固段的锚固作用和被动抗力抵抗侧向土压力,从而维护挡土墙的稳定。适用于表土及强风化层较薄的均质岩石地基,挡土墙高度可较大,也可用于地震区的路堑或路堤支挡或滑坡等特殊地段的治理。

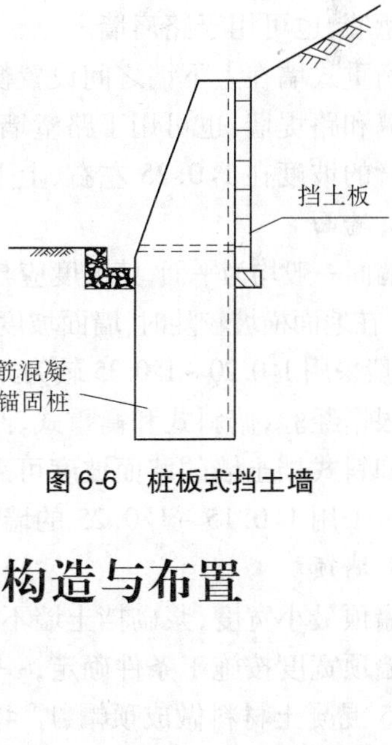

图 6-6　桩板式挡土墙

第二节　重力式挡土墙的构造与布置

一、挡土墙的构造

挡土墙的构造必须满足强度和稳定性的要求,同时考虑就地取材、结构合理、断面经济、施工养护方便和安全。

常用的重力式挡土墙一般是由墙身、基础、排水设施和沉降伸缩缝等部分组成。

(一)墙身

1. 墙背

重力式挡土墙的墙背可做成直线式墙背和折线式墙背两大类型,如图 6-7 所示。直线式墙背常见的有仰斜式、俯斜式、垂直式墙背 3 种。折线式墙背常见的有凸形折线式和衡重式墙背两种。

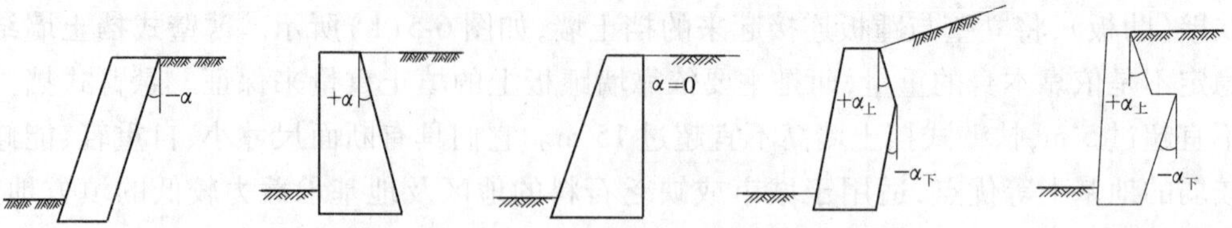

（a）仰斜式　（b）俯斜式　（c）垂直式　（d）凸形折线式　（e）衡重式

图 6-7　重力式挡土墙的断面类型

仰斜式墙背所受的土压力较小，故墙身断面较经济。用于路堑墙时，墙身与开挖面坡较贴合，故开挖量与回填量均较小。但当墙趾处地面横坡较陡时，会使墙身增高，断面增大，故仰斜墙背适用于路堑墙及墙趾处地面平坦的路肩墙或路堤墙。仰斜式墙背的坡度不宜缓于 1∶0.3，以免施工困难。

俯斜式墙背所受的土压力较大。在地面横坡陡峻时，俯斜式挡土墙可采用陡直的墙面，借以减小墙高。俯斜式墙背也可做成台阶形，以增加墙背与填料间的摩擦力。

垂直式墙背的特点介于仰斜式和俯斜式墙背之间。

凸形折线式墙背是将仰斜式挡土墙的上部墙背改为俯斜，以减小上部断面尺寸，多用于路堑墙，也可用于路肩墙。

衡重式墙在上下墙之间设置衡重台，并采用陡直的墙面。适用于山区地形陡峻处的路肩墙和路堤墙，也可用于路堑墙。上墙俯斜式墙背的坡度 1∶0.25～1∶0.45，下墙仰斜式墙背的坡度在 1∶0.25 左右，上下墙的墙高比一般采用 2∶3。

2. 墙面

墙面一般均为平面，其坡度应与墙背坡度相协调。墙面坡度又直接影响挡土墙的高度。因此，在地面横坡较陡时，墙面坡度一般为 1∶0.05～1∶0.20，矮墙可采用陡直墙面；地面平缓时，一般采用 1∶0.20～1∶0.35 较为经济，但不宜缓于 1∶0.4，以免过分增加墙高。

根据经验，俯斜式和衡重式、凸形折线式挡土墙可采用 1∶0.05 近乎于陡直的墙面坡度。仰斜式挡土墙的墙面坡度可采用与墙背坡度相同的坡度，两者也可不同，视墙前地面横坡可采用 1∶0.15～1∶0.25 的墙面坡度。垂直式挡土墙墙面坡度常采用 1∶0.25 左右。

3. 墙顶

墙顶最小宽度，浆砌挡土墙不小于 50 cm，干砌挡土墙不小于 60 cm。钢筋混凝土挡土墙墙顶宽度按施工条件确定，一般不应小于 20 cm。浆砌路肩墙顶一般宜采用粗石料或 C15 混凝土材料做成顶帽，厚 40 cm。如不做顶帽，对路堤墙和路堑墙，墙顶应以大块石砌筑，并用砂浆勾缝，或用 M5 砂浆抹平顶面，砂浆厚 20 cm。干砌挡土墙墙顶 50 cm 厚度内，应用 M5 号砂浆砌筑，以增加墙身的稳定性。

4. 护栏

为保证交通安全，在地形险峻地段，或过高、过长的路肩墙的墙顶应设置护栏。为满足路肩最小宽度的要求，护栏内侧边缘距路面边缘的距离，二、三级路不小于 0.75 m，四级路不小于 0.5 m。

（二）基础

地基不良和基础处理不当，往往会引起挡土墙的破坏，因此必须重视挡土墙的基础设计，事先应对地基的地质条件作详细调查，必要时须先作挖探或钻探，然后再来确定基础类型与基础埋置深度。

1. 基础类型

绝大多数挡土墙，都直接修筑在天然地基上。当地基承载力不足，地形平坦而墙身较高时，为了减小基底压应力和增加抗倾覆稳定性，常常采用扩大基础，如图 6-8(a)所示，将墙趾或墙踵部分加宽成台阶，或两侧同时加宽，以加大承压面积。加宽宽度视基底压应力需要减少的程度和加宽的合力偏心距的大小而定，一般不小于 20 cm。台阶高度按加宽部分的抗剪、抗弯拉和基础材料的刚性角的要求确定（刚性角：浆砌片石 35°，混凝土 45°）。

当地基压应力超过地基承载力过多时，需要的加宽值较大，为避免加宽部分的台阶过高，可采用钢筋混凝土底板，如图 6-8(b)所示，其厚度由剪力和主拉应力控制。

地基为软弱土层（如淤泥、软黏土等）时，可采用砂砾、碎石、矿渣或灰土等材料予以换填，以扩散基底压应力，使之均匀地传递到下卧软弱土层中，如图 6-8(c)所示。一般换填深度 h_2 与基础埋置深度 h_1 之和不宜超过 5 m，对淤泥和泥炭等应更浅些。

当挡土墙修筑在陡坡上，而地基又为完整、稳固、对基础不产生侧压力的坚硬岩石时，可如图 6-8(d)所示，设置台阶基础，以减少基坑开挖和节省圬工。台高一般为 1 m 左右，台宽视地形和地质情况而定，不宜小于 0.25 m，高宽比可以采用 3∶2 或 2∶1。最下一个台阶的底宽应满足偏心距的有关规定，不宜小于 1.5～2.0 m。

如地基有短段缺口（如深沟等）或挖基困难（如需水下施工等），可采用拱形基础，以石砌拱圈跨过，再在其上砌筑墙身，如图 6-8(e)所示，但应注意土压力不宜过大，以免横向推力导致拱圈开裂。设计时，对拱圈应予验算。

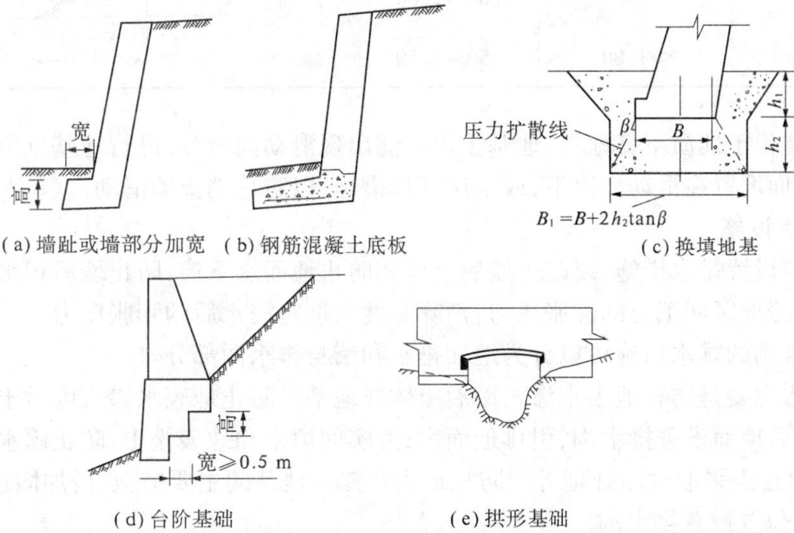

图 6-8 重力式挡土墙的基础类型

2. 基础埋置深度

为保证挡土墙基础的稳定性，必须根据下列要求，将基础埋入地面以下适当深度。

(1) 应保证基底土层的容许承载力大于基底可能出现的最大应力，避免地基产生剪切破坏。

(2)应保证基础不受冲刷,在墙前地基受水冲刷地段,如未采取专门的防冲刷措施,应将基础埋置到冲刷线以下,以免基底和墙址前的土层被水淘蚀。

(3)在季节性冰冻地区,应将基础埋置到冰冻线以下,以防止地基因冻融而破坏。

对于土质地基,基础埋置深度应符合下列要求:

(1)无冲刷时,应在天然地面以下至少1 m。

(2)有冲刷时,应在冲刷线以下至少1 m。

(3)受冻胀影响时,应在冻结线以下不少于0.25 m。当冻深超过1 m时,采用1.25 m,但基底应夯填一定厚度的砂砾或碎石垫层,垫层底面亦应位于冻结线以下不少于0.25 m。碎石、砾石和砂类地基,不考虑冻胀影响,但基础埋深不宜小于1 m。

对于岩石地基,应清除表面风化层。当风化层较厚难以全部清除时,可根据地基的风化程度及其容许承载力将基底埋入风化层中。基础位于横向斜坡地面上时,前趾埋入地面的深度和距地表的水平距离应满足表6-1的要求,以防止地基剪切破坏。

表6-1 斜坡地面基础埋置条件

土层类别	最小埋入深度 h (m)	距地表水平距离 L(m)	示意图
较完整的硬质岩石	0.25	0.25~0.50	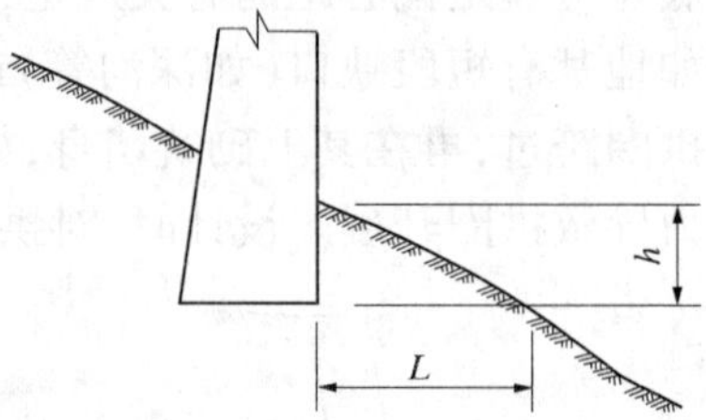
一般硬质岩石	0.60	0.60~1.50	
软质岩石	1.00	1.00~2.00	
土质	≥1.00	1.50~2.50	

当挡土墙位于地质不良地段,地基土内可能出现滑动面时,应进行地基抗滑稳定性验算,将基础底面埋置在滑动面以下,或采用其他措施,以防止挡土墙滑动。

(三)排水设施

挡土墙应设置排水措施,以疏干墙后土体和防止地面水下渗,防止墙后积水形成静水压力,减少寒冷地区回填土的冻胀压力,消除黏性土填料浸水后的膨胀压力。

挡土墙常用的排水措施可以分为地面排水和墙身排水两部分。

地面排水主要是防止地表水渗入墙后土体或地基。防止地表水渗入墙后土体的主要措施有:在墙后地面设置排水沟,引排地面水;夯实回填土和地表松土,防止雨水及地面水下渗,必要时还需采取封闭处理等。防止地表水渗入地基的主要措施有:加固边沟(路堑墙)或在适当位置设置排水沟。

墙身排水主要是为了迅速排除土内积水。其方法是在浆砌块(片)石墙身的适当高度处设置一排或数排泄水孔,如图6-9所示。泄水孔的尺寸一般为5 cm×10 cm、10 cm×10 cm、15 cm×20 cm的方孔或直径为5~10 cm圆孔。孔眼间距一般为2~3 m,对于浸水挡土墙孔眼间距一般1.0~1.5 m,干旱地区可适当加大,孔眼上下错开布置。下排排水孔的出口应高出墙前地面0.3 m;若为路堑墙,应高出边沟水位0.3 m;若为浸水挡土墙,应高出常水位 0.3 m。为防止水分渗入地基,下排泄水孔进水口的底部应铺设 30 cm 厚的黏土隔水层。泄水孔的进水部分应设置粗粒料反滤层,以免孔道堵塞。当墙背填土透水性不良或可能发生冻胀时,应在最低一排泄水孔至墙顶以下 0.5 m 的范围内铺设厚度不小于 0.3 m 的砂卵石排水层。干砌挡土墙因墙身透水,可不设泄水孔。

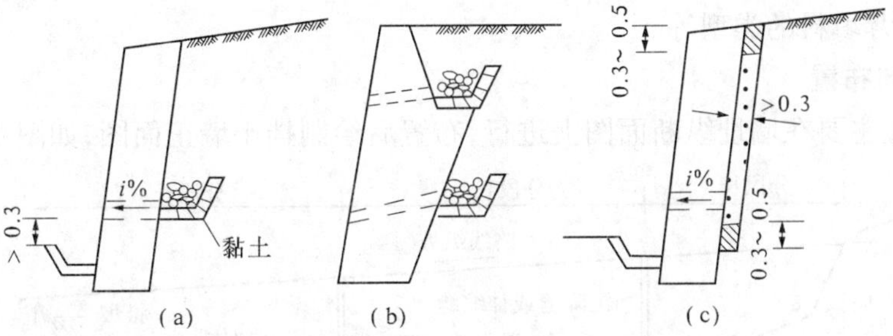

图 6-9　挡土墙的泄水孔及排水层　(单位:m)

(四)沉降伸缩缝

为避免因地基不均匀沉陷而引起墙身开裂,需根据地质条件的变异和墙高、墙身断面的变化情况设置沉降缝。为了防止圬工砌体因收缩硬化和温度变化而产生裂缝,应设置伸缩缝。

设计时,一般将沉降缝与伸缩缝合并设置,统称为沉降伸缩缝。沉降伸缩缝沿路线方向每隔10 ~ 15 m 设置一道,兼起两者的作用,缝宽 2 ~ 3 cm,缝内一般可用胶泥填塞,但在渗水量大、填料容易流失或冻害严重地区,则宜用沥青麻筋或涂以沥青的木板等具有弹性的材料,沿内、外、顶三方填塞,填深不宜小于 0.15 m,当墙后为岩石路堑或填石路堤时,可设置空缝。干砌挡土墙,缝的两侧应选用平整石料砌筑,使之成垂直通缝。

二、挡土墙的布置

挡土墙的布置是挡土墙设计的一个重要内容,通常是在路基横断面图和墙址纵断面图上进行,个别复杂的挡土墙尚应作平面布置。

(一)横向布置

横向布置主要是在路基横断面图上进行,其内容有:选择挡土墙的位置、确定断面形式、绘制挡土墙横断面图等。

1. 挡土墙的位置选择

路堑挡土墙,大多设置在边沟的外侧。路肩墙应保证路基宽度布设。路堤墙应与路肩墙进行技术经济比较,以确定墙的合理位置。路堤墙与路肩墙的墙高或圬工数量相近,其基础情况亦相仿时,宜做路肩墙,因为采用路肩墙可减少填方和占地;但当路堤墙的墙高或圬工数量比路肩墙显著降低,且基础可靠时,则宜做路堤墙。浸水挡土墙应结合河流情况布置,以保持水流顺畅,不致挤压河道而引起局部冲刷。山坡挡土墙应考虑设在基础可靠处,墙的高度应保证设墙后墙顶以上边坡的稳定性。

2. 确定断面形式,绘制挡土墙横断面图

不论是路堤墙,还是路肩墙,当地形陡峻时,可采用俯斜式或衡重式;地形平坦时,则可采用仰斜式。对路堑墙来说,宜用仰斜式或折线式。

挡土墙横断面图的绘制,选择在起讫点、墙面最大处、墙身断面或基础形式变异处,以及其他必需桩号处的横断面上进行。根据墙身形式、墙高和地基与填料的物理力学指标等设计资料,进行设计或套用标准图,确定墙身断面尺寸、基础形式和埋置深度,布置排水设计,指定墙背填料的类型等。

(二)纵向布置

纵向布置主要在墙址纵断面图上进行,布置后绘制挡土墙正面图,如图 6-10 所示。

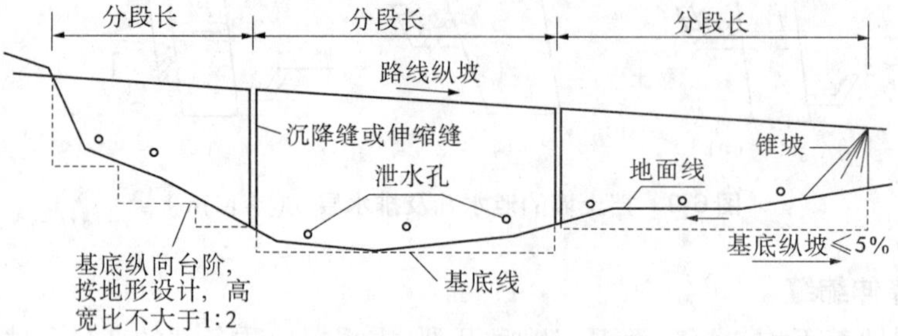

图 6-10　挡土墙的正面图

(1)确定挡土墙的起讫点和墙长,选择挡土墙与路基或其他结构物的连接方式。

路肩墙与路堑连接应嵌入路堑中 2 ~ 3 cm;与路堤连接采用锥坡和路堤衔接;与桥台连接时,为了防止墙后回填表土从桥台尾端与挡土墙连接处的空隙中溜出,应在台尾与挡土墙之间设置隔墙及接头墙。

路堑挡土墙在隧道洞口应结合隧道洞门、翼墙的设置情况平顺衔接;与路堑边坡衔接时,一般将墙顶逐渐降低到 2 m 以下,使边坡坡脚不至于伸入沟内,有时也可用横向端墙连接。

(2)按地基及地形情况进行分段,布置沉降伸缩缝的位置。

(3)布置各段挡土墙的基础。

沿挡土墙长度方向有纵坡时,挡土墙的纵向基底宜做成不大于 5% 的纵坡。当墙址地面纵坡不超过 5% 时,基底可按此纵坡布置;若大于 5%,应在纵向挖成台阶,台阶的尺寸随地形而变化,但其高宽比不宜大于 1∶2。地基为岩石时,纵坡虽不大于 5%,为减少开挖,也可在纵向做成台阶。

(4)布置泄水孔和护栏(或护桩、护墙)的位置,包括数量、尺寸和间距,如图 6-9 所示。

(5)标注各特征断面的桩号及墙顶、基础、冲刷线、冰冻线和设计洪水位的标高等。

(三)平面布置

对于个别复杂的挡土墙,如高的、长的沿河挡土墙和曲线挡土墙,除了进行横、纵向布置外,还应进行平面布置,并绘制平面布置图。

在平面图上,应标示挡土墙与路线平面位置的关系,与挡土墙有关的地物、地貌等情况,沿河挡土墙还应标示河道及水流方向,以及其他防护、加固工程等。

在挡土墙设计图纸上，应附有简要说明，说明选用挡土墙设计参数的依据，主要工程数量，对材料和施工的要求及注意事项等，以利于指导施工。

三、挡土墙的设计步骤

(1)根据具体情况，通过技术和经济比较，确定墙址位置；

(2)测绘墙址处的纵向地面线，核对路基横断面图，收集墙址处的地质和水文等资料；

(3)选择墙后填料，确定填料的物理力学计算参数和地基计算参数；

(4)进行挡土墙断面形式、构造和材料设计，确定有关计算参数；

(5)进行挡土墙的纵向布置；

(6)用计算法或套用标准图确定挡土墙的断面尺寸；

(7)绘制挡土墙立面、横断面和平面图。

第三节　挡土墙稳定性验算

一、作用在挡土墙上的力系

确定作用于挡土墙上的力系是挡土墙设计的关键，其中主要是确定土压力。作用在挡土墙上的力系，按其作用性质分为主要力系、附加力系和特殊力。

(一)主要力系

主要力系是经常作用于挡土墙的各种力，如图6-11所示。它包括：

(1)挡土墙自重 G 及位于墙上的荷载。

(2)墙后土体的主动土压力 E_a(包括作用在墙后填料破裂棱体 L 的荷载，简称超载)。

(3)基底的法向反力 N 及摩擦力 T。

(4)墙前土体的被动土压力 E_p。

对浸水挡土墙而言，在主要力系中尚应包括常水位时的静水压力和浮力。

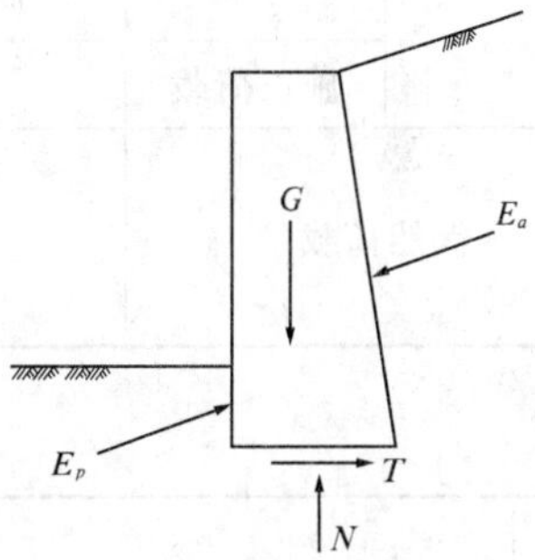

图6-11　作用于挡土墙的主要力系

(二)附加力系

附加力系是季节性作用于挡土墙的各种力，例如洪水时的静水压力和浮力、动水压力、波浪冲击力、冻胀压力以及冰压力等。

(三)特殊力

特殊力是偶然出现的力，例如地震力、施工荷载、水流漂浮物的撞击力等。

在一般地区，挡土墙设计仅考虑主要力系。在浸水地区还应考虑附加力，而在地震区应考虑地震对挡土墙的影响。各种力的取舍，应根据挡土墙所处的具体工作条件，按最不利的组合作为设计的依据。

二、荷载分类与组合

施加于挡土墙的荷载按性质划分见表6-2,常用荷载组合见表6-3。

表6-2　荷载分类

荷载分类		荷载名称
永久荷载		挡土墙结构重力 填土(包括基础襟边以上土)重力 填土侧压力 墙顶上的有效永久荷载 墙顶与第二破裂面之间的有效荷载 计算水位的浮力及静水压力 预加力 混凝土收缩及徐变 基础变位影响力
可变荷载	基本可变荷载(活载)	车辆荷载引起的土侧压力 人群荷载、人群荷载引起的土侧压力
	其他可变荷载	水位退落时的动水压力 流水压力 波浪压力 冻胀压力和冰压力 温度影响力
	施工荷载	与各类挡土墙施工有关的临时荷载
偶然荷载		地震作用力 滑坡、泥石流作用力 作用于墙顶护栏上的车辆碰撞力

表6-3　常用荷载组合

组合	荷载名称
Ⅰ	挡土墙结构重力、填土重力、墙顶上的有效永久荷载、填土侧压力及其他永久荷载与一种或几种基本可变荷载相组合
Ⅱ	组合Ⅰ与一种或几种其他可变荷载相组合
Ⅲ	组合Ⅰ与偶然荷载中的船只或漂流物撞击力相组合
Ⅳ	施工荷载组合
Ⅴ	挡土墙结构重力、预加力、填土重力及填土侧压力,其中的一种或几种与地震力相结合

注:1. 洪水与地震力不同时考虑。

2. 冻胀力、冰压力与流水压力或波浪压力不同时考虑。

3. 车辆荷载与地震力不同时考虑。

一般地区的挡土墙,作用于墙上的力系有:

(1)挡土墙自重及位于墙上的恒载。

(2)作用于墙背上的主动土压力(包括墙后填料破坏棱体上的荷载)。

(3)基底的法向反力及摩擦力。

各种力的取舍,应根据挡土墙所处的具体工作条件,按最不利的组合作为设计的依据。

三、土压力计算

土压力是挡土墙设计的主要荷载,是指挡土墙墙后的土体或墙后土体表面上的荷载对墙背产生的侧压力。挡土墙的位移情况不同,可以形成不同性质的土压力,如图6-12所示。当挡土墙向外移动(位移或倾覆)时,土压力随之减少,直到墙后土体沿破裂面下滑而处于极限平衡状态,此时作用于墙背的土压力称为主动土压力,用 E_a 表示;当墙向土体挤压移动时,土压力随之增大,土体被推移向上滑动处于极限平衡状态,此时土体对墙的抗力称为被动土压力,用 E_p 表示;当墙处于原来位置不动时,土压力介于两者之间,称为静止土压力,用 E_0 表示。采用哪种性质的土压力作为挡土墙设计荷载,要根据挡土墙的具体条件而定。

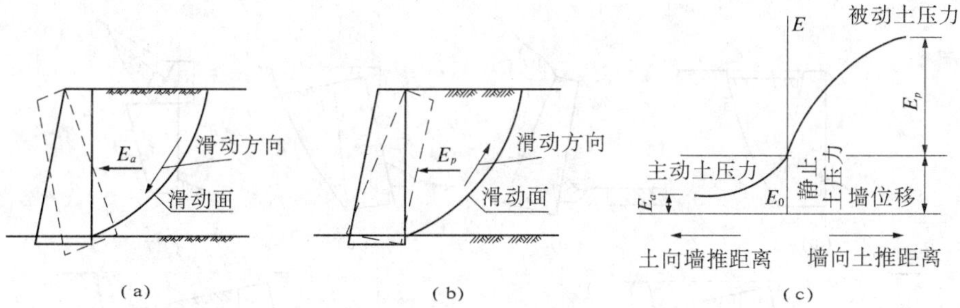

图6-12　三种不同性质的土压力

路基挡土墙一般都可能有向外的位移或倾覆。因此,在设计中按墙背土体达到主动极限平衡状态,且设计时取一定的安全系数,以保证墙背土体的稳定。对于墙趾前的被动土压力 E_p,在挡土墙基础一般埋深的情况下,考虑到各种自然力和人畜活动的作用,一般均不计,以偏于安全。

主动土压力计算的理论和方法在土力学中已有专门论述,这里仅结合路基挡土墙的设计引出库仑主动土压力的两个分量的计算公式,如图6-13所示。

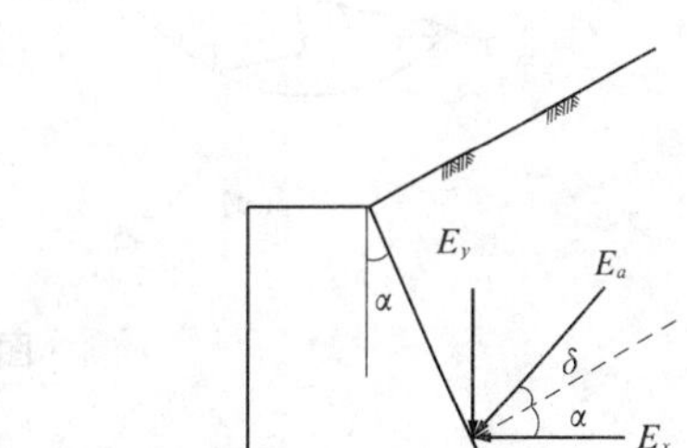

图6-13　土压力分力示意

主动土压力的水平和竖向分量分别为:

$$E_x = E_a \cos(\alpha + \delta)$$
$$E_y = E_a \sin(\alpha + \delta) \tag{6-1}$$

式中 E_x——墙后主动土压力的水平分量,kN;

E_y——墙后主动土压力的竖向分量,kN;

α——墙背倾斜角(°)(俯斜式墙背 α 为正,仰斜式墙背 α 为负);

δ——墙背与填土之间的摩擦角(°)(一般取墙后填料的摩擦角 φ 的 1/2 ~ 1/3)。

四、挡土墙的破坏形式及稳定性要求

重力式挡土墙的一般破坏形式及原因如下:

(1)因基础滑动而造成的破坏,如图 6-14(a)所示。

(2)墙身绕墙趾转动而引起的倾覆,如图 6-14(b)所示。

(3)因基础产生过大的或不均匀的沉陷而引起的墙身倾覆,如图 6-14(c)所示。

(4)因墙身材料强度不足而产生的墙身剪切破坏,如图 6-14(d)所示。

其他还有沿通过墙踵的某一滑动圆弧的浅层剪切破坏,如图 6-14(e)所示,以及沿基底某一深度(如通过软土下卧层底面)滑弧的深层剪切破坏,如图 6-14(f)所示。实际上,基础的滑动破坏,在大多数情况下也是沿紧靠基底的某一剪切面的剪切破坏。

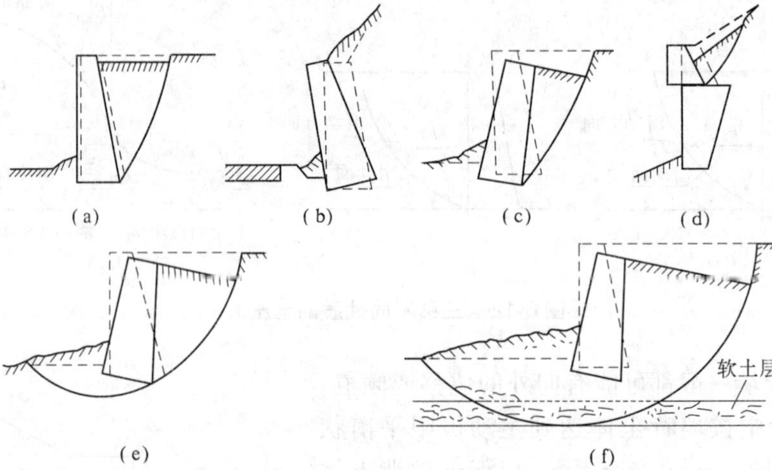

图 6-14 挡土墙的破坏形式

为避免发生以上破坏,保证挡土墙具有足够的整体性和结构强度,使之在使用过程中能充分发挥良好的作用,设计挡土墙时,一般均应验算沿基底的滑动稳定性,绕墙趾转动的倾覆稳定性,基底应力及偏心距,以及墙身断面的强度。如地基有软弱下卧层存在,还应验算沿基底某一可能的滑动面的滑动稳定性。

挡土墙的验算,应按平面问题取单位长度来进行。验算项目和指标要求如表 6-4 所示。

表 6-4　挡土墙验算项目及控制指标

要求	项目	指标
不产生墙身沿基底的滑动破坏	滑动稳定性	(1)荷载组合Ⅰ、Ⅱ、Ⅲ、Ⅳ时,$K_c \geqslant 1.3$ (2)荷载组合Ⅴ时,$K_c \geqslant 1.2$
不产生墙身绕墙趾倾覆	倾覆稳定性	(1)荷载组合Ⅰ时,$K_0 \geqslant 1.5$ (2)荷载组合Ⅱ、Ⅲ、Ⅳ时,$K_0 \geqslant 1.3$ (3)荷载组合Ⅴ时,$K_0 \geqslant 1.2$
地基不出现过大的沉陷	基底应力	基底最大压应力不大于地基容许承载力,即 $\sigma_{max} \leqslant [\sigma_0]$
不出现因基底不均匀沉陷而引起墙身倾斜	偏心距	作用于基底合力的偏心距: $e \leqslant B/6$(土质地基);$e \leqslant B/4$(岩石地基)
墙身不产生开裂破坏	墙身断面强度	墙身截面上的压应力 σ_{max} 及剪应力 τ_1、拉应力 σ_{min} 小于材料的容许应力,即 $\sigma_{max} \leqslant [\sigma_a]$,$\tau_1 \leqslant [\sigma_j]$,$\sigma_{min} \leqslant [\sigma_{ml}]$ 作用于截面上的合力偏心距 $e_1 \leqslant 0.25B_1$

五、挡土墙稳定性验算

(一)抗滑稳定性验算

为保证挡土墙抗滑稳定性,应验算在土压力和其他荷载作用下,基底摩擦力抵抗挡土墙滑移的能力,用抗滑稳定性系数 K_c 表示,即抗滑力与滑动力之比,如图 6-15所示。抗滑稳定系数 K_c 为:

$$K_c = \frac{(G + E_y)\mu}{E_x} \geqslant [K_c] \tag{6-2}$$

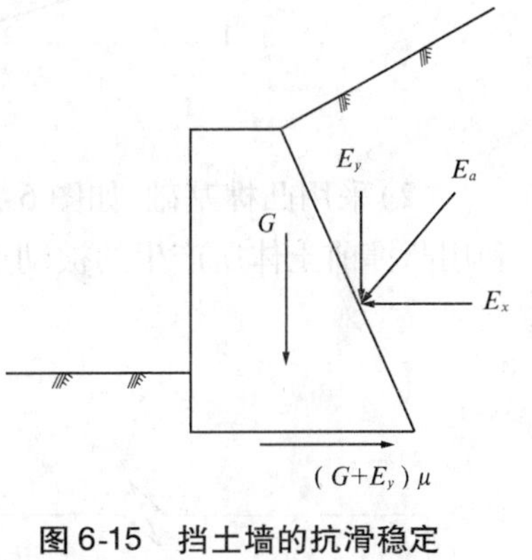

图 6-15　挡土墙的抗滑稳定

式中　G——作用于基底以上的重力,kN,浸水挡土墙的浸水部分应计入浮力;

E_y——墙后主动土压力的竖向分量,kN;

E_x——墙后主动土压力的水平分量,kN;

μ——基底与地基土间的摩擦系数,当缺乏可靠试验资料时,可按表 6-5 选用;

$[K_c]$——容许抗滑稳定系数,见表 6-4。

表 6-5　基底与基底土间的摩擦系数 μ

地基土的分类	摩擦系数 μ	地基土的分类	摩擦系数 μ
软塑黏土	0.25	碎石类土	0.50
硬塑黏土	0.30	软质岩石	0.40 ~ 0.60
砂类土、黏砂土、半干硬的黏土	0.30 ~ 0.40	硬质岩石	0.60 ~ 0.70
砂类土	0.40		

若挡土墙的抗滑稳定验算不满足要求,则采取适当的措施以增加抗滑稳定性。其措施主要有:

(1)采用倾斜基底,如图 6-16 所示,设置向内倾斜的基底,可以增加抗滑力和减少滑动力,从而增加了抗滑稳定性。基底倾斜,对于土质地基不陡于 1:5;对于岩石地基不陡于 1:3。根据前述原理,沿倾斜基底的抗滑稳定系数 K_c 为

$$K_c=\frac{(G_N+E_N)\mu}{E_T-G_T}=\frac{[G\cos\alpha_0+E_a\sin(\alpha+\delta+\alpha_0)]\mu}{E_a\cos(\alpha+\delta+\alpha_0)-G\sin\alpha_0} \tag{6-3}$$

式中 α_0——基底倾角(°);

E_T、E_N——墙后主动土压力平行于基底和垂直于基底的分量,kN;

G_T、G_N——墙体重力平行于基底和垂直于基底的分量,kN;

其余符号意义同前。

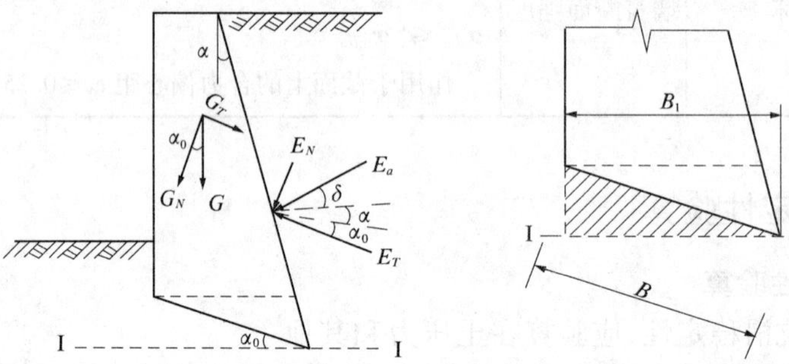

图 6-16 倾斜基底

(2)采用凸榫基础,如图 6-17 所示,在挡土墙底面设置混凝土凸榫,与基础连成整体,利用凸榫前土体所产生的被动土压力以增加挡土墙的抗滑稳定性。

(3)更换基底土层,以增大基础底面与地基之间的摩擦系数。

(4)改变墙身断面形式和尺寸,以增大垂直力系,但单纯扩大断面尺寸,收效不大,也不经济。

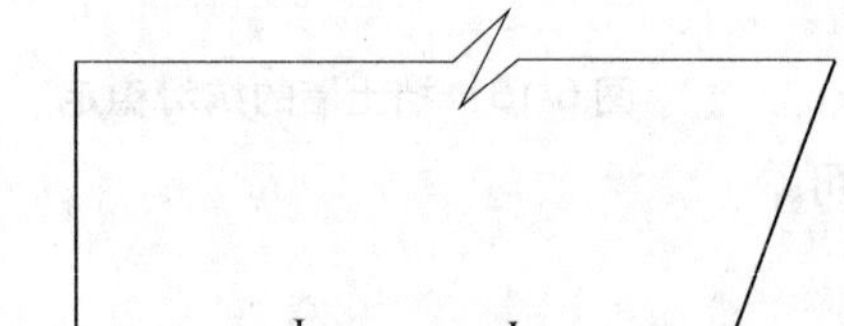

图 6-17 凸榫基础

(二)抗倾覆稳定性验算

为保证挡土墙抗倾覆稳定性,须验算它抵抗墙身绕墙趾向外转动倾覆的能力,用抗倾覆稳定系数 K_0 表示,即对于墙趾的总稳定力矩 $\sum M_y$ 与总倾覆力矩 $\sum M_0$ 之比,如图 6-18 所示。抗倾覆稳定系数 K_0 为

$$K_0=\frac{\sum M_y}{\sum M_0}=\frac{GZ_G+E_yZ_x}{E_xZ_y}\geqslant[K_0] \tag{6-4}$$

式中 Z_G——墙身重力、基础重力、基础上填土的重力及作用于墙顶的其他荷载的竖向力的合力重心到墙趾的距离,m;

Z_x——墙后主动土压力的竖向分量到墙趾的距离,m;

Z_y——墙后主动土压力的水平分量到墙趾的距离,m;

$[K_0]$——容许抗倾覆稳定系数,见表 6-4;

其他符号意义同前。

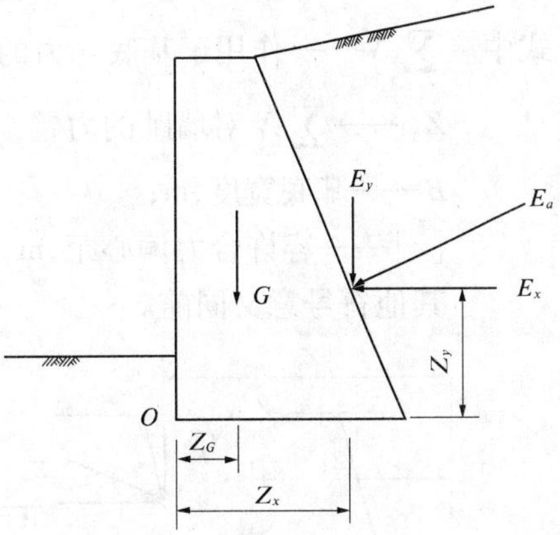

图 6-18　挡土墙的抗倾覆稳定

若挡土墙的抗倾覆稳定验算不满足要求,则采取适当的措施以增加抗倾覆稳定性。其措施主要有:

(1)展宽墙趾,如图 6-19 所示,展宽墙趾的作用是增大抗倾覆力矩的力臂,从而增加其抗倾覆稳定性,但当墙趾前地面较陡,墙趾加宽过多时,将导致墙高和圬工体积显著增加。

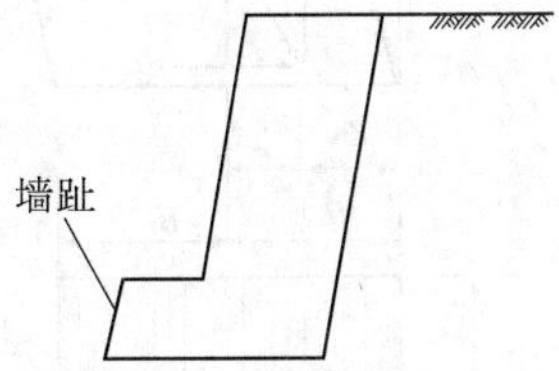

图 6-19　展宽墙趾

(2)改变墙面及墙背坡度,如图 6-20 所示,改陡墙背坡度可以减小土压力,改缓墙面坡度可以加大抗倾覆力矩的力臂。但若墙趾前地面较陡,改缓面坡将引起基础外移,使墙高增加。

(3)改变墙身断面形式。不同的墙身断面形式具有不同的稳定性,就抗倾覆而言,衡重式优于仰斜式,仰斜式又优于俯斜式。设计时可以根据地基和地面横坡情况选择适当的墙身断面形式,以增加挡土墙的抗倾覆稳定性。

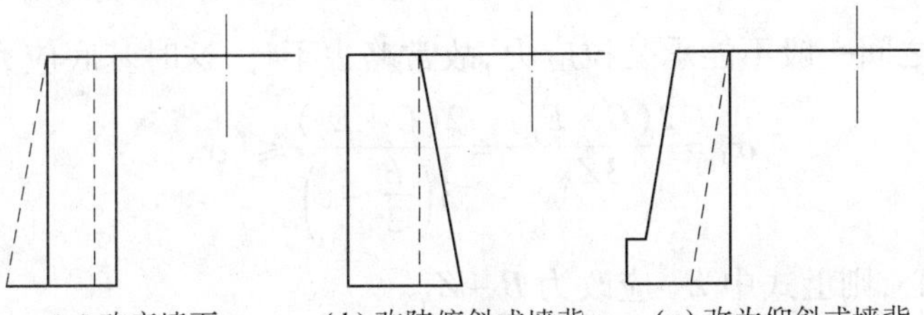

(a) 改变墙面　(b) 改陡俯斜式墙背　(c) 改为仰斜式墙背

图 6-20　改变墙面和墙背坡度

(三)基底应力及合力偏心距验算

为了保证挡土墙基底应力不超过地基容许承载力,应进行基底应力验算;同时,为了避免挡土墙不均匀沉陷,应控制作用于挡土墙基底合力的偏心距,如图 6-21 所示。

作用于基底合力的偏心距 e 为:

$$e = \left| \frac{B}{2} - Z_N \right| \leqslant [e] \tag{6-5}$$

$$Z_N = \frac{\sum M_y - \sum M_0}{\sum N} = \frac{GZ_G + E_y Z_x - E_x Z_y}{G + E_y} \tag{6-6}$$

式中 $\sum N$——作用于基底合力的法向分力,kN;

Z_N——$\sum N$ 对墙趾的力臂,m;

B——基底宽度,m;

$[e]$——容许合力偏心距,m,见表6-4;

其他符号意义同前。

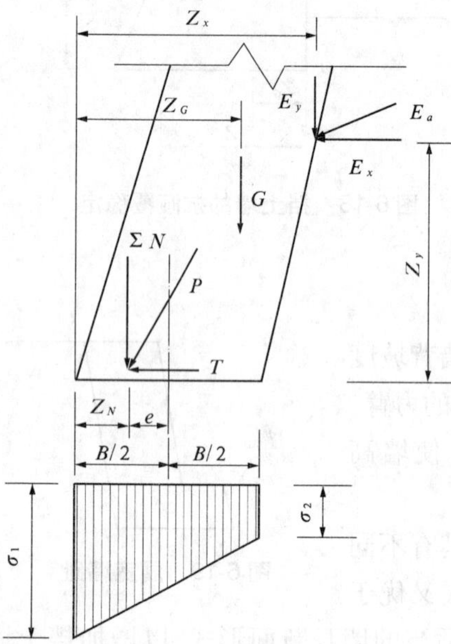

图6-21 基底应力及合力偏心距

基底应力的分布随偏心距大小而异,各种情况下基底的最大应力 σ_1、最小应力 σ_2 可分别按下列公式确定。

1. 当 $e=0$ 时(均匀分布)

$$\sigma_{1,2} = \frac{G+E_y}{B} \leqslant [\sigma_0] \tag{6-7}$$

式中 $[\sigma_0]$——地基承载力,kPa;

其余符号意义同前。

2. 当 $0<e<B/6$ 时(梯形分布)

$$\sigma_{1,2} = \frac{G+E_y}{B}\left(1 \pm \frac{6e}{B}\right) \leqslant [\sigma_0] \tag{6-8}$$

3. 当 $e=B/6$ 时(三角形分布)

$$\sigma_1 = \frac{2(G+E_y)}{B} \leqslant [\sigma_0] \tag{6-9}$$

$$\sigma_2 = 0$$

4. 当 $e>B/6$ 时(三角形分布,出现受拉区)

基底和地基之间一般不能承受拉应力,故常略去不计,这时基底应力重分布。

$$\sigma_1 = \frac{2(G+E_y)}{3Z_N} = \frac{2(G+E_y)}{3\left(\frac{B}{2}-e\right)} \leqslant [\sigma_0] \tag{6-10}$$

若出现负偏心,则上式中 Z_N 应改为 $B-Z_N$。

若挡土墙的基底应力及合力偏心距验算不满足要求,则采取适当的措施以降低基底应力及减小偏心距。其措施主要有:

(1)加宽墙趾或扩大基础,以加大承压面积,调整偏心距。

(2)加固地基或换土,以提高地基承载力。

(3)调整墙背坡度或断面形式以减小偏心距。

(四)墙身断面强度验算

为保证墙身具有足够的强度,应根据经验选择1~2个控制性截面进行验算。验算截面,一般可以选择在距离墙身底部1/2墙高和截面急剧变化处,如图6-22所示。

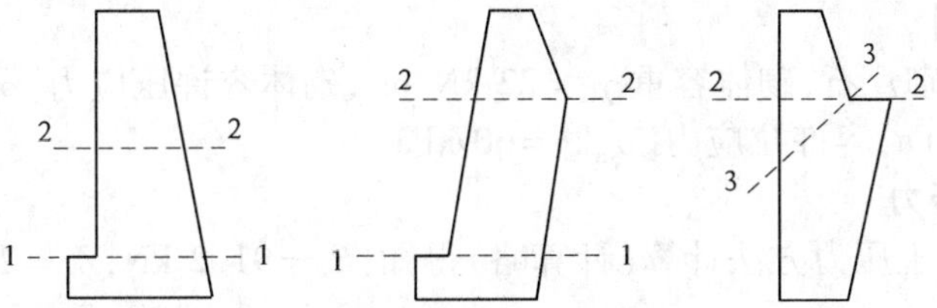

图6-22　验算截面的选择

挡土墙验算方法详见《路基设计规范》。当挡土墙墙身高小于12 m时，可依据当地地质土质、墙体类型及荷载情况直接应用标准图集。

第四节　设计计算示例

一、设计资料

(一)墙身构造

拟采用浆砌片石重力式路堤墙，如图6-23所示。墙背高 $H=6$ m，填土高 $h=3$ m，墙背选用仰斜1∶0.25($\alpha=-14°02'$)，墙面平行于墙背，初定墙顶宽 $b_1=1.54$ m，墙底宽 $B_1=1.47$ m，基底倾斜1∶5($\alpha_0=11°19'$)，墙身分段长度10 m。

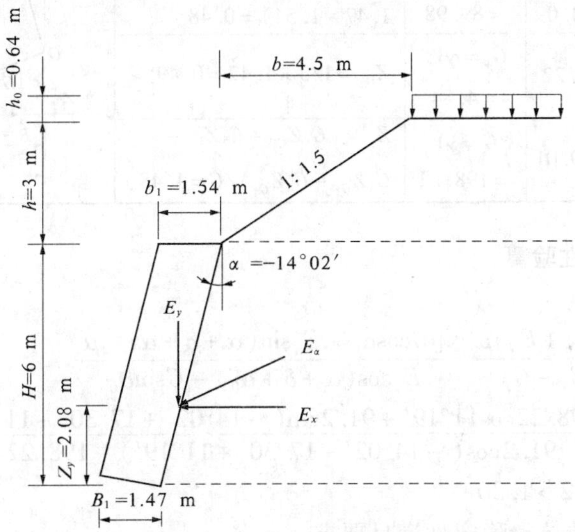

图6-23　挡土墙示例

(二)车辆荷载

计算荷载：公路—Ⅱ级荷载，荷载组合Ⅰ，车辆荷载的等代土层厚度 $h_0=0.64$ m。

(三)墙后填料

墙背填土为砂土，容重 $\gamma=18\ \mathrm{kN/m^3}$，计算内摩擦角 $\varphi=35°$，填土与墙背间的摩擦角 $\delta=\varphi/2$。

(四)地基情况

硬塑黏性土，容许承载力[σ_0]=250 kPa，基底摩擦系数 $\mu=0.30$。

（五）墙身材料

5 号水泥砂浆砌片石，砌体容重 $\gamma_a = 22\ kN/m^3$，砌体容许压应力$[\sigma_a] = 600\ kPa$，容许剪应力$[\tau] = 100\ kPa$，容许拉应力$[\sigma_{ml}] = 60\ kPa$。

（六）墙后土压力

通过库仑主动土压力方法计算（计算略）得知：$E_a = 91.2\ kN$，$Z_y = 2.08\ m$。

二、挡土墙稳定性验算

（一）计算墙身重 G 及其力臂 Z_G

墙身重 G 及其力臂 Z_G 计算结果见表 6-6。

表 6-6　墙身重 G 及其力臂 Z_G 计算结果

体积 $V(m^3)$	自重 G (kN)	力臂 Z_G(m)
$V_1 = (6\times0.25+1.47)\times6 = 17.82$	$G_1 = \gamma V_1 = 392.04$	$Z_{G_1} = 1/2\,(6\times0.25+1.47) = 1.49$
$V_2 = 1/2\times(6\times0.25)\times6 = 4.50$	$G_2 = \gamma V_2 = 99.00$	$Z_{G_2} = (6\times0.25+1.47-1/3\times6\times0.25) = 2.47$
$V_3 = 1/2\times(6\times0.25+1.47-1.54)^2/0.25 = 4.09$	$G_3 = \gamma V_3 = 89.98$	$Z_{G_3} = 1/3(6\times0.25+1.47-1.54) = 0.48$
$V_4 = 1/2\times1.47^2/5 = 0.22$	$G_4 = \gamma V_4 = 4.84$	$Z_{G_4} = 1/3\times1.47 = 0.49$
$V = V_1 - V_2 - V_3 - V_4 = 9.01$	$G = \gamma V = 198.22$	$Z_G = (G_1Z_{G_1} - G_2Z_{G_2} - G_3Z_{G_3} - G_4Z_{G_4})/G = 1.48$

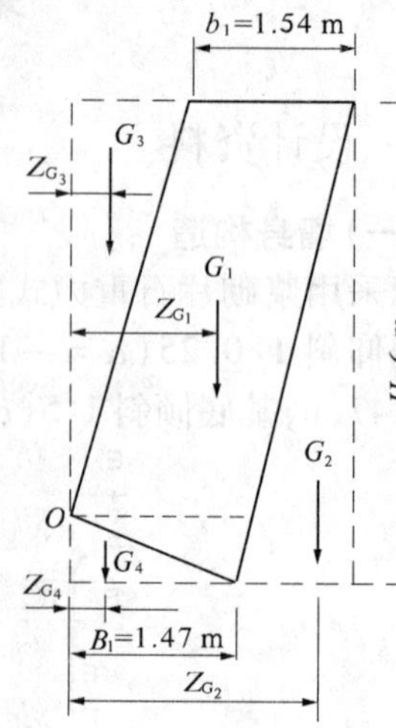

（二）抗滑稳定性验算

由式（6-3）得：

$$K_c = \frac{(G_N + E_N)\mu}{E_T - G_T} = \frac{[G\cos\alpha_0 + E_a\sin(\alpha+\delta+\alpha_0)]\mu}{E_a\cos(\alpha+\delta+\alpha_0) - G\sin\alpha_0}$$

$$= \frac{[198.22\cos11°19' + 91.2\sin(-14°02' + 17°30' + 11°19')]\times0.30}{91.2\cos(-14°02' + 17°30' + 11°19') - 198.22\sin11°19'}$$

$$= 1.32 > 1.30$$

该初拟的挡土墙抗滑稳定性满足要求。

（三）抗倾覆稳定性验算

$$E_x = E_a\cos(\alpha+\delta) = 91.2\times\cos(-14°02' + 17°30') = 91.0(kN)$$

$$E_y = E_a\sin(\alpha+\delta) = 91.2\times\sin(-14°02' + 17°30') = 5.5(kN)$$

$$Z_x = B_1 + Z_y\times0.25 = 1.47 + 2.08\times0.25 = 1.99(m)$$

由式（6-4）得：

$$K_0 = \frac{\sum M_y}{\sum M_0} = \frac{GZ_G + E_yZ_x}{E_xZ_y} = \frac{198.22\times1.48 + 5.5\times1.99}{91.0\times2.08} = 1.61 > 1.50$$

该初拟的挡土墙抗倾覆稳定性满足要求。

(四)基底应力及偏心距验算

由式(6-5)得:

$$e=\frac{B}{2}-Z_N=\frac{B_1}{2}-\frac{GZ_G+E_yZ_x-E_xZ_y}{G+E_y}$$

$$=\frac{1.47}{2}-\frac{198.22\times1.48+5.5\times1.99-91.0\times2.08}{198.22+5.5}=0.17(\mathrm{m})<B_1/6=0.245\ \mathrm{m}$$

由式(6-8)得:

$$\sigma_{1,2}=\frac{G+E_y}{B}\left(1\pm\frac{6e}{B}\right)=\frac{198.22+5.5}{1.47}\left(1\pm\frac{6\times0.17}{1.47}\right)$$

$$=\begin{cases}234.75\\42.42\end{cases}(\mathrm{kPa})<[\sigma_0]=250\ \mathrm{kPa}$$

该初拟的挡土墙基底应力及偏心距满足要求。

(五)墙身断面强度验算

墙面、墙背互相平行,截面的最大应力出现在接近基底处。由基底应力验算可知,偏心距及基底应力均满足地基的要求。墙身截面应力也能满足墙身材料的要求,故可不作验算。

通过上述验算,所拟截面符合各项要求,决定采用此截面,墙顶宽为1.54 m。

本章小结

本章主要介绍了挡土墙的分类、作用和使用条件,挡土墙的构造与布置要求,挡土墙的稳定性验算方法。通过学习与练习,要求学生达到对上述内容有比较充分的了解和能初步应用。

复习思考题

6-1 按照挡土墙的设置位置不同,挡土墙分为哪几类?挡土墙有哪些用途?

6-2 重力式挡土墙的基本组成部分有哪些?

6-3 挡土墙的布置要求有哪些?

6-4 挡土墙的设计步骤有哪些?

6-5 重力式挡土墙设计时为何要设沉降伸缩缝?

6-6 挡土墙的基础埋深有何要求?

6-7 试述挡土墙稳定性验算的内容及重力式挡土墙不稳定时采取的措施。

本章课程设计

一、目的

通过设计掌握重力式挡土墙的设计方法和设计内容。

二、设计资料

拟在某地区二级公路修建一座浆砌混凝土重力式路肩墙。

(1)墙身构造:如图 6-24 所示,墙面高 $H=8$ m,墙背俯斜1∶0.27($\alpha=15°$),墙面1∶0.05,初拟墙顶宽 $b=0.8$ m,基底倾斜1∶5($\alpha_0=11°$),已确定挡土墙全长为 40 m。

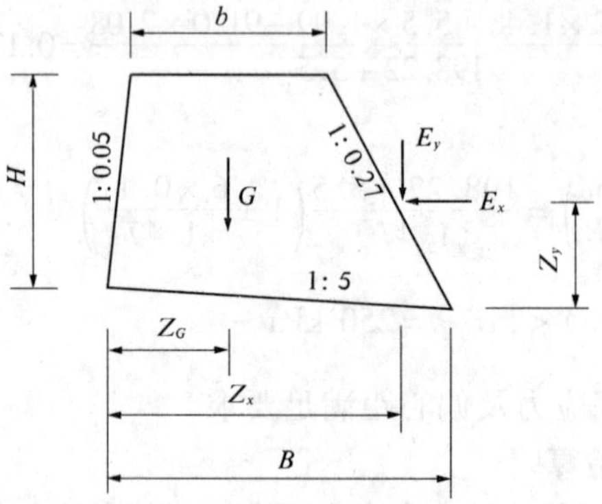

图 6-24　挡土墙构造

(2)荷载组合:公路—Ⅱ级。

(3)墙后填料:砂土,$\gamma=18$ kN/m^3,$\varphi=30°$,$\delta=\varphi/2$。

(4)地基情况:中密砾石土,容许承载力[σ_0]=500 kPa,基底摩擦系数 $\mu=0.4$。

(5)墙身材料:浆砌混凝土,容重 $\gamma_a=25$ kN/m^3。

(6)土压力:$E_a=211.97$ kPa,$Z_y=2.67$ m。

三、设计依据

《公路设计手册》、《公路路基设计规范》、《路基工程》、《路基路面工程》。

四、设计方法与设计内容

(1)拟定挡土墙的结构形状及断面尺寸;

(2)拟定挡土墙基础的形状及尺寸;

(3)稳定性验算;

(4)绘制挡土墙平面图、纵断面图、横断面图并附加说明。

五、设计要求

(1)整个设计应符合设计要求;

(2)设计、计算过程条理清晰,内容完整;

(3)设计图清晰、线条均匀,图幅规格 3 号图纸。

第七章 路面工程概论

本章学习重点

路面的结构及组成,路面的等级与分类。

第一节 概 述

一、路面工程的特点

路基和路面是道路的主要工程结构物。路面是在路基顶面的行车部分用各种混合料铺筑而成的层状结构物。路面结构层的存在保护了路基,使之避免了直接经受车辆和大气的破坏作用,长久处于稳定状态。而坚强又稳定的路基为路面结构长期承受汽车荷载提供了重要的保证,由此可见,路基和路面是相辅相成的、不可分离的整体,应综合考虑它们的工程特点,综合解决两者的强度、稳定性等工程技术问题。

路面工程是道路工程的主要组成部分,路面的好坏直接影响行车速度、运输成本以及行车的安全性和舒适性。例如将沥青路面同砂石路面相比,行车速度一般可以从30 km/h提高到50～60 km/h,油料消耗降低15%～20%,轮胎行驶里程增加约20%,运输成本下降18%～20%,同一类型的路面因施工和养护质量的优劣,也会使运输效率与成本以及服务质量产生很大差异。此外,路面结构在道路造价中所占比重很大,一般都要达到30%左右。因此,精心设计,精心施工,使路基路面能长时期具备良好的使用性能,对节约投资,提高运输效益,具有十分重要的意义。

路基路面是一项线型工程,有的公路延续数百千米,甚至上千千米。公路沿线地形起伏,地质、地貌、气象特征多变,再加上沿线城镇经济发展程度与交通繁忙程度不一,因此决定了路面工程复杂多变的特点,工程技术人员必须掌握广博的知识,善于识别各种变化的环境因素,恰当地进行处理,建造出理想的路面工程结构。

现代化公路运输,不仅要求道路能全天候通行车辆,而且要求车辆能以一定的速度,安全、舒适而经济地在道路上运行。这就要求路面具有良好的使用性能,提供良好的行驶条件和服务水平。

二、我国路面工程的发展简介

(一)路面材料和结构

我国路面工程材料和结构的发展大致经历了3个阶段。

第一阶段:以恢复原有的公路和加快建设一些干线道路,解决通车问题为特征。

第二阶段:在公路里程快速增长的同时,以改善路面行驶质量、提高车速、减轻养护为特征。

第三阶段:随着交通量迅速增长,以提高路线和路面等级、改建和新建高等级公路、开始建设高速公路为特征。

(二)路面设计理论与方法

路面设计方法经历了从经验法到理论法的发展过程。我国从20世纪70年代开始研究适合国情的理论设计法,并取得了系统实用的成果。如柔性路面设计采用以多层弹性层状体系理论为基础、以路表回弹弯沉值为设计控制指标,并对层底弯拉应力和上层破裂面剪应力进行验算的设计方法。刚性路面设计采用以弹性半无限地基上小挠度薄板理论为基础、以混凝土抗弯拉强度为控制指标,采用有限元位移法分析结果进行设计。

(三)路面施工技术

随着高等级公路的建设,近年来,我国在路面施工设备、工艺方面有了很大的发展。"七五"、"八五"期间,我国沥青路面施工机械发展尤为突出,已经实现了各机械设备合理地选型配套,有机地组合在一起,进行科学的组织管理,已实现沥青路面施工的机械化。

水泥混凝土路面施工技术发展也较快,从传统的小型机具施工到目前高等级公路建设中的轨道式摊铺机施工、滑模式摊铺机施工,以及新的施工工艺,如水泥混凝土路面真空吸水工艺等,不仅提高了施工生产效率,而且保证了水泥混凝土的质量。

(四)路面测试与评价技术

路面测试弯沉仪、曲率半径仪、平整度仪、摩擦系数仪、透水仪等的使用,并制定了不同类型路面现场测试规程以及验收技术规范。

随着科学技术的进步,用于弯沉检测的自动弯沉仪和落锤式弯沉仪;用于平整度检测的颠簸累积仪和激光平整度仪;用于抗滑性能检测的横向力系数测定车和测定路面构造深度的激光构造深度仪;用于路面厚度无损检测和探伤的路面雷达测试系统等仪器相继出现并在实际工程中逐步使用。

第二节 路面结构及层位功能

一、路面横断面

在路基顶面铺筑的面层结构,沿横断面方向由行车道、硬路肩和土路肩所组成。路面横断面的形式随道路等级的不同,可选择不同的形式,通常分为槽式横断面和全铺式横断面,如图7-1所示。

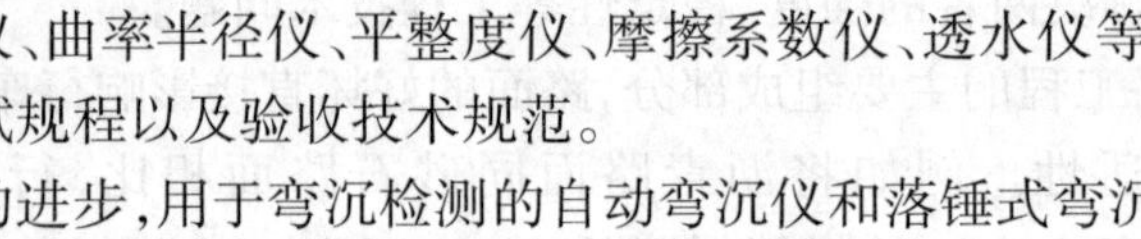

图7-1 路面横断面形式

1—路面;2—土路肩;3—路基;4—路缘石(侧石);5—加固路肩

(一)槽式横断面

在路基上按路面行车道及硬路肩设计宽度开挖路槽,保留土路肩,形成浅槽,在槽内铺筑路面。也可采用培槽方法,在路基两侧培槽,或采用半填半挖的方法培槽。

(二)全铺式横断面

在路基全部宽度内都铺筑路面。在高等级公路建设中,有时为了将路面结构内部的水分迅速排出,在全宽范围内铺筑基层材料保证水分由横向排入边沟。有时考虑到道路交通量的迅速增长,为适应扩建的需要,将硬路肩及土路肩的位置全部按行车道标准铺筑面层。在盛产石料的山区或较窄的路基上,可全宽铺筑中、低级路面。

二、路拱横坡度

为了保证路面上雨水及时排出,减少雨水对路面的浸润和渗透进而减弱路面结构强度,路面表面应做成中间高两边低的直线型或抛物线型的路拱。等级高的路面,平整度和水稳定性较好,透水性也小,通常采用直线型路拱和较小的路拱横坡度。等级低的路面,为了有利于迅速排除路表积水,一般采用抛物线型路拱和较大的路拱横坡度。各种类型路面的路拱平均横坡度见表7-1。

表7-1 各类路面的路拱平均横坡度

路面类型	路拱平均横坡度(%)
沥青混凝土、水泥混凝土	1~2
厂拌沥青碎石、路拌沥青碎(砾)石、沥青贯入碎(砾)石、沥青表面处治、整齐石块	1.5~2.5
半整齐石块,不整齐石块	2~3
碎石、砾石等粒料路面	2.5~3.5
炉渣土、砾石土、砂砾土等低级路面	3~4

选择路拱横坡度,应充分考虑有利于行车平稳和有利于横向排水两方面的要求。在干旱和有积雪、浮冰地区,应采用低值;多雨地区采用高值;当道路纵坡较大或路面较宽,或行车速度较高,或交通量和车辆载重较大,或常有拖挂汽车行驶时,应采用平均横坡度的低值;反之,则应取用高值。

高速公路和一级公路设有中央分隔带。通常采用两种方式布置路拱横断面。若分隔带未设置排水设施,则做成中间高两边低的路拱,由单向横坡向路肩方向排水。若分隔带设置排水设施,则两侧路面分别单独做成中间高两边低的路拱,向中间排水设施和路肩两个方向排水。

路肩横坡度一般较路面横坡大1%。但是高速公路和一级公路的硬路肩采用与路面行车道相同的结构时,应采用与路面行车道相同的路面横坡度。

三、路面结构分层及层位功能

行车荷载和自然因素对路面的影响,随深度的增加而逐渐减弱。因此,对路面材料的强度、抗变形能力和稳定性的要求也随深度的增加而逐渐降低。为了适应这一特点,路面结构通常是分层铺筑的,按照使用要求、受力状况、土基支承条件和自然因素影响程度的不同,分成若干层次。通常按照各个层位功能的不同,划分为三个层次,即面层、基层和垫层。如图 7-2 所示。

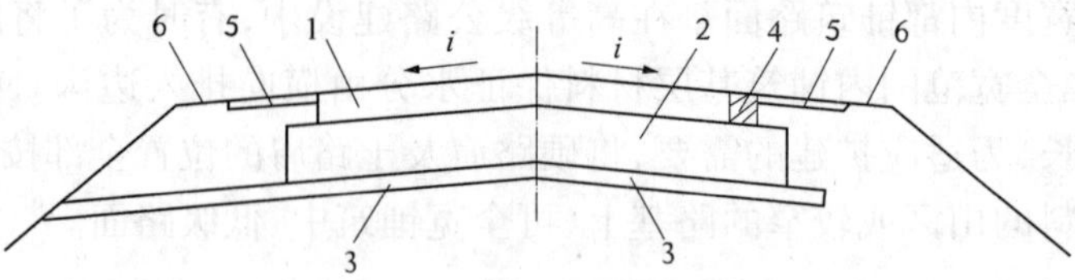

图 7-2　路面结构层次示意

i—路拱横坡度;1—面层;2—基层(有时包括底基层);3—垫层;4—路缘石;5—加固路肩;6—土路肩

(一)面层

面层是路面结构最上面的一个层次,它承受较大的行车荷载的垂直力、水平力和冲击力的作用。同时,还受到降水的侵蚀和气温变化的影响。因此,同其他层次相比,面层应具备较高的结构强度和抗变形能力、较好的水稳定性和温度稳定性,而且应当耐磨,不透水;其表面还应有良好的抗滑性和平整度。

修筑面层所用的材料主要有:水泥混凝土、沥青混凝土、沥青碎(砾)石混合料、砂砾或碎石掺土或不掺土的混合料以及块料等。

面层有时分两层或三层铺筑,如高速公路沥青面层总厚度 18 ~ 20 cm,可分为上、中、下三层铺筑,并根据各分层的不同要求采用不同的级配等级。水泥混凝土路面也可分上、下两层铺筑,分别采用不同标号的水泥混凝土材料。水泥混凝土路面上加铺 4 cm 沥青混凝土这样的复合式结构也是常见的。需要指出的是,用做封闭表面空隙,防止水分侵入面层的封层、砂石路面上所铺的 2 ~ 3 cm 厚的磨耗层或 1 cm 厚的保护层,以及厚度不超过 1 cm的简易沥青表面处治,不能作为一个独立的层次,应看做是面层的一部分。

(二)基层

基层是面层的下卧层,主要承受由面层传来的车辆荷载的垂直力,并将其扩散到下面的垫层和土基中去,实际上基层是路面结构中的承重层,它应具有足够的强度和刚度,并应具有良好的扩散应力的能力。虽然基层位于面层之下,遭受大气因素的影响比面层小,但是仍然有可能经受地下水和通过面层渗入的雨水的侵蚀,所以基层结构应具有足够的水稳定性。基层表面虽不直接供车辆行驶,但仍然要求有较好的平整度,这是保证面层平整性的基本条件。

修筑基层的材料主要有:各种结合料(如石灰、水泥或沥青等)稳定土或稳定碎(砾)石、贫水泥混凝土、天然砂砾,各种碎石或砾石、片石、块石或圆石,各种工业废渣(如煤渣、粉煤灰、矿渣、石灰渣等)和土、砂、石所组成的混合料等。

高等级公路的基层一般较厚,当基层太厚时,为保证工程质量可分为两层或三层铺筑。基层的最下层称为底基层,对底基层材料质量的要求较低,可使用当地材料来修筑。

(三)垫层

垫层介于土基与基层之间,直接与土基接触,它的功能是改善土基的湿度和温度状况,以保证面层和基层的强度、刚度和稳定性不受土基水温状况变化所造成的不良影响。另外,垫层可以将基层传下来的车辆荷载应力加以扩散,以减小土基产生的应力和变形。

同时，也能阻止路基土挤入基层中，影响基层结构的性能。

修筑垫层的材料，强度要求不一定高，但水稳定性和隔温性能要好。常用的垫层材料分为两类，一类是由松散粒料，如砂、砾石、炉渣等组成的透水性垫层；另一类是用水泥或石灰稳定土等修筑的稳定类垫层。

为了保护路面面层的边缘，一般公路的基层宽度应比面层每边至少宽出 25 cm，垫层宽度应比基层每边至少宽出 25 cm，或与路基同宽以利于排水。

第三节　路面的等级与分类

一、路面等级划分

通常按路面面层的使用品质、材料组成类型以及结构强度和稳定性，将路面分为四个等级，各等级路面所具有的面层类型及其所适用的公路等级如表 7-2 所示。

表 7-2　各等级路面所具有的面层类型及其所适用的公路等级

路面等级	面层类型	所适用的公路等级
高级	水泥混凝土、沥青混凝土、厂拌沥青碎石、整齐石块或条石	高速、一级、二级
次高级	沥青贯入碎（砾）石、路拌沥青碎（砾）石、沥青表面处治、半整齐石块	二级、三级
中级	泥结或级配碎（砾）石、水结碎石、不整齐石块、其他粒料	三级、四级
低级	各种粒料或当地材料改善土，如炉渣土、砾石土和砂砾土等	四级

（一）高级路面

高级路面的特点是强度高，刚度大，稳定性好，使用寿命长，能适应较繁重的交通量，路面平整，无尘埃，能保证高速行车。高级路面养护费用少，运输成本低，但初期建设投资高，需要用质量高的材料来修筑。

（二）次高级路面

次高级路面与高级路面相比，强度和刚度较差，使用寿命较短，所适应的交通量较小，行车速度也较低。次高级路面的初期建设投资虽较高级路面低些，但要求定期修理，养护费用和运输成本较高。

（三）中级路面

中级路面的强度和刚度低，稳定性差，使用期限短，平整度差，易扬尘，仅能适应较小的交通量，行车速度低。中级路面的初期建设投资虽然很低，但是养护工作量大，需要经常维修和补充材料，才能延长使用年限，运输成本较高。

（四）低级路面

低级路面的强度和刚度最低，水稳定性差，路面平整性差，易扬尘，故只能保证低速行车，所适应的交通量最小，在雨季有时不能通车。低级路面的初期建设投资最低，但要求经常养护修理，而且运输成本最高。

二、路面分类

路面类型可以从不同角度来划分,一般都按面层所用的材料区划,如水泥混凝土路面、沥青路面、砂石路面等。但是在路面结构设计中,主要从路面结构在行车荷载作用的力学特性和设计方法的相似性出发,将路面划分为柔性路面、刚性路面和半刚性路面三类。

(一)柔性路面

柔性路面的总体结构刚度较小,在车辆荷载作用下产生较大的弯沉变形,路面结构本身的抗弯拉强度较低,它通过各结构层将车辆荷载传递给土基,使土基承受较大的单位压力。路基路面结构主要靠抗压强度和抗剪强度承受车辆荷载的作用。柔性路面主要包括各种未经处理的粒料基层和各类沥青面层、碎(砾)石面层或块石面层组成的路面结构。

(二)刚性路面

刚性路面主要指用水泥混凝土作面层或基层的路面结构。水泥混凝土的强度高,与柔性路面相比较,它的抗弯拉强度高,并且有较高的弹性模量,故呈现出较大的刚性。因此,在车辆荷载作用下,水泥混凝土结构层处于板体工作状态,竖向弯沉较小,路面结构主要靠水泥混凝土板的抗弯拉强度承受车辆荷载。通过板体的扩散分布作用,传递给基础上的单位压力较柔性路面小得多。

(三)半刚性路面

用水泥、石灰、粉煤灰等无机结合料处治的土或碎(砾)石及含有水硬性结合料的工业废渣修筑的基层,在前期具有柔性路面的力学性质,后期的强度和刚度均有较大幅度的增长,但是最终的强度和刚度仍远小于水泥混凝土。由于这种材料的刚性处于柔性路面材料与刚性路面材料之间,因此把这种基层和铺筑在它上面的沥青面层统称为半刚性路面。这种基层称为半刚性基层。

刚性路面、柔性路面和半刚性路面,这种以力学特性为标准的分类方法主要是为了便于从功能原理和设计方法出发进行区分,并没有绝对的定量分界界限。近年来,材料科学的发展正在逐步改变这种属性,如水泥混凝土的增塑研究正在使它的刚性降低而保留它的高强性质,沥青的改性研究使得沥青混凝土随气候而变化的力学性质趋向于稳定,大幅度提高其刚度。这说明不同的路面类型是处于发展和相互转化中。

本章小结

本章是路面工程的概述部分,主要是从宏观的角度来认识路面。学习本章主要是为了使学生了解我国路面工程的特点及路面的发展状况;掌握路面结构层次划分及各层的功能;熟悉路面的等级和分类及影响路面稳定的因素。

复习思考题

7-1 路面结构的层次如何划分及各层的功能是什么?

7-2 路面可以分为哪几类,有哪几个等级,试简述之。

第八章　路面基垫层设计

本章学习重点

碎(砾)石基垫层的种类和强度形成原理,各种无机结合料稳定类基垫层的强度形成原理。

第一节　概　述

基层是直接位于面层下的结构层次,是路面结构中的重要组成部分。主要承受由面层传递的车辆荷载,并将荷载进一步传递给垫层或土基上。当基层分为多层时,最下面的一层称为底基层。碎(砾)石、块料、稳定土类和无机结合料稳定类常用做路面的基层材料。

其中,碎石类基层属柔性基层,按强度构成可分为嵌锁型与级配型。无机结合料稳定类基层的刚度介于柔性路面材料和刚性路面材料之间,因此称为半刚性基层,是指以石灰、水泥掺入土(集料)中或与工业废渣等共同或分别掺入土(集料)中,通过加水拌和,碾压成型的基层。由于材料性质各异,因此在路面设计中,要因地制宜,合理地选用材料。

第二节　碎(砾)石基垫层

一、填隙碎石基层

用单一尺寸的粗碎石作主集料,形成嵌锁,用石屑填满碎石间的空隙,增加其密度和稳定性,这种结构称为碎石结构。

填隙碎石可用于各等级公路的底基层和二级以下公路的基层。一般每层压实厚度为碎石最大粒径的 1.5 ~2.0 倍,即 10 ~ 12 cm。缺乏石屑时,可以添加细粒砂或粗砂等细集料,但是其技术性能不如石屑。

填隙碎石用做基层时,碎石的最大粒径不应超过 53 mm;用做底基层时,碎石的最大粒径不应超过 63 mm。粗碎石可用具有一定强度的各种岩石或漂石轧制,但漂石的粒径应为粗碎石最大粒径的 3 倍以上;也可以用稳定的矿渣轧制,矿渣的干密度和质量应比较均匀,其干密度不得小于 960 kg/m^3。材料中的扁平、长条和软弱颗粒的含量不应超过 15%。粗碎石的压碎值应符合以下规定:用做基层时不大于 26%,用做底基层时不大于 30%。

用单一粒径的粗碎石和石屑组成的填隙碎石可用干法施工,也可以用湿法施工。干法施工的填隙碎石特别适合于干旱缺水地区。

填隙碎石、粗碎石的颗粒组成应符合表 8-1 的规定。

表 8-1 填隙碎石、粗碎石的颗粒组成

序号	标称尺寸(mm)	质量通过百分率(%) 筛孔尺寸(mm)							
		63	53	37.5	31.5	26.5	19	16	9.5
1	30 ~ 60	100	25 ~ 60		0 ~ 15		0 ~ 5		
2	25 ~ 50		100		25 ~ 50	0 ~ 15		0 ~ 5	
3	20 ~ 40			100	35 ~ 70		0 ~ 15		0 ~ 5

填隙料的颗粒组成见表 8-2。

表 8-2 填隙料的颗粒组成

筛孔尺寸(mm)	9.5	4.75	2.36	0.6	0.075	塑性指数
质量通过百分率(%)	100	85 ~ 100	50 ~ 70	30 ~ 50	0 ~ 10	<6

二、泥结碎石基层

泥结碎石基层是以碎石作为集料,黏土作为填充料和黏结料,经压实修筑而成的一种结构。泥结碎石层虽用同一尺寸石料修筑,但在使用过程中由于行车荷载的反复作用,石料会被压碎而向密实级配转化。其力学强度和稳定性不仅取决于碎石的相互嵌挤作用,同时土的黏结作用也对其有一定的影响。

泥结碎石水稳定性较差,当用在沥青类面层的基层时,一般只适用于干燥路段。其基层主层矿料粒径不应小于 40 mm,并不大于层厚的 0.7 倍,石料等级不应低于Ⅳ级,长条、扁平状颗粒含量不应超过 20%。泥结碎石中的黏土,塑性指数取 12 ~ 15 为宜,黏土内不得含腐殖质或其他杂质,黏土用量一般小于混合料总重的 15% ~ 18%。

三、泥灰结碎石基层

泥灰结碎石层是以碎石为集料,用一定数量的石灰和土作黏结填缝料的结构层。由于掺入了石灰,泥灰结碎石的水稳定性优于泥结碎石,因此泥灰结碎石多用于潮湿与中湿路段作为沥青路面的基层,也可以作为中级路面的面层。

泥灰结碎石对黏土质量的要求与泥结碎石相同,对于石灰的质量,要求不低于 3 级。石灰与土的用量应小于混合料总重的 20%,其中石灰剂量为土重的 8% ~ 12%。

四、级配碎石基层

级配碎石可用于各级公路的基层和底基层,也可以用做较薄沥青层与半刚性基层之间的中间层。

级配碎石基层强度主要来源于碎石本身强度及碎石颗粒之间的嵌挤力。因此,对于碎石基层应保证高质量的碎石,获得高密度的良好级配和良好的施工压实手段。级配碎(砾)石所用石料的压碎值应符合以下规定:高速公路和一级公路路面级配碎石集料用做基层时应不大于26%,二级公路不大于30%,二级以下公路不大于35%;用做底基层时高速公路和一级公路不大于30%,二级公路不大于35%,二级以下公路不大于40%。研究表明集料中小于0.5 mm含量及其塑性指数对级配碎石的力学性质有明显的影响。因此,从结构强度和结构层排水综合考虑,建议液限应小于25%,同时规定小于0.5 mm的细料应无塑性,如特殊情况下难以做到,则塑性指数应小于4。

级配是影响级配碎石强度与刚度的重要因素。一般来说,密实的级配易于获得高密度,从而使级配碎石获得高的CBR值和回弹模量。用于高等级公路基层或用于半刚性基层和沥青面层之间的最佳级配优质碎石,其级配应能获得最大密实的集料,并具有较好的透水性。级配碎(砾)石用做二级公路和二级以下公路的基层时,其颗粒组成和塑性指数应满足表8-3中1号级配的规定;级配碎(砾)石用做高速公路和一级公路的基层时,其颗粒组成和塑性指数应满足表8-3中2号级配的规定;级配碎石用做中间层时,其颗粒组成和塑性指数应满足表8-3中2号级配的规定,同时级配曲线宜为圆滑曲线。

表8-3　级配碎(砾)石混合料的颗粒组成范围

项目		质量通过百分率(%)	
		1号级配	2号级配
筛孔尺寸(mm)	53		100
	37.5	100	
	31.5	90~100	100
	19.0	73~88	85~100
	9.5	49~69	52~74
	4.75	29~54	29~54
	2.36	17~37	17~37
	0.6	8~20	8~20
	0.075	0~7*	0~7*
液限(%)		<28	<28
塑性指数		<6(或9**)	<6(或9**)

注:*表示对于无塑性的混合料,小于0.075 mm的颗粒含量应接近高限。

**表示潮湿多雨地区塑性指数宜小于6,其他地区塑性指数宜小于9。

未筛分碎石用做二级公路和二级以下公路的底基层时,其颗粒组成和塑性指数应满足表8-4中1号级配的规定;用做高速公路和一级公路的底基层时,其颗粒组成和塑性指数应满足表8-4中2号级配的规定。

表 8-4 未筛分碎石底基层颗粒组成范围

项目		质量通过百分率(%)	
		1 号级配	2 号级配
筛孔尺寸(mm)	53	100	
	37.5	85 ~ 100	100
	31.5	69 ~ 88	83 ~ 100
	19.0	40 ~ 65	54 ~ 84
	9.5	19 ~ 43	29 ~ 59
	4.75	10 ~ 30	17 ~ 45
	2.36	8 ~ 25	11 ~ 35
	0.6	6 ~ 18	6 ~ 21
	0.075	0 ~ 10	0 ~ 10
液限(%)		<28	<28
塑性指数		<6(或 9*)	<6(或 9*)

注:* 表示潮湿多雨地区塑性指数宜小于 6,其他地区塑性指数宜小于 9。

第三节 无机结合料稳定类基垫层

一、概述

在粉碎的或原状松散的土中掺入一定量的无机结合料(包括水泥、石灰或工业废渣等)和水,经拌和得到的混合料在压实与养生后,其抗压强度符合规定要求的材料称为无机结合料稳定材料,用这种材料修筑的路面称为无机结合料稳定路面。

无机结合料稳定路面的优点是:稳定性好、抗冻性能强、结构本身自成板体等。但耐磨性差是其最大的缺点,因此广泛用于修筑路面结构的基层和底基层。

粉碎的或原状松散的土按照土中单个颗粒(指碎石、砾石、砂和土颗粒)的粒径大小和组成,将土分成细粒土、中粒土和粗粒土。不同的土与无机结合料拌和得到不同的稳定材料,例如,石灰土、水泥土、水泥砂砾、石灰粉煤灰碎石等。

无机结合料稳定材料种类较多,其物理力学性质各有特点,使用时应根据结构要求、掺外加剂和原材料的供应情况及施工条件进行综合的技术、经济比较后选定。

由于无机结合料稳定材料的刚度介于柔性路面材料和刚性路面材料之间,常称此为半刚性材料,以此修筑的基层或底基层亦称为半刚性基层(底基层)。

二、石灰稳定类基层(底基层)

在粉碎的土和原状松散的土(包括各种粗、中、细粒土)中掺入适量的石灰和水,按照一定的技术要求,经拌和,在最佳含水量下摊铺、压实及养生,其抗压强度符合规定要求的路面基层称为石灰稳定类基层。用石灰稳定细粒土得到的混合料简称石灰土,所做成的基层称为石灰土基层(底基层)。

石灰稳定类材料适用于各级公路路面的底基层,可用做二级公路和二级以下公路的基层,但石灰土不应用做高等级公路的基层。

(一)石灰稳定土强度形成原理

在土中掺入适量的石灰,并在最佳含水量下拌匀压实,使石灰与土发生一系列的物理、化学作用,从而使土的性质发生根本的变化。这些作用主要有四个方面:离子交换作用、结晶硬化作用、火山灰作用和碳酸化作用。

1. 离子交换作用

土的微小颗粒具有一定的胶体性质,它们一般都带有负电荷,表面吸附着一定数量的钠、氢、钾等低价阳离子(Na^+、H^+、K^+)。石灰是一种强电解质,在土中加入石灰和水后,石灰在溶液中电离出来的钙离子(Ca^{2+})就与土中的钠、氢、钾离子发生离子交换作用。原来的钠(钾)土变成钙土,土颗粒表面所吸附的离子由一价变成了二价,减少了土颗粒表面吸附水膜的厚度,使土粒相互之间更为接近,分子引力随着增加,许多单个土粒聚成小团粒,组成一个稳定结构。

2. 结晶硬化作用

在石灰土中只有一部分熟石灰 $Ca(OH)_2$ 进行离子交换作用,绝大部分饱和的 $Ca(OH)_2$ 自行结晶,熟石灰与水作用生成熟石灰结晶网格,其化学反应式为:

$$Ca(OH)_2 + nH_2O \rightarrow Ca(OH)_2 \cdot nH_2O$$

3. 火山灰作用

熟石灰的游离 Ca^{2+} 与土中的活性氧化硅 SiO_2 和氧化铝 Al_2O_3 作用生成含水的硅酸钙和铝酸钙的化学反应就是火山灰作用,其反应式为:

$$xCa(OH)_2 + SiO_2 + nH_2O \rightarrow xCaO \cdot SiO_2(n+1)H_2O$$

$$xCa(OH)_2 + Al_2O_3 + nH_2O \rightarrow xCaO \cdot Al_2O_3(n+1)H_2O$$

上述所形成的熟石灰结晶网格及含水的硅酸钙和铝酸钙结晶都是胶凝物质,它们具有水硬性并能在固体和水两相环境下发生硬化。这些胶凝物质在土微粒团外围形成一层稳定保护膜,填充颗粒空隙,使颗粒间产生结合料,减少了颗粒间的空隙与透水性,同时提高了密实度,这是石灰土获得强度和水稳定性的基本原因,但这种作用比较缓慢。

4. 碳酸化作用

碳酸化作用是指土中的 $Ca(OH)_2$ 与空气中的二氧化碳作用生成 $CaCO_3$,其化学反应式为:

$$Ca(OH)_2 + CO_2 \rightarrow CaCO_3 + H_2O$$

$CaCO_3$ 是坚硬的结晶体,它和其他生成的复杂盐类把土粒胶结起来,从而大大提高了土的强度和整体性。

由于石灰与土发生了一系列的相互作用,从而使土的性质发生根本的改变。在初期,主要表现为土的结团、塑性降低、最佳含水量增加和最大密实度减小等。后期主要表现为结晶结构的形成,从而提高其板体性、强度和稳定性。

（二）影响强度的因素

1. 土质

各种成因的土都可以用石灰来稳定，但生产实践表明，黏性土较好，其稳定的效果显著，强度也高。当采用高液限黏土时施工不易粉碎；采用粉性土的石灰土早期强度较低，但后期强度也可满足行车要求；采用低液限土质时易拌和，但难以碾压成型，稳定的效果不显著。采用的土质，既要考虑其强度，还要考虑施工时应易于粉碎，便于碾压成型。一般采用塑性指数15～20（100 g平衡锥测液限，搓条法测塑限）的黏性土为好。塑性指数偏大的黏性土，要加强粉碎，粉碎后，土中的最大土块不宜超过15 mm。一般地，塑性指数小于12的土不宜用石灰稳定。对于硫酸盐类含量超过0.8%或腐殖质含量超过10%的土，对强度有显著影响，不宜用石灰稳定。

2. 灰质

石灰的技术指标应符合表8-5的规定。

表 8-5　石灰的技术指标

项目		钙质生石灰			镁质生石灰			钙质消石灰			镁质消石灰		
		Ⅰ	Ⅱ	Ⅲ	Ⅰ	Ⅱ	Ⅲ	Ⅰ	Ⅱ	Ⅲ	Ⅰ	Ⅱ	Ⅲ
有效钙加氧化镁（%）≥		85	80	70	80	75	65	65	60	55	60	55	50
未消解残渣（%）* ≤		7	11	17	10	14	20						
含水量（%）≤								4	4	4	4	4	4
细度	0.71 mm** 筛余（%）≤							0	1	1	0	1	1
	0.125 mm 累计筛余（%）≤							13	20		13	20	
钙镁石灰的分类，MgO（%）		≤5			>5			≤4			>4		

注：* 表示5 mm圆孔筛的筛余。

** 表示方孔筛。

石灰应是消石灰粉或生石灰粉，对高速公路或一级公路宜用磨细生石灰粉。

石灰质量应符合Ⅲ级以上的技术指标，应防潮，并应尽快使用，要尽量缩短石灰的存放时间。在同等石灰剂量下，质量好的石灰，稳定效果好。如采用质量差的石灰，为了满足石灰土的技术要求，就得适当增加石灰剂量。

3. 石灰剂量

石灰剂量是石灰质量占全部土颗粒的干质量的百分率。它对石灰土强度影响显著，石灰剂量较低（小于3%～4%）时，石灰主要起稳定作用，土的塑性、膨胀性减弱，吸水量减小，使土的密实度、强度得到改善。随着剂量的增加，强度和稳定性均提高，但剂量超过一定范围时，强度反而降低。生产实践中常用的最佳剂量范围，对于黏性土及粉性土为8%～14%；对砂性土则为9%～16%。剂量的确定应根据结构层技术要求进行混合料组成设计。

4. 含水量

水是石灰土的重要组成部分。它促使石灰土发生物理化学变化，形成强度；便于土的粉碎、拌和与压实，并且有利于养生。不同土质的石灰土有不同的最佳含水量，需通过标准击实试验确定,并用以控制施工中的实际加水量,水应是干净可供饮用的水。

5. 密实度

石灰土的强度随密实度的增加而增长。实践证明,石灰土的密实度每增减 1%,强度增减 4% 左右。而密实的石灰土,其抗冻性、水稳定性也好,缩裂现象也少。

6. 石灰土的龄期

石灰土强度具有随龄期增长的特点。一般石灰土初期强度低,前期(1~2 个月)增长速率较后期为快。石灰土强度与龄期关系可表示为:

$$R_t = R_i t^{\beta} \tag{8-1}$$

式中 R_i——第 i 个月龄期抗压强度,MPa;

R_t——t 个月龄期抗压强度,MPa;

β——系数,为 0.1~0.5。

7. 养生条件

养生条件主要指温度与湿度。养生条件不同,其强度也有差异。当温度高时,物理化学反应过程加快,使石灰硬化、强度增长快,反之强度增长慢,在负温条件下甚至不增长,因此要求施工期的最低温度应在 5 ℃以上,并在第一次重冰冻(-3~-5 ℃)到来之前 1 个月至 1 个半月完成。

多年的施工经验证明,热季施工的石灰土强度高,质量可以保证,一般在使用中很少损坏。

养生的湿度条件对石灰土的强度也有很大影响。实践经验表明,在一定潮湿条件下养生,养生强度的形成比在一般空气中养生要好。

(三)石灰稳定土基层的应用

石灰稳定土不但具有较高的抗压强度,而且也具有一定的抗弯强度,且强度随龄期逐渐增加。因此,石灰稳定土一般可以用于各类路面的基层或底基层。但石灰稳定土因其水稳定性较差不应用做高速公路或一级公路的基层,必要时可以用做底基层。在冰冻地区的潮湿路段以及其他地区的过分潮湿路段,也不宜采用石灰稳定土作基层。

(四)石灰稳定土基层缩裂防治

石灰稳定土基层防治缩裂的措施有以下几种。

(1)控制压实含水量:石灰稳定土因含水量过多产生的干缩裂缝显著,因而压实时含水量一定不要大于最佳含水量,应略小于最佳含水量。

(2)严格控制压实标准,实践证明,压实度小时产生的干缩要比压实度大时严重,因此应尽可能达到最大压实度。

(3)温缩的最不利季节是材料处于最佳含水量附近,而且是温度在 0~-10 ℃时。因此,施工要在当地气温进入 0 ℃前一个月结束,以防在不利季节产生严重温缩。

(4)干缩的最不利情况是石灰稳定土成型初期,因此要重视初期养护,保证石灰土表面处于潮湿状况,禁防干晒。

(5)石灰稳定土施工结束后要及早铺筑面层,使石灰稳定土基层含水量不发生大变化,可减轻干缩裂隙。

(6)在石灰稳定土中掺加集料(砂砾、碎石等),使其集料含量为 60%~70%,使混合料满足最佳组成要求，不但能提高强度和稳定性，而且具有较好的抗裂性。

(7)基层的缩裂会反射到面层，为了防止基层裂缝的反射，国内外常采取以下措施：①设置联结层。设置沥青碎石或沥青贯入式联结层，是防止反射裂缝的有效措施。②铺筑碎石隔离过渡层。在石灰土与沥青面层间铺筑厚 10 ~ 20 cm 的碎石层或玻璃纤维网格，可减轻反射裂缝出现。

(五)石灰稳定土混合料设计

石灰稳定土是由土、石灰和水组成的。混合料的组成设计包括：根据强度标准，通过试验选取合适的土，确定必需的或最佳的石灰剂量和混合料的最佳含水量。

1. 石灰稳定土的强度标准

石灰稳定土的强度标准根据相应的公路等级和在路面结构中的层位而定。在规定温度保湿养生 6 d、浸水 1 d 后无侧限抗压强度标准如表 8-6 所示。

表 8-6　石灰稳定细粒土的强度(MPa)和压实度标准

使用层次	高速和一级		二级以下	
	强度(MPa)	压实度(%)	强度(MPa)	压实度(%)
基层	—	—	≥0.8	中、粗粒土 97 细粒土 93
底基层	≥0.8	中、粗粒土 97 细粒土 95	0.5 ~ 0.7	中、粗粒土 95 细粒土 93

注：1. 在低塑性土(塑性指数小于 7)地区，石灰稳定砂砾土和碎石土的 7 d 浸水抗压强度应大于 0.5 MPa。

2. 低限用于塑性指数小于 7 的黏性土，高限用于塑性指数大于 7 的黏性土。

2. 混合料的设计步骤

(1)制备同一种土样，不同石灰剂量的石灰土混合料根据不同的层位，可参照下列石灰剂量进行配制。

做基层用：

砂砾土和碎石土：5%，6%，7%，8%，9%；

塑性指数小于 12 的黏性土：10%，12%，13%，14%，16%；

塑性指数大于 12 的黏性土：5%，7%，9%，11%，13%。

做底基层用：

塑性指数小于 12 的黏性土：8%，10%，11%，12%，14%；

塑性指数大于 12 的黏性土：5%，7%，8%，9%，11%。

(2)确定混合料的最佳含水量和最大干压实密度(用重型击实标准试验)，至少做 3 个不同石灰剂量混合料的击实试验，即最小剂量、中间剂量和最大剂量。

(3)按最佳含水量与工地预期达到的压实密度制备试件，进行强度试验时，做平行试验的试件数量应符合规定。

(4)试件在规定温度(北方冰冻地区为(20 ±2)℃，南方非冰冻地区为(25 ±2)℃)下保湿养生 6 d，浸水 1 d，进行无侧限抗压强度试验。根据表 8-6 的强度标准，选定合适的石灰剂量，室内试验得出的平均抗压强度应符合公式(8-2)的要求：

$$\bar{R} \geqslant \frac{R_d}{1 - Z_\alpha C_v} \tag{8-2}$$

式中 R_d——设计抗压强度，MPa；

C_v——试验结果的偏差系数(小数计)；

Z_α——标准正态分布表中随保证率(或置信度 α)而变化的系数，重交通道路应取保证率95%，此时 $Z_\alpha = 1.645$，其他道路可取保证率为90%，即 $Z_\alpha = 1.282$。

工地实际采取的石灰剂量应较实验室内试验确定的剂量多0.5%～1.0%。

三、水泥稳定类基层

(一)概述

在粉碎的或原状松散的土(包括各种粗、中、细粒土)中，掺入适当水泥和水，按照技术要求，经拌和摊铺，在最佳含水量时压实及养护成型，其抗压强度符合规定要求，以此修建的路面基层称为水泥稳定类基层。当用水泥稳定细粒土(砂性土、粉性土或黏性土)时，简称水泥土。

水泥是水硬性结合料，绝大多数的土类(高塑性黏土和有机质较多的土除外)都可以用水泥来稳定，改善其物理力学性质，适应各种不同的气候条件与水文地质条件。水泥稳定类基层具有良好的整体性及足够的力学强度、抗水性和耐冻性。其初期强度较高，且随龄期增长而增长，所以应用范围很广。近年来，在我国一些路面工程中，水泥稳定土可用于路面结构的基层和底基层，在保证路面使用品质上取得了很好的效果。但水泥土一般不作为高速公路或一级公路路面的基层，只能用做底基层。在高等级公路的水泥混凝土路面板下，水泥土也不应做基层。

(二)强度形成原理

在利用水泥来稳定土的过程中，水泥、土和水之间发生了多种非常复杂的作用，从而使土的性能发生了明显的变化，这些作用包括以下内容。

化学作用：如水泥颗粒的水化、硬化作用，有机物的聚合作用，以及水泥水化产物与黏土矿物之间的化学作用等。

物理－化学作用：如黏土颗粒与水泥及水泥水化产物之间的吸附作用，微粒的凝聚作用，水及水化产物的扩散、渗透作用，水化产物的溶解、结晶作用等。

物理作用：如土块的机械粉碎作用，混合料的拌和、压实作用等。

现就其中的一些主要作用过程讲述如下。

1. 水泥的水化作用

在水泥稳定土中，首先发生的是水泥自身的水化反应，从而产生出具有胶结能力的水化产物，这是水泥稳定土强度的主要来源。水泥的水化过程，前面已经详细地讲述过了，这里不再赘述，其反应简式如下所示。

硅酸三钙： $2C_3S + 6H_2O \rightarrow C_3S_2H_3 + 3CH$

硅酸二钙： $2C_2S + 4H_2O \rightarrow C_3S_2H_3 + CH$

铝酸三钙： $C_3A + 6H_2O \rightarrow C_3AH_6$

铁铝酸四钙： $C_4AF + 7H_2O \rightarrow C_4AFH_7$

水泥水化生成的水化产物，在土的孔隙中相互交织搭接，将土颗粒包覆连接起来，使土逐渐丧失了原有的塑性等性质，并且随着水化产物的增加，混合料也逐渐坚固起来。但水泥稳定土中水泥的水化与水泥混凝土中水泥的水化之间还有所不同。这是因为：①土具有非常高的比表面积和亲水性；②水泥稳定土中的水泥含量较少；③土对水泥的水化产物具有强烈的吸附性；④在一些土中常存在酸性介质环境。由于这些特点，在水泥稳定土中，水泥的水化硬化条件较混凝土中差得多；特别是黏土矿物对水化产物中的 $Ca(OH)_2$ 具有极强的吸附和吸收作用，使溶液中的碱度降低，从而影响了水泥水化产物的稳定性；水化硅酸钙中的 C/S 会逐渐降低析出 $Ca(OH)_2$，从而使水化产物的结构和性能发生变化，进而影响到混合料的性能。因此，在选用水泥时，若其他条件相同时，应优先选用硅酸盐水泥，必要时还应对水泥稳定土进行"补钙"，以提高混合料中的碱度。

2. 离子交换作用

土中的黏土颗粒由于颗粒细小、比表面积大，因而具有较高的活性。当黏土颗粒与水接触时，黏土颗粒表面通常带有一定量的负电荷，在黏土颗粒周围形成一个电场，这层带负电荷的离子就称为电位离子；带负电的黏土颗粒表面，进而吸引周围溶液中的正离子，如 K^+、Na^+ 等。

在硅酸盐水泥中，硅酸三钙和硅酸二钙占主要部分，其水化后所生成的氢氧化钙所占的比例也较高，可达水化产物的25%，大量的氢氧化钙溶于水以后，在土中形成了一个富含 Ca^{2+} 的碱性溶液环境。当溶液中富含 Ca^{2+} 时，因为 Ca^{2+} 的电价高于 K^+、Na^+ 等离子，因此与电位离子的吸引力较强，从而取代了 K^+、Na^+，成为反离子，同时 Ca^{2+} 使双电层电位的降低速度加快，因而使电动电位减小、双电层的厚度降低，使黏土颗粒之间的距离减小，相互靠拢，导致土的凝聚，从而改变土的塑性，使土具有一定的强度和稳定性，这种作用就称为离子交换作用。

3. 化学激发作用

土的矿物组成基本上都属于硅铝酸盐，其中含有大量的硅氧四面体和铝氧八面体。在通常情况下，这些矿物具有比较高的稳定性，但当黏土颗粒周围介质的 pH 值增加到一定程度时，黏土矿物中的部分 SiO_2 和 Al_2O_3 的活性将被激发出来，与溶液中的 Ca^{2+} 进行反应生成新的矿物，这些矿物主要是硅酸钙和铝酸钙系列，如 $4CaO \cdot 5SiO_2 \cdot 5H_2O$、$4CaO \cdot Al_2O_3 \cdot 19H_2O$、$3CaO \cdot Al_2O_3 \cdot 16H_2O$、$CaO \cdot Al_2O_3 \cdot 10H_2O$ 等，这些矿物的组成和结构与水泥的水化产物有很多类似之处，并且同样具有胶凝能力。生成的这些胶结物质包裹着黏土颗粒表面，与水泥的水化产物一起，将黏土颗粒凝结成一个整体。因此，氢氧化钙对黏土矿物的激发作用，将进一步提高水泥稳定土的强度和水稳定性。

4. 碳酸化作用

水泥水化生成的 $Ca(OH)_2$，除了可与黏土矿物发生化学反应外，还可以进一步与空气中的 CO_2 发生碳化反应并生成碳酸钙晶体。其反应如下：

$$Ca(OH)_2 + CO_2 + nH_2O = CaCO_3 + (n+1)H_2O$$

碳酸钙生成过程中产生体积膨胀，也可以对土的基体起到填充和加固作用；只是这种作用相对来讲比较弱，并且反应过程缓慢。

(三)影响强度的因素

1. 土质

土的类别和性质是影响水泥稳定土强度的重要因素,各类砂砾土、砂土、粉土和黏土均可用水泥稳定,但稳定效果不同。试验和生产实践证明,用水泥稳定级配良好的碎(砾)石和砂砾,效果最好,不但强度高,而且水泥用量少;其次是砂性土;再次是粉性土和黏性土。重黏土难以粉碎和拌和,不宜单独用水泥来稳定,因此一般要求土的塑性指数不大于17。

2. 水泥的成分和剂量

各种类型的水泥都可以用于稳定土。但试验研究证明,水泥的矿物成分和分散度对其稳定效果有明显影响。对于同一种土,通常情况下硅酸盐水泥的稳定效果好,而铝酸盐水泥的稳定效果较差。

在水泥硬化条件相似,矿物成分相同时,随着水泥分散度的增加,其活性程度和硬化能力也有所增大,从而水泥土的强度也大大提高。

水泥土的强度随水泥剂量的增加而增长,但过多的水泥用量,虽获得强度的增加,在经济上却不一定合理,在效果上也不一定显著,且容易开裂。试验和研究证明,水泥剂量为4% ~8% 较为合理。

3. 含水量

含水量对水泥稳定土的强度影响很大,当含水量不足时,水泥不能在混合料中完全水化和水解,发挥不了水泥对土的稳定作用,影响强度形成。同时,含水量小,达不到最佳含水量,也影响水泥稳定土的压实度。因此,使含水量达到最佳含水量的同时,也要满足水泥完全水化和水解作用的需要。

水泥正常水化所需的水量约为水泥重的20%,对于砂性土,完全水化达到最高强度的含水量较最佳密度的含水量小;而对于黏性土则相反。

4. 施工工艺过程

水泥、土和水拌和得均匀,且在最佳含水量下充分压实,使之达到最大干密度,其强度和稳定性就高。水泥土从开始加水拌和到完成压实的延迟时间要尽可能最短,一般要在6 h以内。若时间过长,则水泥凝结,在碾压时,不但达不到压实度要求,而且也会破坏已结硬水泥的胶凝作用,反而使水泥稳定土强度下降。在水泥终凝时间达不到规定要求时,可以使用一定剂量的缓凝剂,但缓凝剂的品种和具体数量应根据试验确定。

水泥稳定土需湿法养生,以满足水泥水化形成强度的需要。养生温度愈高,强度增长得愈快。因此,要保证水泥稳定土养生的温度和湿度条件。

(四)材料要求及混合料组成设计

1. 材料要求

1)土

凡能被粉碎的土都可用水泥稳定。石渣、石屑、砂砾、碎石土、砾石土等都宜作水泥稳定类基层的材料。碎石或砾石的压碎值对于高速公路和一级公路应不大于30%,对二级公路和二级以下公路应不大于35%。

对于二级公路以下的一般公路:当用水泥稳定土做底基层时,颗粒最大粒径不应超过

53 mm(指方孔筛),对于高速公路和一级公路,颗粒最大粒径不应超过 37.5 mm(指方孔筛)。土的颗粒组成应符合表 8-7 的规定,同时土的不均匀系数(土的不均匀系数为通过量60%的筛孔尺寸与通过量10%的筛孔尺寸的比值)应大于5,细粒土的塑性指数不应超过17。实际工作中,宜选用不均匀系数大于10、塑性指数小于12的土。

表 8-7 用做底基层时水泥稳定土的颗粒组成

筛孔尺寸(mm)	53	4.75	0.6	0.075	0.002
通过百分率(%)	100	50~100	17~100	0~50	0~30

当用水泥稳定土做基层时,颗粒最大粒径不应超过 37.5 mm(指方孔筛),土的颗粒组成应符合表8-8的规定。

表 8-8 用做基层时水泥稳定土的颗粒组成

筛孔尺寸(mm)	通过百分率(%)	筛孔尺寸(mm)	通过百分率(%)
37.5	90~100	2.36	20~70
26.5	66~100	1.18	14~57
19	54~100	0.6	8~47
9.5	39~100	0.075	0~30
4.75	28~84		

2)水泥

普通硅酸盐水泥、矿渣硅酸盐水泥或火山灰质硅酸盐水泥都可以用于稳定土,但应选用终凝时间较长(宜6 h以上)的水泥。早强、快硬及受潮变质的水泥不应使用。宜采用标号较低的水泥,如32.5号水泥。

3)水

凡是饮用的水,均可以应用。

2. 混合料组成设计

水泥稳定土混合料组成设计与石灰稳定土基本相同。

1)强度和压实度标准

7 d无侧限抗压强度和压实度应根据公路等级及所在路面结构中的层位确定,如表8-9所示。

表 8-9 水泥混合料的强度(MPa)及压实度标准

使用层次	高速公路和一级公路		二级公路和二级以下公路	
	强度(MPa)	压实度(%)	强度(MPa)	压实度(%)
基层	3~4	98	2~3	中、粗粒土 97 细粒土 95
底基层	≥2.0	中、粗粒土 96 细粒土 95	≥1.5	中、粗粒土 95 细粒土 93

2)设计步骤

(1)制备同一种土样、不同水泥剂量的混合料,一般按下列水泥剂量配制。

做基层用时：

中粒土和粗粒土:3%,4%,5%,6%,7%；

塑性指数小于12的土:5%,7%,8%,9%,11%；

其他细粒土:8%,10%,12%,14%,16%。

做底基层时：

中粒土和粗粒土:2%,3%,4%,5%,6%；

塑性指数小于12的土:4%,5%,6%,7%,8%；

其他细粒土:6%,8%,9%,10%,12%。

(2)确定最佳含水量和最大干压实密度。

(3)按最佳含水量和计算得到的干压实密度制备试件。

工地实际采用的水泥剂量应比室内试验确定剂量多0.5%~1.0%。

四、石灰工业废渣基层

(一)概述

随着工业的发展,工业废渣逐渐增多,近年来,我国利用工业废渣铺筑路面基层,取得显著成效,不但提高了路面使用品质,而且降低了工程造价,变废为宝,具有很大的经济意义。

公路上常用的工业废渣有:火力发电厂的粉煤灰和煤渣,钢铁厂的高炉渣和钢渣,化肥厂的电石渣,以及煤矿的煤矸石等。粉煤灰和煤渣中含有较多的二氧化硅、氧化钙或氧化铝等活性物质。用石灰稳定工业废渣时,石灰在水的作用下形成饱和$Ca(OH)_2$溶液。废渣的活性氧化硅和氧化铝在$Ca(OH)_2$溶液中产生火山灰反应,生成水化硅酸钙和铝酸钙凝胶,把颗粒胶凝在一起,随水化物不断产生而结晶硬化,具有水硬性。温度较高时,材料强度增长快,因此石灰稳定工业废渣最好在热季施工,并加强保湿养生。

石灰工业废渣材料主要由石灰与工业废渣组成,主要有石灰粉煤灰类及石灰其他废渣类。

石灰稳定工业废渣基层具有以下优点:水硬性、缓凝性、强度高,稳定性好,成板体且强度随龄期不断增加,抗水、抗冻、抗裂性好,而且收缩性小,适应各种气候环境和水文地质条件等。基于此,近几年来,修筑高等级公路,常选用石灰稳定工业废渣作高级或次高级路面的基层或底基层。

(二)材料要求

1.石灰

工业废渣基层所用的结合料是石灰或石灰下脚料。石灰的质量宜符合Ⅲ级以上技术指标。应尽量缩短存放时间,如存放时间较长,应注意覆盖保管。

2.废渣材料

粉煤灰是火力发电厂燃烧煤粉产生的粉状灰渣。主要成分是二氧化硅(SiO_2)和三氧化二铝(Al_2O_3),其总含量一般要求超过70%。粉煤灰的烧失量一般要小于20%,如达不到上述要求,应通过试验后,才能采用。干粉煤灰和湿粉煤灰都可以应用。干粉煤灰堆放时,应洒水以防飞扬。湿粉煤灰堆放时,含水量不宜超过35%。

3. 粒料(砾料)

高速公路和一级公路集料的压碎值应不大于30%,二级公路和二级以下公路集料的压碎值应不大于35%。有机质含量超过10%的土不宜选用,宜采用塑性指数为12~20的黏性土(亚黏土)。颗粒最大粒径高速公路和一级公路不大于37.5 mm(方孔筛),二级公路和二级以下公路不大于53 mm(方孔筛)。

(三)混合料组成设计

石灰工业废渣混合料的组成设计内容包括:根据表8-10的强度标准,通过试验选取适宜稳定的土,确定石灰与粉煤灰或石灰与煤渣的比例,确定石灰粉煤灰或石灰煤渣与土的比例(均为质量比),确定混合料的最佳含水量。

表8-10　二灰混合料的强度(MPa)和压实度标准

使用层次	高速公路和一级公路		二级公路和二级以下公路	
	强度(MPa)	压实度(%)	强度(MPa)	压实度(%)
基层	0.8~1.1	≥98	0.6~0.8	中、粗粒土97 细粒土93
底基层	≥0.6	中、粗粒土97 细粒土95	≥0.5	中、粗粒土95 细粒土93

混合料的设计方法和步骤,可参照石灰稳定土进行。

(四)石灰粉煤灰类基层

石灰粉煤灰(简称二灰)基层是用石灰和粉煤灰按一定配比,加水拌和、摊铺、碾压及养生而成型的基层。混合料的配比组成,各地可根据当地的实践经验参照下面配比选用:

采用石灰粉煤灰土做基层或底基层时,石灰与粉煤灰的比常用1:2~1:4(对于粉土,则以1:2为宜),石灰粉煤灰与细粒土的比为30:70~90:10。

采用石灰粉煤灰与级配的中粒土和粗粒土时,石灰与粉煤灰的比为1:2~1:4,石灰粉煤灰与粒料的比常采用20:80　15:85。

(五)石灰煤渣(简称二渣)基层

石灰煤渣基层是用石灰和煤渣按一定配合比,加水拌和、摊铺、碾压、养生而成型的基层。二渣中如掺入一定量的粗集料便称为三渣。掺入一定量的土,便称为石灰煤渣土。各地可根据当地气候、水文地质条件,公路等级及实践经验参照如下配比选用:

采用石灰煤渣做基层或底基层时,石灰与煤渣的比可以是20:80~15:85。

采用石灰煤渣土做基层或底基层时(土为细粒土),石灰与煤渣的比可用1:1~1:4,但混合料中的石灰不应小于10%。

采用石灰煤渣粒料做基层或底基层时,石灰:煤渣:粒料可以是(7~9):(26~33):(67~58)。

为了提高石灰煤渣和石灰煤渣土的早期强度,可外加1%~2%的水泥。

石灰煤渣、石灰煤渣土和三渣皆具有水硬性,物理力学性质基本上与石灰土相似,但其强度与水稳定性都比石灰土好。石灰煤渣的28 d强度可达1.5~3.0 MPa,并随龄期增加而增长。初期强度增长慢,尚有一定的塑性,但达到一定龄期后,处于弹性工作状态,成板体具有刚性，当冷缩和干缩时，易产生裂缝。研究表明，当采用石灰煤渣粒料时，抗缩裂能力有所改善。

本章小结

基层是直接位于面层下的结构层次，主要承受由面层传递的车辆荷载，并将荷载进一步传递到垫层或土基上，因此基层是路面结构中的重要组成部分。本章详细地介绍了路面基垫层的种类及不同种类基垫层各自的特点、强度形成原理和设计要求。

复习思考题

8-1　路面基层的主要功用是什么？

8-2　常见的碎(砾)石路面基层有哪些类型？各有何特点？

8-3　对水泥土和石灰土的强度形成原理进行分析比较，说明它们对土的类型和性质要求有什么不同，水泥和石灰的剂量应如何确定？

8-4　如何提高无机结合料稳定类基层的抗缩裂性能？

第九章　沥青路面设计

本章学习重点

沥青路面结构组合设计。

第一节　概　述

一、沥青路面的基本特性

沥青路面是用沥青材料作结合料黏结矿料修筑面层与各类基层和垫层所组成的路面结构。

沥青面层中所使用的沥青结合料,增强了矿料间的黏结力,提高了混合料的强度和稳定性,使路面的使用质量和耐久性都得到提高。与水泥混凝土路面相比,沥青路面具有表面平整、无接缝、行车舒适、耐磨、振动小、噪声低、施工期短、养护维修简便、适宜于分期修建等优点,因而得到越来越广泛的应用。近 20 年来,我国在公路和城市道路上使用沥青材料修筑了相当数量的沥青路面,沥青路面已成为我国高等级公路的主要路面形式。

沥青路面属柔性路面,其强度与稳定性在很大程度上取决于土基和基层的特性。沥青路面的抗弯强度较低,因而要求路面的基础应具有足够的强度和稳定性。所以,在施工时必须掌握路基土的特性,进行充分的碾压。对软弱土基或翻浆路段,必须预先加以处理。在低温时,沥青变脆,沥青路面的抗变形能力很低,在寒冷地区为了防止土基不均匀冻胀而使沥青路面开裂,需设置防冻层。沥青面层修筑后,由于它的透水性小,从而使土基和基层内的水分难以排出,在潮湿路段易发生土基和基层松软,导致路面破坏。因此,必须提高基层的水稳性,尽可能采用结合料处治的整体性基层和设置完整的路面排水系统。对交通量较大的路段,为使沥青路面具有一定的抗弯拉和抗疲劳开裂的能力,宜在沥青面层下设置沥青混合料的联结层。采用较薄的沥青面层时,特别是在旧路面上加铺面层时,要采取技术措施加强面层与基层之间的黏结,保证路面结构的整体强度,以防止引起沥青面层的剥落、推挤、拥包等破坏。

二、沥青路面的分类

(一)按强度构成原理分类

按强度构成原理可将沥青路面分为密实和嵌挤两大类。

密实类沥青路面要求矿料的级配按最大密实原则设计,颗粒尺寸多样,其强度和稳定性主要取决于混合料的黏聚力和内摩阻力。密实类沥青路面按其空隙率的大小可分为闭式和开式两种:闭式混合料中含有较多粒径小于 0.5 mm 的细集料和 0.074 mm 的矿料颗粒,空隙率小于6%,混合料致密而耐久,但热稳定性较差;开式混合料中粒径小于0.5 mm的矿料颗粒含量较少,空隙率大于6%,其热稳定性较好。

嵌挤类沥青路面要求采用颗粒尺寸较为均一的矿料,路面的强度和稳定性主要取决于集料颗粒之间相互嵌挤所产生的内摩阻力,而黏聚力较小,只起次要的作用。按嵌挤原则修筑的沥青路面,其热稳定性较好,但因空隙率大、易渗水,因而耐久性较差。

(二)按施工工艺分类

按施工工艺的不同可将沥青路面分为层铺法、路拌法和厂拌法三类。

层铺法是用分层洒布沥青和矿料,然后碾压成型的修筑路面的施工方法。其主要优点是工艺和设备简便、功效较高、施工进度快、造价较低;其缺点是路面成型期较长,需要经过炎热季节行车碾压之后路面方能成型。用这种方法修筑的沥青路面有沥青表面处治和沥青贯入式两种。

路拌法是在路上用人工或机械将矿料和沥青材料通过就地拌和,摊铺和压实而成沥青面层的施工方法。此类面层所用的矿料为碎(砾)石者称为路拌沥青碎(砾)石;所用的矿料为土者则称为路拌沥青稳定土。路拌沥青面层中沥青材料的分布比层铺法均匀,可以缩短路面的成型期。但因所用的矿料为冷料,需使用黏稠度较低的沥青材料,故混合料的强度较低。

厂拌法是将规定级配的矿料和沥青材料在工厂用专用设备加热拌和,并在规定时间内送到工地摊铺碾压而成沥青路面的施工方法。矿料中细颗粒含量少,不含或含少量矿粉,混合料为开级配配制的(空隙率达10%~15%),称为厂拌沥青碎石;若矿料中含有矿粉,混合料是按最佳密实级配配制的(空隙率在10%以下),称为沥青混凝土。厂拌法按混合料铺筑时温度的不同,又可分为热拌热铺和热拌冷铺两种。热拌热铺是混合料在专用设备加热拌和后立即趁热运到路上摊铺压实。如果混合料加热拌和后储存一段时间再在常温下运到路上摊铺压实,即为热拌冷铺。厂拌法所用矿料经过精选,级配准确,且为热料拌和,沥青黏稠度高,用量准确,因而混合料质量高,使用寿命长,但修建费用也较高。

(三)按沥青路面的技术特性分类

按沥青路面的技术特性可将沥青路面分为沥青混凝土、沥青碎石、沥青贯入式、沥青表面处治等类型。

1.沥青混凝土路面

沥青混凝土路面是指用不同粒径的碎石、天然砂或矿粉和沥青按比例在拌和机中热拌所得的混合料作面层的路面,其面层可由单层、双层、三层沥青混合料组成。这种混合料的矿料部分具有严格的级配要求,若矿料中含有矿粉,混合料是按最密实级配配制的(空隙率小于10%)。各层混合料的组成设计应根据基层厚和层位、气温和降雨量等气候条件、交通量和交通组成等因素确定,以满足对沥青面层使用功能的要求。沥青混凝土适用于各级公路,设计时可按不同等级的公路来选用不同厚度的沥青层。

2.沥青碎石路面

沥青碎石路面是指由几种不同的矿料(所用矿料为开级配),掺有少量矿粉或不加矿粉,用沥青作结合料按一定比例均匀拌和的混合料(空隙率大于10%),经摊铺压实成型的路面称为沥青碎石路面。用沥青碎石作面层的路面,沥青碎石的配合比设计应根据实践经验和马歇尔试验的结果，并通过施工前的试拌试铺确定。沥青碎石有时也用做联结层。乳化沥青碎石混合料是由乳化沥青和矿料在常温下拌和而成，适用于做三级、四级公路的沥青面层、二级公路养护罩面以及各级公路的调平层。

3.沥青贯入式路面

沥青贯入式路面是指在初步压实的碎石（或轧制砾石）上，分层浇洒沥青、撒布嵌缝料，随后立即碾压而成的面层结构，沥青贯入式结构层对提高路面结构强度起着较重要的作用。沥青贯入式路面的厚度宜为40～80 mm；当沥青贯入式的上部加铺拌和的沥青混合料时，也称为上拌下贯，此时拌和层的厚度宜为25～40 mm，其总厚度宜为70～100 mm。沥青贯入式路面可用于三级、四级公路面层或特殊情况。

4.沥青表面处治路面

沥青表面处治路面是指用沥青和集料按层铺法或拌和法铺筑而成的。当采用乳化沥青时，称为乳化沥青表面处治路面。其主要作用是构成磨耗层，保护结构层免受行车破坏，作沥青面层或基层的封面，封闭表面，防止地表水渗透到基层及土基，提高平整度和抗滑性能，改善行车条件，延长路面使用寿命。沥青表面处治适用于三级、四级公路的面层、旧沥青面层上加铺薄层罩面或抗滑层、磨耗层等。当沥青表面处治用于面层时，可分为单层、双层、三层。单层表面处治厚度为10～15 mm；双层表面处治厚度为15～25 mm；三层表面处治厚度为25～30 mm。

以上各种沥青路面沥青材料及集料的技术指标和沥青混合料技术指标，应满足《公路沥青路面设计规范》（JTG D50—2006）（以下简称《沥青路面设计规范》）的要求。

第二节 标准轴载与交通量分级

一、标准轴载

车辆既是路基（面）的服务对象，又是造成路基路面结构损伤的主要原因，也是影响路面使用寿命的关键因素之一。因此，为了保证设计的路基路面结构达到预计的功能，具有良好的结构性能，车辆荷载是路面设计时考虑的重要因素。车辆的全部质量都是通过车轴与车轮传递给路面的，所以路面结构的设计主要以轴重作为荷载标准。考虑到道路上通行的汽车类型很多，轴重各不相同，为此，必须选定一种轴载作为设计标准轴载。通常在路面设计中，应对我国普遍存在的混合交通组成进行调查分析，把不同车型轴载的作用次数换算为这种标准轴载的作用次数。考虑到我国公路汽车运输车辆的现状及发展趋势，《沥青路面设计规范》规定：路面设计采用双轮组单轴载100 kN作为标准轴载，以BZZ－100表示。标准轴载的计算参数按表9-1中确定。

路面设计在进行轴载换算时，为使换算前后轴载对路面的作用达到相同的效果，应该遵循两项原则：第一，换算以达到相同的临界状态为标准，即对同一种路面结构，不同轴载重复作用不同次数后，使路表弯沉值或层底拉应力达到同一极限状态；第二，对某一种交通组成，不论以哪种轴载标准进行换算，由换算所得轴载作用次数计算的路面厚度是相同的。《沥青路面设计规范》按照弯沉等效和拉应力等效的两项原则，将不同车型、不同轴载

表 9-1 标准轴载计算参数

标准轴载	BZZ-100
标准轴载 P(kN)	100
轮胎接地压强 p(MPa)	0.70
单轮传压面当量圆直径 d(cm)	21.30
两轮中心距(cm)	$1.5d$

注:对于以运煤或运建筑材料等大型载重车为主的特殊用途公路,应根据实际情况,经论证单独选用设计计算参数。

作用次数换算为与标准轴载 100 kN 相当的轴载作用次数,即当量轴次。其轴载换算方法为:

(1)当以设计弯沉值和沥青层层底拉应力为设计指标时,各级轴载均应按下式换算成标准轴载 P 的当量轴次 N:

$$N = \sum_{i=1}^{k} C_1 C_2 n_i \left(\frac{P_i}{P}\right)^{4.35} \tag{9-1}$$

式中 N——以设计弯沉值和沥青层层底拉应力为指标时的标准轴载的当量轴次,次/d;

n_i——被换算车型的各级轴载作用次数,次/d;

P——标准轴载,kN;

P_i——被换算车型的各级轴载,kN;

C_1——被换算车型的轴数系数;

C_2——被换算车型的轮组系数,双轮组为 1.0,单轮组为 6.4,四轮组为 0.38。

当轴间距离大于 3 m 时,应按单独的一个轴载计算,当轴间距离小于 3 m 时,双轴或多轴的轴数系数按下式计算:

$$C_1 = 1 + 1.2(m-1) \tag{9-2}$$

式中 m——轴数。

(2)当以半刚性材料层的拉应力为设计指标时,各级轴载均按下式换算成标准轴载 P 的当量轴次 N':

$$N' = \sum_{i=1}^{k} C'_1 C'_2 n_i \left(\frac{P_1}{P}\right)^{8} \tag{9-3}$$

式中 N'——以半刚性材料层的拉应力为设计指标时的标准轴载的当量轴次,次/d;

C'_1——被换算车型的轴载系数;

C'_2——被换算车型的轮组系数,双轮组为 1.0,单轮组为 18.5,四轮组为 0.09;

其他符号意义同前。

以拉应力为设计指标时,双轴或多轴的轴载系数按下式计算:

$$C'_1 = 1 + 2(m-1) \tag{9-4}$$

式中 m——轴数。

(3)上述轴载换算公式仅适用于单轴载小于或等于 130 kN 的各种车型的轴载换算。对于轴重大于 130 kN 时无明确规定,对轴重为 130～220 kN 的情况可以参照《沥青路面设计规范》。

二、设计交通量

路面设计交通量是根据初期交通量考虑一定设计年限内预估的交通量来计算累计标准当量轴次的。因此,设计年限是一个计算累计标准当量轴次的基准年限,应根据经济、交通发展情况以及该公路在公路网中的地位,考虑环境和投资条件综合确定。设计年限不等于使用年限或路面的使用寿命,超过此年限,路面并非完全不能用,只是其使用性能太差和运行费用太高。我国规定的沥青路面设计使用年限如表9-2所示,对改、扩建工程或大修、加铺工程及有特殊使用要求的公路,可根据具体情况调整设计年限。

表9-2　沥青路面设计年限

公路等级	设计使用年限(年)
高速公路、一级公路	15
二级公路	12
三级公路	8
四级公路	6

沥青路面的设计交通量,应在实测各类相关车型轴载谱(各种车辆不同轴重的概率分布)的基础上,参照工程可行性研究报告等有关交通量预测资料,考虑未来各种车型的代表轴载,进行不同车型的轴载换算,计算交工后第一年双向日平均当量轴次。

新建公路应根据工程可行性研究报告提供的有关交通量调查资料,得到多年各种汽车交通量构成,即小型客车、小型货车、大型客车、中型货车、大型货车、拖挂车等各种车型组成的比例,以及预测第一年或设计年末的日平均交通量。设计时,应对车型的轴重分布情况进行调查,并应根据交通载重的实际情况,更真实地预测设计交通量。

改建工程,宜根据有代表性的年、月、日、时的实测轴载谱,或调查的各类型车的轴载分布资料,进行预测计算。

设计年限内交通量的平均增长率γ应根据实际调查情况或根据工程可行性研究报告中有关预测的交通量增长率,经分析论证确定设计交通量的平均增长率。

设计交通量以设计年限内一个车道上的BZZ－100累计当量轴次N_e表示,按下式计算:

$$N_e=\frac{[(1+\gamma)^t-1]\times 365}{\gamma}N_1\eta \tag{9-5}$$

式中　N_e——设计年限内一个车道上的累计当量轴次,次/车道;

t——设计年限,年;

N_1——路面营运第一年双向日平均当量轴次,次/d;

γ——设计年限内交通量的平均年增长率(%);

η——车道系数,宜按照表9-3选定,若公路无分隔且路面窄时宜选高值。

表9-3　车道系数

车道特性	双向单车道	双向两车道	双向四车道	双向六车道	双向八车道
车道系数	1.0	0.6～0.7	0.4～0.5	0.3～0.4	0.25～0.35

三、交通量等级

(一)交通量等级划分的原因

路面设计计算中采用累计当量标准轴次 N_e 作为设计荷载的依据。但其并不能反映交通量的组成情况,也不能反映行车荷载对路面的损坏形式,以及作为设计临界状态所选用的控制指标,因此难以用累计当量标准轴次建立对应关系。

在材料、结构设计等方面,一般与公路等级有关,公路等级越高,技术标准要求越高。但是,从实际调查资料来看,同一公路等级的交通量及组成却大不相同。有可能会出现如交通量小的高速公路的技术要求过高,而对交通量很大的二级公路的技术要求却偏低,因此有必要根据实际交通情况,在考虑公路等级的同时,也考虑交通量等级的影响。

(二)交通量等级

《沥青路面设计规范》规定交通量在设计时按下列方法划分等级:

(1)根据设计年限内一个车道上的累计当量轴次 N_e(次/车道);

(2)按每车道、每日平均大型客车及中型以上的各种货车交通量(辆/(d·车道))。

交通量等级宜根据表9-4的规定划分为四个等级。设计时,可根据以上方法按一个较高的交通等级作为设计交通量等级。

表9-4 交通等级

交通等级	BZZ-100累计标准轴次 N_e(次/车道)	大型客车及中型以上的各种货车交通量(辆/(d·车道))
轻交通	$<3\times10^6$	<600
中等交通	$3\times10^6\sim1.2\times10^7$	600~1 500
重交通	$1.2\times10^7\sim2.5\times10^7$	1 500~3 000
特重交通	$>2.5\times10^7$	>3 000

第三节 沥青路面的破坏状态与设计标准

沥青路面在应用过程中由于受到环境和行车荷载的反复作用而逐渐降低原有的工作能力,出现结构损坏现象。路面的结构损坏现象,有时单独出现,有时几种形式同时出现,鉴于损坏现象的多样性,就需要分析沥青路面的结构破坏状态和产生的原因,以便能预估各种损坏的出现和相应的控制指标。

一、路面的破坏形式

沥青路面在行车荷载的反复作用和自然因素的不断影响下,会逐渐出现破坏而失去原有的工作性能。由于环境、材料构成、结构层组合、荷载、施工及养护等条件的差异,破坏形式多种多样。从表面上看,有各种裂缝,如横向裂缝、纵向裂缝、网状裂缝等,也有各种类型的变形,如沉陷和隆起、车辙、搓板、推移和拥起等,有时还会出现露骨、松散、剥落、坑槽、泛油等现象。根据这些破坏现象产生的原因、危害和对路面使用功能的影响,可以把沥青路面常见的破坏现象划分为以下几种主要形式。

(一)沉陷

路基由于不良的水文条件或翻浆而过于湿软,通过路面传递给路基的轮载应力超过了土的抗剪强度,在车轮作用下表面产生较大的凹陷变形即沉陷,并在凹陷两侧伴有隆起现象,如图9-1所示。当沉陷严重时,超过了结构的变形能力,在结构层受拉区产生开裂而形成以纵向为主的裂缝,并有可能逐渐发展成网裂。造成路面沉陷的主要原因是路基土的压缩。

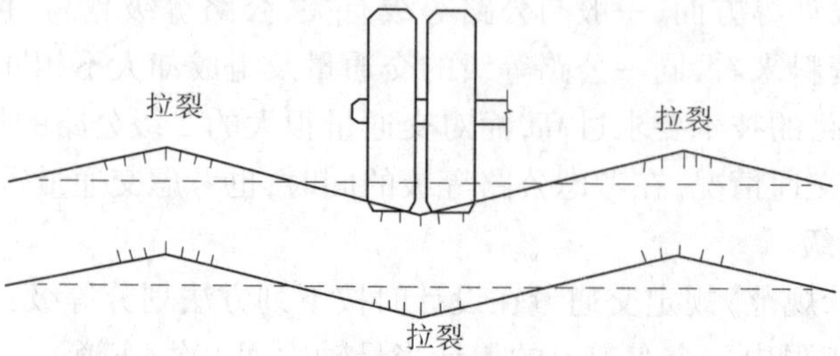

图9-1　沉陷

(二)车辙

车辙是路面的结构层及土基在行车重复荷载作用下的补充压实,以及结构层材料的侧向位移产生的累积永久变形,同气候条件、交通量与交通组成以及结构和土基的性质有关。这种在轮迹处出现相对于两侧的较大变形,在纵向形成车辙。如图9-2所示,在伴随着沥青面层沉陷的同时,出现侧向隆起,二者组合起来构成车辙。车辙的出现,在后期常常伴随着裂缝产生;另一方面,出现裂缝的路面,其车辙形成的速率将大大加快。车辙是高等级沥青路面的主要破坏形式之一。因为这类路面的使用寿命较长,即使每一次行车荷载作用产生的残余变形量很小,而多次重复作用累积起来的残余变形总和也将会相当可观,特别是在高温和重载情况下,其塑性变形量足以影响车辆的正常行驶。

(三)推移和拥起

当沥青路面受到较大的水平荷载作用时(例如经常启动或制动路段及弯道,坡度变化处等),路面表面可能出现推移和拥起,如图9-3所示。这是由于沥青路面材料在温度较高时,抗剪强度下降,车轮荷载引起的垂直力和水平力的综合作用,使结构层内产生的剪应力或拉应力超过材料的抗剪或抗拉强度。此外,推移和拥起的出现也与行驶车轮的冲击、振动有关。

图9-2　车辙

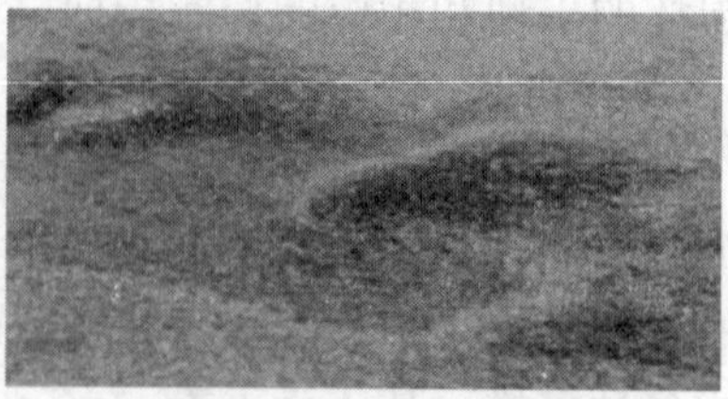

图9-3　推移和拥起

(四)疲劳开裂

裂缝是沥青路面最主要的一种破坏类型,上述各种变形常常伴随有裂缝产生。开裂的种类及产生的原因有几种,这里指的开裂是疲劳开裂,其特点是路面无显著的永久变形情况下出现裂缝。如图 9-4 所示,往往最初在荷载作用部位开始形成,大多是细而短的横向开裂,继而逐渐扩展成网状,开裂的宽度和范围也逐渐扩大。随着裂缝的出现,水分沿裂缝侵入基层、垫层和路基,使之变软而产生较大的弯沉,进而加速裂缝的发展。初始裂缝的出现,是路面材料疲劳破坏的反映,通常是由于沥青结构层受车轮荷载的反复弯曲作用,使结构层底面产生的拉应变(或拉应力)值超过材料的疲劳强度,导致底面开裂,并逐渐向表面发展。稳定类整体性基层因刚度较其下卧层大很多,也会产生疲劳开裂而导致面层破坏。产生疲劳开裂的原因与重复应变(或应力)大小和路面的环境因素有关。

(五)低温缩裂

路面结构中采用的某些整体性结构层在低温(通常为负温度)时由于面层材料收缩受阻而产生较大的拉应力,当它超过材料相应条件下的抗拉强度时便产生开裂。如图9-5所示,由于路面的纵向尺度远大于横向,低温收缩时侧向约束不大,故这种开裂一般为横向间隔性的裂缝,初期并不影响行车,但在水分不断侵蚀下,严重时会逐渐发展为网状裂缝。在冰冻地区,沥青面层和用无机结合料稳定的整体性基层,冬季可能出现这种开裂。

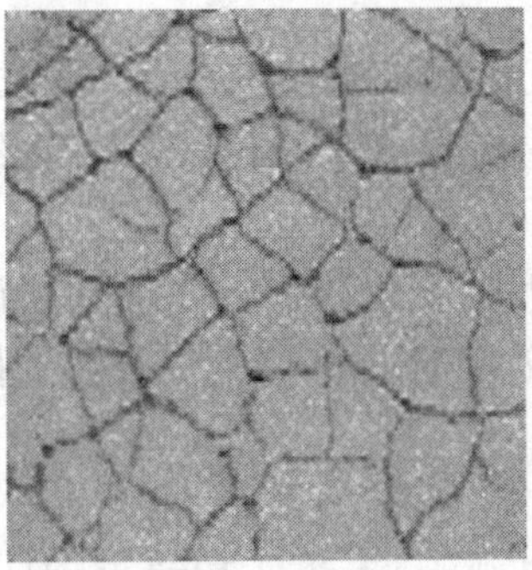

图 9-4　网状裂缝

图 9-5　横向裂缝

二、设计标准

(一)新建路面结构设计

由于沥青路面直接受车辆荷载和环境因素的复杂影响,应考虑路面常见的损坏,以控制路面性能的关键设计指标(弯沉、拉应力、疲劳、车辙、抗滑性等),并结合外界因素变化对材料特性和路面强度及应力应变的影响进行分析,使路面结构设计更加经济合理。

《沥青路面设计规范》规定:高速公路、一级、二级公路的路面结构,以路表面回弹弯沉值、沥青混凝土层的层底拉应力及半刚性材料层的层底拉应力为设计指标。三级公路、四级公路的路面结构以路表面设计弯沉值为设计指标。有条件时,对重载交通路面宜检验沥青混合料的抗剪切强度。

1. 以路表面回弹弯沉值作为保证路面结构整体刚度的设计指标

路表面回弹弯沉与路基顶面压应变有密切关系。路表面回弹弯沉是路面各结构层的变形与土基回弹变形之和,弯沉值的大小表征了路面整体刚度的强弱,即路面结构扩散荷载应力的能力。路表面回弹弯沉值是指路面在正常使用期末最不利季节,在标准轴载作用下处于临界破坏状态时的最大弯沉值;设计弯沉值是指路面在竣工后第一年最不利季节,在标准轴载作用下的最大弯沉值。

2. 以弯拉应力作为控制结构层疲劳开裂的设计指标

在车辆荷载反复作用下,沥青层层底产生拉应变或拉应力而导致路面疲劳开裂。对半刚性基层沥青路面结构,沥青层的拉应力或拉应变不起控制作用,半刚性基层、底基层的拉应力起主要控制作用。对柔性基层沥青路面结构,除可用弯沉值控制土基的压应变、压应力外,沥青层的拉应变还与粒料间的模量比有关,模量比越大,沥青层的拉应变越大。

3. 剪切指标

由于我国重车增多、超载严重,在夏季高温季节,易出现路面车辙。剪切指标与沥青混合料的热稳定性密切相关。对山区高速公路或纵坡较大、坡度超长路段,应考虑车辆荷载的水平分力所产生的路表剪应力。

4. 层间接触状态

沥青路面结构的应力与应变表明,路面结构设计中层间结合条件对拉应力(包括剪应力)有较大影响,设计时应采取技术措施尽量保证各层的紧密结合。

(二)改建路面结构设计

高速公路、一级、二级公路的补强应以原路面弯沉值和破损状态为主要依据进行设计。补强设计时,仍以设计弯沉值作为路面整体刚度的控制指标;对于二级和二级以上的公路,还应满足补强层层底拉应力的设计要求。

原有路面板接(裂)缝处弯沉差、平均弯沉值是水泥混凝土路面沥青加铺层设计的控制指标。水泥混凝土板上的沥青加铺层,其剪切应力较大,应提高沥青混合料的抗剪强度和高温稳定性。

(三)确定沥青路面结构层厚度的设计指标

路面结构层厚度的确定应满足结构整体刚度(即承载力)与沥青层或半刚性层、底基层抗疲劳开裂的要求。

1. 设计弯沉值

路面设计弯沉值 l_d 是路面整体刚度大小的指标,是路面厚度计算的主要依据。路面设计弯沉值应根据公路等级、设计年限内累计标准当量轴次、面层和基层的类型,按下式计算确定:

$$l_d = 600 N_e^{-0.2} A_c A_s A_b \tag{9-6}$$

式中 l_d——设计弯沉值,0.01 mm;

N_e——设计年限内一个车道上的累计当量轴次,次/车道;

A_c——公路等级系数,高速公路、一级公路为 1.0,二级公路为 1.1,三、四级公路为 1.2;

A_s——面层类型系数,沥青混凝土面层为 1.0;热拌和冷拌沥青碎石、沥青贯入式路面(含上拌下贯式路面)、沥青表面处治为 1.1;

A_b——路面结构类型系数,半刚性基层沥青路面为 1.0,柔性基层沥青路面为 1.6。

2. 容许拉应力 σ_R

容许拉应力 σ_R 是控制结构层开裂的设计指标。材料的容许拉应力应从材料选择和混合料优化设计及结构组合等方面综合考虑。沥青混凝土层、半刚性基层和底基层以拉应力为设计或验算指标时，材料的容许拉应力 σ_R 应按下式计算：

$$\sigma_R = \sigma_S / K_S \tag{9-7}$$

式中 σ_R——路面结构层材料的容许拉应力，MPa；

σ_S——沥青混凝土或半刚性材料的极限劈裂强度，MPa，对沥青混凝土是指 15 ℃时的极限劈裂强度，对水泥稳定类的材料是指龄期为 90 d 的极限劈裂强度，对二灰稳定类、石灰稳定类的材料是指龄期为 180 d 的极限劈裂强度，对水泥粉煤灰稳定类的材料是指龄期为 120 d 的极限劈裂强度；

K_S——抗拉强度结构系数，对沥青混凝土层 $K_S = 0.09N_e^{0.22}/A_c$，对无机结合料稳定集料类 $K_S = 0.35N_e^{0.11}/A_c$，对无机结合料稳定细粒土类 $K_S = 0.45N_e^{0.11}/A_c$。

第四节 沥青路面结构设计

沥青路面是多层次结构物。作为路面结构设计的第一步，结构组合设计必须考虑公路所在区域的水文地质、气候特点、公路等级与使用要求、交通量及其组成等因素。结合当地实践经验，合理选择各结构层次及组成材料，是整个路面结构能否在设计使用年限内承受行车荷载和环境因素的共同作用，同时又能发挥各结构层次最大效能，使整个路面结构经济合理的关键。

一、沥青路面结构组合设计原则与方法

(一)按交通和环境因素作用的要求选择面层类型

面层可分单层、双层或三层。双层结构可分为表面层和下面层。三层结构可分表面层、中面层、下面层。路面表面同时承受车轮的磨耗和自然因素的作用，这就要求路面表面层应具有平整密实、抗滑耐磨、抗裂耐久的性能；中面层、下面层应具有高温抗车辙、抗剪切、密实、基本不透水的性能；且下面层应具有耐疲劳开裂的性能。通常选用黏结力强的结合料和高强耐磨的集料作为面层材料。面层所选类型如表 9-5 所示。

表 9-5 各级公路沥青路面类型的选择

公路等级	面层类型
高速公路、一级公路	热拌沥青混凝土
二级公路	热拌沥青混凝土、热拌沥青碎石混合料、贯入式沥青碎石、上拌下贯式沥青碎石
三级公路	热拌沥青混凝土、贯入式沥青碎石、上拌下贯式沥青碎石、沥青表面处治和稀浆封层
四级公路	热拌沥青混凝土、贯入式沥青碎石、沥青表面处治和稀浆封层、冷拌沥青混合料

(二)按水温状况的不利影响选择路面结构层

如何保证沥青路面的水稳性，是路面结构层选择与组合需要解决的重要问题。在潮湿和某些中湿路段上修筑沥青路面时，由于沥青面层不透气，使路基和基层中水分蒸发的

通路被隔断,因而凝结在临近表层的粒料层内,使该处的湿度增大。如果粒料层材料中含泥量多(如泥结碎石、级配石),尤其是当塑性指数较大时,便会发软而导致损坏。所以,沥青面层下的基层一般应选择水稳性好的材料,严格控制基层内的细料含量。在潮湿路段及中湿路段应采用水稳性好且透水性好的基层,如沥青贯入碎(砾)石等。

在冰冻地区和气候干燥地区,无机结合料稳定土或粒料的基层常常产生收缩裂缝。如果沥青面层直接铺筑其上,会导致面层出现反射裂缝,为此可在其间加设一层粒料或优质沥青材料层,或者适当加厚面层。

在季节性冰冻地区,当冻深较大,路基土为易冻胀土时,还要考虑冻胀和翻浆的危害。在这种路段上,路面结构应设置防止冻胀和翻浆垫层。路面总厚度的确定,除满足强度要求外,还应满足防冻厚度的要求,避免在路基内出现较厚的聚冰带,从而产生导致路面开裂和过量的不均匀冻胀。防冻的厚度与路基潮湿类型、路基土类、道路冻深以及路面结构层材料的热稳定性有关。根据经验及试验观测,表9-6给出了路面最小防冻厚度推荐值。若结构层总厚度小于最小防冻厚度,应通过加设垫层厚度补足其差值以达到表中所列要求。垫层可用水稳定性好的地方材料(如砂砾)或隔温性好的材料(如炉渣)等。

表9-6 路面最小防冻厚度推荐值

(单位:cm)

路基干湿类型	道路冻深(cm)	黏性土、细亚砂土			粉性土		
		基、垫层类型					
		砂石类	稳定土类	工业废料类	砂石类	稳定土类	工业废料类
中湿	50~100	40~45	35~40	30~35	45~50	40~45	30~40
	100~150	45~50	40~45	35~40	50~60	45~50	40~45
	150~200	50~60	45~55	40~50	60~70	50~60	45~50
	大于200	60~70	55~65	50~55	70~75	60~70	50~65
潮湿	60~100	45~55	45~50	35~45	50~60	45~55	40~50
	100~150	55~60	50~55	45~50	60~70	55~65	50~60
	150~200	60~70	55~65	50~55	70~80	65~70	60~65
	大于200	70~80	65~75	55~70	80~100	70~90	65~80

注:1. 在《公路自然区划标准》中,对潮湿系数小于0.5的地区,Ⅱ、Ⅲ、Ⅳ区等干旱区防冻厚度应比表中值减少15%~20%。

2. 对Ⅱ区砂性土路基防冻厚度应相应减少5%~10%。

(三)按各结构层的作用选择结构层次

面层以下各层在进行路面结构组合时,应使材料的工作性能得到充分发挥。基层是主要承受竖向应力的承重层。它要有足够的强度、刚度和水稳定性。常用的基层类型有无机结合料稳定集料类、沥青混合料、粒料、贫混凝土等材料,底基层是设置在基层之下,起次要承重作用的结构层。底基层应充分利用沿线地方材料,可采用无机结合料稳定细粒土类或粒料类等。要使路面有足够的整体强度和良好的使用性能,还应保证路基具有一定的抗变形能力和水稳定性。单纯加强或增厚面层或基层,既达不到良好的效果,也不经济。稳定路基最主要的是加强排水和达到要求的压实度。在路基水文条件较差的潮湿路段,应采用低剂量石灰稳定路基上层土,或者加设垫层疏干或隔离路基上层的水系,扩散由路面传下的应力,并便于基层的修筑。在季节性冰冻地区,依据防冻的要求,路面结构应达到一定的厚度。为此,需设置垫层以满足此要求。垫层一般采用粗砂、砂砾、碎石、煤渣、矿渣等粒料以及石灰煤渣稳定类、石灰粉煤灰稳定类等。

各结构层材料具有各自的特性,在组合时应注意相邻层次的相互影响,采取措施限制或消除所产生的不利影响。例如,在冰冻地区和气候干燥地区,在水泥(或石灰)稳定类基层上修建面层时,由于基层材料的干缩开裂,会导致面层相应地出现反射裂缝。可在层间加设一层柔性联结层,或者选用开级配沥青混合料作为面层下层,或者在其间加设一层沥青应力吸收膜、沥青应力吸收层。又如,在潮湿的粉土或黏性土路基上,不宜直接铺筑碎(砾)石等颗粒类材料。必要时,可在路基顶面设土工布隔离层,以防止细粒土掺杂而污染基层或导致路面变形过大加快损坏。

为了保证路面结构的整体性和结构层之间应力传递的连续性,避免产生滑移,应尽量使结构层之间结合紧密稳定,可采取如下措施。

(1)各沥青层之间都应设黏层。黏层沥青可用乳化沥青、改性乳化沥青或热沥青,洒布数量宜为0.3~0.6 kg/m^2。

(2)各种基层上宜设置透层沥青。透层沥青应具有良好的渗透性能,可用液体沥青(稀释沥青)、乳化沥青等。

(3)在半刚性基层上应设下封层,可保护基层不被施工车辆破坏,利于半刚性材料养护,同时也可防止雨水下渗到基层以下的结构层内。实践证明,沥青单层表面处治是较经济有效的方法之一。

(4)新、旧沥青之间、沥青层与旧水泥混凝土板之间应洒布黏层沥青,宜用热沥青、改性乳化沥青或改性沥青。

(5)拓宽路面时,新、旧路面接茬处,宜喷涂黏结沥青。

(6)双层式半刚性材料基层宜采取连续摊铺、碾压工艺,增强层间结合,以形成整层。

(四)按各结构层的应力分布特性组合路面层次

路面在垂直力的作用下,内部产生的应力和应变随深度增加而递减。水平力作用产生的应力和应变随深度递减的速率更快。因此,对各层材料的强度和刚度的要求也可随深度的增加而相应降低。路面各结构层如按强度、刚度自上而下递减的方式组合,则既能充分发挥各结构层材料的能力,又能充分利用当地材料降低造价。

采用上述递减规律组合路面结构层次时,一旦上、下两层的相对刚度比过大,上层底面将出现较大的弯拉应力(或弯拉应变)。当该值超过上层材料抗拉强度(或抗拉应变)时,上层便产生开裂。因此,沥青路面相邻结构层材料的模量比对路面结构的应力分布有显著影响,是合理确定结构层层数、选定适宜结构层材料的重要考虑因素。根据应力分析和设计经验,建议对半刚性基层沥青路面的结构层组合设计,基层与沥青面层的模量比宜在1.5~3.0之间;基层与底基层的模量比不宜大于3.0;底基层与土基模量比宜在2.5~12.5之间。当然,上述比例只是一个大致的参考值,它随各结构层材料的抗拉强度而变化。例如,采用水泥稳定类材料做基层时,由于它刚度很大、抗拉强度较高,就可不受上述比例的约束。

1.半刚性基层适用条件

水泥稳定集料类、石灰粉煤灰稳定集料类材料适用于各级公路的基层、底基层。冰冻地区、多雨潮湿地区，石灰粉煤灰稳定集料类材料适用于高速公路、一级公路的基层或底基层。石灰稳定类材料适用于各级公路的底基层以及三、四级公路的基层。

2. 柔性基层适用条件

热拌沥青碎石适用于中等交通及以上的公路基层、底基层；贯入式沥青碎石适用于中、重交通的公路基层、底基层；热拌沥青碎石、贯入式沥青碎石可用于改建工程的调平层。级配碎石可用于各级公路的基层、底基层。级配碎(砾)石以及符合设计要求的天然砂砾，可用做轻交通的二级及二级以下公路的基层和各级公路的底基层。填隙碎石适用于三、四级公路的基层和各级公路的底基层。

3. 刚性基层适用条件

刚性基层适用于重交通、特重交通及运煤、矿石、建筑材料等特殊用途的公路。

(五)按级配类型、结构组合及施工条件等因素确定层厚

路面设计时，从强度要求和造价考虑，宜自上而下由薄到厚。《沥青路面设计规范》建议沥青混合料的压实最小厚度与适宜厚度宜符合表9-7的要求。贯入式沥青碎石、沥青表面处治的压实最小厚度与适宜厚度宜符合表9-8的要求。

表9-7　沥青混合料的压实最小厚度与适宜厚度

沥青混合料类型		最大粒径(mm)	公称最大粒径(mm)	符号	压实最小厚度(mm)	适宜厚度(mm)
密级配沥青混合料(AC)	砂粒式	9.5	4.75	AC-5	15	15~30
	细粒式	13.2	9.5	AC-10	20	25~40
		16	13.2	AC-13	35	40~60
	中粒式	19	16	AC-16	40	50~80
		26.5	19	AC-20	50	60~100
	粗粒式	31.5	26.5	AC-25	70	80~120
密级配沥青碎石(ATB)	粗粒式	31.5	26.5	ATB-25	70	80~120
		37.5	31.5	ATB-30	90	90~150
	特粗式	53	37.5	ATB-40	120	120~150
升级配沥青碎石(ATPB)	粗粒式	31.5	26.5	ATPB-25	80	80~120
		37.5	31.5	ATPB-30	90	90~150
	特粗式	53	37.5	ATPB-40	120	120~150
半开级配沥青碎石(AM)	细粒式	16	13.2	AM-13	35	40~60
	中粒式	19	16	AM-16	40	50~70
		26.5	19	AM-20	50	60~80
	粗粒式	31.5	26.5	AM-25	80	80~120
	特粗式	53	37.5	AM-40	120	120~150
沥青玛瑺脂碎石混合料(SMA)	细粒式	13.2	9.5	SMA-10	25	25~50
		16	13.2	SMA-13	30	35~60
	中粒式	19	16	SMA-16	40	40~70
		26.5	19	SMA-20	50	50~80
开级配沥青磨耗层(OGFC)	细粒式	13.2	9.5	OGFC-10	20	20~30
		16	13.2	OGFC-13	30	30~40

表 9-8　贯入式沥青碎石、沥青表面处治的压实最小厚度与适宜厚度

结构层类型	压实最小厚度(mm)	适宜厚度(mm)
贯入式沥青碎石	40	40~80
上拌下贯沥青碎石	60	70~100
沥青表面处治	10	10~30

基层、底基层应根据交通量大小、材料的力学性能和扩散应力的效果，充分发挥压实机具的功能以及有利于施工等因素选择各结构层的厚度。为便于施工组织、管理，各结构层的材料不宜频繁发生变化。各种结构层压实最小厚度与适宜厚度宜符合表 9-9 的要求，并不得设计小于 150 mm 厚的半刚性材料薄层。

表 9-9　各种结构层压实最小厚度与适宜厚度

结构层类型	压实最小厚度(mm)	适宜厚度(mm)
级配碎石	80	100~200
水泥稳定类	150	180~200
石灰稳定类	150	180~200
石灰粉煤灰稳定类	150	180~200
贫混凝土	150	180~240
级配砾石	80	100~200
泥结碎石	80	100~150
填隙碎石	100	100~120

沥青层厚度与所采用的结构类型有关，可参考沥青层最小厚度，并结合沥青和混合料性能，综合当地的工程实践经验，拟定或计算沥青层厚度。

(1)半刚性基层沥青路面，高速公路的沥青层最小厚度为 120 mm，一级公路的沥青层最小厚度为 100 mm，二级公路的沥青层最小厚度为 60 mm，三级公路的沥青层最小厚度为 30~50 mm(拌和法)或 15~30 mm(层铺法表面处治)，四级公路的沥青面层厚度为 10~30 mm(表面处治或稀浆封层)。

(2)柔性基层沥青路面结构，面层可选用 100 mm 或 120 mm 厚的两层式，其下设沥青混合料基层，贯入式碎石、级配碎石等柔性材料基层。各沥青层厚度应根据公路等级、交通量等具体情况计算而定。

(3)刚性基层沥青路面，高速公路、一级公路的沥青层最小厚度不宜小于 100 mm。因沥青层较薄，层间模量比大，应采取提高沥青混合料高温抗剪强度和加强层间结合的措施，防止沥青层剪切、推移与反射裂缝。

遵循就地取材、分期修建和因地制宜的原则，参照上述五方面的组合原则及方法，并利用当地已有路面的修建和使用经验，便可拟定出若干个既满足交通要求又经济合理的结构层组合方案，并通过分析比较，优先选用便于机械化施工和质量管理的方案，做到技术先进，经济合理。

二、典型沥青路面结构组合及实例

沥青路面结构层主要由面层、基层、底基层、垫层等组成。现介绍几种典型沥青路面

结构组合。

(一)典型沥青路面结构组合

典型沥青路面结构组合如图9-6、图9-7所示。

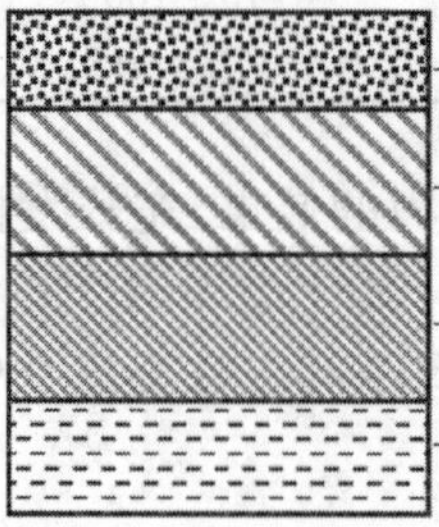

图9-6　典型半刚性基层沥青路面

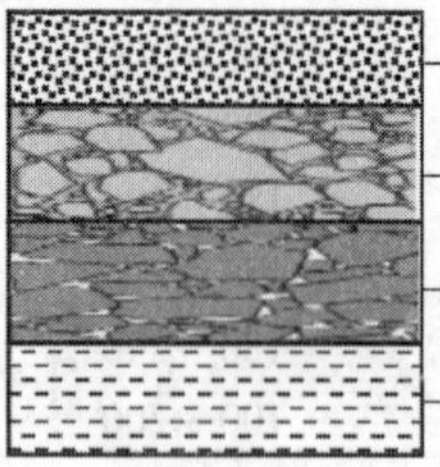

图9-7　典型柔性基层沥青路面

(二)组合实例

路面结构组合实例如表9-10所示。

(三)沥青路面设计

1. 沥青路面设计内容

沥青路面设计包括交通量实测、分析与预测，材料选择，混合料配比设计，路面结构组合设计与厚度计算，路面排水系统设计和其他路面工程设计等。综合各种影响因素，对路面结构方案的技术经济进行综合比较，提出推荐方案。

2. 沥青路面设计要求

对于经济合理的路面设计，有以下几点要求。

(1)结构组合设计是前提。在路面结构设计之前必须进行地质、环境、气候和水文状况的调查，根据当地材料供应的特点，确定满足密实、抗滑、耐久的路面结构方案，同时合理设计沥青路面表面层结构，满足路面使用的基本要求。组合设计人员必须对当地多年的路面使用实际有所了解，从中汲取有益的部分为当前设计服务，同时反映最新的设计方法和理论。

(2)材料组成设计是关键。必须认真全面地进行材料情况调查，提出材料的基本要求，保证在满足路用要求的条件下做到因地制宜、就地取材，选择多种级配进行组成设计，并进行对比分析，选择合理的级配设计结果，为道路施工提供基础数据。

(3)结构设计是基本。路面结构设计是在组合设计的基础上进行的，一般路面结构中有多层的方案或厚度已经确定，设计者只是通过计算确定剩下的某一层。目前我国的交通组成状况十分复杂，通过测定，很多路段的设计预测交通量小于实际设计的交通量，导致很多路段在没有达到规定的设计使用年限时,就达到了规定的荷载作用次数,路面过早破坏很容易造成人们的误解。因此,交通量的预测值对设计合理的路面结构厚度和确定合理的路面结构组合十分重要。

表 9-10　路面结构组合方案

厚度(cm)	材料类型	适用条件
4 6 8 设计 设计	AK－13A AC－20 Ⅰ AC－25 Ⅰ 水泥稳定碎石 二灰土	适用于多雨地区,中等交通及重交通高速公路
4 6 8 设计 设计	SMA－13 AC－20 Ⅰ AC－25 Ⅰ 水泥稳定碎石 二灰土	适用于多雨地区,重及特重交通高速公路
4 6 8 设计 设计	AK－13A AC－20 Ⅰ AC－25 Ⅰ 二灰稳定碎石 二灰土	适用于降雨量较少、二灰质优价廉地区,中等交通及重交通高速公路
4 6 8 设计 设计	Sup－13 AC－20 Ⅰ AC－25 Ⅰ 二灰稳定碎石 二灰土	适用于降雨量较少、二灰质优价廉地区,中等交通及重交通高速公路
4 6 8 设计 设计	SMA－13 AC－20 Ⅰ AC－25 Ⅰ 水泥稳定碎石 二灰土	适用于降雨量较少、二灰质优价廉地区,重及特重交通高速公路

(4)排水设计是保障。合理的路面排水设计不仅要考虑路面表面的排水,而且要考虑路面结构排水、桥面排水、中央分隔带的排水、超高段的排水等。随着人们对排水设计认识的提高,目前对路面排水的细部设计考虑得愈来愈周到。排水设计的目的是增强排水的效果,因此必须总结排水设计的效果和使用的耐久性,保证设计的排水结构经济耐久。

3. 沥青路面设计应遵守的原则

沥青路面设计应认真做好现场的资料收集、掌握沿线路基特点,在查明不良地质路段的基础上,密切结合当地实践经验,采取必要的路基处理措施,进行路基路面综合设计。

在满足交通量和使用要求的前提下,应遵循因地制宜、合理选材、节约投资的原则,进行路面设计方案的技术经济比较,选择技术先进、经济合理、安全可靠、方便施工的路面结构方案。

结合当地条件，在路面设计方案中应积极地、慎重地推广新材料、新工艺、新技术，并认真铺筑试验路，总结经验，不断完善，逐步推广。

路面设计方案应符合国家环境保护的有关规定，注意施工中废弃料的处理。积极推动旧面层的再生利用，以及保护施工人员的健康和安全。

第五节　设计计算示例

一、新建路面结构设计流程

(1)根据设计要求，按弯沉或弯拉指标分别计算设计年限内一个车道的累计标准当量轴次，确定设计交通量与交通等级，拟定面层、基层类型，并计算设计弯沉值或容许拉应力。

(2)按路基土类与干湿类型及路基横断面形式，将路基划分为若干路段，确定各个路段土基回弹模量设计值。

(3)参考本地区的经验和规范拟定几种可行的路面结构组合与厚度方案，根据工程选用的材料进行配合比试验，测定各结构层材料的抗压回弹模量、劈裂强度等，确定各结构层的设计参数。

(4)根据设计指标采用多层弹性体系理论设计程序计算或验算路面厚度。如不满足要求，应调整路面结构层厚度，或变更路面结构组合，或调整材料配合比，提高材料极限抗拉强度，再重新计算。

(5)对于季节性冰冻地区应验算防冻厚度是否符合要求。

(6)进行技术经济比较，确定路面结构方案。

需要注意的是，完成结构组合设计后即可进行厚度计算，厚度计算应采用专业设计程序。有关公路新建及改建路面设计方法、程序及相关要求详见《沥青路面设计规范》。

二、计算示例

(一)基本资料

1.自然地理条件

新建双向四车道高速公路地处II_2区，拟采用沥青路面结构进行施工图设计，填方路基高1.8 m，路基土为中液限黏性土，地下水位距路床表面2.4 m，一般路基处于中湿状态。

2.土基回弹模量的确定

该设计路段路基处于中湿状态，路基土为中液限黏性土，根据室内试验法确定土基回弹模量设计值为40 MPa。

3.预测交通量

预测竣工年初交通组成与交通量，见表9-11。预测交通量的年平均增长率为5.0%。

表 9-11　预测交通组成与交通量

车型分类	代表车型	交通量(辆/d)
小客车	桑塔纳 2000	2 280
中客车	江淮 AL6600	220
大客车	黄海 DD680	450
轻型货车	北京 BJ130	260
中型货车	东风 EQ140	660
重型货车	黄河 JN163	868
铰接挂车	东风 SP9250	330

(二)根据交通量计算累计标准轴次 N_e,根据公路等级、面层、基层类型及 N_e 计算设计弯沉值

解:1. 计算累计标准当量轴次

标准轴载及轴载换算。

路面设计采用双轮组单轴载 100 kN 为标准轴载,以 BZZ-100 表示,根据《沥青路面设计规范》规定,新建公路根据交通调查资料,主要以中客车、大客车、轻型货车、中型货车、大型货车、铰接挂车等的数量与轴重进行预测设计交通量,即除桑塔纳 2000 外均应进行换算。计算公式为:

$$N = \sum_{i=1}^{k} C_1 C_2 n_i \left(\frac{P_i}{P}\right)^{4.35}$$

对于北京 BJ130 型轻型货车

前轴:$C_1=1, C_2=6.4, P_i=13.4\ \text{kN}, P=100\ \text{kN}, n_i=260$

$N = C_1 \times C_2 \times n_i \times (P_i/P)^{4.35} = 1 \times 6.4 \times 260 \times (13.4/100)^{4.35} = 0.3$(次/d)

后轴:$C_1=1, C_2=1, P_i=27.4\ \text{kN}, P=100\ \text{kN}, n_i=260$

$N = C_1 \times C_2 \times n_i \times (P_i/P)^{4.35} = 1 \times 1 \times 260 \times (27.4/100)^{4.35} = 0.9$(次/d)

对于东风 EQ140 型中型货车

前轴:$N=7.9$(次/d)

后轴:$N=133.9$(次/d)

对于东风 SP9250 型铰接挂车

前轴:$N=110$(次/d)

后轴:$N=1\ 704.3$(次/d)

对于黄海 DD680 型大客车

前轴:$N=129.3$(次/d)

后轴:$N=305.8$(次/d)

对于黄河 JN163 型重型货车

前轴:$N=543.3$(次/d)

后轴:$N=1\ 534.8$(次/d)

对于江淮 AL6600 型中客车

前轴:$N=0.6$(次/d)

后轴：$N=0.7$（次/d）

合计：$N=4\ 471.8$（次/d）

累计标准当量轴次 N_e。

沥青路面高速公路设计使用年限以15年计，车道系数 $\eta=0.45$，则累计当量轴次为：

$$N_e=\frac{[(1+\gamma)^t-1]\times365}{\gamma}N_1\eta=[(1+0.05)^{15}-1]\times365\times4\ 471.8\times0.45/0.05$$
$$=15\ 849\ 307（次）$$

累计轴次计算结果见表9-12，属于重交通等级。

表9-12　轴载换算与累计轴载

汽车车型	前轴重（kN）	后轴重（kN）	后轴数	后轴轮组数	后轴距（m）	日交通量（辆/d）
北京BJ130型轻型货车	13.4	27.4	1	2	0	260
东风EQ140型中型货车	23.6	69.3	1	2	0	660
东风SP9250型铰接挂车	50.7	113.3	3	2	4	330
黄海DD680型大客车	49.0	91.5	1	2	0	450
黄河JN163型重型货车	58.6	114.5	1	2	0	868
江淮AL6600型中客车	17.0	26.5	1	2	0	220
换算方法	弯沉及沥青层拉应力指标					
累计交通轴次	1 585万次					

注：以半刚性材料层的拉应力为设计指标时，各级轴载换算过程略。

2. 路面设计弯沉值的计算

1）初拟路面结构

根据本地区的路用材料，结合已有工程经验与典型结构，拟定了3个结构组合方案。

方案一：4 cm细粒式沥青混凝土＋6 cm中粒式沥青混凝土＋8 cm粗粒式沥青混凝土＋38 cm水泥稳定碎石基层＋？水泥石灰砂砾土层，以水泥石灰砂砾土为设计层。

方案二：4 cm细粒式沥青混凝土＋8 cm中粒式沥青混凝土＋15 cm密级配沥青碎石＋？水泥稳定砂砾＋18 cm级配砂砾垫层，以水泥稳定砂砾为设计层。

方案三：4 cm细粒式沥青混凝土＋8 cm中粒式沥青混凝土＋2×10 cm密级配沥青碎石＋35 cm级配砂石。

2）计算路面设计弯沉值

$l_d=600N_e^{-0.2}A_cA_sA_b$

方案一：该结构为沥青混凝土面层，半刚性基层；

$A_c=1.0, A_s=1.0, A_b=1.0$

$l_d=600N_e^{-0.2}\times A_cA_sA_b=600\times15\ 849\ 307^{-0.2}\times1.0\times1.0\times1.0=21.78(0.01\ \text{mm})$

方案二：该结构为沥青混凝土面层，柔性基层与半刚性基层组合，根据内插法确定基层系数为1.45；

$A_c=1.0, A_s=1.0, A_b=1.45$

$l_d=600N_e^{-0.2}\times A_cA_sA_b=600\times15\ 849\ 307^{-0.2}\times1.0\times1.0\times1.45=31.59(0.01\ \text{mm})$

方案三：该结构为沥青混凝土面层，柔性基层。

$A_c = 1.0, A_s = 1.0, A_b = 1.6$

$l_d = 600N_e^{-0.2} \times A_c A_s A_b = 600 \times 15\ 849\ 307^{-0.2} \times 1.0 \times 1.0 \times 1.6 = 34.86(0.01\ \text{mm})$

第六节　其他沥青路面简介

一、沥青玛𤧛脂碎石（SMA）

为了克服日益严重的车辙，减少路面的磨耗，公路工作者对沥青混合料的配合比进行调整，增大粗集料的比例，添加纤维稳定剂，形成了 SMA（Stone Mastic Asphalt，简称 SMA）结构的雏形。1984 年，德国交通部门正式制定了一个 SMA 路面的设计及施工规范，SMA 路面结构形式基本得以完善。沥青玛𤧛脂碎石混合料是一种以沥青、矿粉及纤维稳定剂组成的沥青玛𤧛脂结合料，填充于间断级配的矿料骨架中所形成的沥青混合料。其组成特征主要包括两个方面：一是含量较多的粗集料互相嵌锁组成高稳定性（抗变形能力强）的结构骨架；二是细集料矿粉、沥青和纤维稳定剂组成的沥青玛𤧛脂将骨架胶结一起，并填充骨架空隙，使混合料有较好的柔性及耐久性 。SMA 的结构组成可概括为"三多一少，即：粗集料多、矿粉多、沥青多、细集料少"。

沥青玛𤧛脂碎石混合料是当前国际上公认（使用较多）的一种抗变形能力强，耐久性较好的沥青面层混合料。由于粗集料的良好嵌挤，混合料有非常好的高温抗车辙能力，同时由于沥青玛𤧛脂的黏结作用，低温变形性能和水稳定性也有较多的改善。添加纤维稳定剂，使沥青结合料保持高黏度，其摊铺和压实效果较好。间断级配在表面形成大孔隙，构造深度大，抗滑性能好。同时混合料的空隙又很小，耐老化性能及耐久性都很好，从而全面提高了沥青混合料的路面性能。适用于高速公路、一级公路作抗滑表层使用，其厚度在 3.5 ~4 cm。

二、多碎石沥青混凝土（SAC）

随着车流量的增大以及大量超载车辆的出现，我国传统的沥青混凝土面层（AC）受到严峻考验。如何使较大流量的车辆安全、舒适、高速地通行，这就要求沥青面层不但有较大的摩擦系数，而且有较深的表面构造深度。构造深度反映了路面表面的纹理深度，构造深度大，车辆高速行驶时轮隙下的路表水可迅速排出，防止水漂现象，是高速行车减低噪音和减少溅水影响司机视线的主要因素，它是路面抗滑性能的一项重要指标。近年来的研究成果表明：" 沥青面层的抗滑性能来源于面层结构的沥青混合料的配合比，主要由集料的粗细及级配形式决定。"

多碎石沥青混合料是采用较多的粗碎石形成骨架，沥青砂胶填充骨架中的孔隙并使骨架胶合在一起而形成的沥青混合料形式。具体组成为：粗集料含量 69% ~78%，矿粉 6% ~10%，油石比 5% 左右。几条高等公路的实践证明，多碎石沥青混凝土面层既能提供较深的表面构造，又具有传统Ⅰ型沥青混凝土那样的较小空隙及较小透水性，同时还具有Ⅱ型沥青混凝土较好的抗形变能力和表面构造深度。换言之，"多碎石沥青混凝土既同时具有传统Ⅰ型、Ⅱ型沥青混凝土的优点，又避免了两种传统沥青混凝土结构形式的不足，而且不增加工程造价”。自1988年沙庆林院士首次提出了多碎石沥青混凝土的理论以来，多碎石沥青混凝土已在我国1 000多km的高速公路上得到应用，收到良好效果。

三、大粒径沥青混凝土（LSAM）

通常所说的大粒径沥青混合料（Large-Stone Asphalt Mixes，简称LSAM）一般是指含有矿料的最大粒径在25～63 mm之间的热拌热铺沥青混合料，该类混合料是为重交通荷载而开发的，粗集料嵌锁成骨架，细集料填充空隙而构成密实型或骨架空隙型结构，以抵抗较大的永久变形。LSAM广泛应用于柔性基层，其上的细集料表面层在保证必需的铺筑厚度和压实性的前提下，应当尽可能减薄其厚度，以便最大限度地发挥LSAM的能力。LSAM的铺筑厚度一般为粒径的2.5倍，或者为最大公称粒径的3倍。当LSAM集料的最大粒径为38 mm时，路面厚度通常为9.6～10 cm；当LSAM集料的最大粒径为53 mm时，路面厚度通常为11～13 cm。

大量研究成果和实践证明：

（1）级配良好的LSAM粗级配可以发挥抵抗较大塑性变形的能力，不但具有良好的抗车辙功能，而且提高了铺筑路面的高温稳定性。特别对于低速、重车路段，需要的持荷时间较长时，设计良好的LSAM与传统沥青混凝土相比，显示出十分明显的抗永久变形的性能。

（2）大粒径集料的增多和矿粉用量的减少，使得在不减少沥青层厚度的前提下，节省沥青用量，且当工程量庞大时尤见成效，从而降低工程造价。

（3）若机械性能允许，可一次性摊铺较大的厚度，节省1～4倍的铺设时间，从而缩短施工工期。

（4）沥青层内部储温能力高，热量不易散失，利于寒冷季节施工，延长施工工期。

四、土工合成材料引入沥青混凝土路面

日益增长的经济建设对道路交通提出了越来越高的要求，目前沥青混凝土路面存在两大突出问题：一是耐久性差；二是路面的早期破坏严重。围绕减少道路病害，提高道路寿命的研究已引起广泛重视。土工合成材料是以人工合成的聚合物为原料制成的各种类型产品，主要有无纺土工布（非织造针刺土工织物）、编织土工布（织造土工织物）、土工网、土工格栅、土工膜、排水带等、玻璃纤维网（玻纤格栅）、多功能土工格栅等。

在面层下部或底面采用适合的土工合成材料，既可提高面层的抗裂、防渗性能，还可以提高基层或路基的承载能力；不仅能够在不增加施工难度的前提下相对节省造价，而且将有效延长维修周期，减轻破损程度。

《公路土工合成材料应用技术规范》（JTJ/T019—98）规定，为了减少或延缓新建道路基层（因干缩作用）或旧路面（各种拉应力作用）已有裂缝向上新铺面层反射，可以选用非织造针刺土工织物、玻璃纤维网。这两类土工合成材料对提高面层的耐久性、防止早期破坏都有不可替代的作用，不能仅将其看成一种短期、临时、紧急抢救的被动工程措施。如果路基和基层的实际承载能力不能满足轮轴荷载和交通量的要求而需要补强也可采用适合的土工合成材料统一解决，可考虑采用高强轻质塑料单、双向土工格栅等。如果路基和

基层同时存在有渗水、翻浆、沉陷等病害，也可采用相应的加筋复合土工膜解决，以达到防渗、排水、加筋、隔离等要求。把土工合成材料引入沥青混凝土路面不仅能达到公路实际设计要求的使用寿命，还可以同时达到延长维修期的目的，这在经济效果上将更显优越。

五、RCC－AC 复合式路面

沥青路面作为一种高级路面被广泛应用于公路与城市道路，但沥青价格的不断上涨，使沥青路面投资增加，直接影响了公路的可持续发展。因此，在水泥混凝土路面上加铺沥青层，即修筑水泥混凝土与沥青混凝土复合式路面结构，不仅可减少沥青用量（与柔性路面相比），而且可弥补刚性路面的不足。由垫层、基层、碾压水泥混凝土板及板上沥青混凝土层所组成的路面称为 RCC－AC 复合式路面。RCC 厚度由公路等级、交通级别、轴载累计作用次数和自然因素等通过计算确定，一般为 22～26 cm，最小厚度为 20 cm。AC 层的厚度应根据其功能来决定。根据长安大学王秉纲、胡长顺等的课题试验路研究结论，建议 AC 层厚度为：高速公路、一级公路不小于 5 cm；二级公路不小于 4 cm；三、四级公路不小于 3 cm。

RCC 是一种含水率低，通过振动碾压施工工艺达到的高密度、高强度的水泥混凝土。其特干硬性的材料特点和碾压成型的施工工艺特点，使碾压混凝土路面具有节约水泥、收缩小、施工速度快、强度高、开放交通早等技术经济上的优势。但 RCC 路面平整度差，难以形成粗糙面，在汽车高速行驶时抗滑性能下降较快。修筑 RCC－AC 复合式路面，能有效解决 RCC 的平整度、抗滑性、耐磨性等三方面的不足。RCC－AC 复合式路面结构层中，沥青混凝土层在一定厚度范围内可改善行车的舒适性。另外，随着沥青混凝土厚度的增加，下层 RCC 板的平整度可适当放宽，这样也便于不同类型 RCC 路面的施工，同时，这种新型路面结构对下层的 RCC 材料要求也可以适当放宽，如可掺入适量粉煤灰或用低标号水泥、地方非规格集料等材料，并可不考虑其抗滑、耐磨性能，从而降低工程造价。RCC－AC 复合式路面结构中，沥青层可大大缓和行车对路面板的冲击，在设计上可使板厚减薄，而且只要在结构设计上处理好接缝问题，就能减少以往路面板接缝处板下冲蚀、唧泥、脱空甚至断裂、错台等病害。RCC－AC 复合式路面结构，刚中有柔，以刚为主，大大改善路面的使用性能，无论从经济、技术还是从使用性能等方面都优于单一柔性或刚性路面结构，随着研究的不断深入和施工技术的进一步完善，这种路面结构将成为我国重要的公路路面结构形式。

六、再生沥青混凝土（RAP）

随着中心城市不断的发展，建筑垃圾所带来的环境问题也越来越严重。如何将建筑垃圾进行资源化利用，就变得越来越重要。在这些材料中，最重要且使用量最大的当数混凝土。第二次世界大战之后，苏联、日本、德国等国家重建家园，就注意到废弃混凝土的问题并开始再生混凝土的研究开发与利用。如今，再生混凝土已经成为发达国家共同的研究课题了，有些国家还以立法的形式来保证和促进其研究的进行。旧建筑物或结构物解体的混凝土经破碎分级成为粗细集料，用以代替混凝土中部分砂石配制成的混凝土称做再生混凝土，亦称做再生集料混凝土。再生混凝土以废弃混凝土作为集料与天然集料相比强度低，吸水率大，表面粗糙率大。

再生混凝土与天然集料混凝土相比,其抗拉强度、抗压强度和坍落度都比较低,但如果在其配制过程中加入微细硅粉和高效减水剂,则以上性能就会有较大幅度的提高,接近甚至超出天然混凝土的性能。再生沥青混凝土可作为面层的上层和下层材料使用。在修筑沥青混凝土路面时,在旧沥青混凝土中加入一定数量的矿料、结合料和再生剂,可把它当做主要材料使用,也可作为新混合料的添加剂使用。如果旧沥青混凝土可作为路面基层材料使用,此时一般不作再生处理。再生旧沥青混凝土的主要目的是在技术上能正确地把它作为二次原料使用,即作为修筑路面和面层材料的辅助来源。

七、冷铺超薄复合改性沥青混凝土路面

稀浆封层产生于20世纪30年代的德国,它最初是将细砂、矿料、黏土组成的混合料与水分及直馏沥青充分拌和后摊铺于普通公路路面上。20世纪80年代后期引入我国,现在的改性稀浆封层,是在制备乳化沥青时加入聚合物弹性体和添加剂,制成改性的慢裂快凝乳化沥青,在常温状态下,按设计的原材料配合比拌和后,摊铺于路面上。冷铺超薄复合改性沥青混凝土路面技术,是一种集沥青混凝土和稀浆封层技术优点为一体的新型路面结构形式。

与其他普通沥青路面相比,这项新技术在加工材料和运作程序上都做了改进,除了可以满足交通量大、重载负荷的交通行车要求以及施工简便、平整度好外;它的黏结性能也得以提高,通过拌和以后,沥青浆渗透到旧路面下,新老路面黏结性能比较好,避免因行车而发生推移;采用沥青混凝土配合比增加矿粉用料,结构层密实度高,避免雨水渗透,防水性好。这项技术的应用,既可增强路面的低温变形能力和高温稳定性,又可延长道路使用寿命,并且其造价只有沥青混凝土路面的10%。

本章小结

沥青路面是应用最广泛的一种路面形式,已经有比较成熟的设计理论可供参考。在设计时要严格遵守设计原则,不同地区要根据不同的分类和特点,有针对性地进行设计。在选择设计参数时,应先行论证,在合理、经济、可靠的条件下选用,要重视路面结构的设计,这是设计成功与否的关键,要适时掌握和应用新理论、新方法和新工艺。

复习思考题

9-1　简述沥青路面的基本特性和面层的分类。

9-2　什么是标准轴载?轴载换算的基本原则是什么?

9-3　沥青路面的破坏分几种类型?病害的表现有哪些形式?并说明其原因。

9-4　沥青路面结构层组合时应遵循的基本原则有哪些?

9-5　结构层的组合设计应按什么原则进行?如何考虑防冻的要求?

9-6　完成一个路面结构组合设计方案应包括哪些内容?试对学习所在地的一些常用路面结构进行评述。

本章课程设计

一、设计目的

运用所学的知识，在教师指导下，独立地进行沥青路面的设计工作，以培养和提高对路面结构的设计计算能力，掌握路面设计的基本方法和步骤。通过课程设计，应达到以下目的：

(1)进一步加深对所学基本理论知识的理解和掌握，完善理论和实践的衔接；

(2)熟悉路基路面设计的基本内容和程序，了解和熟悉现行的国家行业"标准"和"规范"；

(3)学会收集及查找相关资料的方法和途径；

(4)培养运用所学知识分析问题、解决问题的能力；

(5)养成严谨求实的工作作风。

二、设计资料

某高速公路的沥青路面结构计算。

(一)设计任务要求

某公路设计等级为高速公路，设计基准年为2006年，设计使用年限为15年，拟采用沥青路面结构，需进行路面结构设计。

(二)气象资料

该公路处于II_5区，属于温带大陆性季风气候，气候温和，四季分明。年平均气温在14～14.5 ℃，1月份气温最低，月平均气温为－0.2～0.4 ℃，7月份气温27 ℃左右，历史最高气温为40.5 ℃，历史最低气温为－17 ℃，年平均降水量为525.4～658.4 mm，雨水多集中在6～9月份，约占全年降雨量50%以上。平均初霜日在11月上旬，终霜日在次年3月中下旬，年均无霜日为220～266 d。地面最大冻土深度为20 cm，夏季多东南风，冬季多西北风，年平均风速在3.0 m/s。

(三)地质资料与筑路材料

路线位于平原微丘区，调查及勘探中发现，该地区主要分布于低山丘陵区，坡地前和山前冲积、倾斜平原表层，具有大空隙，垂直裂隙发育，厚度变化大，承载能力低，该层具轻微湿陷性，应注意发生不均匀沉陷的可能。未发现有影响工程稳定的其他不良工程地质现象。当地沿线碎石产量丰富，石料质量良好，可考虑用水泥稳定石屑作基层，路段所处的土基强弱悬殊，其计算回弹模量E_0，有两个代表值分别为30 MPa和60 MPa。沿线有多个石灰厂，石灰产量大、质量好。另外，附近发电厂粉煤灰储量极为丰富，可用于本项目建设。本项目所在地域较缺乏砂砾。

(四)交通资料

根据工程可行性研究报告得知近期交通组成与交通量如表9-13所示，交通量年增长率如表9-14所示。

9-13 近期交通组成与交通量

车型	交通量(辆/d)	车型	交通量(辆/d)
三菱 FR415	380	江淮 HF150	510
五十铃 NPR595G	430	东风 SP9135B	410
江淮 HF140A	510	五十铃 EXR181L	520
东风 M340	490		

9-14 交通量年增长率

期限	增长率(%)
2007~2011 年	9.0
2012~2016 年	7.5
2017~2021 年	5.5

三、设计依据

高速公路全线按六车道高速公路标准设计行车道、路缘带、中间带、硬路肩和土路肩。路基宽度为35.0 m,双向三车道2×3×3.75 m,中间分隔带宽度为3.0 m,左侧路缘带宽为0.75 m,右侧硬路肩总宽为3.25 m,土路肩宽为0.75 m。计算行车速度为100 km/h,全线全封闭全立交。

四、设计方法与设计内容

要求根据以上设计资料,首先确定路面的类型,然后拟定至少两个方案进行比选,对沥青路面计算确定路面的各层厚度,并验算层底弯拉应力指标,路面材料的设计参数详见教材和相关规范设计手册。本着因地制宜、就地取材的原则,选择合理的路基横断面形式和边坡坡度,并采取有效的防护措施,确保路基的强度和稳定。本次设计最小填土高度为1.50 m,填土高度平均为2.50 m。

设计内容:

(1)设计计算书(包括轴载换算、设计弯沉值);

(2)路面结构方案图。

五、设计要求

在规定的设计时间内认真、独立地完成课程设计,提交真实的设计成果。

第十章　水泥混凝土路面设计

本章学习重点

混凝土路面的构造和混凝土路面板厚度的设计方法。

第一节　概　述

水泥混凝土路面是指以水泥混凝土板作为面层,下设基层、垫层所组成的路面结构,又称刚性路面。水泥混凝土路面包括普通混凝土路面、钢筋混凝土路面、连续配筋混凝土路面、钢纤维混凝土路面、碾压混凝土路面等。在公路和城市道路中,我国采用最广泛的是现场浇筑的普通混凝土路面,这类混凝土路面除接缝区和局部范围(边缘或角隅)外,不配置钢筋,亦称素混凝土路面,本章主要介绍这一种路面。

一、水泥混凝土路面的特性

(一)力学特性

作为刚性路面的水泥混凝土路面,同柔性路面相比,有自己的特点:由于混凝土的抗弯拉强度比抗压强度低得多(为抗压强度的1/7～1/6),在车轮荷载的作用下当弯拉应力超过混凝土的极限抗弯拉强度时,混凝土板便产生断裂破坏。而且在车轮荷载的重复作用下,混凝土板会在低于极限抗弯拉强度时出现破坏。

(二)温度变化特性

混凝土随温度、湿度的变化而发生变形,导致混凝土路面板产生收缩、膨胀或翘曲。如果板的尺寸过大,这些变形会受到约束,使板内产生较大的应力,而出现开裂、拱胀,甚至断裂等破坏。为减少温度、湿度影响产生的应力,防止出现不规则的裂缝,混凝土路面(除连续配筋混凝土路面外)需要在纵、横两个方向设置接缝,将板体划分成一定尺寸的矩形板。

(三)变形特性

水泥混凝土是一种脆性材料,它在断裂时的相对拉伸变形很小,因此在荷载作用下土基和基层的变形情况对混凝土板的影响很大,不均匀的基础变形会使混凝土板与基层脱空,在车轮荷载作用下板产生过大的弯拉应力而遭破坏。

因此,混凝土面板必须具有足够的抗弯拉强度和厚度,才能满足车轮荷载的多次重复作用。

二、水泥混凝土路面的优点

与其他类型路面相比混凝土路面具有以下优点:

(1)强度高。混凝土路面具有很高的抗压强度和较高的抗弯拉强度以及抗磨耗能力。

(2)稳定性好。混凝土路面受到水的浸入和温度的变化等自然因素的影响时,引起的强度变化很小,不存在沥青路面的老化现象。

(3)耐久性好。由于混凝土路面强度和稳定性好,因此经久耐用,一般使用年限为20~40年。

(4)日常养护量小。与沥青路面相比,水泥混凝土路面的日常养护工作量和养护费用均较少。

三、水泥混凝土路面的缺点

(1)水泥和水的用量大。修筑厚度为200 mm、宽度为7 m的混凝土路面,每1 000 m耗费水泥400~500 t和水约250 t(还不包括养生用水在内)。

(2)损坏后难以修复。水泥混凝土路面损坏后,开挖很困难,修补工作量大,对交通影响较大。

(3)有接缝。水泥混凝土路面的横向及纵向接缝,不但影响行车舒适性,容易引起跳车,而且接缝是路面的薄弱部位,接缝的损坏会导致路面板边和板角处的破坏。

(4)开放交通迟。一般混凝土路面完工后,要经过28 d的湿治养生,才能开放交通,如需提早开放交通,则需采取特殊措施。

第二节 普通混凝土路面的构造

水泥混凝土路面结构,由面层、基层、垫层、路基(路床)、路肩结构和内部排水设施等部分组成,如图10-1所示。

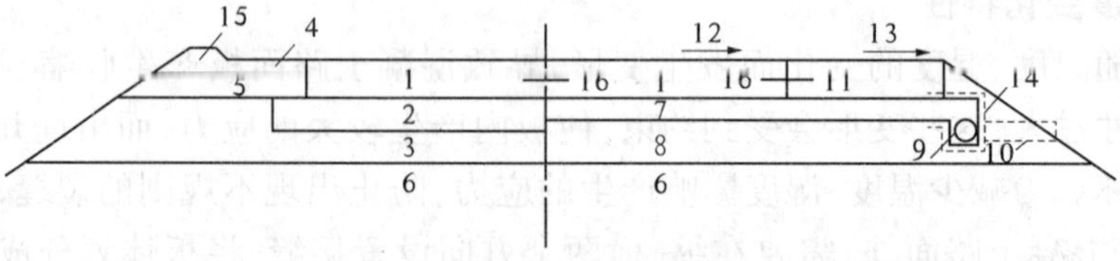

图10-1 水泥混凝土路面结构

1—面层;2—基层;3—垫层;4—沥青路肩面层;5—路肩基层;6—路床;7—排水基层;
8—不透水基层(或反滤层);9—纵向集水沟和集水管;10—横向排水管;
11—混凝土路肩面层;12—路面横坡;13—路肩横坡;14—反滤织物;
15—拦水带;16—拉杆

一、面层

水泥混凝土面层直接承受行车荷载和环境(温度和湿度)因素的作用,因此水泥混凝土面层应具有足够的强度、耐久性、表面抗滑和耐磨能力、平整度。

水泥混凝土面层的厚度,一般在180~300 mm范围内,视轴载大小和作用次数以及混凝土强度而定,表10-1为普通水泥混凝土面层厚度参考范围,通常采用等厚断面。混凝土面层的弯拉强度在4.0~5.0 MPa范围内。面层由横向和纵向接缝划分为矩形板块，如图10-2所示，其平面尺寸通常不超过25 m^2。纵缝的位置通常按车道宽度设定，缝内设拉杆。横缝间距一般采用4~6 m，当交通繁重时，缝内设传力杆。混凝土路面板通常采用整层浇筑，面层较厚时，也可分为两层（双层）浇筑。

表10-1 普通水泥混凝土面层厚度参考范围

<table>
<tr><th>交通等级</th><th>公路等级</th><th>变异水平等级</th><th>面层厚度(mm)</th></tr>
<tr><td rowspan="4">特重</td><td>高速</td><td>低</td><td>≥260</td></tr>
<tr><td rowspan="2">一级</td><td>中</td><td>≥250</td></tr>
<tr><td>低</td><td rowspan="2">≥240</td></tr>
<tr><td>二级</td><td>中</td></tr>
<tr><td rowspan="4">重</td><td>高速</td><td>低</td><td>240~270</td></tr>
<tr><td rowspan="2">一级</td><td>中</td><td>230~260</td></tr>
<tr><td>低</td><td rowspan="2">220~250</td></tr>
<tr><td>二级</td><td>中</td></tr>
<tr><td rowspan="4">中等</td><td rowspan="2">二级</td><td>高</td><td>210~240</td></tr>
<tr><td>中</td><td rowspan="2">200~230</td></tr>
<tr><td rowspan="2">三、四级</td><td>高</td></tr>
<tr><td>中</td><td>200~220</td></tr>
<tr><td rowspan="2">轻</td><td rowspan="2">三、四级</td><td>高</td><td>≤230</td></tr>
<tr><td>中</td><td>≤210</td></tr>
</table>

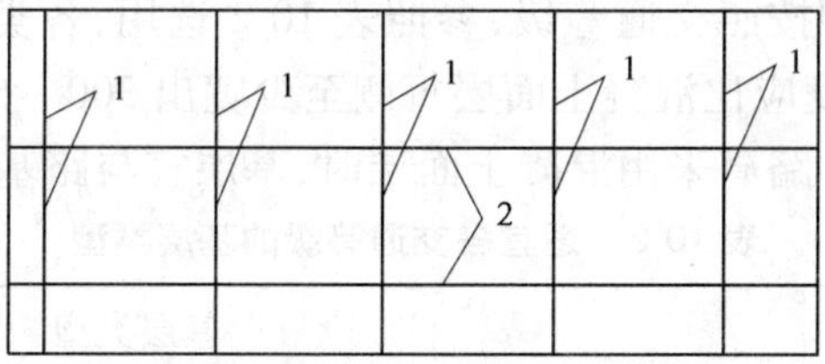

图10-2 混凝土板的分块与接缝

1—横缝；2—纵缝

二、基层

由于混凝土面层的刚度大，路面结构的承载能力主要由混凝土面层提供，因此对基层的强度要求不高。混凝土面层下设置基层的目的是：

（1）防唧泥。混凝土面层如直接放在路基上，会由于路基上塑性变形量大、细料含量多和抗冲刷能力低而极易产生唧泥现象。铺设基层后，可减轻甚至消除唧泥的产生。但未经处治的砂砾基层，其细料含量和塑性指数不能太高，否则仍会产生唧泥。

（2）防冰冻。在季节性冰冻地区，用对冰冻不敏感的粒状多孔材料铺筑基层，可以减少路基冰冻的危害作用。

（3）减小路基顶面的压应力，并缓和路基不均匀变形对面层的影响。

(4)防水。在湿软土基上,铺筑开级配粒料基层,可以排除从路表面渗入面层板下的水分以及隔断地下毛细水上升,如图 10-3 所示。

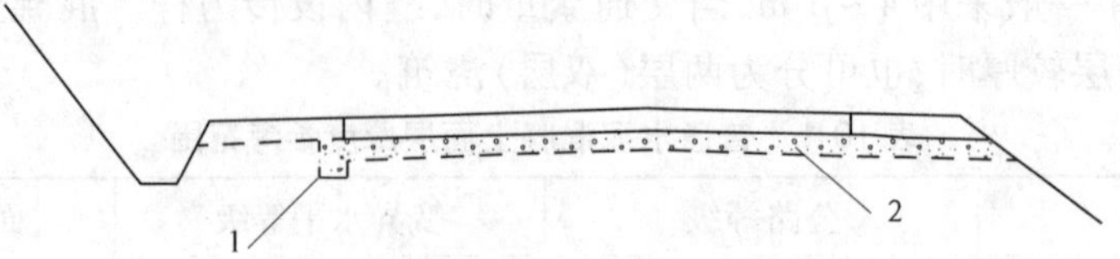

图 10-3　兼起排水作用的粒料基层

1—盲沟;2—通过路肩的基层

(5)为面层施工(如立侧模,运送混凝土混合料等)提供方便。

(6)提高路面结构的承载能力,延长路面的使用寿命。

因此,除土基本身是良好级配的砂砾类土,而且是良好排水条件的轻交通道路之外,都应设置基层。同时,基层应具有足够的强度和稳定性,且断面正确,表面平整。理论计算和实践都已证明,采用整体性好(具有较高的弹性模量,如贫混凝土、沥青混凝土、水泥稳定碎石、石灰粉煤灰稳定碎石、级配碎石等)的材料修筑基层,可以确保混凝土路面良好的使用特性和延长路面的使用寿命。因为如果基层出现较大的塑性变形累积(主要在接缝附近),面层将与之脱空,支撑条件恶化,从而增加板的应力;同时,若基层材料中含有过多的细料,还将促使唧泥和错台等病害产生。

基层可以选用粒料、石灰粉煤灰稳定粒料、水泥稳定粒料、碾压混凝土或贫混凝土和沥青稳定粒料。基层类型按照交通等级,参照表 10-2 选用,各类基层厚度的适宜范围如表 10-3 所示。基层的宽度应比混凝土面层每侧至少宽出 300 ~ 650 mm,以满足立模和摊铺机械施工操作的要求。路肩采用混凝土面层时,基层宜与路基同宽。

表 10-2　适宜各交通等级的基层类型

交通等级	基层类型
特重	贫混凝土、碾压混凝土或沥青混凝土基层
重交通	水泥稳定粒料或沥青稳定碎石基层
中等或轻交通	水泥稳定粒料、石灰粉煤灰稳定粒料或级配粒料基层

表 10-3　各类基层厚度的适宜范围

基层类型	厚度的范围(mm)
贫混凝土或碾压混凝土基层	120 ~ 200
水泥或石灰粉煤灰稳定粒料基层	150 ~ 250
沥青混凝土基层	40 ~ 60
沥青稳定碎石基层	80 ~ 100
级配粒料基层	150 ~ 200
多孔隙水泥稳定碎石排水基层	100 ~ 140
沥青稳定碎石排水基层	80 ~ 100

三、垫层

垫层主要设置在温度和湿度状况不良的路段上，以减轻路基不均匀变形对路面结构的影响。通常在下述情况下，需在基层下设置垫层：

（1）季节性冰冻地区，为防止或减轻路基不均匀冻胀对混凝土面层的不利影响，当路面总厚度小于最小防冻厚度要求时，其差值应以垫层厚度补足，最小防冻厚度如表 10-4 所示。

表 10-4　水泥混凝土路面最小防冻厚度　（单位：m）

路基干湿类型	路基土质	当地最大冰冻深度			
		0.50～1.00	1.01～1.50	1.51～2.00	>2.00
中湿路基	低、中、高液限黏土	0.30～0.50	0.40～0.60	0.50～0.70	0.60～0.95
	粉土，粉质低、中液限黏土	0.40～0.60	0.50～0.70	0.60～0.85	0.70～1.10
潮湿路基	低、中、高液限黏土	0.40～0.60	0.50～0.70	0.60～0.90	0.75～1.20
	粉土，粉质低、中液限黏土	0.45～0.70	0.55～0.80	0.70～1.00	0.80～1.30

注：1. 冰冻深度小或填方路段，或者基层、垫层为隔温性能良好的材料，可采用低值；冰冻深度大或挖方及地下水位高的路段，或者基、垫层为隔温性能稍差的材料，应采用高值。

2. 冰冻深度小于 0.5 m 地区，一般不考虑结构层的防冻厚度。

（2）水文地质条件不良的土质路堑，路床土湿度较大时，可设置排水垫层，以疏干路床土。

（3）路基可能产生不均匀沉降或不均匀变形时，可加设半刚性垫层，以缓解不均匀沉降或变形对混凝土面层的影响。

防冻和排水垫层材料可选用砂、砂砾等颗粒材料；半刚性垫层可采用无机结合料稳定粒料或土。垫层最小厚度为 150 mm，宽度与路基同宽。

四、路基

通过混凝土路面结构传到土基顶面的荷载应力很小，一般不超过 0.07 MPa，但路基出现不均匀变形时，会使混凝土面板在荷载作用下产生过大的弯拉应力，从而导致混凝土面板的断裂。因此，路基应稳定、密实、均质，不均匀变形小，为混凝土路面结构提供均匀的支撑。为控制路基的不均匀变形，通常需在地基、填料、压实等方面采取相应的措施。

（1）对软弱地基可采用各种排水固结或强夯压实等措施进行加固处理，以减少工后沉降量和不均匀沉降量；局部路段路基土质不良或含水量过高时，可全部或部分挖除软土层，然后换好土分层回填，换土厚度不宜小于 80 cm；路基土的含水量较大时，可采用无机结合料对土基进行稳定处理，砂性土用水泥进行稳定处理效果较好，粉质土和黏质土用石灰或磨细生石灰进行稳定处理效果较佳。

（2）选用优质填料，如粗粒土、不易冻胀土等，合理安排填筑顺序：土质较差的细粒土填在下层，上层用优质填料，以避免或减轻冻胀和收缩引起的不均匀变形。

(3)严格控制路基压实度,使其达到公路路基设计、施工规范的要求。

(4)在地下水位较高时,尽可能提高路基设计标高和加深边沟,以增加路床顶面离地下水位的距离;设置地下排水设施,拦截浅水层中流向路基的渗流水,或降低地下水位。

五、路肩

路肩铺面结构应具有一定的承载能力,其结构层组合和材料的选用应与行车道路面相协调,并保证进入路面结构中的水的排除。路肩的面层可以采用水泥混凝土或沥青混合料。

水泥混凝土路肩面层的厚度通常采用与行车道面层等厚,其基层宜与行车道基层相同,路肩面层混凝土的组成和强度要求也与行车道面层相同。路肩面层板采用与路面面板相同的横缝间距,行车道面层内的横缝设置传力杆时,路肩面层内也相应设置传力杆,但间距可大些(如500~750 mm);混凝土路肩与行车道面层间的纵向接缝,可采用平缝或企口缝形式,并通过拉杆与路面面层相连接,以防止路肩面板外移而使纵缝缝隙张开。

六、路面排水

混凝土路面表面的水,通过行车道路面和路肩的横坡向两侧排流。行车道路面设置双向或单向横坡,坡度为1%~2%,路肩的横坡比路面的横坡值大1%~2%。

通过混凝土面层接缝和裂缝渗入路面结构内部的自由水,可通过设置路面边缘或排水基层排水系统,将其排向路基以外。路面边缘排水系统是在路面边缘设置纵向集水沟和管,并间隔一定距离设置横向排水管。集水沟采用透水性材料,汇集路面、基层和路肩界面处的渗入水,并渗流入集水管,而后通过横向排水管排出路基,如图10-4所示。排水基层排水系统是在面层下设置由透水性材料修筑的基层,并在基层边缘设置纵向集水沟和集水管,汇集排水基层内渗流水,通过横向排水管排出路基,如图10-1中所示右侧断面。排水基层下需设置反滤层或不透水层,以避免路基土进入而引起堵塞。

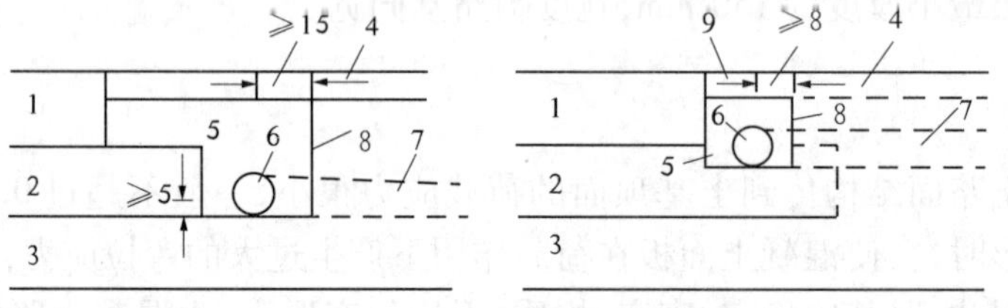

(a)新建路面边缘排水系统　　(b)改建路面边缘排水系统

图10-4　路面边缘排水系统　(单位:cm)

1—混凝土面层;2—基层;3—垫层;4—路肩面层;5—纵向集水沟;
6—纵向集水管;7—横向排水管;8—路肩基(垫)层;9—反滤织物

七、接缝构造

接缝是混凝土路面板的重要构造部位,也是容易产生病害的薄弱部位。混凝土路面既要设置接缝,又要尽量减少接缝数量,并且从接缝构造上保持两侧面板的整体性,以提高传荷能力，保证混凝土面板下路基与基层的正常工作条件。混凝土路面的接缝按照几何部位，分为横向接缝和纵向接缝。纵缝平行于行车方向，横缝一般垂直于纵缝，且纵缝两侧的横缝不得互相错位。

(一)横向接缝

横向接缝按照作用的不同分为横向缩缝、横向胀缝和横向施工缝。

1. 横向缩缝

横向缩缝是为了减小混凝土路面板由于伸缩和翘曲变形受到约束所产生的应力而设置的，从而避免混凝土板产生不规则裂缝。

1)横向缩缝构造

横向缩缝一般采用假缝形式，包括设传力杆假缝型和不设传力杆假缝型，其构造如图10-5(a)、(b)所示。假缝上部的槽口，深度为面层厚度的1/4～1/5，宽度为3～8 mm，一般在混凝土浇筑后，达到一定抗压强度时，用切缝机切割，或在混凝土浇筑时振入嵌缝条而形成。缝内填灌缝料，如沥青玛蹄脂、乳化沥青等。高速公路的横向缩缝槽口增设深20 mm、宽6～10 mm的浅槽口，其构造如图10-5(c)所示。

2)缩缝布置

缩缝间距大小直接影响板内温度应力、接缝缝隙宽度和接缝传荷能力。一般取4～6 m(即板长)。板越厚、基层顶面的回弹模量越小，横缝间距可取大值。

2. 横向胀缝

胀缝是为保证混凝土路面板在温度升高时能部分伸张，从而避免路面板在温度较高时，产生拱胀和折断破坏。胀缝具有其他接缝的所有功能，但设置和维护困难，应尽量少设。

1)胀缝构造

胀缝构造如图10-6所示。胀缝处混凝土板完全断开，缝壁垂直，缝宽20 mm，下部设弹性材料填缝板，上部填灌缝料，板厚中央设滑动传力杆。

2)胀缝布置

胀缝应尽量少设或不设；但在邻近桥梁或其他固定构造物处或与其他道路相交处应设置胀缝。

3. 横向施工缝

混凝土路面每天完工或因下雨、机械故障等不能继续施工时，需设置施工缝，其位置最好设在胀、缩缝处。设在缩缝处的施工缝，采用设传力杆平缝型，其构造如图10-7(a)所示；设在胀缝处的施工缝，其构造与胀缝相同；设在缩缝之间的施工缝，采用设拉杆企口缝型，其构造如图10-7(b)所示。

(二)纵缝

1. 纵向施工缝

一次铺筑宽度小于路面宽度时，设置纵向施工缝。纵向施工缝采用平缝形式，上部锯切槽口，深度为30～40 mm，宽度为3～8 mm，槽内灌塞填缝料，板厚中央设拉杆，不仅防止接缝错开，也具有传递荷载的能力。其构造如图10-8(a)所示。

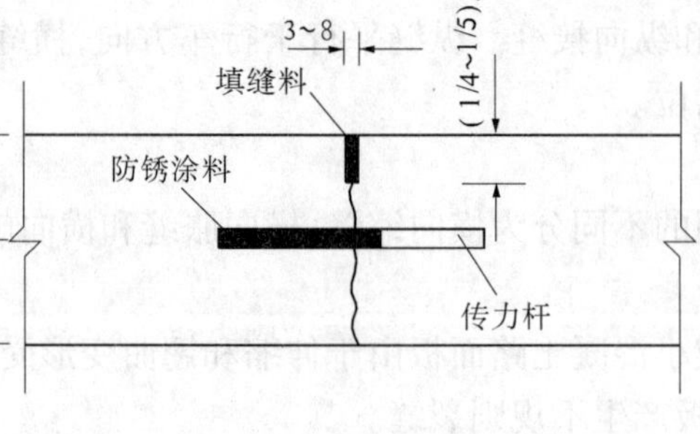

(a) 设传力杆缩缝

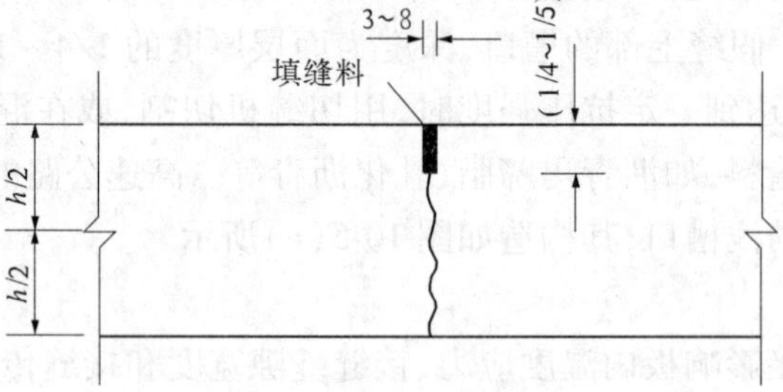

(b) 不设传力杆缩缝

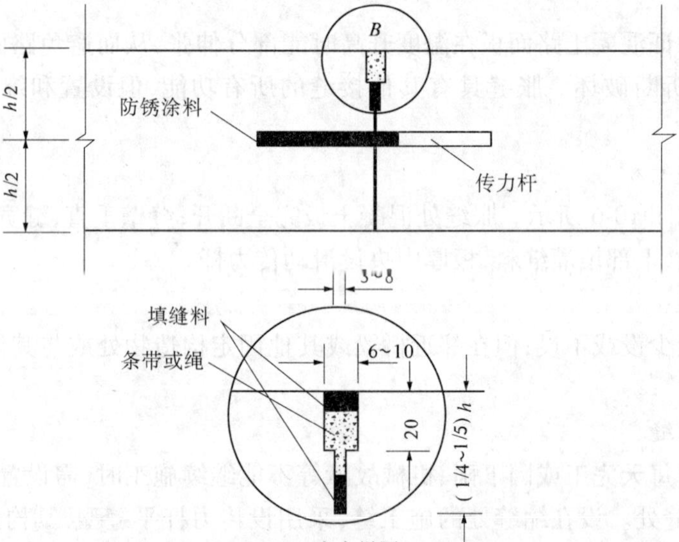

(c) 横向缩缝构造

图 10-5　横向缩缝构造　(单位:mm)

2. 纵向缩缝

一次铺筑宽度大于路面宽度时,设置纵向缩缝。纵向缩缝采用假缝形式,上部锯切槽口的深度大于施工缝的槽口深度。其构造如图 10-8(b)所示。

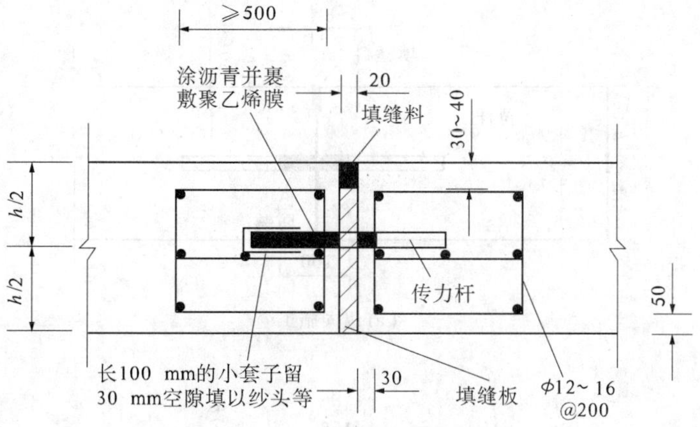

图 10-6　胀缝构造（单位:mm）

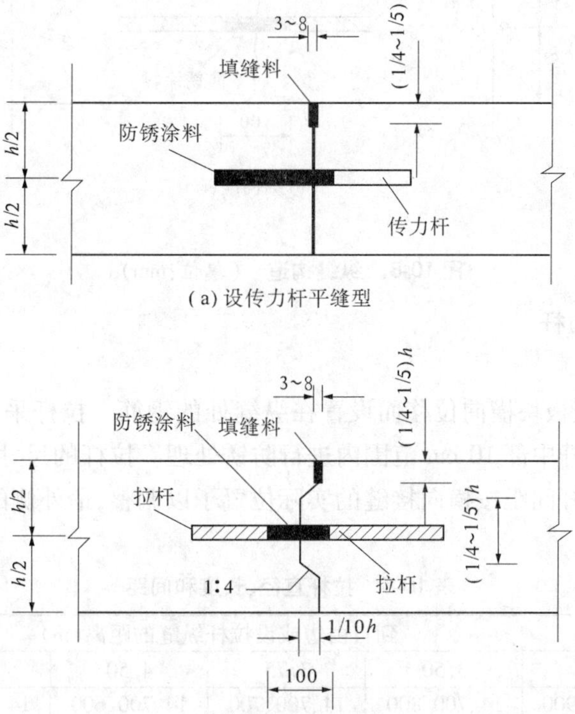

图 10-7　横向施工缝构造（单位:mm）

3. 纵缝布置

纵缝间距通常按车道宽度确定。但带有路缘带的高速公路和一级公路,板宽可按车道和路缘带的宽度确定。路面宽为 9 m 的二级公路,板宽可按路面宽的一半(4.5 m)确定。由于板块过宽易产生纵向断裂,特别是在旧路加宽或半填半挖的路段上,一般不超过 4.5 m。

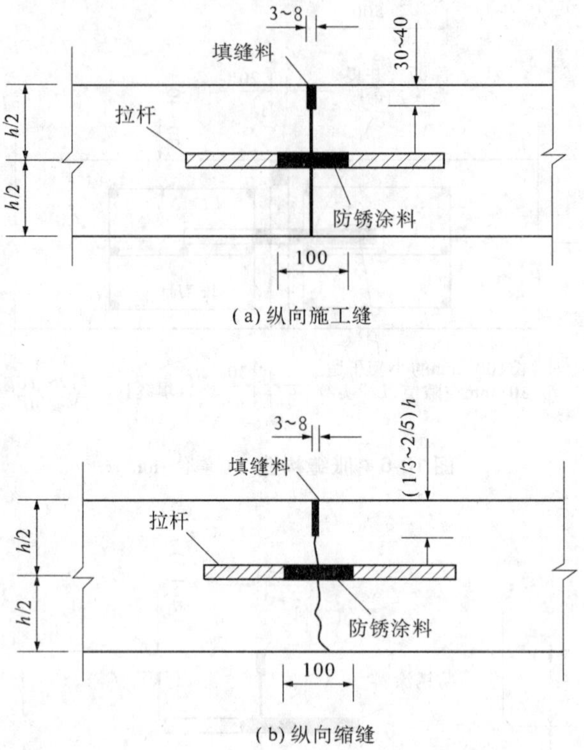

图 10-8　纵缝构造　(单位:mm)

(三)拉杆和传力杆

1.拉杆

拉杆是为了防止板块横向位移而设置在纵缝处的钢筋。拉杆采用螺纹钢筋,设在板厚的中央,并应对拉杆中部 10 cm 范围内进行防锈处理。拉杆的尺寸和间距按表 10-5 选用。施工布设时,拉杆间距按横向接缝的实际位置予以调整,最外侧的拉杆距横向接缝的距离不小于 100 mm。

表 10-5　拉杆直径、长度和间距　(单位:mm)

面层厚度	到自由边或设拉杆纵缝的距离(m)					
(mm)	3.0	3.50	3.75	4.50	6.0	7.50
200~250	14、700、900	14、700、800	14、700、700	14、700、600	14、700、500	14、700、400
260~300	16、800、900	16、700、800	16、700、700	16、700、600	16、700、500	16、700、400

2.传力杆

传力杆的设置目的是为了保证接缝的传荷能力和路面的平整度,防止错台等病害的产生。

传力杆主要用于横向接缝,采用光面钢筋。对胀缝或缩缝,传力杆均采用相同的间距和尺寸,其尺寸和间距按表 10-6 选用,对设在缩缝处的传力杆,其长度的一半再加50 mm,

应涂以沥青或加塑料套，涂沥青端宜在相邻板中交错布置；对设在胀缝处的传力杆，尚应在涂沥青一端加一套子，内留 30 mm 的空隙，填以纱头或泡沫塑料。套子端在相邻板中交错布置。其最外侧的传力杆距纵向接缝或自由边的距离一般为 150 ~ 250 mm。

表 10-6　传力杆尺寸和间距　（单位：mm）

面层厚度	传力杆直径	传力杆最小长度	传力杆最大间距
220	28	400	300
240	30	400	300
260	32	450	300
280	35	450	300
300	38	500	300

（四）接缝填缝材料

1. 胀缝接缝板

胀缝接缝板应选用能适应混凝土板膨胀收缩、施工时不变形、复原率高和耐久性好的材料。高速公路和一级公路选用泡沫橡胶板、沥青纤维板；其他等级公路选用木材类或纤维类板。

2. 填缝料

填缝料应选用与混凝土接缝槽壁黏结力强、回弹性好、适应混凝土板收缩、不溶于水、不渗水、高温时不流淌、低温时不脆裂、耐老化的材料。常用的填缝料有乳化沥青类、聚氯乙烯胶泥、沥青玛琋脂、沥青橡胶类等。

八、特殊部位混凝土路面的构造

混凝土路面与沥青路面等相接部位与一般路段有所不同。在这些部位由于混凝土路面与沥青路面有沉降差异，易产生错台等病害，往往发生跳车现象，严重影响行车速度和舒适性以及路面的使用寿命。防治的原则：一是减少这些部位的基础竣工后的沉降量；二是加强和提高路面整体的耐久性。

（一）混凝土路面与沥青路面相接

混凝土路面与沥青路面相接时，其间应设置至少 3 m 长的过渡段。过渡段的路面采用两种路面呈阶梯状叠合布置，其下面铺设的变厚度混凝土过渡段板的厚度不小于 200 mm，如图 10-9 所示。过渡板与混凝土面层相接处的接缝内设置直径为 25 mm、长为 700 mm、间距为 400 mm 的拉杆。混凝土面层毗邻该接缝的 1 ~ 2 条横向接缝设置胀缝。

（二）补强钢筋

混凝土面板纵、横自由边边缘下的基础，当有可能产生较大的变形时，宜在板边缘加设补强钢筋，角隅处加设发针形钢筋或钢筋网。

1. 板边补强

混凝土面板边缘部分的补强，一般选用 2 根直径为 12 ~ 16 mm 的螺纹钢筋，布设在板的下部，距板底一般为板厚的 1/4，并不应小于 50 mm，间距为 100 mm，钢筋保护层的最小厚度不应小于 50 mm,钢筋两端向上弯起,如图 10-10 所示。

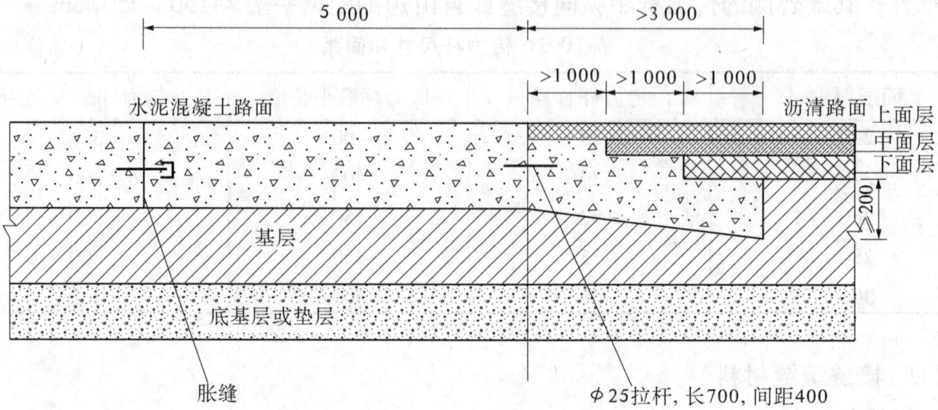

图 10-9　混凝土路面与沥青路面相接段的构造布置　(单位:mm)

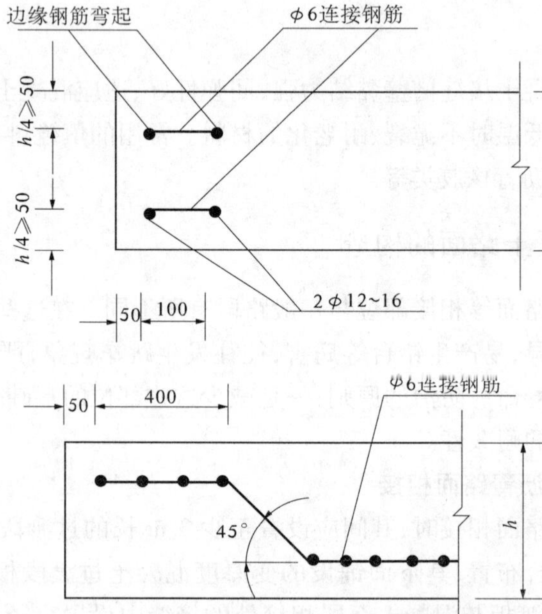

图 10-10　边缘钢筋布置　(单位:mm)

2. 角隅补强

角隅部分的补强,可选用 2 根直径为 12 ~ 16 mm 的螺纹钢筋,布设在板的上部,距板顶不应小于 50 mm,距板边为 100 mm,如图 10-11 所示。当板角小于 90°时,亦可采用双层补强钢筋网补强,钢筋直径 6 mm,布置在板的上下部,距板顶和板底以 50 ~ 100 mm 为宜,如图 10-12 所示。钢筋保护层的最小厚度不应小于 50 mm。

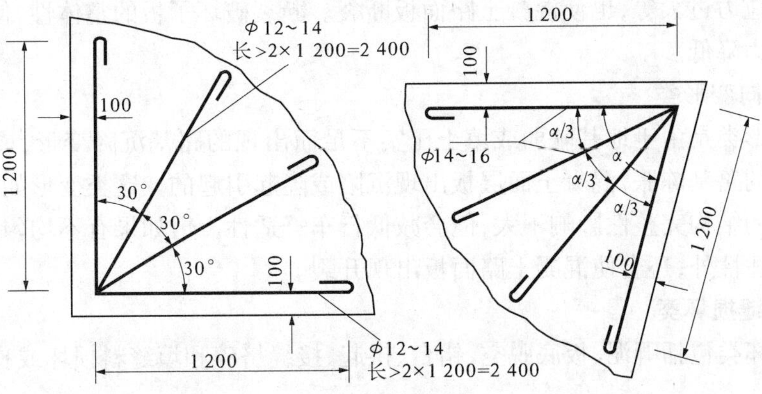

图 10-11　角隅钢筋布置（单位:mm）

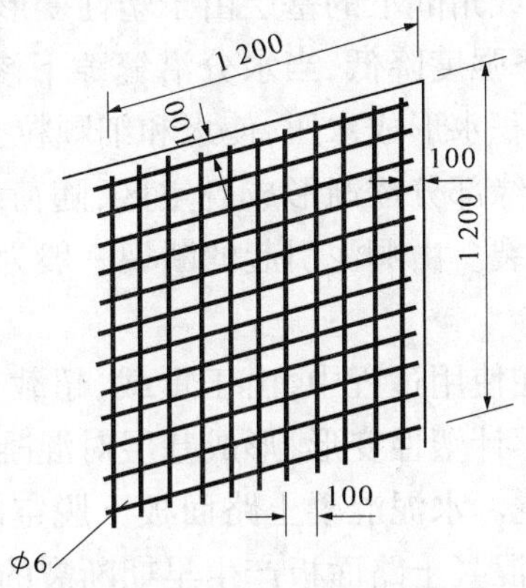

10-12　钢筋网补强布置对应　（单位:mm）

第三节　水泥混凝土路面的破坏状态和设计标准

一、水泥混凝土路面的损坏模式

水泥混凝土路面在使用过程中会在行车荷载和环境因素单独或综合作用下出现各种损坏，这些损坏具有不同的形态和成因，并对混凝土路面产生不同的影响。混凝土路面的损坏可分为断裂、竖向变形、接缝损坏和表层损坏四大类。

（一）断裂类

混凝土板出现纵向、横向、斜向或角隅断裂裂缝，这是混凝土面层最常见的病害。裂缝初现时，缝隙较小，断裂的混凝土板块具有一定的传荷能力，但随着裂缝的发展，裂缝逐渐交叉而使面层板破碎成碎块。造成裂缝的原因是混凝土板内产生的应力超出了混凝土的强度或疲劳强度。温度和湿度收缩变形或翘曲变形受到约束而产生的应力，行车荷载反复作用产生的应力都可能导致混凝土路面板出现开裂。另外，混凝土路面板太薄、轮载过重、板的平面尺寸过大、地基不均匀沉降或过量塑性变形使板底脱空失去支撑，施工养护期间收缩应力过大等，也使混凝土路面板断裂。断裂破坏了板的整体性，使混凝土路面板的承载能力降低。

（二）竖向变形类

竖向变形类是由于地基软弱或填土压实不足而出现的路基沉降变形，或者由于季节性冰冻地区的路基冻胀，混凝土面层板出现沉陷或隆起引起的。这类变形如果是均匀的，对混凝土板的结构完整性影响不大，但会减低行车舒适性。但如果有不均匀变形，则除了降低行车舒适性外，还会使混凝土路面板出现开裂。

（三）接缝损坏类

接缝损坏类包括唧泥、板底脱空、错台、拱起、接缝挤碎和填缝料损坏或丧失等病害。

1. 唧泥

唧泥是车辆行经接缝时，由缝内喷溅出稀泥浆的现象。唧泥常发生在雨天或雨后。在轮载的重复作用下，板边缘或角隅下的基层由于塑性变形累积而同混凝土面板脱离，或者基层的细颗粒在水的作用下强度降低，当水分沿缝隙下渗而积聚在脱空的间隙内或细颗粒土中，在车辆荷载作用下积水形成水压，使水和细颗粒土形成的泥浆从缝隙中喷溅出来。唧泥的出现，使路面板边缘部分逐渐形成脱空区，随荷载重复作用次数的增加，脱空区逐渐增大，最终使板出现断裂。由唧泥引起的断裂一般为横向断裂。

2. 板底脱空

板底脱空是混凝土路面在使用过程中，由于重载、超载车辆的频繁作用，在混凝土路面板下基层内产生不均匀的累计塑性变形，形成基层对混凝土路面板的局部弱支承，进一步发展为混凝土路面板下脱空。水泥混凝土路面板下脱空的产生，改变了水泥混凝土路面板的受力状态，是造成水泥混凝土路面板产生早期断裂的主要原因之一。

3. 错台

错台是指接缝两侧出现的竖向相对位移。当胀缝下部填缝板与上部缝槽未能对齐，或胀缝两侧混凝土壁面不垂直时，在胀缩过程中接缝两侧上下错位而形成错台。横缝处传荷能力不足，或唧泥发生过程中，基层材料在高压水的作用下冲积到后方板的板底脱空区内，使该板抬高，形成两板间高度差，产生错台现象。当交通量或地基承载力在横向各块板上分布不均匀，各块板沉陷不一致时，纵缝处也会产生错台现象。错台降低了行车的平稳性和舒适性。

4. 拱起

拱起是指混凝土路面在热胀受阻时，横缝两侧的数块板突然出现向上拱起的屈曲失稳现象，并伴随出现板块的横向断裂。板的拱起主要是由于板收缩时接缝缝隙张开，填缝料失效，硬物嵌入缝内，致使板受热膨胀时产生较大的热压应力，从而出现这种纵向屈曲失稳现象。

5. 接缝挤碎

接缝挤碎是指邻近横向和纵向两侧的数十厘米宽度内，路面板因热胀时受到阻碍，产生较高的热压应力而挤压成碎块。这主要是由于胀缝内的传力杆排列不正确或不能滑动或者缝隙内落入硬物所致。

6. 填缝料损坏

接缝内无填料，填料破损，缝内混杂砂石均称为填缝料损坏。填缝料损坏主要是由于填缝料脆裂、老化、挤出及与板边脱离造成的。质量较差的填缝料，在短时间内就会发生填缝料损坏的现象。

（四）表层损坏类

这类损坏局限于混凝土板的表层，包括起皮、剥落、孔洞、坑槽、麻面、露骨、松散、磨光等。

1. 板面起皮、剥落

水泥混凝土路面表层上下脱开，这种板面浅层内所发生的病害称为起皮。距接缝400 mm 宽度内的板边，板角400 mm 半径内不垂直贯通板的破碎现象称为剥落。起皮主要是施工过程中水灰比过大或因混凝土施工时表面砂浆有泌水现象所致。这主要是由混凝土强度不足，缝内进入杂物所引起。

2. 孔洞、坑槽

水泥混凝土路面板表面有局部破损，形成一定深度的洞穴称为孔洞。面层集料局部脱落而产生的长槽称为坑槽。孔洞和坑槽的形成主要是由于砂石材料含泥量过大，混凝土内有泥土或杂物所致。

3. 麻面、露骨

水泥混凝土表面结合料磨失，成片或成段地呈现过度的粗糙称为麻面。混凝土路面保护层脱落形成集料裸露称为露骨。麻面主要是由于混凝土施工时遇雨所致。露骨则主要是混凝土表面灰浆不足，泌水提浆造成混凝土路面表面强度降低所致。

4. 松散

水泥混凝土路面由于结合料不足或失效，成片或成段地呈现过度的粗糙和砂石材料分离的现象称为松散。松散主要是由于砂石含泥量较大，水泥质量较差或用量较少，或混凝土强度不足引起的。

5. 磨光

水泥混凝土路面磨成光面称为磨光。此时，其摩擦系数已下降到极限值以下，磨光主要是由于水泥路面水泥砂浆层强度低和水泥等原材料耐磨性差造成的。

二、设计标准

从水泥混凝土路面的主要破坏类型可以看出，影响混凝土路面的使用性能的因素是多方面的，如轮载、温度、水分、基层、接缝构造、材料以及施工和养护情况等。从保证路面结构承载能力的角度，混凝土路面结构设计应以防止面层板断裂为主要设计标准；从保证汽车行驶性能的角度，应严格控制接缝两侧的错台量。我国《公路水泥混凝土路面设计规范》（JDG D40—2002）（以下简称《混凝土路面设计规范》）采用以混凝土面层板的疲劳断裂作为水泥混凝土路面损坏的主要模式。

混凝土路面在经受车轮荷载重复作用的同时，还经受周围气温周期性变化的影响。混凝土路面板因温度变化而产生翘曲变形，当混凝土路面板翘曲变形受到约束时，产生的温度翘曲应力有时可达到相当大的数值；特别是当板长大于6 m时，其大小会超过荷载应力。由于混凝土路面面层板承受行车荷载和温度应力的作用，使混凝土板承受压应力和弯拉应力，而混凝土的抗压强度高、抗折强度低，故混凝土路面面层板所承受的压应力与混凝土的抗压强度相比很小，面层所受的弯拉应力与抗弯拉强度相比则大得多。混凝土路面面层板各种形式的裂缝、面板的断裂，几乎都是由于混凝土内的弯拉应力超过其承受能力所出现的损坏。同时，车辆荷载的反复作用以及气温的周期性变化，使混凝土板会在低于一次静载作用下的极限强度值时出现破坏，称为疲劳破坏。疲劳破坏是由于材料内部存在局部缺陷或不均匀性，在荷载作用下，此处出现应力集中而出现微裂缝，应力的反复作用使微裂缝逐步扩展，从而不断减少承受应力的有效面积，最终在反复作用一定次数后导致破坏。混凝土在反复应力作用下出现断裂时的强度，称为疲劳强度，它比一次荷载作用下达到损坏时的强度要小。因此，混凝土路面面层板的疲劳破坏不仅与荷载重复次数有关，而且与温度周期性变化产生的温度翘曲应力的重复作用有关。

对水泥混凝土路面板的厚度设计，我国《混凝土路面设计规范》采用以混凝土面层板的疲劳断裂作为水泥混凝土路面损坏的主要模式，以控制行车荷载反复作用在板内所产生的荷载疲劳应力 σ_{pr} 与温度梯度反复作用在板内产生的温度疲劳应力 σ_{tr} 之和不大于混凝土的弯拉强度 f_r，作为确定混凝土面层板厚度的设计标准，即 $\gamma_r(\sigma_{pr}+\sigma_{tr})\leqslant f_r$。

三、水泥混凝土路面结构设计

水泥混凝土路面结构设计包括以下几方面的内容。

（一）路面结构层组合设计

水泥混凝土路面结构层的组合设计，应根据该路的交通繁重程度，结合当地环境条件和材料供应情况，选择安排混凝土路面的结构层层次，包括土基、垫层、基层和面层的结构组合设计，各层的路面结构类型、弹性模量和厚度。作出技术先进、工程经济合理的路面结构组合设计方案，它应是能给混凝土面层以均匀支承、承受预期交通的作用，应能提供良好使用性能的混凝土路面结构。参见本章第二节。

（二）混凝土面板厚度设计

混凝土面板厚度设计，应按照设计标准的要求，确定满足设计年限内使用要求所需的混凝土面层的厚度。

（三）混凝土面板的平面尺寸与接缝设计

根据混凝土面板内产生的荷载应力和温度应力作出板的平面尺寸设计，其平面尺寸通常不超过 25 m^2；确定接缝位置，纵缝的位置通常按车道宽度设定，横缝间距一般采用 4～6 m，设计接缝的构造，并采取有效措施提高接缝的传荷能力。参见本章第二节。

（四）路肩设计

高速公路和一级公路中间带及路肩路缘带的结构应与行车道的混凝土路面相同，并与行车道部分的混凝土面板浇筑成整体。路肩可采用水泥混凝土面层或沥青混合料面层，其基（垫）层结构应满足行车道路面结构和排水的要求。一般公路的混凝上路面应设置路缘石或路肩铺面，路肩铺面可采用沥青混合料或其他材料。参见本章第二节。

（五）普通混凝土路面的钢筋配筋率设计

当混凝土路面板较长或交通量较大、地基有不均匀沉降或板的形状不规则时，可沿板的自由边缘加设补强钢筋,在角隅处加设发针形钢筋或钢筋网,以阻止可能出现的裂缝。参见本章第二节。

第四节　普通混凝土路面板厚度的设计方法

我国水泥混凝土路面厚度设计方法,采用 2002 年由交通部发布的《混凝土路面设计规范》。该规范所选定的水泥混凝土路面结构设计方法,考虑满足路面的结构性能要求,并以行车荷载和温度梯度综合作用产生的疲劳断裂作为设计标准。在设计混凝土板时,以混凝土材料的弯拉强度作为其设计技术标准,在考虑可靠度因素影响的情况下,控制行车荷载反复作用在板内所产生的荷载疲劳应力与温度梯度反复作用在板内产生的温度疲劳应力之和不超过混凝土的弯拉强度。

一、交通分析与轴载换算

(一)标准轴载与轴载换算

水泥混凝土路面结构设计以 100 kN 的单轴 - 双轮组荷载作为标准轴载。不同轴 - 轮型和轴载的作用次数,按下式换算为标准轴载的作用次数,并根据标准轴载作用次数判断道路交通的繁重程度。

$$N_S = \sum_{i=1}^{n} \delta_i N_i \left(\frac{P_i}{100} \right)^{16} \tag{10-1}$$

$$\delta_i = 2.22 \times 10^3 P_i^{-0.43} \tag{10-2a}$$

$$\delta_i = 1.07 \times 10^{-5} P_i^{-0.22} \tag{10-2b}$$

$$\delta_i = 2.24 \times 10^{-8} P_i^{-0.22} \tag{10-2c}$$

式中　N_S——100 kN 的单轴 - 双轮组标准轴载的作用次数,次;

P_i——单轴 - 单轮、单轴 - 双轮组、双轴 - 双轮组或三轴 - 双轮组轴型 i 级轴载的总重,kN;

n——轴型和轴载级位数;

N_i——各类轴型 i 级轴载的作用次数;

δ_i——轴 - 轮型系数,单轴 - 双轮组时,$\delta_i = 1$,单轴 - 单轮时,按式(10-2a)计算,双轴 - 双轮组时,按式(10-2b)计算,三轴 - 双轮组时,按式(10-2c)计算。

(二)标准轴载累计作用次数

设计基准期内水泥混凝土面层临界荷位处所承受的标准轴载累计作用次数,可以按下式确定。

$$N_e = \frac{N_S \times [(1 + g_r)^t - 1] \times 365}{g_r} \times \eta \tag{10-3}$$

式中　N_e——标准轴载累计作用次数,次;

t——设计基准期,年;

g_r——交通量年平均增长率,可按公路等级和功能以及所在地区的经济和交通发展情况,通过调查分析,预估设计基准期内的交通增长量,确定交通量年平

均增长率,%;

η——临界荷位处的车辆轮迹横向分布系数,按表 10-7 选用。

表 10-7　车辆轮迹横向分布系数

公路等级		纵缝边缘处
高速公路、一级公路、收费站		0.17~0.22
二级及二级以下公路	行车道宽 >7 m	0.34~0.39
	行车道宽 ≤7 m	0.54~0.62

注:车道或行车道宽或者交通量较大时,取高值;反之,则取低值。

(三)交通分级

水泥混凝土路面所承受的轴载作用,按设计基准期内设计车道所承受的标准轴载累计作用次数分为 4 级,分级范围如表 10-8 所示。根据道路交通等级,参照表 10-1 可初估混凝土路面板的厚度。

表 10-8　交通分级

交通等级	特重	重	中等	轻
设计车道标准轴载累计作用次数 N_e(万次)	>2 000	100~2 000	3~100	<3

二、基层顶面当量回弹模量

混凝土路面板下的地基包括路基和根据需要设置的垫层与基层,分析板内荷载应力时,直接采用三层弹性体系进行计算,并对路床上的基层和底基层或垫层结构,依据等弯曲刚度的原则换算为当量回弹模量和当量厚度的单层结构后,按双层体系进行计算。可分为新建公路和旧柔性路面两种情况。

(一)新建公路的基层顶面当量回弹模量值

在设计新建公路时,基层顶面的当量回弹模量 E_t,可根据土基状态拟定的基层、垫层结构类型和厚度,如表 10-9、表 10-10 所示,用规范建议的土基、垫层及基层材料当量回弹模量值,用下式确定。

$$E_t = a h_x^b E_0 \left(\frac{E_x}{E_0}\right)^{\frac{1}{3}} \tag{10-4}$$

$$E_x = \frac{h_1^2 E_1 + h_2^2 E_2}{h_1^2 + h_2^2} \tag{10-5}$$

$$h_x = \left(\frac{12 D_x}{E_x}\right)^{\frac{1}{3}} \tag{10-6}$$

$$D_x = \frac{E_1 h_1^3 + E_2 h_2^3}{12} + \frac{(h_1 + h_2)^2}{4}\left(\frac{1}{E_1 h_1} + \frac{1}{E_2 h_2}\right)^{-1} \tag{10-7}$$

$$a = 6.22\left[1 - 1.51\left(\frac{E_x}{E_0}\right)^{-0.45}\right] \tag{10-8}$$

$$b = 1 - 1.44\left(\frac{E_x}{E_0}\right)^{-0.55} \tag{10-9}$$

式中 E_t——基层顶面的当量回弹模量,MPa;

E_0——路床顶面的回弹模量,MPa;

E_x——基层和底基层或垫层的当量回弹模量,MPa;

E_1、E_2——基层和底基层或垫层的当量回弹模量,MPa;

h_x——基层和底基层或垫层的当量厚度,m;

D_x——基层和底基层或垫层的当量弯曲刚度,MN·m;

h_1、h_2——基层和底基层或垫层的当量厚度,m;

a、b——与 E_x/E_0 有关的回归系数,分别按式(10-8)和式(10-9)计算。

表 10-9 垫层和基层材料当量回弹模量参考值

材料类型	当量回弹模量(MPa)	材料类型	当量回弹模量(MPa)
中、粗砂	80~100	石灰粉煤灰稳定粒料	1 300~1 700
天然砂砾	150~200	水泥稳定粒料	1 300~1 700
未筛分碎石	180~200	沥青碎石(粗粒式,20 ℃)	600~800
级配碎(砾)石(垫层)	200~250	沥青混凝土(粗粒式,20 ℃)	800~1 200
级配碎(砾)石(基层)	250~350	沥青混凝土(中粒式,20 ℃)	1 000~1 400
石灰土	200~700	多孔隙水泥碎石	1 300~1 700
石灰粉煤灰土	600~900	多孔隙沥青碎石	600~800

表 10-10 中湿路基路床顶面当量回弹模量参考值 (单位:MPa)

土组	公路自然区划				
	Ⅱ	Ⅲ	Ⅳ	Ⅴ	Ⅵ
土质砂	26~42	40~50	39~50	35~60	50~60
黏质土	25~45	30~40	25~45	30~45	30~45
粉质土	22~46	32~54	30~50	27~43	30~45

(二)改建公路时原柔性路面顶面的当量回弹模量值

在旧柔性路面上铺筑水泥混凝土面层时,原柔性路面顶面的当量回弹模量采用下式计算:

$$E_t = 13\ 739\omega_0^{-1.04} \tag{10-10}$$

式中 ω_0——以后轴轴载为 100 kN 的汽车进行弯沉测定,经统计整理后得到的原路面计算回弹弯沉值,0.01 mm。

(三)混凝土路面板的设计弯拉强度

1. 混凝土路面板的设计弯拉强度

水泥混凝土的强度以 28 d 龄期的弯拉强度为标准。如果混凝土浇筑后 90 d 内不开放交通时,可采用 90 d 龄期的弯拉强度,其值约为 28 d 龄期强度的 1.1 倍。各交通等级道路所要求的混凝土设计弯拉强度,不得低于表 10-11 中的规定值。

表 10-11　混凝土弯拉强度标准值　（单位：MPa）

交通等级	特重	重	中等	轻
水泥混凝土的弯拉强度标准值	5.0	5.0	4.5	4.0
钢纤维混凝土的弯拉强度标准值	6.0	6.0	5.5	5.0

2. 混凝土的弯拉弹性模量

混凝土的弯拉弹性模量可通过试验测得，或者参照与弯拉强度的经验关系式确定。表 10-12 中列出了水泥混凝土弯拉弹性模量经验参考值。

表 10-12　水泥混凝土弯拉弹性模量经验参考值

弯拉强度（MPa）	1.0	1.5	2.0	2.5	3.0
抗压强度（MPa）	5.0	7.7	11.0	14.9	19.3
弯拉弹性模量（GPa）	10	15	18	21	23
弯拉强度（MPa）	3.5	4.0	4.5	5.0	5.5
抗压强度（MPa）	24.2	29.7	35.8	41.8	48.4
弯拉弹性模量（GPa）	25	27	29	31	33

三、混凝土路面板应力分析

轴载作用在混凝土路面板上，在板内产生的应力，采用半无限地基上弹性小挠度薄板的力学模型和有限元法进行分析计算。

（一）荷载疲劳应力计算

选取水泥混凝土板的纵向边缘中部作为产生最大荷载和温度梯度综合疲劳损坏的临界荷位。

荷载疲劳应力为一当量应力，它使混凝土面层产生的疲劳损耗，相当于标准轴载 P_s 在临界位置上所产生的应力在设计使用期内引起的累计疲劳损耗，可以用下式表示为：

$$\sigma_{pr} = k_r k_f k_c \sigma_{P_s} \tag{10-11}$$

$$k_f = N_e^v \tag{10-12}$$

$$\sigma_{P_s} = 0.077 r^{0.60} h^{-2} \tag{10-13}$$

$$r = 0.537 h \left(\frac{E_c}{E_t}\right)^{\frac{1}{3}} \tag{10-14}$$

式中　σ_{pr}——标准轴载 P_s 在临界荷位处产生的荷载疲劳应力，MPa；

k_r——考虑接缝传荷能力的应力折减系数，当纵缝为设拉杆的平缝时，$k_r = 0.87 \sim 0.92$（刚性和半刚性基层取低值，柔性基层取高值），当纵缝为不设拉杆的平缝或自由边时，$k_r = 1.0$，当纵缝为设拉杆的企口缝时，$k_r = 0.76 \sim 0.84$；

k_f——考虑设计基准期内荷载应力累计疲劳作用的疲劳应力系数；

N_e——设计基准期内标准轴载累计作用次数；

v——与混凝土性质有关的指数，普通混凝土、钢筋混凝土、连续配筋混凝土，$v = 0.057$，碾混凝土和贫混凝土，$v = 0.065$；

k_c——考虑偏载和动载等因素对路面疲劳损坏影响的综合修正系数，按公路等级查表 10-13 确定；

σ_{P_s}——标准轴载 P_s 在四边自由板的临界荷位处产生的荷载应力，MPa；

r——混凝土板的相对刚度半径，m；

h——混凝土板的厚度，m；

E_c——混凝土的弯拉弹性模量，MPa；

E_t——基层顶面的当量回弹模量，MPa。

表 10-13　综合修正系数 k_c

公路等级	高速公路	一级公路	二级公路	三、四级公路
k_c	1.30	1.25	1.20	1.10

(二)温度疲劳应力计算

在临界荷位处的温度疲劳应力按下式计算确定：

$$\sigma_{tr}=k_t\sigma_{tm} \tag{10-15}$$

$$\sigma_{tm}=\frac{a_cE_chT_g}{2}B_x \tag{10-16}$$

$$k_t=\frac{f_r}{\sigma_{tm}}\left[a\left(\frac{\sigma_{tm}}{f_r}\right)^c-b\right] \tag{10-17}$$

式中　σ_{tr}——临界荷位处所产生的温度疲劳应力，MPa；

σ_{tm}——最大温度梯度时混凝土板的温度翘曲应力，MPa；

a_c——混凝土的线膨胀系数(1/℃)，通常可取为 1×10^{-5}/℃；

T_g——最大温度梯度，按表 10-14 确定；

B_x——综合温度翘曲应力和内应力作用的温度应力系数，可按 l/r 和 h 查图 10-13 确定；

表 10-14　最大温度梯度标准值 T_g

公路自然区划	最大温度梯度(℃/m)	公路自然区划	最大温度梯度(℃/m)
Ⅱ、Ⅴ	83～88	Ⅳ、Ⅵ	86～92
Ⅲ	90～95	Ⅶ	93～98

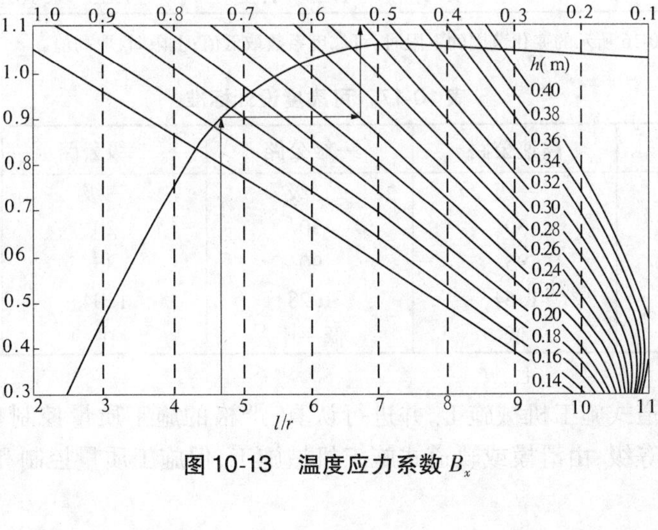

图 10-13　温度应力系数 B_x

k_t——考虑使用年限内温度应力累计疲劳作用的疲劳应力系数；

a、b、c——回归系数，按所在地区的公路自然区划查表10-15确定。

表10-15　回归系数 a、b 和 c

系数	公路自然区划					
	Ⅱ	Ⅲ	Ⅳ	Ⅴ	Ⅵ	Ⅶ
a	0.828	0.855	0.841	0.871	0.837	0.834
b	0.041	0.041	0.058	0.071	0.038	0.052
c	1.323	1.355	1.323	1.278	1.382	1.270

(三)水泥混凝土路面板的综合疲劳作用

水泥混凝土路面结构设计以混凝土面层板的疲劳断裂作为水泥混凝土路面损坏的主要模式。以控制行车荷载反复作用在板内所产生的荷载疲劳应力 σ_{pr} 与温度梯度反复作用在板内产生的温度梯度疲劳应力 σ_{tr} 之和不大于混凝土的弯拉强度 f_r，作为确定混凝土面层板厚度的设计标准，即：

$$\gamma_r(\sigma_{pr}+\sigma_{tr})\leqslant f_r \tag{10-18}$$

式中　γ_r——可靠度系数，依据所选目标可靠度及变异水平等级按表10-16确定；

σ_{pr}——行车荷载疲劳应力，MPa；

σ_{tr}——温度梯度疲劳应力，MPa；

f_r——混凝土的弯拉强度标准值，MPa。

材料性能和结构尺寸参数的变异水平根据施工技术、施工质量控制和管理水平确定。规范将材料性能和结构尺寸参数的变异水平分为低、中和高三级，各变异水平等级主要设计参数应符合表10-17的规定。

表10-16　可靠度系数

变异水平等级	目标可靠度(%)			
	95	90	85	80
低	1.20～1.33	1.09～1.16	1.04～1.08	—
中	1.33～1.50	1.16～1.23	1.08～1.13	1.04～1.07
高	—	1.23～1.33	1.13～1.18	1.07～1.11

注：变异系数在表10-16所示的变化范围的下限时，可靠度系数取低值；上限时，取高值。

表10-17　可靠度设计标准

公路技术等级	高速公路	一级公路	二级公路	三、四级公路
安全等级	一级	二级	三级	四级
设计基准期(年)	30	30	20	20
目标可靠度(%)	95	90	85	80
目标可靠指标	1.64	1.28	1.04	0.84
变异水平等级	低	低—中	中	中—高

由滑模或轨道式施工机械施工，并进行认真、严格的施工质量控制和管理的工程，可选用低变异水平等级；由滑模或轨道式施工机械施工，但施工质量控制和管理水平较弱的

工程，也可采用小型机具施工，而施工质量控制和管理得到认真、严格执行的工程，可选用中、低变异水平等级；采用小型机具施工，施工质量控制和管理水平较弱的工程，可选用高变异水平等级。选定了变异水平等级，施工时就应采取相应的技术和管理措施，以保证主要设计参数的变异系数控制在表 10-18 所规定的范围内。

表 10-18　变异系数 C_v 的变化范围

变异水平等级	低	中	高
水泥混凝土弯拉强度、弯拉弹性模量	$C_v \leqslant 0.10$	$0.10 < C_v \leqslant 0.15$	$0.15 < C_v \leqslant 0.20$
基层顶面当量回弹模量	$C_v \leqslant 0.25$	$0.25 < C_v \leqslant 0.35$	$0.35 < C_v \leqslant 0.55$
水泥混凝土面层厚度	$C_v \leqslant 0.04$	$0.04 < C_v \leqslant 0.06$	$0.06 < C_v \leqslant 0.08$

四、设计步骤

确定混凝土面层所需厚度，可参照下述步骤进行，如图 10-14 所示。

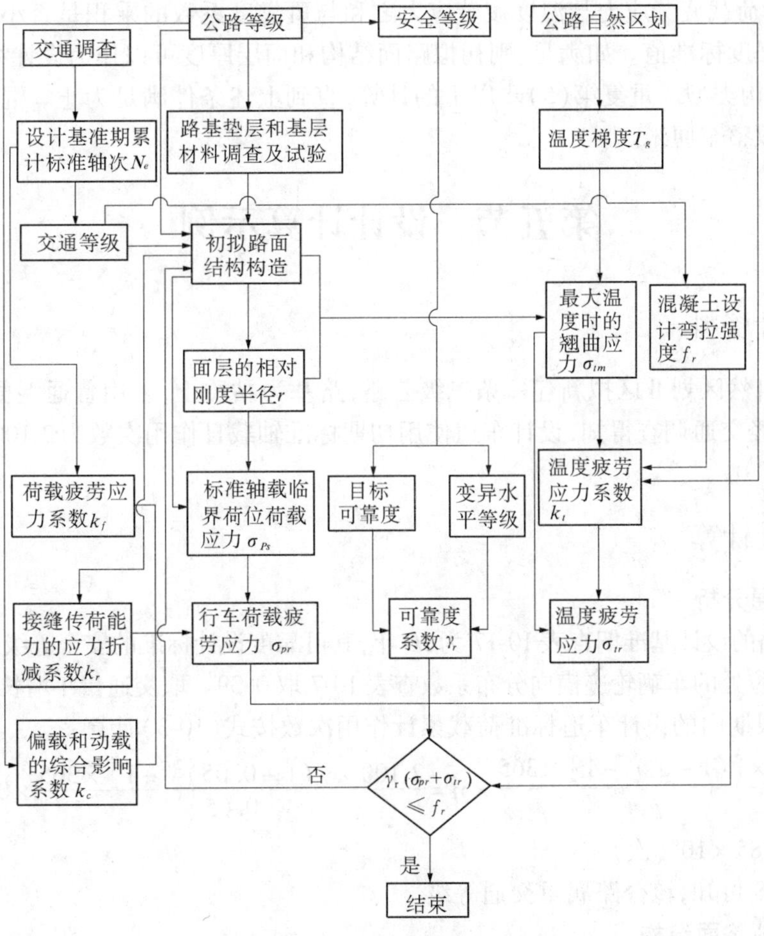

图 10-14　混凝土板厚度计算流程

(1)收集交通资料。包括:初始年日交通量、日货车交通量、方向分配系数、车道分配系数、设计使用期内交通量年平均增长率、各类货车的轴型和轴载组成等。

(2)分析交通资料。计算设计车道的初始年日货车交通量和各级轴载作用次数。应用式(10-1),将各级轴载的作用次数换算为标准轴载的作用次数,计算设计车道初始年日标准轴载作用次数 N_s。按此 N_s 值确定设计道路的交通等级和设计使用期。依据公路等级和车道宽度,选定车轮轮迹的横向分布系数 η。然后,按式(10-3)计算设计使用期内设计车道上的标准轴载累计作用次数 N_e。

(3)初拟路面结构。按设计道路所在地的路基土质、水温状况、路面材料供应条件和选取公路等级及交通繁重程度,进行结构层组合设计,初选各结构层的材料类型和厚度。

(4)按表10-11所列的混凝土设计弯拉强度的最低要求,进行混凝土混合料组成设计。通过对设计混合料的强度测定,确定28 d或90 d的设计弯拉强度。通过试验或参照表10-12确定相应的混凝土弹性模量 E_c。

(5)计算荷载疲劳应力 σ_{pr}。

(6)计算温度疲劳应力 σ_{tr}。

(7)检验荷载疲劳应力与温度疲劳应力之和与可靠度系数的乘积是否小于且接近混凝土的弯拉强度标准值。如满足,则初拟路面结构和面层厚度可以作为设计结构,如不满足,则改变结构类型。重复第(5)步以下的计算,直到上述条件满足为止。混凝土面层设计厚度向上取整至厘米。

第五节　设计计算示例

一、设计资料

某公路自然区划Ⅱ区拟新建一条二级公路,路基为黏质土,采用普通混凝土路面,路面宽为9 m,经交通调查得知,设计车道使用初期标准轴载日作用次数为2 100次,试设计该路面厚度。

二、设计计算

(一)交通分析

二级公路的设计基准期查表10-17为20年,其可靠度设计标准的安全等级查表10-17为三级,临界荷位处的车辆轮迹横向分布系数查表10-7取0.39。取交通量年增长率为5%。

设计基限期内的设计车道标准荷载累计作用次数按式(10-3)计算:

$$N_e = \frac{N_S \times [(1+g_r)^t - 1] \times 365}{g_r} \times \eta = \frac{2\,100 \times [(1+0.05)^{20} - 1] \times 365}{0.05} \times 0.39$$

$$= 9.885 \times 10^6 (\text{次})$$

由表10-8可知,该公路属重交通等级。

(二)初拟路面结构

相应于安全等级为三级的变异水平等级为中级。根据二级公路、重交通等级和中级变异水平，查表 10-1 初拟普通混凝土面层厚度为 0.22 m。基层选用水泥稳定粒料（水泥用量 5%），厚为 0.18 m。垫层为 0.15 m 低剂量无机结合料稳定土。普通混凝土板的平面尺寸为宽 4.5 m，长 5 m。纵缝为设拉杆平缝（见图 10-8（a）），横缝为设传力杆的假缝（见图 10-5（a））。

（三）路面材料参数确定

查表 10-11、表 10-12，取重交通等级的普通混凝土面层弯拉强度标准值为 5.0 MPa，相应弯拉弹性模量为 31 GPa。

根据中湿路基路床顶面当量回弹模量经验参考值表 10-10，取路基回弹模量为 30 MPa，根据垫层、基层材料当量回弹模量经验参考值表 10-9，取低剂量无机结合料稳定土垫层回弹模量为 600 MPa，水泥稳定粒料基层回弹模量为 1 300 MPa。

按式（10-4）～式（10-9），计算基层顶面当量回弹模量如下：

$$E_x=\frac{h_1^2E_1+h_2^2E_2}{h_1^2+h_2^2}=\frac{1\,300\times0.18^2+600\times0.15^2}{0.18^2+0.15^2}=1\,013(\text{MPa})$$

$$D_x=\frac{E_1h_1^3+E_2h_2^3}{12}+\frac{(h_1+h_2)^2}{4}\left(\frac{1}{E_1h_1}+\frac{1}{E_2h_2}\right)^{-1}$$
$$=\frac{1\,300\times0.18^3+600\times0.15^3}{12}+\frac{(0.18+0.15)^2}{4}\left(\frac{1}{1\,300\times0.18}+\frac{1}{600\times0.15}\right)^{-1}$$
$$=2.57(\text{MN}\cdot\text{m})$$

$$h_x=\left(\frac{12D_x}{E_x}\right)^{\frac{1}{3}}=\left(\frac{12\times2.57}{1\,013}\right)^{\frac{1}{3}}=0.312(\text{m})$$

$$a=6.22\left[1-1.51\left(\frac{E_x}{E_0}\right)^{-0.45}\right]=6.22\left[1-1.51\left(\frac{1\,013}{30}\right)^{-0.45}\right]=4.293$$

$$b=1-1.44\left(\frac{E_x}{E_0}\right)^{-0.55}=1-1.44\left(\frac{1\,013}{30}\right)^{-0.55}=0.792$$

$$E_t=ah_x^bE_0\left(\frac{E_x}{E_0}\right)^{\frac{1}{3}}=4.293\times0.312^{0.792}\times30\times\left(\frac{1\,013}{30}\right)^{\frac{1}{3}}=165(\text{MPa})$$

普通混凝土面层的相对刚度半径按式（10-14）计算：

$$r=0.537h\left(\frac{E_c}{E_t}\right)^{\frac{1}{3}}=0.537\times0.22\times\left(\frac{31\,000}{165}\right)^{\frac{1}{3}}=0.677(\text{m})$$

（四）荷载疲劳应力

标准轴载在临界荷位处产生的荷载应力按式（10-13）计算：

$$\sigma_{P_s}=0.077r^{0.60}h^{-2}=0.077\times0.677^{0.60}\times0.22^{-2}=1.259(\text{MPa})$$

因纵缝为设拉杆平缝，接缝传荷能力的应力折减系数 $k_r=0.87$。考虑设计基准期内荷载应力累计疲劳作用的疲劳应力系数 $k_f=N_e^v=(9.885\times10^6)^{0.057}=2.504$。根据公路等级，由表 10-13 得到考虑偏载和动载等因素对路面疲劳损坏影响的综合修正系数 $k_c=1.20$。

荷载疲劳应力按式（10-11）计算：

$$\sigma_{pr}=k_rk_fk_c\sigma_{P_s}=0.87\times2.504\times1.20\times1.259=3.29(\text{MPa})$$

（五）温度疲劳应力

由表10-14，Ⅱ区最大温度梯度取88 ℃/m。板长5 m，$l/r=5/0.677=7.39$，普通混凝土板厚 $h=0.22$ m，由图10-13查得 $B_x=0.71$。按式(10-16)计算温度翘曲应力：

$$\sigma_{tm}=\frac{a_cE_chT_g}{2}B_x=\frac{1\times10^{-5}\times31\ 000\times0.22\times88}{2}\times0.71=2.13(\text{MPa})$$

温度疲劳应力系数 k_t，按式(10-17)计算：

$$k_t=\frac{f_r}{\sigma_{tm}}\left[a\left(\frac{\sigma_{tm}}{f_r}\right)^c-b\right]=\frac{5.0}{2.13}\left[0.828\times\left(\frac{2.13}{5.0}\right)^{1.32}-0.041\right]=0.53$$

再由式(10-15)计算温度疲劳应力：

$\sigma_{tr}=k_t\sigma_{tm}=0.53\times2.13=1.13(\text{MPa})$

查表10-17，二级公路的安全等级为三级、变异水平等级为中级，目标可靠度为85%。再查表10-16，确定可靠度系数 $\gamma_r=1.13$。

按式(10-18)计算：

$\gamma_r(\sigma_{pr}+\sigma_{tr})=1.13(3.29+1.13)=4.99(\text{MPa})\leqslant f_r=5.0(\text{MPa})$

所以，所选普通混凝土面层厚度为0.22 m满足设计基准期内荷载应力和温度应力的综合疲劳应力要求。

第六节　其他类型混凝土路面

一、钢筋混凝土路面

当混凝土板的平面尺寸较大，或者预计路基或基层有可能产生不均匀沉陷，或者板下埋有地下设施等的情况时，宜采用钢筋混凝土路面。

钢筋混凝土路面是指为防止可能产生的裂缝缝隙张开，板内配置有纵、横向钢筋（或钢丝）网的混凝土路面。设置钢筋网的主要目的是控制裂缝缝隙的张开量，把开裂的板拉在一起，使板依靠断裂面上的集料嵌锁作用而保证结构强度，并非增加板的抗弯拉强度。因而，钢筋混凝土面层所需的厚度与素（无筋）混凝土面层的厚度相同。配筋是按混凝土收缩时将板块拉在一起所需的拉力确定。最大的拉力出现在板中央开裂时，它等于由该处到最近的板边缘范围内面层和基层之间的摩阻力。也即每延米板所需的配筋量(cm^2)为：

$$A=\frac{3.2l_sh}{f_{sy}}\tag{10-19}$$

式中 h——板厚，cm；

f_{sy}——钢筋的屈服强度，MPa；

l_s——计算纵向钢筋时，为横缝间距，计算横向钢筋时，为不设拉杆的纵缝或自由边缘间的间距，m。

为使板内应力尽可能分散，宜采用小直径的钢筋。纵横向钢筋宜采用相同直径，网筋的最小间距应为集料最大粒径的2倍，有关规定见表10-19。钢筋的搭接长度，根据经验，宜为直径的24倍以上。由于钢筋的主要作用是使裂缝密闭,它在板内的竖向位置并不太重要,只要有足够的保护层以防锈蚀即可。通常在顶面下1/3~1/2板厚范围内。外侧钢筋中心到接缝或自由边的距离为10~15 cm,钢筋保护层的最小厚度不应小于5 cm。

表10-19 钢筋最小直径和最大间距

钢筋类型	光圆钢筋	螺纹钢筋
最小直径(mm)	8	12
纵向最大间距(cm)	15	35
横向最大间距(cm)	30	75

钢筋混凝土板的缩缝间距(即板长)一般为10~20 m,最大不宜超过30 m。缩缝内必须设置传力杆。其他接缝构造与素混凝土路面相同。

二、连续配筋混凝土路面

连续配筋混凝土路面是指沿纵向配置连续的钢筋,除了在与其他路面交接处或临近构造物附近设置胀缝以及视施工需要设置施工缝外,一般不设横缝的混凝土路面,适用于高速公路或一级公路和机场的混凝土路面。

这种面层会在温度和湿度变化引起的内应力作用下产生许多横向裂缝,裂缝的间距1.0~3.0 m,缝隙的平均宽度为0.2~0.5 mm。但是,由于配置了许多纵向连续钢筋,这些横向裂缝不至于张开而使杂物侵入或使混凝土剥落,因而不会影响行车的舒适度。

确定纵向钢筋用量的控制因素是裂缝缝隙的宽度。缝隙过宽易使杂物和水侵入。配筋量多,可使缝宽度和缝与缝间距都减小。由于裂缝间距和缝隙宽度有直接关联,钢筋用量可按规定的裂缝间距来确定。通常都是根据经验确定,一般认为保持裂缝完整无损所需配筋量为混凝土板断面积的0.6%~0.8%。我国规定纵横向钢筋应采用螺纹钢筋,纵向钢筋配筋率应控制在0.5%~0.7%的范围内。最小配筋率,一般地区为0.5%,寒冷地区为0.6%。

横向钢筋的用量很小,其配筋率为纵向钢筋的1/8~1/5,主要目的是保持纵向钢筋的间距,纵横向钢筋均需采用螺纹钢筋,以保证混凝土和钢筋之间具有足够的握裹力。

连续配筋混凝土板内的钢筋并非是按所承受的荷载应力进行设计的。因此,它的厚度仍可采用无筋混凝土路面板的计算方法确定。其基层厚度与普通混凝土路面的基层相同。面板厚度,对高速公路取普通混凝土路面板的设计厚度,对一级公路取普通混凝土路面板的设计厚度的0.9倍。

连续配筋混凝土面层在浇筑中断时需设置施工缝。施工缝采用平缝形式,并用长度为1 m的拉杆,增强拉杆的直径与间距同纵向钢筋,以使施工缝两侧的混凝土板块加固成连续的整体。

由于连续配筋混凝土路面没有接缝(施工缝除外),所以在长板的端部、桥头连接处,或者与其他路面纵向接头处都要设置胀缝,以便为混凝土的膨胀留有余地。

三、钢纤维混凝土路面

在混凝土中掺入一些低碳钢、不锈钢纤维或其他纤维(如塑料纤维、纤维网等),即成为一种均匀而多向配筋的混凝土。试验表明,钢纤维与混凝土的握裹力高达 4 MPa。施工时一般在混凝土中掺入 1.0% ~1.2%(体积比)的钢纤维,相当于每立方米混凝土中掺入 77 kg 钢纤维,如过多则混凝土和易性不好。钢纤维长度宜为 25.60 mm,直径 0.4 ~ 0.7 mm,如过长则与混凝土拌和易成团,过短则混凝土强度增高不多,长度与直径的最佳比值为 50:70。

表 10-20 列出了美国对钢纤维混凝土和普通混凝土物理力学性能试验结果的比较,可以看出前者的物理力学性质要较后者好得多,特别是它的抗疲劳强度、抗冲击能力和防止裂缝的能力更好。因此,与普通混凝土路面相比,钢纤维混凝土路面厚度可以减薄 35% ~45%,而缩缝间距可以增至 15 ~20 m,胀缝与纵缝可以不设。

表 10-20　钢纤维混凝土与普通混凝土物理力学性质的比较

物理力学性质指标	普通混凝土	钢纤维混凝土
极限抗弯拉强度(MPa)	2 ~5.5	5 ~26
极限抗压强度(MPa)	21 ~35	35 ~56
抗剪强度(MPa)	2.5	4.2
弹性模量(MPa)	2×10^4 ~3.5×10^4	1.5×10^4 ~3.5×10^4
热膨胀系数(mm/K)	9.9 ~10.8	10.4 ~11.1
抗冲击力(N·m)	480	480
抗磨指数	1	2
抗疲劳限度	0.5 ~0.55	0.80 ~0.95
抗裂指标比	1	7
耐冻融破坏指数	1	1.9

在搅拌混凝土过程中,为保证钢纤维均匀分布,不致成团,应按砂、碎(砾)石、水泥、钢纤维的顺序加入拌和机中,干拌 2 min 后,再加水湿拌 1 min。钢纤维混凝土路面可用一般混凝土路面的施工方法来铺筑,不需要特殊的机具设备。在抹面时,需将冒出混凝土表面的钢纤维拔出,否则应另加铺磨耗层。

钢纤维混凝土路面可以做成薄板、少缝,而且它的使用寿命长,养护费用少,国外一致认为它是一种新型路面材料,具有广泛的发展前景,特别是作为旧混凝土路面的罩面尤为适宜。国内有关单位也正在对该路面进行研究中。

四、碾压混凝土路面

碾压混凝土是一种含水率低,通过碾压施工工艺达到高密度、高强度的水泥混凝土。碾压混凝土路面与普通水泥混凝土路面相比能节省大量的水泥,且施工速度快,养护时间短,强度高,具有很好的社会经济效益。

根据我国碾压混凝土路面的施工水平,全厚式碾压混凝土路面的平整度难以达到规定的要求。国外也没有直接用做车辆高速行驶的路面面层。因此,碾压混凝土路面一般适用于二级及其以下等级的公路。

碾压混凝土的集料最大粒径以 20 mm 为宜。当碾压混凝土分两层摊铺时,其下层集料最大粒径可采用 40 mm。

当碾压混凝土路面分两层铺筑时，可以加适量的粉煤灰。碾压混凝土加粉煤灰以后，不仅造价降低，而且可以起到降低水化热，改善工作度，提高抗冻、抗渗的作用，粉煤灰的质量应不低于国家标准《用于水泥和混凝土中的粉煤灰》中规定的Ⅱ级粉煤灰的标准。

五、装配式混凝土路面

装配式混凝土路面是在工厂中把混凝土预制成板块，然后运至工地现场装配而成的。这种路面的优点是：混凝土板可以全年生产，不受气候影响，混凝土质量容易保证；而且施工进度快，铺筑完毕即可通车；损坏后易于拆换修理。因此，它较适用于城市道路、厂矿道路、大型基建场地、停车场和软弱土基上。装配式混凝土路面的缺点是：接缝多，整体性差，容易引起行车颠簸跳动，因而在公路上一般不宜采用。

为了便于吊装及搬运，装配式混凝土板一般做成 1 ~ 2 m 的正方形或矩形，也可做成边长 1.2 m 的六角形。板厚一般为 0.12 ~ 0.18 m。近年来，有些国家还采用宽 3.5 m，长 3 ~ 6 m 的矩形板，但需有相应的运输和吊装机具来配合装配。六角形板的强度和稳定性较好。为承受车轮荷载应力和吊装应力，装配式混凝土板可在边缘和角隅配置钢筋，有时亦可设全面网状钢筋。为提高板的质量，可采用预应力、真空作业、机械振捣或蒸汽养护等技术来制造混凝土板。冬季为加速板的硬结，可采用电热法或在铸模内安装管线，内通蒸汽或热水。有些国家还利用先张法或电热法施加预应力，做成装配式预应力混凝土板。

六、组合式（双层式）混凝土路面

新建道路的混凝土面板一般按单层式建造，只有当缺乏品质良好的材料时，才考虑采用双层式混凝土路面板，即利用当地品质较差的材料修筑板的下层，而用品质较好的材料铺筑板的上层，以降低造价。在改建旧混凝土路面时，有时在其上加铺一层新混凝土面层，这样也形成双层式混凝土路面结构（必要时可以掺加一定量的粉煤灰）。根据双层混凝土路面上下层板之间结合程度的不同，有结合式、分离式和部分结合式三种形式。

1. 结合式

上下层混凝土板牢固结合成为一整体。新建路面时，上下层混凝土连续施工，即可做成结合式。改建路面时，将下层板表面凿毛、洗净凉干，并喷刷高标号水泥浆（水灰比 0.4 ~ 0.5）或环氧树脂等黏结剂，随即浇筑新混凝土面层。对于这种结合形式，下层板的裂缝和接缝将会反射到上层板内，因此上下层板的接缝必须对齐，并采用同样的接缝形式和缝隙宽度，这种结合形式适用于下层板完整无裂缝或虽有一些裂缝但不再发展的情况。支立模板时，可采用混凝土块顶撑或利用旧路面板的接缝钻孔插入钢钎固定的方法。

2. 分离式

上下层混凝土板之间铺厚 1 ~ 2 cm 沥青类材料（沥青砂、细粒式沥青混凝土等）作为隔离层，可防止下层板的裂缝和接缝反射到上层板内。因此，分离式双层混凝土路面板不要求上下层板的接缝对齐。当下层板严重破碎时，也可采用这种形式。新铺混凝土面层的厚度不宜小于 12 cm。施工立模时可采用穿孔插钎固定模板，也可采用预制混凝土块顶撑模板的方法固定模板。

3. 部分结合式

改建路面时,先对原有混凝土板表面进行清理后再浇筑上层板。由于上下层板之间存在部分结合,下层板上的裂缝与接缝通常仍会反射到上层板内,所以上下层板的接缝位置应相同,但其形式和宽度不要求完全相同。旧面层的结构损坏不太严重且已经修复时,可采用这种结合形式。

七、混凝土小块铺砌路面

铺砌的块料由高强的水泥混凝土材料预制而成。其抗压强度约为60 MPa,水泥含量为350 ~ 380 kg/m^3,水灰比为0.35,最大集料尺寸为8 ~ 16 cm,块料承受磨耗的面积一般小于0.03 m^2,厚度至少为0.06 m,形状有矩形和嵌锁型(不规则形状)两类。这种路面结构由面层、砂整平层(厚0.03 m)和基层组成,基层类型同普通混凝土路面。

混凝土小块铺砌路面具有结构简单,价格低廉,能承受较大的单位压力,出现较大变形也不会破坏块料,便于修复等优点。因此20 世纪70 年代中期以来,这种路面在欧美各国得到了较大的发展,较广泛地用于铺筑人行道、停车场、堆场(特别是集装箱码头堆场)、街区道路、次要道路、一般公路的路面等。

本章小结

本章主要介绍了混凝土路面的特性、构造、混凝土路面的破坏状态及其原因,在此基础上着重介绍了我国混凝土路面结构设计标准和混凝土路面板厚度的设计方法,并总结了混凝土路面板厚的设计步骤。

复习思考题

10-1 水泥混凝土路面有哪些优缺点?

10-2 普通水泥混凝土路面板的各种接缝起何作用,构造有何区别?

10-3 普通水泥混凝土路面板的平面尺寸如何确定?

10-4 试述普通水泥混凝土路面板厚度的设计方法和步骤。

本章课程设计

一、目的

通过本课程设计,掌握水泥混凝土路面结构组成、各种接缝的构造以及混凝土板厚度的确定方法,了解混凝土路面设计内容、设计步骤。

二、设计资料

(1)某地区一级公路拟建水泥混凝土路面,设计为四车道,路基宽 25.5 m,行车道宽

15 m，设置中间带，经调查和预测：使用初期公路上的交通组成如下：解放 CA500 为 500 辆/d，东风 EQ140 为 2 000 辆/d，黄河 JN360 为 200 辆/d，黄河 JN162 为 100 辆/d，交通 SH361 为 200 辆/d，太脱拉 138 为 150 辆/d。交通量年平均增长率为 5%。路基处于中湿状态，土基的回弹模量取 42 MPa。

（2）轴载及轴数见表 10-21。

表 10-21　轴载及轴数

车型		轴重（kN）	轴数
解放 CA500		68.2	1
东风 EQ140		69.2	1
黄河 JN360	前轴	59.5	1
	后轴	115	1
黄河 JN162	前轴	50	1
	后轴	2×110	2
交通 SH361	前轴	60	1
	后轴	2×110	2
太脱拉 138	前轴	51.4	1
	后轴	2×80	2

三、设计依据

《公路水泥混凝土路面设计规范》（JTG D40—2002）。

四、设计方法与设计内容

确定水泥混凝土路面板的厚度时，采用以混凝土材料的弯拉强度作为其设计技术标准，在考虑可靠度因素影响的情况下，使控制行车荷载反复作用在板内所产生的荷载疲劳应力与温度梯度反复作用在板内产生的温度疲劳应力之和不超过混凝土的弯拉强度。并参照本章第四节和《公路水泥混凝土路面设计规范》（JTG D40—2002）的设计方法，设计以下内容。

（1）设计混凝土路面的各结构层，确定其回弹模量和厚度；

（2）设计混凝土路面板的平面尺寸和各种接缝构造；

（3）设计混凝土路面板的厚度。

五、设计要求

设计成果包括以下内容：

（1）水泥混凝土路面的横断面图、各结构层组成图；

（2）水泥混凝土路面的分块图、接缝构造图；

（3）确定水泥混凝土路面板厚度的计算书。

第十一章 路基路面施工简介

本章学习重点

路堤填筑和路堑开挖的施工方案，土质路基压实方法，无机结合料稳定材料基层施工工艺，热拌沥青混合料路面施工工艺，水泥混凝土路面施工工艺。

第一节 概 述

一、路基路面施工的意义

公路是永久性的工程构造物，路基路面是公路的主体工程。良好的工程质量不仅要通过设计予以保证，而且还要通过施工加以实现，施工实践同时也是检验设计的重要过程。所以，路基路面施工质量的优劣直接影响公路的使用品质。

路基路面施工是一项涉及面广、施工时间长、工作量大、技术复杂的工作。路基是路面的基础。具有足够的强度、良好的整体稳定性和水温稳定性的路基，可以提高路面整体强度和平整度，延长路面使用寿命；同时，还可降低路面工程造价和公路养护维修费用。反之，若路基工程施工质量低劣，将会给路面、路基自身埋下隐患。路基病害不断，大大增加公路建成后的养护维修费用。同时，路面的使用品质和使用寿命也会因此而降低，严重时甚至会中断交通，造成重大经济损失。

路基施工通常是公路工程中最早开工的项目，其施工质量和施工进度直接影响整个公路工程的质量与进度。路基施工需要消耗大量的人工、物资、财力等资源，需要完成大量的土石方开挖、填筑、碾压、运输等，这些内容都会影响工程质量、施工进度和工程造价。因此，路基施工必须科学地、有组织、有计划地进行。

路面是公路的一个重要组成部分，是修筑在公路路基上，供人和汽车或其他交通工具通行的构造物，可以改善道路条件，使车辆能够全天候通行。平整、稳固的路面是保证汽车行驶平稳、舒适、快捷和安全的前提，它直接影响公路的行车速度、运输成本、行车安全和舒适程度。同时，路面结构层的存在也保护了路基，使之避免了直接经受车辆和气候的破坏作用，能够长期处于稳定状态。路面工程在整个公路造价中所占的比重很大，一般高等级路面占公路建设总投资的60% ~70%。因此，合理安排好公路路面施工，讲究科学，重视效益，对降低行车营运费用、延长公路使用年限、发挥投资效果、提高运输效能，具有十分重要的意义。

二、路基路面施工的原则要求

(1)路基填筑土石材料的特性优劣、路基施工压实是否得当和充分，是影响路基施工质量的关键因素。所以,要做好地质、土质调查,选择好路基填料,拟定合理的路基填筑和开挖方案。

(2)路基路面施工是伴随着其他工程施工进行的,必须正确处理路基路面工程与排水、防护及加固、桥梁与涵洞、隧道等工程以及路基工程与路面工程之间的施工关系,恰当安排施工进度、人员机械配备,以确保施工质量和施工进度,提高经济效益。

(3)路基路面施工过程中存在大量的筑路材料的开挖、运输、铺筑施工,对周边环境具有相当大的影响。所以,要注意保护生态环境,施工时尽量减少对自然植被及原始地形地貌的破坏,以免造成水土流失,不能避免时应适当进行绿地恢复。施工时清除的土方杂物应根据具体情况,予以妥善处理,不得倾弃于河流及水域,尽量做到"用之有利,弃之无害"。

(4)公路施工是野外操作,恶劣的施工条件使得一般的技术问题更为复杂化,因此为确保工程质量,实现快速、高效、安全施工,必须重视施工技术和管理,在施工工艺和施工质量的控制等方面层层把关,注重采用新技术、新方法,做到精心施工、严格管理。

(5)施工必须贯彻安全生产的方针,制定施工安全措施,加强安全教育和检查。

第二节　土质路基施工

一、路基施工的一般程序和内容

(一)施工前的准备工作

路基施工由诸多施工环节组成,各个环节相互影响,相互制约。因此,路基施工必须事先做好计划和各项准备工作,使其施工活动有组织、有计划、有序地正常进行。施工前的准备工作是保证施工顺利进行的重要前提,必须给予足够的重视。路基施工准备工作大致可分为组织准备、技术准备和物质准备3个方面。

1. 组织准备

组织准备是做好其他准备工作的前提,其主要内容包括组建施工队伍、建立健全工程管理机构和质量保证体系,明确施工任务,做好各项工作的分工,制定施工过程中必要的规章制度,确定工程应达到的目标等。

我国工程施工已与国际惯例相接轨,工程项目全部按照FIDIC合同条件进行施工与监理,施工单位主要实行项目经理负责制,下设各个施工管理机构。施工队伍的组建应根据工程特点、工程量大小和工期要求,确定用工人数和各工种用工比例,并与施工单位签订劳务合同,实行合同管理。

2. 技术准备

施工技术准备是工程开工前期的一项重要工作。只有通过完善周密的技术准备工作,全面熟悉施工图纸,了解设计意图和业主的要求,才能对整个工程的施工计划和施工方法、施工进度和资源消耗等作出科学的安排。路基施工前的技术准备主要包括熟悉与校核设计文件、进行施工前的技术交底和施工测量、编制施工组织设计、施工现场的勘察与核对、进行原材料试验和施工工艺试验以及做好临时工程等各项工作。

1)熟悉与校核设计文件

熟悉与校核设计文件主要是组织有关人员熟悉、了解设计文件、图纸和有关资料，使施工人员明确设计者的设计意图，熟悉施工图的内容和结构物的细部构造。同时，注意考虑其技术经济的合理性和施工的可能性，找到并收集设计文件中存在的问题，提出修改意见报上级机关审批，根据审批的修改设计意见进行施工测量、补充图纸等工作。

2)现场技术交底

现场技术交底是业主组织的现场交底工作，主要包括对业主和设计单位提供的设计文件等数据进行实地交底，对业主所提供的道路、水、电、场地情况进一步了解和落实，落实业主提供的出入工地所需的通道等方面。

3)施工测量

工程开工前，要对业主及设计单位提供的现场红线标桩、基准高程标桩等进行现场复核，确认无误后才能使用。从公路勘测设计到施工一般都要经过一段时间，施工时原来的桩志可能部分丢失或移动，因此在施工前必须恢复路线，即在现场按设计文件恢复和固定路线的主要控制点。中线复测后应进行标高测量，以复核原水准基点标高和中桩地面标高。此外，应详细检查校对横断面是否符合实际情况，发现错误或有怀疑时应进行复测，在加桩处应补测横断面。一般来说，施工前的测量工作主要包括：

(1)导线的复测和加密。

(2)中线的复测。

(3)水准点的复测和增设。

(4)路基横断面的检查与补测。

(5)构造物的详细放样。

4)施工现场的勘察

公路施工现场的调查是编制实施性施工组织设计和施工计划，搞好任务分工，组织大型机械设备进场的重要工作。现场调查的主要内容包括：搞好线路调查，查清地形、地质、水文地质、气候特点；自采加工材料场储量、地方生产材料情况；施工期间可利用的当地劳动力资源、工业生产加工能力、运输条件和运输工具情况；施工场地的水源、水质、电源以及生活物质供应情况；当地民俗民情、生活习惯等。

5)编制施工组织设计

施工组织设计是整个施工的指导性文件，也是其他各项工作的依据。它关系到能否使施工顺利进行，达到预期的目标，影响到整个工程的全过程，在现代公路建设中具有十分重要的意义。

施工组织设计编制的依据包括：招标文件、设计文件，以及有关的技术规范和质量标准。

施工组织设计的内容包括：施工方法和工艺、施工进度计划、施工场地布置方案、施工质量控制规程，劳动力安排计划、机械设备配备，以及关键工程的技术措施等。

3.物质准备

物质准备主要包括各种材料与机具设备的购置、采集、调配、运输和储存，临时道路及房屋的修建，供水、供电、通讯及必要的生活福利设施等的安装和建设等内容。为使供应工作能适应基本工作的需要,物质准备工作必须制定具体计划,其中有的计划内容,如劳动力调配、机具配置及主要材料供应计划,必须服从于保证上述施工组织计划顺利实施,而且亦被列为施工组织计划的组成部分之一。

(二)修建小型人工构造物

小型人工构造物包括小桥、涵洞、挡土墙、盲沟等,这项工程通常与路基施工同时进行,但一般要求构造物先行完工,以利于路基施工不受干扰地全线展开,并避免路基填筑之后再来开挖修建涵洞、盲沟等构造物。技术人员在现场施工中要关注这些程序的基本要求,对施工顺序和施工进度进行妥善安排。

(三)路基土石方工程

该项工程是路基的主体工程,主要包括路堤填筑、路堑开挖、路基压实、路基表面整平、边坡修整、修建排水设施和防护加固工程等内容。

(四)路基工程的竣工检查与验收

为加强工程质量管理以确保工程质量,在施工过程中应根据施工标准和技术规范的要求进行检查与验收。路基工程检查与验收的项目主要包括:路基及有关工程的位置、标高、断面尺寸、压实度和砌筑质量等,要求其应满足容许误差的范围,凡不符合要求的工程应分析原因,并采取相应的措施予以纠正,必要时返工重建。

需要指出的是,除竣工检查与验收外,在施工过程中每当某项工程完成时,特别是隐蔽工程,应按设计图纸、设计文件和技术规范的要求进行检查与验收。其目的在于检查工程质量,及时发现存在的问题,采取补救措施,利于下一步工序顺利进行。

全部工程完工后,还应由施工单位会同设计、使用和养护单位进行交工验收。

二、路堤填筑施工

填方路堤施工是公路工程施工中一个非常重要的环节,需要精心组织,精心施工,确保工程质量。路堤施工必须从填料选择、基底处理、填筑、压实等各方面加以重视,不断采用新技术、新材料、新的检测手段,从而保证路堤具有足够的稳定性和耐久性。

(一)施工基本要求

1. 重视搞好施工排水

土质路基的挖填,首先必须搞好施工排水,包括开挖地面临时排水沟渠及设法降低地下水位,以便保持施工场地的干燥,保证施工正常进行。控制土的含水量等于最佳含水量是确保路堤施工质量的关键。

2. 重视高路堤的沉降和稳定问题

高路堤的沉降和稳定问题是路基填筑中一个较为突出的问题,将会严重影响后期道路的使用,因此对其施工质量要求较高,应从基底的处理、填料的选择、排水措施、压实标准的控制各方面严格要求,从而保证路堤的稳定性和耐久性。

3. 科学组织施工过程

路基施工工程量较大,为保证施工进度需动用大量的施工机械和人员,科学的施工组织就显得尤为重要。路堤取土和填筑,必须有条不紊,有计划、有步骤地进行操作,这不仅是文明施工的需要,而且也是合理选土、填土利用以及确保施工质量和施工安全的需要。

（二）路堤填筑施工方法

1. 基底的处理

路堤基底是指路堤所在的原地面表面部分。为使路堤填筑后不致产生过大的沉陷变形，并使路堤与原地面结合紧密，防止路堤沿基底发生滑动，应根据基底的土质、水文、坡度和植被情况及填土高度采取相应防护措施。

1）密实土质基底

基底土密实稳定，地面横坡不陡于 1∶10 且路堤填高超过 0.5 m 时，基底可不做防护处理，路堤直接填筑在天然地面上；路堤高度低于 0.5 m 的地段，应清除原地面的草皮杂物；地面横坡为 1∶10～1∶5 时，应清除草皮杂物等再填筑；地面横坡陡于 1∶5 时，在清除草皮杂物后，还应将坡面挖成台阶，台阶宽度不小于 1 m，高度为 0.2～0.3 m。

2）耕地或松土基底

基底为耕地或松土时，应先将原地面压实后再填筑，若松土厚度较大，应翻挖至紧密土层。将土块打碎，然后分层回填、找平、压实。路线经过水田、池塘或洼地时，应根据具体情况采取排水疏干、挖除淤泥、换土、打砂桩、抛填砂砾石等处理措施，将基底加固后再进行填筑。

3）倾斜岩石基底

对于覆盖层不厚的岩石基底，当地面横坡为 1∶5～1∶2.5 时，需挖除覆盖层，并将基岩挖成台阶或进行凿毛。当地面横坡陡于 1∶2.5 时，应进行个别设计，如设置石砌护脚或护墙。

当路基稳定受到地下水的影响时，应予以拦截或排除，将地下水引至路堤基底范围以外。

2. 填料选择

路堤一般都是利用当地就近土石作填料修筑而成，而公路沿线土石的类别和性质不同，修筑路基后的稳定性和强度亦有很大差异，应优先选择当地强度高、稳定性好、取土方便、易于压实的土石作为路基填料。当有多种料源可供选择时，可参照相关文件对不同种类路基用土工程性质的描述结合施工具体情况考虑选用。路基填方材料，应有一定的强度。经野外取土试验，符合表 11-1 的规定时才能使用。

表 11-1　路基填方材料最小强度和最大粒径

项目分类（路面底面以下深度）		填料最小强度（CBR）（MPa）		粒料最大粒径（cm）
		高速公路及一级公路	二级及二级以下公路	
路堤	上路床（0～30 cm）	8.0	6.0	10
	下路床（30～80 cm）	5.0	4.0	10
	上路堤（80～150 cm）	4.0	3.0	15
	下路堤（>150 cm）	3.0	2.0	15
零填及路堑路床（0～30 cm）		8.0	6.0	10

一般来说，碎石、卵石、砾石、粗砂等透水性良好的材料，不易压缩，强度高且受水的影响小，填筑路堤时可不受含水量限制，应分层填筑压实，此类材料应优先选用。

用弱透水性及不透水的土填筑路堤时，需使其含水量接近最佳含水量时进行分层填筑和压实。

粉性土的水稳定性差，不宜用做路堤填料，其毛细水上升高度大，在季节性冰冻地区容易引起冻胀和翻浆，更应引起注意。

液限大于50%及塑性指数大于26的土，透水性很差，具有较大的可塑性、黏结性和膨胀性，毛细现象显著，故一般不作为路基填料。

淤泥、沼泽土、腐殖土、盐渍土、膨胀土等特殊土一般也不能作为路基填料。

工业废渣是较好的填料。高炉矿渣和钢渣使用前至少应放置一年以上，必要时应予以破碎。粉煤灰属于轻质筑路材料，当在软弱地基或滑坡体上修筑路堤时使用，对路堤的稳定性是较为有利的。

3. 基本填筑方法

路堤填筑是路基施工中的关键工序，必须严格按照工程质量控制标准进行施工。

不同的填筑和碾压方法对路基的施工效果不一样，不同的土质和施工条件，需要不同的填筑方法和施工机械设备，才能使路基达到施工质量要求，这些都会影响到路基的施工进度和工程费用。因此，要根据工程特性和施工条件、地形和土质，正确运用机械设备和机具，选择合理的施工方式，保证施工顺利进行。

路基基本填筑方法主要有分层填筑法、竖向填筑法和混合填筑法3种。

1）分层填筑法

分层填筑法是从原地面逐层填筑并分层压实，每层的厚度可按压实机具的有效压实深度和压实度确定。分层填筑法又可分为水平分层填筑法和纵向分层填筑法两种。

水平分层填筑法是将路堤划分为若干水平层次，从最低层开始逐层向上填筑，每填一层，经压实达到压实度要求后，再进行下一层填筑。如图11-1所示。

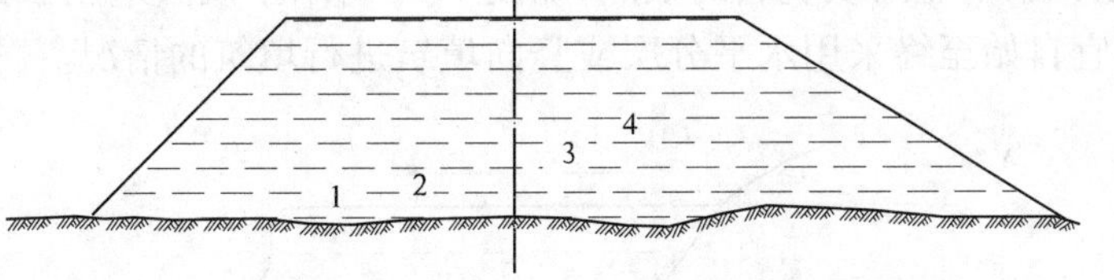

图11-1　水平分层填筑法示意

纵向分层填筑法是将填土依纵坡方向分层，逐层向上填筑，如图11-2所示。此法较适用于利用推土机从路堑取土填筑距离较短的路堤，填方侧可按要求开挖土质台阶，以提高路堤稳定性。

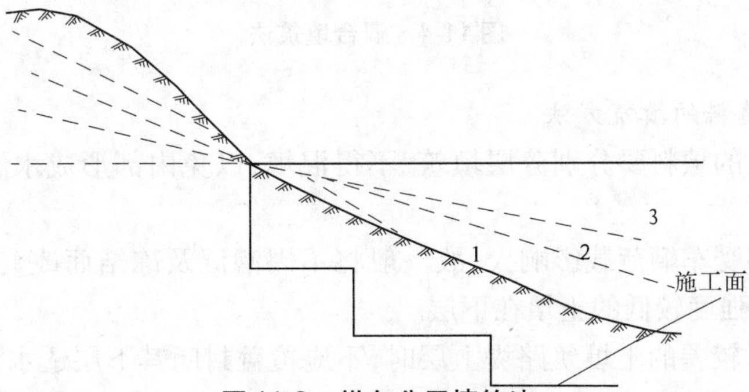

图11-2　纵向分层填筑法

2)竖向填筑法

竖向填筑法是指从路堤的一端或两端按横断面全部高度,逐步推进填筑,如图 11-3 所示。当原地面纵向或横向坡度较大(>12%)、地面高差也大,难以采用水平分层填筑的路段施工时,可采用竖向填筑法。

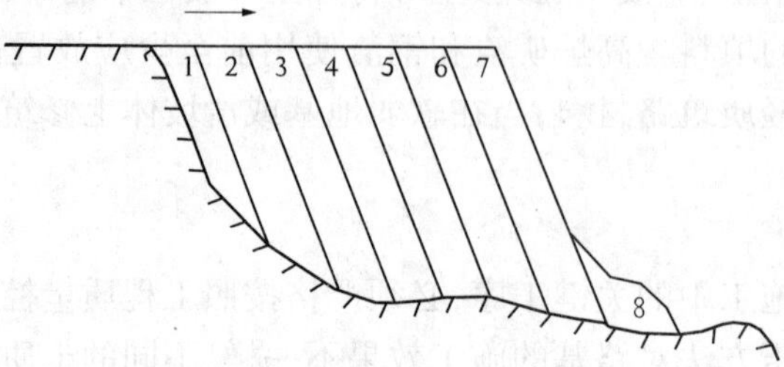

图 11-3　竖向填筑法

竖向填筑法由于填土过厚而不易压实,施工时需采取下列技术措施:

(1)选用振压式或夯击式压路机压实;

(2)选用沉降量较小及颗粒均匀的砂石等填料填筑;

(3)暂不修建较高级路面,容许路基短期内自然沉落。

3)混合填筑法

混合填筑法是水平分层填筑法与竖向填筑法的综合使用。即在填筑时路基下层用竖向填筑法而上部用水平分层填筑法,这样可使上部填土通过分层压实获得足够的压实度,在一定程度上也克服了竖向填筑法的缺点,如图 11-4 所示。该法适用于因地形限制或填筑堤身过高,不宜自始至终采用水平分层或竖向填筑进行填筑的情况。

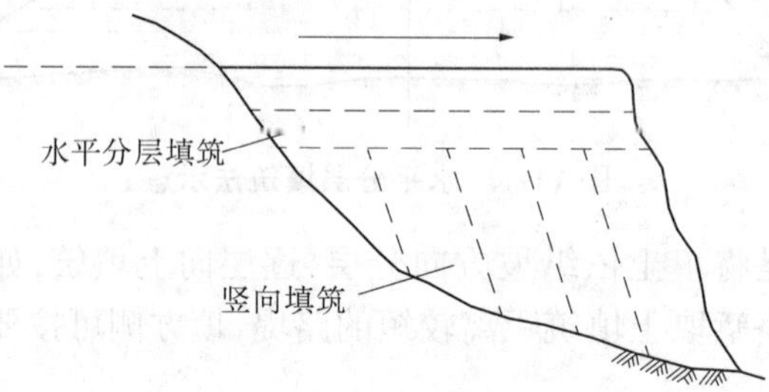

图 11-4　混合填筑法

4. 不同性质填料的填筑方法

(1)不同性质的填料要分别分层填筑,不得混填,以免内部形成水囊或滑动面,影响路堤的稳定。

(2)路堤上部受车辆荷载影响大,故一般将不因潮湿及冻结而改变其体积的优良土类填在路堤上层,强度较低的土填在下层。

(3)以透水性较差的土填筑路堤上层时,不应覆盖封闭其下层透水性较大的填料,以保证水分的蒸发排出。如果两者粒径相差悬殊,应在层间加铺过渡垫层,以免上层的细颗粒散落到下层内。

(4)以透水性较差的土填筑路堤下层时,其表面应做成4%的双向横坡,以保证来自上层透水性填土的水分及时排出。

(5)在路线纵向用不同土质填筑的相接处,为防止发生不均匀变形,将交接处做成斜面,同时将透水性差的土安排在斜面的下部。

(6)填方相邻作业段交界处若非同时填筑,则先填地段应按1:1坡度分层留好台阶;若同时填筑,则应分层相互交迭衔接,搭头长度不得小于2 m,如图11-5所示。

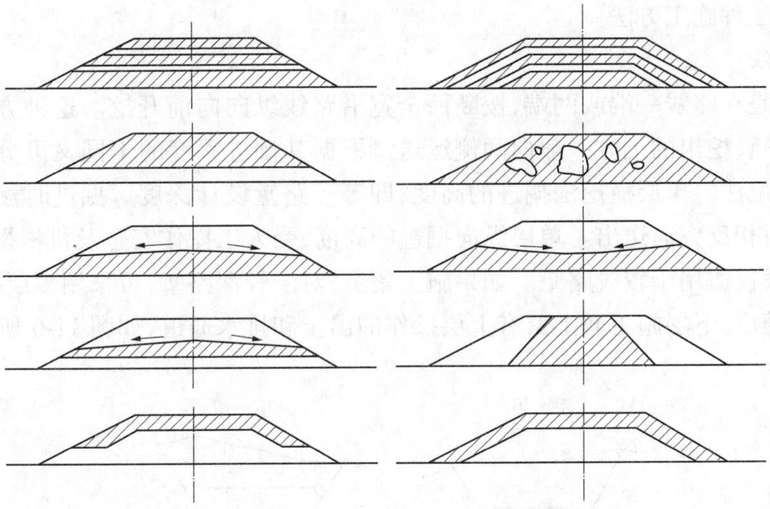

(a)正确的　　(b)不正确的

图11-5　土质路堤填筑方案

三、路堑开挖施工

路堑开挖是将路基边坡范围内、设计标高之上的天然土体挖除并运到指定地点的施工过程,是路基施工中工程量最大、最普遍的施工内容。它虽不具有路堤填筑中填料选择和分层压实的问题,但开挖路堑将破坏山体原来的平衡状态,而使路堑容易发生路基病害。故为保证路堑的稳定,施工中应注意以下几方面的要求。

(一)施工基本要求

1. 重视施工排水

不论采用何种方法施工,均应保证开挖过程中和竣工后能顺利排水。为此,施工时应先挖截水沟,并设法引走一切可能影响边坡稳定的地面水和地下水。施工中,要在路堑的路线方向保持一定的纵坡,并设置相应的排水通道。

2. 废土方的处理

路堑挖出的土方,除应尽量利用填方外,余土应有计划地弃置,按弃土堆规定办理,以不妨碍路基排水和路堑边坡稳定为原则,并尽可能用于改地造田,美化环境。

3. 注意边坡稳定

及时设置必要的支挡工程,开挖时必须按横断面自上而下,依照设计边坡逐层进行,防止因开挖不当导致塌方;在地质不良拟设置支挡工程的地段,应考虑在分段开挖的同时,分段修建支挡工程,以保证安全。

4. 有效扩大工作面

工程量集中的路堑施工往往成为整个工程的控制工程,影响工期。施工中注意有效扩大工作面,容纳更多的施工人员和机械,以便能够加快施工进度,保证施工安全。

(二)路堑开挖施工方法

根据地形、土质、路堑深度和其他施工条件,路堑开挖主要可分为横挖法、纵挖法和混合开挖法等三种施工方法。

1. 横挖法

横挖法是在路线一端或两端,按断面全宽沿路线纵向向前开挖。这种方法主要适用于较短的路堑,挖出的土方一般向两侧运送。根据其掘进深度的不同又可分为单层横挖法和多层横挖法。单层横挖法掘进的高度,即等于路堑设计深度。掘进时逐段成型向前推进,运土由相反方向送出。单层纵向掘进的高度,受人工操作安全及机械操作有效因素的限制,一般仅适用于较浅路堑。如果施工紧迫,对于较深路堑,可采用多层横挖法,上层在前,下层随后,下层施工面上留有上层操作的出土和排水通道,如图 11-6 所示。

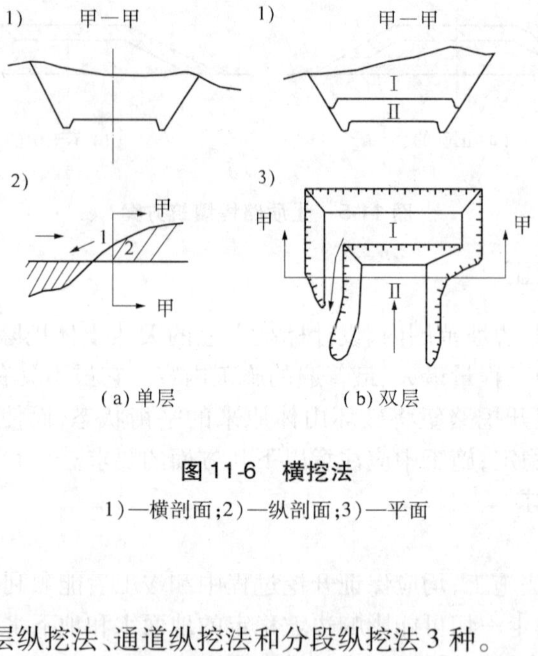

图 11-6　横挖法

1)—横剖面;2)—纵剖面;3)—平面

2. 纵挖法

纵挖法可分为分层纵挖法、通道纵挖法和分段纵挖法 3 种。

1) 分层纵挖法

分层纵挖法是在路堑纵断面沿路堑全宽以深度不大的纵向分层挖掘前进,适宜于路堑宽度和深度均不大的情况,如图 11-7 所示。当开挖地段地面横坡较陡、开挖长度较短(不超过 100 m)且开挖深度不大于 3 m 时,宜采用推土机作业。当挖掘的路堑长度较长(超过 100 m)时,宜采用铲运机或铲运机加推土机助铲作业。

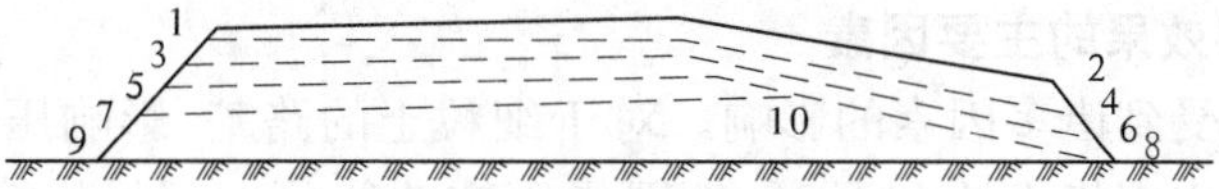

图 11-7　分层纵挖法

2）通道纵挖法

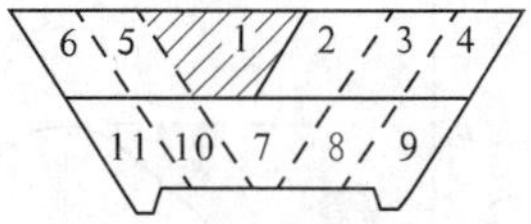

图 11-8　通道纵挖法

通道纵挖法是沿路堑纵向分层，每层纵向挖掘一条通道作为机械运行和出土的通道，然后将通道向两侧拓展，上层通道拓宽至路堑边坡后，再开挖下层通道，如此开挖至设计标高，如图 11-8 所示。该法适宜于路堑较长、较宽和较深，两端地面坡度较小的情况。

3）分段纵挖法

分段纵挖法是在翼侧的适当位置沿纵向将路堑分为几段，各段再纵向开挖进行施工。这种挖掘方法可增加施工作业面，减少作业面之间的干扰，可大大提高工效，适用于路堑较长、弃土运距较远的傍山路堑开挖。施工中需将一侧堑壁横向挖穿作为运土通道，故本法适用于一侧堑壁不厚的情况，如图 11-9 所示。

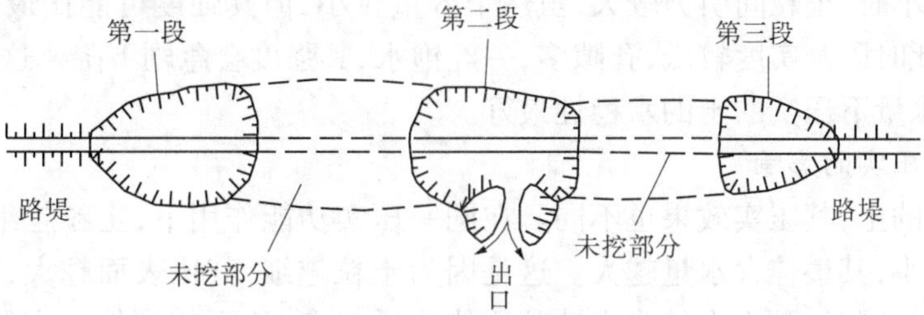

图 11-9　分段纵挖法

3. 混合开挖法

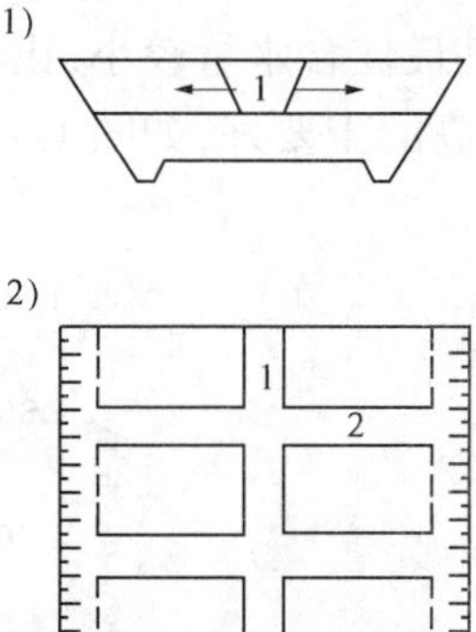

图 11-10　混合开挖法

1）—横剖面；2）—平面

混合开挖法是横挖法与纵挖法的混合使用。开挖时，先沿路堑纵向开挖通道，然后从通道开始沿横向坡面挖掘，以增加开挖坡面，每一开挖坡面能容纳一个施工作业组或一台机械，在挖方量较大地段，还可沿横向再挖通道以安装运土传送设备或布置运土车辆。这种方法适用于路堑纵向长度和深度都很大的地段，见图 11-10。混合开挖方案的干扰性更大，一般仅限于人工施工，对于深路堑，如果挖方工程数量大以及工期受到限制时可考虑采用。

四、路基压实

天然的土或经过挖、运、填等工序后的土较为松散，必须将路基填土充分压实，使路堤具有足够的强度和稳定性，路基压实的效果是影响路基的强度和稳定性的关键因素。

路基压实的目的是提高土的密实度，从而提高土的强度和稳定性，使路基的承载力和沉降值满足工程质量要求。因为它是路基施工中的关键性工序，所以必须予以高度重视。

(一)影响压实效果的主要因素

路基压实效果受到诸多因素的影响。对于细粒土的路基,影响压实效果的因素有内因和外因两方面。内因指土质和湿度,外因指压实功能(如机械性能、压实时间与速度、土层厚度)及压实时的外界自然和人为的其他因素等。弄清这些影响,对深入了解压实的原理和指导压实工作具有重要意义。

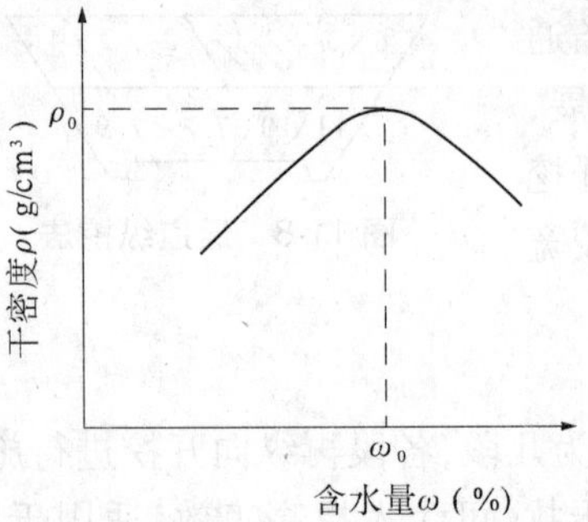

图 11-11　土的含水量与干密度关系曲线

1. 含水量对压实的影响

通过击实试验可以得到土的含水量与密实度的关系曲线,如图 11-11 所示。对一种土来说,如果给定了压实功,那么存在一个最佳含水量,在这个含水量下,土体达到最佳的压实效果。所以,最佳含水量是指在一定的压实功作用下,使路基土具有最大干密度时路基土所对应的含水量。在最佳含水量下压实,最容易获得最佳压实效果,使土达到最大干密度。压实时如控制土的含水量为最佳含水量时,所需耗费的压实功能为最小,土的强度最高。

含水量较小时,土粒间引力较大,虽然干容重较小,但其强度可能比最佳含水量时还要高。可是,此时因密实度较低,孔隙多,一经饱水,其强度会急剧下降。这又得出一个结论:在最佳含水量下压实的土的水稳性最好。

2. 土质对压实的影响

不同类型的土,其压实效果也不同。在同一压实功能作用下,土粒越细,则能达到的最大干密度越小,其最佳含水量越大。这是因为土粒越细,其比表面越大,土粒表面水膜所需水量越多。同时,黏土中的亲水性胶质体物质越多,从而其最佳含水量值越大,干密度也越小。在同一压实功能作用下,土粒的粗颗粒含量较多,则所能达到的最大干密度较大,其最佳含水量较小,比较容易压实。所以,塑性指数较低的碎石土,其压实效果比塑性指数高的土要好,如图 11 12 所示。

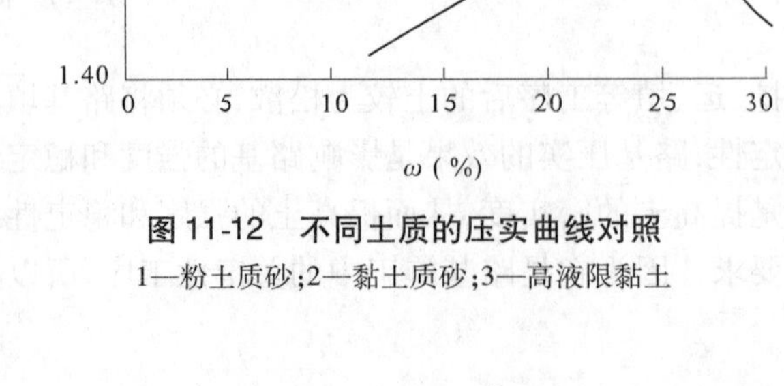

图 11-12　不同土质的压实曲线对照

1—粉土质砂;2—黏土质砂;3—高液限黏土

3. 压实功对压实的影响

压实功是影响压实效果的一个重要因素。压实功不同,其压实效果不一样。施加的压实功大小和方法,主要体现在施工工艺上,如所选择的机械设备的重量、功率,以及压实次数和压实的分层厚度等。随着压实功的增加,最大干密度也增加,同时其最佳含水量随之减小。含水量相同时,土的干密度随着压实功的增大而增大。因此,在路基压实过程中,有时采用增加压实功的方法来提高压实效果。增大压实功的措施有:加大碾压机械的质量和功率,采用振动压路机,增加碾压次数和碾压时间,控制压实厚度等。如图 11-13 所示。

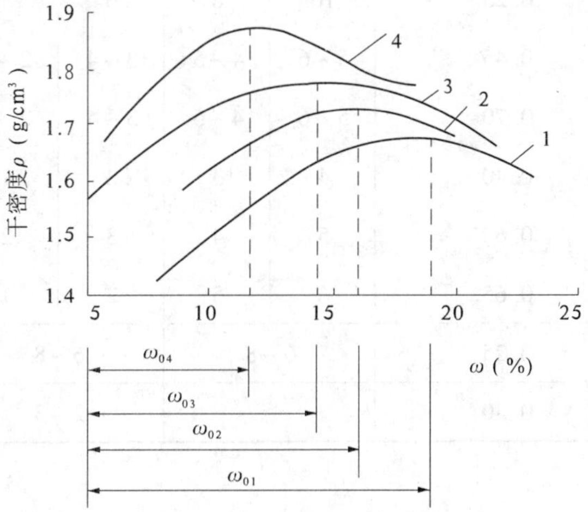

图 11-13 不同压实功能的压实曲线

图中 1~4 曲线的功能分别为 600 kN·m、1 150 kN·m、2 300 kN·m、3 400 kN·m

对同一类土,土的干密度随着压实功能的增加而增大。但是,当压实功能增大到一定程度后,最大干密度的提高并不明显,而且压实功能过大还会破坏土体结构,效果适得其反。所以,既要保证路基充分压实,也不能单纯通过增大压实功能提高压实效果。

综上所述,土质、含水量、压实功是影响土体压实的主要因素,这些因素互相制约和相互关联。为了取得最佳的压实效果,并且又要合理和经济,就应采用良好的土质作为路基的填料,控制压实过程土的含水量,根据不同的土质,选择合适的机械设备,采取合理的施工方法,使路基充分压实,达到施工的质量要求。

(二)压实施工

1. 压实机具的种类

土基压实机具的类型较多,大致分为碾压式、夯击式和振动式三大类。碾压式(又称静力碾压式),包括光面碾(普通的两轮和三轮压路机)、羊足碾和气胎碾等几种。夯击式中除人工使用的石硪、木夯外,机动设备中有夯锤、夯板、风动夯及蛙式夯机等。振动式中有振动器、振动压路机等。此外,运土工具中的汽车、拖拉机以及土方机械等,亦可用于路基压实。各种压路机的技术性能见表 11-2。

表 11-2　压路机的技术性能

机具名称	最大有效压实厚度（实厚）(m)	碾压行程次数				适宜的土类
		黏性土	亚黏土	粉砂土	砂黏土	
人工夯实	0.10	3～4	3～4	2～3	2～3	黏性土与砂性土
牵引式光面碾	0.15	—	—	7	5	黏性土与砂性土
羊足碾(2个)	0.20	10	8	6	—	黏性土
自动式光面碾 5 t	0.15	12	10	7	—	黏性土与砂性土
自动式光面碾 10 t	0.25	10	8	6	—	黏性土与砂性土
气胎路碾 25 t	0.45	5～6	4～5	3～4	2～3	黏性土与砂性土
气胎路碾 50 t	0.70	5～6	4～5	3～4	2～3	黏性土与砂性土
夯击机 0.5 t	0.40	4	3	2	1	砂性土
夯击机 1.0 t	0.60	5	4	3	2	砂性土
夯板 1.5 t 落高 2 m	0.65	6	5	2	1	砂性土
履带式	0.25	6～8		6～8		黏性土与砂性土
振动式	0.40	—		2～3		砂性土

2. 压实机具选择

在土基压实过程中，选择合适的压实机具的类型和数量，对于取得较好的压实效果、提高作业效率十分重要。不同压实机具，适用于不同土质及不同土层厚度等条件，这是选择压实机具的主要依据。一般来说，轻型光轮压路机（6～8 t）适用于各种填料的预压整平；重型光轮压路机（12～15 t）适用于细粒土、砂类土和砾石土；重型轮胎压路机（30 t 以上）适用于各种填料，尤其是细粒土，其气胎压力应根据填料种类进行调整，土颗粒越细气压越高；羊足碾（包括格式的和条式的）最适用于细粒土，亦适用于压实粉土质与黏土质砂，羊足碾需有光轮压路机配合对被翻松的表层进行补压；振动压路机具有滚压和振动的双重作用，用于砂类土、砾石土和巨粒土，其效果远远优于其他压实机械，但对细粒土的压实效果不理想。

此外，压实机具对土施加的外力，应有所控制，以防功能太大，压实过度，并防止失效、浪费或有害。一般认为，压实时的单位压力，不应超过土的强度极限。不同土的强度极限，与压实机具的重量、相互接触面积、施荷速度及作用时间（遍数）等因素有关。

选择压实机具时，还应考虑土的状态、层厚及对压实度的要求、工作面大小等因素。一般地，当土的含水量小、土层厚、压实度要求高时，应选择重型机具，反之，可选用轻型机具；工作面较大时，应采用碾压机具，较小时宜采用夯实机具。

各种土类适宜的碾压机械可参考表 11-3。

表 11-3　各种土质适宜的碾压机械

机械名称	细粒土	砂类土	砾石土	巨粒土	备注
6～8 t 两轮光轮压路机	A	A	A	A	用于预压整平
12～18 t 两轮光轮压路机	A	A	A	B	最常使用
25～50 t 轮胎压路机	A	A	A	A	最常使用
羊足碾	A	C 或 B	C	C	粉、黏土质砂可用
振动压路机	B	A	A	A	最常使用
凸块式振动压路机	A	A	A	A	最宜使用含水量较高的细粒土
手扶式振动压路机	B	A	A	C	用于狭窄地点
振动平板夯	B	A	A	B 或 C	用于狭窄地点，机械质量 800 kg 的可用于巨粒土
手扶式振动夯	A	A	A	B	用于狭窄地点
夯锤（板）	A	A	A	A	夯击影响深度最大
推土机、铲运机	A	A	A	A	仅用于摊平土层和预压

注：1. A 代表使用；B 代表无适当机械可用；C 代表不适用。

2. 土的类别按《公路土工试验规程》的规定划分。

3. 对特殊土和黄土（CLY）、膨胀土（CHE）、盐渍土等的压实机械选择可按细粒土考虑。

4. 自行式压路机宜用于一般路堤路堑基底的换填等的压实，宜采用直线式进退运行。

5. 羊足碾应有光轮压路机配合使用。

各种压实机具碾压不同土质的适宜厚度和所需压实遍数与填土的实际含水量及所要求的压实度大小有关，应根据试验路段的试压结果确定。

3. 压实工作的组织

压实工作应以压实原理为依据，以尽可能小的压实功能获得良好的压实效果为目的进行认真组织，并注意以下要点。

（1）压实机具应先轻后重，以便适应逐渐增长的土基强度。开始时土体较疏松，强度低，故宜先轻压，随着土体密度的增加，再逐步提高压强。推运摊铺土料时，应力求机械车辆均匀分布行驶在整个路堤宽度内，以便填土得到均匀预压。

（2）碾压速度应先慢后快。压路机行驶速度过慢则影响生产率，行驶过快则对土的接触时间过短，压实效果较差。一般光轮静碾压路机的最佳速度为 2～5 km/h，振动压路机为 3～6 km/h。所以，各种压路机械的最大速度不宜超过 4 km/h。对压实度要求高，以及铺土层较厚时，行驶速度更要慢些。碾压开始宜用慢速，随着土层的逐步密实，速度逐步提高。

（3）压实机具合理的工作路线，一般应先两侧后中间，以便形成路拱。在弯道部分设有超高时，由低的一侧边缘向高的一侧边缘碾压，以便形成单向超高横坡。碾压时，相邻两次的轮迹（或夯印）应重叠 1/3 左右，使各点都得到压实，避免土基产生不均匀沉陷。

（4）压实土层的密实度随深度递减，表面 5 cm 的密实度最高。填土分层的压实厚度和压实遍数与压实机械类型、土的种类和压实度要求有关，应通过试验路来确定。同样质量的振动压路机要比光轮静碾压路机的压实有效深度大 1.5 ~ 2.5 倍。如果压实遍数超过 10 遍仍达不到压实度要求,则继续增加遍数的压实效果很小,不如减小压实层厚。

(5)经常注意并检查土的含水量,并视需要采取相应措施,以保证压实质量。

第三节 石质路基施工

一、填石路堤施工方法

填石路堤一般是指用粒径大于 40 mm,含量超过 70% 的石料填筑的路堤。

填石路堤的填筑施工方式有倾填和逐层填筑、分层压实两种。倾填施工可以由岩面爆破的石块直接散落填筑,或者用推土机将爆破后的石块推入路堤填筑。倾填法是将石料从高处自然落下,石料间难免犬牙交错,空隙较大,故倾填路堤的压实、稳定等问题较多。因此,二级及二级以下且铺设低级路面的公路在陡峻山坡段施工困难或大量爆破以挖作填时,可采用倾填方式将石料填筑于路堤下部,但倾填路堤路床底面在不小于 1.0 m 范围内仍应分层填筑压实。对于高速公路、一级公路和铺设高级路面的其他等级公路的填石路堤不宜采用倾填式施工,而应采用逐层填筑、分层压实的方法。

逐层填筑施工可分为机械作业和人工作业两种方式。机械施工分层填筑时,高速公路及一级公路分层松铺厚度一般为 50 cm;其他公路为 100 cm。逐层填筑时,应安排好石料运行路线,专人指挥,按水平分层,先低后高、先两侧后中间卸料。摊铺整平工作采用大型推土机进行,个别不平处应配合人工用细石块、石屑找平。人工摊铺、填筑填石路堤,当铺填粒径 25 cm 以上石料时,应先铺填大块石料,大面向下,小面向上,摆平放稳,再用小石块找平,石屑塞填,最后压实。人工铺填粒径 25 cm 以下石料时,可直接分层摊铺,分层碾压。

填石路堤其密实程度的判定方法目前国内外尚无统一的规定。我国现行《公路工程质量检验评定标准》(JTG F80—2004)规定:采用振动压路机分层碾压,压至填筑层顶面石块稳定,18 t 以上压路机振压两遍无明显高程差异,压实层顶面稳定,不再下沉时,可判为密实状态。

二、岩石路堑爆破方法

山区高等级公路路基石方工程量大,而且集中,一般占土石方总量的 45% ~75%,目前爆破法仍是石方路基施工最有效的方法。所谓爆破法就是利用炸药爆炸时产生的热和高压,使岩石或周围的介质受到破坏或产生移位。

(一)爆破作业的施工程序

(1)对爆破人员进行技术和安全教育。

(2)对爆破器材进行检查和试验。

(3)清除岩石表面的覆盖土及松散石层,确定炮型,选择炮位。

(4)钻眼或挖坑道、药室,装药及堵塞。

(5)敷设起爆网路。

(6)警戒。

(7)起爆。

(8)清理爆破现场(处理瞎炮,测定爆破效果等)。

(二)常用的爆破方法

根据石方的集中程度,地质、地形条件,公路路基断面的形状,开挖岩石路堑所采用的爆破方法一般可分为中小型爆破和大型爆破两种。中小型爆破主要包括钢钎炮、深孔爆破等钻孔爆破、药壶炮和猫洞炮等,大型爆破主要指采用导洞和药室装药,用药量在 1 000 kg 以上的爆破。现将各种爆破方法特性分述如下。

1. 钢钎炮(眼炮)

在路基工程中,钢钎炮通常指眼炮直径和深度分别小于 7 cm 和 5 m 的爆破方法。一般情况下,单独使用钢钎炮爆破石方是不大经济的,其原因是:①炮眼浅,用药少,每次爆破的方数不多,并全靠人工清除,所以功效较低。②不利于爆破能量的利用。由于眼浅,爆破时爆炸气体很容易冲出,变成不做功的声波,以致响声大而炸下的石方不多,个别石块飞得很远。因此,在公路工程中,应尽可能少用这种炮型。但是,由于它比较灵活,因而它又是一种不可缺少的炮型,在地形艰险及爆破量较小地段(如打水沟、开挖便道、基坑等)仍属必需,在综合爆破中是一种改造地形,为其他炮型服务的辅助炮型。

2. 深孔爆破

深孔爆破就是孔径大于 75 mm、深度 5 m 以上、采用延长药包的一种爆破方法。炮孔需用大型的潜孔凿岩机或穿孔机钻孔,如用挖运机械清方可以实现石方施工全面机械化,是大量石方(1 万 m^3 以上)快速施工的发展方向之一。其优点是劳动生产率高,一次爆破的方量多,施工进度快,爆破时对路基边坡的影响比大炮小。若配合预裂或光面爆破,则边坡平整稳定,爆破效果容易控制,爆破时比较安全。但由于需要用大型机械,故转移工地、开辟场地、修筑便道等准备工作都较复杂,且爆破后仍有 10% ~25% 的大石块需经第二次爆破改小。

3. 微差爆破

两相邻药包或前后排药包以毫秒的时间间隔(一般为 15 ~75 ms)依次起爆,称为微差爆破,亦称毫秒爆破。多数一次爆破最好采用毫秒雷管。当装药量相等时,其优点是:可减震 1/3 ~2/3;前发药包为后发药包开创了临空面,从而加强了岩石的破碎效果;降低多排孔一次爆破的堆积高度,有利于挖掘机作业;由于逐发或逐排依次爆破,减少了岩石夹制力,可节省炸药 20%,并可增大孔距,提高每米钻孔的炸落方量。

4. 光面爆破和预裂爆破

光面爆破是在开挖界限的周边,适当排列一定间隔的炮孔,在有侧向临空面的情况下,用控制抵抗线和药量的方法进行爆破,使之形成一个光滑平整的边坡。

预裂爆破是在开挖界限处按适当间隔排列炮孔,在没有侧向临空面和最小抵抗线的情况下,用控制药量的方法,预先炸出一条裂缝,使拟爆体与山体分开,作为隔震减震带,起保护和减弱开挖界限以外山体或建筑物的地震破坏作用。光面与预裂爆破后,在边坡壁上通常均留下半个炮孔的痕迹。

5. 药壶炮(烘膛炮)

药壶炮是指在深2.5～3.0 m以上的炮眼底部用少量炸药经一次或多次烘膛,使眼底成葫芦形,将炸药集中装入药壶中进行爆破。

此法适用于结构均匀致密的硬土、次坚石、坚石。当炮眼深度小于2.5 m,或节理发达的软石、岩层很薄,渗水或雨季施工时,不宜采用。如果自然地面坡度较缓,一般先用钢钎炮切脚,炸出台阶后再使用。

装药量可根据药壶体积而定,一般介于10～60 kg之间。每次可炸岩石数十立方米至数百立方米,是小炮中最省工、省药的一种方法。

6. 猫洞炮(蛇穴炮)

猫洞炮是指炮洞直径为0.2～0.5 m,洞穴成水平或略有倾斜,深度小于5 m,用集中药包在炮洞中进行爆破的一种方法。其特点是充分利用岩体本身的崩塌作用,能用较浅的炮眼爆破较高的岩体,一次爆破可炸松15～150 m^3。

其最佳使用条件是:岩石等级一般为Ⅸ级以下,最好是Ⅴ～Ⅶ级;阶梯高度最少应大于眼深的两倍,自然地面坡度不小于50°,最好在70°左右。在有裂缝的软石和坚石中,阶梯高度大于4 m,药壶炮不易形成时,采用这种爆破方法,可以获得好的爆破效果。

7. 大型爆破

大型爆破主要采用导洞和药室装药进行爆破,爆破威力大,使用时要慎重,必须在施工前做好技术设计。

为使药包集中,药室宜作成近似立方体,药室断面应按设计规范开挖。导洞与药室之间用横洞连接,两者保持垂直,药室中心与导洞中心一般不小于2.5 cm。导洞分竖井和平洞两种,竖井深度不宜大于16 cm,如超过或有地下水,最好采用平洞,平洞总长度以30 cm为宜。为减少爆破后的清方工作量,保证路基的稳定性,可根据地形和路基断面形式,采用抛掷爆破、定向爆破、松动爆破等不同性质的洞室炮爆破方法。

大型爆破威力大,效率高,可以缩短工期,节约劳力,技术安全可靠性也大,但使用不当,则可能破坏山体平衡,造成路基后遗病害。使用时必须进行现场调查,摸清当地的工程地质条件及周围环境,通过技术经济比较来确定。

第四节　路面基垫层施工

基层是路面结构中的承重层,主要承受由面层传来的车辆荷载的垂直力,并扩散到下面的垫层和土基中去,它应具有足够的强度和刚度,并具有良好的扩散应力的能力。基层按所用的材料可分为无机结合料稳定类整体型(也称半刚性型)和粒料类嵌锁型、级配型。具体分类见表11-4。

垫层介于土基与基层之间,它的功能是改善土基的湿度和温度状况,以保证面层和基层的强度、刚度和稳定性不受土基水温状况变化所造成的不良影响;将基层传下的车辆荷载应力加以扩散,以减小土基产生的应力和变形;同时,也能阻止路基土挤入基层中,影响基层结构的性能。常用的垫层材料分为两类:一类是由松散粒料,如砂、砾石、炉渣等组成的透水性垫层;另一类是用水泥或石灰稳定土等修筑的稳定类垫层。

表 11-4　各种常用基层类型

无机结合料稳定类整体型	水泥稳定类		包括水泥稳定砂砾、砂砾土、碎石土、未筛分碎石、石渣、石屑、高炉矿渣、土等
	石灰稳定类		包括石灰稳定土(石灰土)、天然砂砾土、天然碎石土以及石灰稳定级配砂砾和级配碎石
	石灰工业废渣稳定类	石灰粉煤灰类	包括石灰粉煤灰、石灰粉煤灰土、二灰砂、二灰砂砾、二灰碎石
		石灰煤渣类	石灰煤渣、石灰煤渣土、石灰煤渣碎石、石灰煤渣砂砾、石灰煤渣矿渣等
粒料类嵌锁型、级配型	嵌锁型		包括泥结碎石、泥灰结碎石、填隙碎石等
	级配型		包括级配碎石、级配砾石、级配砂砾等

本节主要对路面常用基(垫)层类型的施工程序和方法进行介绍。

一、无机结合料稳定类基层施工

在粉碎的或原状松散的土中掺入一定量的无机结合料(包括水泥、石灰或工业废渣等)和水,经拌和得到的混合料在压实与养生后,其抗压强度符合规定要求的材料称为无机结合料稳定材料。

无机结合料稳定材料具有稳定性好、抗冻性能强、结构本身自成板体等特点,但其耐磨性差,因此广泛用于修筑路面结构的基层和底基层。我国常用的稳定土路面结构有石灰稳定类、水泥稳定类和石灰工业废渣稳定类 3 种,各类无机结合料稳定类基层施工方法较为相似,故在此主要对石灰稳定土基层和水泥稳定粒料基层的施工方法进行详细介绍。

(一)石灰稳定土基层施工

1. 路拌法施工

1)准备工作

(1)备灰。选择公路两侧宽敞、邻近水源、便于运输且地势较高的场地集中堆放。生石灰应在使用前 7 ~ 10 d 进行充分消解,并过 10 mm 筛,熟石灰粉应尽快使用,不宜存放过久。进场的生石灰块应妥善保管,加棚盖或覆土储存,应尽量缩短生石灰的存放时间。

(2)备土。石灰土混合料的用土应按照《公路土工试验规程》(JTG E40—2007)的规定进行试验,其塑性指数 I_p 应为 12 ~ 18(100 g 平衡锥法)。粉碎土中 10 ~ 25 mm 团块的含量不得超过总重的 5%。土中硫酸盐含量应不超过 0.8%,腐殖质含量应不超过 10%。

(3)混合料配比设计。①应按指定的配比,在石灰土层施工前 10 ~ 15 d 进行现场试配。②考虑到石灰在施工过程中的损耗,允许实际用灰量可比设计值高出 0.5% ~ 1%。③确定混合料的松铺系数(混合料的干压实密度与松铺干密度之比值)。

2)摊铺

摊铺土料前,应先在土基上洒水湿润,但不应过分潮湿而造成泥泞。然后,将土料按计算用量用平地机或其他合适的机具均匀地摊铺在预定的宽度上,表面应力求平整,并有规定的路拱。如黏土过干,应事先洒水闷料,使它的含水量略小于最佳值(一般至少闷料一夜)。施工过程中除了洒水车外,严禁其他车辆在土料层上通行。然后按计算用量摊铺石灰,石灰应摊铺均匀。摊铺完后,应量测石灰土的松铺厚度,并校核石灰用量是否合适。

3)拌和与洒水

石灰土拌和应采用拌和机(宝马机或功效与之相当的其他型号拌和机)。拌和机应先将拌和深度调整好,由两侧向中心拌和,每次拌和应重叠 10 ~ 20 cm,防止漏拌。先干拌一遍,然后视混合料的含水情况、碾压时最佳含水量的要求,考虑拌和后碾压前的蒸发,适当洒水(一般可比最佳含水量大 1% 左右),再进行补充拌和,以达到混合料颜色一致,没有灰条、灰团和花面为止。在两工作段的搭接部分,应在前一段拌和后留 5 ~ 8 m 不进行碾压,待后一段施工时,将前段留下未压部分一起再进行拌和。

拌和开始阶段要反复检查拌和深度,防止留有"素土"夹层或切入下承层过深,以免影响混合料的石灰剂量及底部压实。

洒水要求用喷管式洒水车,并及时检查含水量。洒水车起洒处和另一端"调头"处都应超出拌和段 2 m 以上。洒水车不应在进行拌和的路段以及当天计划拌和的路段上"调头"和停留,以防局部水量过大。

4)整型

混合料拌和均匀后运到现场经摊铺达预定的松厚之时,即应进行初整型。在直线段,平地机由两侧向路中心进行刮平;在平曲线超高段,平地机由内侧向外侧刮平。初整型的灰土可用履带拖拉机或轮胎压路机稳压 1 ~ 2 遍,再用平地机进行整型,并用上述压实机械再碾压一遍。在整型过程中,禁止任何车辆通行。

对局部低洼处,应用齿耙将其表层 5 cm 以上耙松,并用新拌的灰土混合料找补平整,再用平地机整型一次。

5)碾压

混合料表面整型后应立即开始压实,混合料的压实含水量应在最佳含水量的 ±1% 范围内,如因整型工序导致表面水分不足,应适当洒水。

直线段由两侧路肩向路中心碾压,超高段由内侧路肩向外侧路肩碾压,碾压时后轮应重叠 1/2 的轮宽,后轮必须超过两段的接缝处。后轮(压实轮)压完路面全宽时,即为一遍。一般需碾压 6 ~ 8 遍。压路机碾压速度,头两遍采用一挡(1.5 ~ 1.7 km/h)为宜,以后用二挡(2.0 ~ 2.5 km/h)。路面两侧应多压 2 ~ 3 遍。

碾压过程中,石灰土的表面应始终保持湿润,如表面水分蒸发太快,应及时补充洒水,以防表面开裂。石灰土碾压中如出现"弹簧"、松散、起皮等现象,应及时翻开晾晒或换新混合料重新拌和碾压。在碾压结束之前,用平地机再终平一次,使其纵向顺适,路拱和超高符合设计要求。终平时,必须将局部高出部分刮除,并扫出路外。

严禁压路机及其他机械在已完成的或正在碾压的路上"调头"和急刹车,以保证灰土表面不受破坏。如必须在其上进行"调头",应采取措施(如覆盖 10 cm 厚的砂或砂砾)保护"调头"部分的灰土表面,使石灰土表层不受破坏。

不管路拌或场拌,其拌压间隔时间不得多于 2 d。

6)养护

刚压实成型的石灰土基层,至少在保持潮湿状态下养护 7 d。养护方法可视具体情况采用洒水、覆盖砂等。养护期间石灰土表层不应忽干忽湿,每次洒水后应用两轮压路机将表层压实。

在养护期间未采用覆盖措施的石灰土基层上，除洒水车外，应封闭交通；在采用覆盖措施的石灰土基层上，不能封闭交通时，应当限制车速不得超过 30 km/h。

2. 厂拌(或集中厂拌)法施工

以上方法是路拌法施工，除此之外石灰土基层施工还可以采用厂拌法施工。两种方法区别主要在于拌和和摊铺两道工序的差异。

1)拌和

石灰稳定土应在中心站用强制式拌和机、双转轴桨叶式拌和机等稳定土拌和设备进行集中拌和。在正式拌制稳定土混合料之前，应先调试所用的拌和设备，使混合料的配比和含水量都达到规定要求。

稳定土混合料正式拌制时，应将土块粉碎，必要时，筛除原土中大于 15 mm 的土块；配料要准确，各料(石灰、土、加水量)可按重量配比，也可按体积配比；拌和要均匀；加水量要略大于最佳含水量的 1% 左右，使混合料运至现场摊铺后，碾压时的含水量能接近最佳含水量。

成品料露天堆放时，应减少临空面(建议堆成圆锥体)，并注意防止雨水冲刷。对屡遭日光暴晒或受雨淋的料堆表面层材料应在使用前清除。上路摊铺前，应检测混合料中的有效 CaO + MgO 含量，如达不到要求，应在运料前加料(消石灰)重拌。成品料运达现场摊铺前应覆盖，以防水分蒸发。

2)摊铺

可用稳定土摊铺机、沥青混凝土摊铺机或水泥混凝土摊铺机摊铺混合料；如没有上述摊铺机，也可用摊铺箱摊铺。

拌和机与摊铺机的生产能力应互相协调。如拌和机的生产能力较低，在用摊铺箱摊铺混合料时，应尽量采用最低速度摊铺，减少摊铺机停机待料的情况。

如石灰土层分层摊铺，应先将下层顶面拉毛，再摊铺上层混合料。石灰土混合料摊铺时的松铺系数应视摊铺机机械类型而异，必要时，通过试铺碾压求得。厂拌混合料的摊铺段，应安排当天摊铺当天压实。

(二)水泥稳定粒料基层施工

1. 施工一般要求

(1)水泥稳定碎石层施工期的最低气温在 5 ℃以上，并在第一次冰冻来之前半个月到一个月完成。

(2)水泥稳定碎石混合料从拌和到碾压之间的延续时间宜控制在 3 ~ 4 h。

(3)确定每一作业段的合理长度时，必须综合考虑下列因素：①水泥的终凝时间；②施工季节和气候条件；③延缓时间对混合料密度和抗压强度的影响；④施工机械的效率和数量；⑤操作的熟练程度；⑥尽量减少接缝。

2. 施工工序

1)底基层准备

按底基层的有关检验标准进行复检，凡不合格的路段进行整修，使其达到标准，底基层表面应平整、坚实、具有规定的路拱，没有任何松散和软弱地点。

2）拌和与摊铺

混合料应在中心拌和厂拌和，可采用间歇式或连续式拌和设备。

所有拌和设备都应按比例（重量比或体积比）加料，配料要准确，其加料方法应便于监理工程师对每盘的配合比进行核实。拌和要均匀，含水量要略大于最佳值，使混合料运到现场摊铺碾压时的含水量不小于最佳值，运距远时，运送混合料的车箱应加以覆盖，以防水分损失过多。

用平地机或摊铺机按松铺厚度摊铺，摊铺要均匀，如有粗细料离析现象，应以人工或机械补充拌匀。

3）整型

混合料在摊铺后，立即用平地机初平和整型。在直线段，平地机由两侧向路中心进行刮平；在平曲线段，平地机由内侧向外侧进行刮平。需要时再返回刮一遍。

4）碾压

（1）整型后，当混合料的含水量等于或大于最佳含水量时，立即用停振的振动压路机在全宽范围内先静压1～2遍，然后打开振动器均匀压实到规定的压实度。碾压时振动轮必须重叠。通常除路面的两侧应多压2～3遍以外，其余各部分碾压到的次数应尽量相同。

（2）碾压过程中，水泥稳定碎石的表面应始终保持潮湿，如表层蒸发过快，应尽快泼洒少量的水。如有"弹簧"、松散、起皮等现象，应及时翻开重新拌和（如加少量的水泥）或采用其他方法处理，使其达到质量要求。

（3）在碾压过程结束之前，用平地机再终平一次，使其纵向顺适，路拱和标高符合规定要求，终平时应仔细用路拱板校正，必须将高出部分刮除，并扫出路外。

（4）严禁压路机在已完成的或正在碾压的路段上"调头"或急刹车。

5）养护及交通管制

每一段碾压完成后应立即开始养护，不得延误。在整个养护期间都应使水泥稳定碎石层保持潮湿状态，养护结束后，必须将覆盖物清除干净。

在养护期间未采用覆盖措施的水泥稳定碎石层上，除洒水车外，应封闭交通，在采用覆盖措施的水泥稳定碎石层上不能封闭交通时，应限制重车通行，其他车辆车速不得超过30 km/h。

在水泥稳定碎石层上铺筑沥青面层时，宜紧接在基层碾压成型后，表面稍变干燥但尚未硬化的情况下，立即浇透层油。

6）接缝处理

（1）当天接缝。当天两工作段的衔接处，应搭接拌和，即先施工的前一段尾部留5～8 m不进行碾压，待第二段施工时，对前段留下未压部分再加部分水泥，重新拌和，并与第二段一起碾压。

（2）隔天接缝。应十分注意每天最后一段末端缝（即工作缝）的处理，工作缝应成直线，而且上下垂直，经过摊铺整型的水泥稳定碎石当天应全部压实，不留尾巴。第二天铺筑时，为了使已压成型的稳定边缘不致遭受破坏，应用方木（厚度与其压实后厚度相同）保护，碾压前将方木提出，用混合料回填并整平。

二、嵌锁型粒料类基层施工

嵌锁型粒料类基层，其强度主要来自碎石颗粒之间的嵌锁和摩阻作用所形成的内摩阻力，而颗粒之间的黏结力是次要的。按施工方法及所用填充结合料的不同，可分为泥结碎石、泥灰结碎石和填隙碎石等数种。

（一）泥（灰）结碎石基层

1. 泥结碎石施工

泥结碎石层施工方法有灌浆法、拌和法及层铺法三种。实践证明，灌浆法具有较高的强度和稳定性，因而目前采用较多。灌浆法泥结碎石路面施工，一般按下列工序进行。

1）准备工作

准备工作包括放样、布置料堆、整理路槽（或基层）与拌制泥浆等。泥浆一般按水与土为0.8:1～1:1的体积比进行拌和配制。如过稠，则灌不下去，泥浆要积在石层表面；如过稀，则易流淌于石层底部，干后体积缩小，黏结力降低，均将影响路面的强度和稳定性。

2）摊铺碎石

在路槽筑好以后，按松铺厚度（一般为压实厚度的1.2～1.3倍）摊铺碎石，要求大小颗粒均匀分布，纵横断面符合要求，厚度一致。主层矿料粒径底层一般采用1～2号或2～3号碎石，面层一般采用3～4号碎石。

3）预压

碎石铺好后，用轻型压路机碾压，碾速宜慢，一般每分钟25～30 m，轮迹重叠25～30 cm。一般碾压6～10遍，至石料无松动为止。过多碾压将堵塞碎石缝隙，妨碍灌浆。

4）浇灌泥浆

在预压的碎石层上，浇灌泥浆，泥浆要浇得均匀、浇得透，以灌满孔隙、表面与碎石齐平为度，但碎石棱角仍应露出泥浆。

5）撒嵌缝料

灌浆1～2 h后，待泥浆下注，空隙中空气溢出，表面未干前撒铺5～15 mm的嵌缝料（1～1.5 m^3/(100 m^2)），嵌缝料要撒得均匀。

6）碾压

撒过嵌缝料后，即用中型压路机进行碾压，并随时注意用扫帚将石屑扫匀。如表面太干须略微洒水碾压，如表面太湿须待干后再压。最终碾压阶段，需使碎石缝隙内泥浆能翻到路面上与所撒石屑黏结成一个坚实的整体为止。

2. 泥灰结碎石施工

泥灰结碎石基层的施工程序和质量要求与泥结碎石路面相同。采用拌和法时，应先将石灰与黏土拌和均匀，再撒在石料上拌和，摊铺均匀，边压边洒水，使石灰与土在碾压中成浆并充满空隙。

（二）填隙碎石基层

填隙碎石是采用单一尺寸的粗碎石作集料，用石屑填充碎石间的孔隙，经摊铺压实而成。其厚度一般为10～25 cm。填隙碎石基层集料是采用较为单一的石料，其强度的形成主要是靠碎石间的嵌挤锁结作用。一般用于路面结构中的基层、底基层和垫层。

填隙碎石基层的施工分干法和湿法两种。碎石材料摊铺后,不洒水或少洒水,依靠压实嵌锁成型的称为干压碎石。为便于压实,可在碾压前充分洒水,以降低碎石颗粒间的摩擦力,而碾压过程中所产生的石粉与水形成的石粉浆还具有黏结作用,这种做法称做水结碎石。

1. 干法施工

1)准备工作

准备下承层,下承层表面应平整、坚实、具有规定的拱度,达到规定的压实度,满足强度和稳定性要求;然后备料,依据各路段基层或底基层的宽度、厚度及松铺系数,计算各路段所需要的粗碎石数量,填隙料的用量为粗碎石重量的30% ~40%。

2)摊铺粗碎石和初压

用平地机或其他合适的机具将粗碎石均匀地摊铺在预定宽度上,松铺系数为1.2 ~ 1.3,力求表面平整,并具有规定的拱度,同时检查松铺材料厚度,控制设计标高,满足要求后进行初压。

初压粗碎石用8 t两轮压路机碾压3 ~4 遍。使粗碎石稳定就位,在第一遍碾压后应再次找平。初压终了时,表面应平整,并具有要求的拱度和纵坡。

3)摊铺填隙料和碾压

(1)撒铺填隙料:用石屑撒布机或类似的设备将干填隙料均匀地撒铺在已压稳的粗碎石上,松厚为2.5 ~3.0 cm。必要时,用人工或机械扫(滚动式钢丝扫)扫匀。

(2)碾压:用振动压路机慢速碾压,将全部填隙料振入碎石孔隙中,如没有振动压路机可用重型振动板。路面两侧应多压2 ~3 遍。

(3)再次撒铺填隙料:将干的填隙料用石屑撒布机或类似的设备撒铺在粗碎石层上,松铺厚度2.0 ~2.5 cm,用人工或机械扫扫匀。

(4)再次碾压:用振动压路机将填隙料振压入粗碎石间孔隙中。振压过程中对局部填隙料不足之处,用人工进行找补,将局部多余的填隙料用竹扫帚扫到不足之处或扫出路外。

(5)振动压路机再次碾压后,如表面仍有未填满的孔隙,则还需补撒填隙料,用振动压路机继续振压,直到全部孔隙被填满为止。同时将局部多余的填隙料铲除或扫除,填隙料不应在粗碎石表面自成一层,表面必须见到粗碎石。如在填隙碎石层上铺筑沥青面层,应使粗碎石棱角外露3 ~5 mm。

4)终压

填隙碎石表面孔隙全部填满后,用12 ~15 t 三轮压路机再碾压1 ~2 遍。在碾压过程中不应有任何蠕动现象。碾压之前,宜在表面先洒少量水。

设计厚度超过一层铺筑厚度,需在上面再铺一层时,应将已压成的填隙碎石层表面的粗料扫除一些,使表面粗碎石外露5 ~10 mm。然后在上面摊铺第二层粗碎石,施工程序同前所述。

2. 湿法施工

湿法施工在粗碎石表面用填隙料将孔隙全部填满前的施工程序与干法施工相同,所不同的有以下几个方面。

(1)洒水:在粗碎石孔隙填满后,立即用洒水车洒水,直到饱和。

(2)碾压滚浆:用 12 ~ 15 t 三轮压路机跟在洒水车后面进行碾压。在碾压过程中,将湿填隙料继续扫入所出现的孔隙中,需要时再添加新的填隙料。洒水和碾压应一直进行到细集料和水形成粉砂浆为止。粉砂浆应有足够的数量,以填塞全部孔隙,并在压路机前形成微波纹状。

(3)干燥:碾压完成的路段需留出一段时间让水分蒸发。结构层变干后,表面多余的细料以及任何自成一薄层的细料覆盖层,都应扫除干净。

如果设计超过一层铺筑厚度,需在上面再铺一层时,待结构层变干后,在上面再摊铺第二层粗碎石,施工工序同前。

三、级配型粒料类基层施工

(一)级配砾(碎)石基层

级配砾(碎)石基层,是由各种集料(砾石或碎石)和土,按最佳级配原理修筑而成的基层。由于级配砾(碎)石是用大小不同的材料按一定比例配合、逐渐填充空隙,并用黏土黏结,故经过压实后,能形成密实的结构。级配砾(碎)石基层是由摩阻力和黏结力构成抗剪强度,具有一定的水稳性和力学性能。

1. 级配砾石基层施工

级配砾石基层一般按拌和法施工,路拌法施工程序如下。

1)准备下承层

下承层表面应平整、密实,具有规定的拱度,没有任何松散的材料和软弱地点,强度和稳定性满足要求。

2)备料

根据各路段基层或底基层的厚度、宽度及预定的干密度,计算各段(20 ~ 50 m)所需材料数量,备好料。

3)铺料

如果铺料是一种满足级配要求的材料可直接按计算材料用量摊铺在下承层上。如由两种或两种以上材料组成,应先将主要集料按计算用量运到路上,均匀摊铺后,再将另外的材料运到其上面均匀摊铺,这样可以保证拌和均匀。人工摊铺混合料时,其松铺系数均为 1.45 ~ 1.50,松铺系数的准确数值,可事先通过试验路段确定。铺料力求均匀,表面平整,并具有规定的拱度,最后要检测松铺材料的厚度。

4)拌和与整型

拌和是修好级配路面的重要施工环节,可用平地机和拖拉机牵引多铧犁进行。用平地机拌和时,每一作业长度宜为 300 ~ 500 m,用多铧犁拌和时每段作业长度宜为 100 ~ 150 m。拌和时边拌边洒水,粗细颗粒均匀,无离析现象,并达到最佳含水量。在全宽范围内整平,并要求达到规定的路拱横坡度。

5)碾压

整型后,当混合料的含水量等于或略大于最佳含水量时,立即用 12 t 以上三轮压路机、振动压路机或轮胎压路机进行碾压。直线段由两侧向路中心碾压,在有超高的路段上,由内侧向外侧碾压,一般需碾压6~8遍。

2. 级配碎石基层施工

1)准备工作

准备工作与级配砾石基层相同,但级配碎石基层在摊铺前应在料场洒水将未筛分碎石加湿,使其含水量较最佳含水量大1%左右,以减少运输过程中集料离析现象(未筛分碎石的最佳含水量约为4%)。或者将未筛分碎石和石屑按预定比例在料场混合,同时洒水加湿,使混合料的含水量超过最佳含水量1%~2%(级配碎石混合料的最佳含水量约为5%)。

2)备料

同级配砾石基层。

3)摊铺与拌和

摊铺与拌和是级配碎石施工的主要环节,路拌施工方法有以下两种。

第一种:先摊铺未筛分碎石,然后在摊铺好的未筛分碎石层上按预计材料用量撒铺石屑,然后拌和并补充洒水。此种方法是现场路拌法。

第二种:将在料场按预定比例制成的未筛分碎石和石屑混合料,按计算的材料用量运到现场摊铺与路拌相结合的方法。

不论哪种方法,摊铺与拌和所使用的机械和质量要求,均与级配砾石基层施工相同。

4)整型与碾压

同级配砾石基层施工。

(二)天然砂砾基(垫)层

天然砂砾基(垫)层是采用天然砂砾经摊铺、压实形成的路面结构层。它可以就地取材,且施工简易,造价低廉。天然砂砾料含土少,压实后具有较高的强度和水稳定性,但结构本身的整体性差,在行车荷载作用下,砂砾的颗粒易产生移位,故一般作为路面的底基层或垫层。在路基处于潮湿路段和季节性冻区,可有效改善路基水温状况、提高其稳定性及增加路面防冻层厚度。

天然砂砾基(垫)层所用的砂砾材料,虽无严格要求,但为了保证其干稳性及便于稳定成型,对于颗粒组成应予适当控制。综合各地初步使用经验,其颗粒组成中,大于20 mm的粗集料要占40%以上,最大粒径不宜大于压实厚度的0.7倍,并不得大于100 mm,小于0.5 mm的细料含量应小于15%,细料塑性指数不得大于4。

天然砂砾基(垫)层的施工准备工作和施工程序与级配路面基本相同。施工的关键在于洒水碾压。砂砾摊铺均匀后,先用轻型压路机稳压几遍,接着洒水用中型压路机碾压,边压边洒水,反复碾压至稳定成型。由于天然砂砾基层的颗粒组成不属最佳级配,且缺乏黏结料,故其整体性较差,强度不高。为了提高其整体性和强度,可根据交通量和公路线形(如弯道、陡坡)情况,在其表面嵌入碎石或铺碎石过渡层。

第五节　沥青路面施工

沥青路面是用沥青材料作结合料黏结矿料修筑面层与各类基层和垫层所组成的路面

结构。与水泥混凝土路面相比,沥青路面具有表面平整、无接缝、行车舒适、耐磨、振动小、噪音低、施工期短、养护维修简便、适宜于分期修建等优点,因而获得越来越广泛的应用。沥青路面是我国高速公路的主要路面形式。随着国民经济和现代化道路交通运输的发展,沥青路面必将有更大的发展。

一、沥青路面常用施工方法简介

沥青路面按施工工艺的不同可分为层铺法、路拌法和厂拌法三类。

(一)层铺法

用分层洒布沥青、分层撒铺矿料和碾压的方法修筑,其主要优点是工艺和设备简便、功效较高、施工进度快、造价较低,其缺点是路面成型期较长,需要经过炎热季节行车碾压之后路面方能成型。用这种方法修筑的沥青路面有沥青表面处治和沥青贯入式两种。

(二)路拌法

采用移动式拌和机械(或人工)在现场施工,将矿料和沥青材料就地拌和、摊铺并碾压密实成型。可采用热油冷料或冷油冷料拌和摊铺。通过就地拌和,沥青材料在矿料中分布比层铺法均匀,可以缩短路面的成型期。但因所用的矿料为冷料,需使用黏稠度较低的沥青材料,故混合料的强度较低。

(三)厂拌法

该法是用一定级配的矿料和沥青材料在工厂用专用设备加热拌和,然后送到工地摊铺碾压而成沥青路面。矿料中细颗粒含量少,不含或含少量矿粉,混合料为开级配的(空隙率达10% ~15%),称为厂拌沥青碎石;若矿料中含有矿粉,混合料是按最佳密实级配配制的(空隙率在10%以下)称为沥青混凝土。厂拌法按混合料铺筑时温度的不同,又可分为热拌热铺和热拌冷铺两种:热拌热铺是混合料在专用设备加热拌和后立即趁热运到路上摊铺压实;如果混合料加热拌和后储存一段时间再在常温下运到路上摊铺压实,即为热拌冷铺。厂拌法可使用较黏稠的沥青材料,且矿料经过精选,因而混合料质量高,使用寿命长,但修建费用也较高。

二、层铺法沥青路面施工

用层铺法修筑的沥青路面有沥青表面处治和沥青贯入式两种。

(一)沥青表面处治

沥青表面处治宜在干燥和较热的季节施工,并应在雨季及日最高温度低于15 ℃到来以前半个月结束,确保施工后能有一段时间的高温条件,借助行车碾压使其矿料嵌紧密实,并同沥青裹覆黏牢,使路面“反油稳定成型”。

沥青表面处治采用层铺法施工时按照洒布沥青及撒铺矿料的层次多少可分为单层式、双层式和三层式。单层式为洒布一次沥青,撒铺一次矿料,厚度为1.0 ~1.5 cm;双层式为洒布两次沥青,撒铺两次矿料,厚度为1.5 ~2.5 cm;三层式为洒布三次沥青,撒铺三次矿料,厚度为2.5 ~3.0 cm。

沥青表面处治所用的矿料,其最大粒径应与所处治的层次厚度相当。矿料的最大与最小粒径比例应不大于2,介于两个筛孔之间颗粒的含量应不少于70% ~80%。

层铺法沥青表面处治施工，一般采用所谓“先油后料”法，即先洒布一层沥青，后撒铺一层矿料。以双层式沥青表面处治为例，其施工工序如图11-14所示。

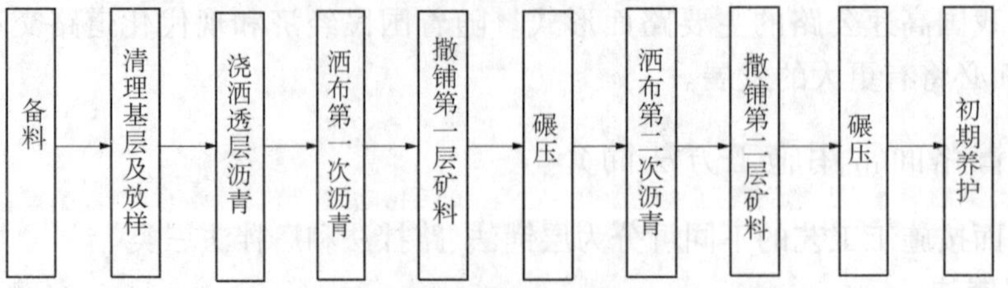

图11-14　双层式沥青表面处治施工工序

单层式和三层式沥青表面处治的施工程序与双层式相同，仅需相应地减少或增加一次洒布沥青、撒铺矿料和碾压工序。

层铺法施工各工序的要求分述如下。

1.清理基层

在表面处治施工前，应将路面基层清扫干净，使基层的矿料大部分外露，并保持干燥。对有坑槽、不平整的路段应先修补和整平，若基层整体强度不足，则应先予补强。

2.洒布沥青

沥青要洒布均匀，不应有空白或积聚现象，以免日后产生松散、拥包和推挤等病害。采用汽车洒布机洒布沥青时，应根据单位面积的沥青用量选定洒布机排挡和油泵机挡。洒布汽车行驶的速度要均匀。若采用手摇洒布机洒布沥青，应根据施工气温和风向调节喷头离地面的高度和移动的速度，以保证沥青洒布均匀，并应按洒布面积来控制单位沥青用量。沥青的浇洒温度应根据施工气温及沥青标号选择，石油沥青的洒布温度宜为130～170 ℃，煤沥青的洒布温度宜为80～120 ℃，乳化沥青可在常温下洒布，当气温偏低，破乳及成型过慢时，可将乳液加温后洒布，但乳液温度不得超过60 ℃。沥青浇洒的长度应与集料撒布机的能力相配合，应避免沥青浇洒后等待较长时间才撒布集料。

3.撒铺矿料

洒布沥青后应趁热迅速撒铺矿料，按规定用量一次撒足，矿料要撒铺均匀。局部有缺料或过多处，应适当找补或扫除。矿料不应有重叠或漏空现象。当使用乳化沥青时，集料撒布应在乳液破乳之前完成。

4.碾压

撒铺矿料后随即用60～80 kN双轮压路机或轮胎压路机及时碾压。碾压应从一侧路缘压向路中心。碾压时，每次轮迹重叠约30 cm，碾压3～4遍。压路机行驶速度开始为2 km/h，以后可适当提高。

5.初期养护

碾压结束后即可开放交通，但应禁止车辆快速行驶(不超过20 km/h)，要控制车辆行驶的路线，使路面全幅宽度获得均匀碾压，加速处治层反油稳定成型。对局部泛油、松散、麻面等现象，应及时修整处理。

(二)沥青贯入式

沥青贯入式路面宜在干燥和较热的季节施工，并宜在雨季及日最高温度低于15 ℃到来以前半个月结束，使贯入式结构层通过开放交通碾压成型。

沥青贯入式路面是在初步碾压的矿料层上洒布沥青，再分层撒铺嵌缝料、洒布沥青和碾压，并借行车压实而成的。其厚度一般为 4 ~ 8 cm。乳化沥青贯入式路面的厚度不宜超过 5 cm，当贯入式层上部加铺拌和的沥青混合料面层时，路面总厚度为 7 ~ 10 cm，其中拌和层的厚度宜为 3 ~ 4 cm。

沥青贯入式面层的施工程序如下所述。

(1)放样和安装路缘石。

(2)清扫基层。

(3)浇洒透层沥青或黏层沥青。对厚度为 4 ~ 5 cm 的贯入式路面，透层沥青用量为 0. 8 ~ 10 kg/m^2，黏层沥青用量为 0. 4 ~ 0. 6 kg/m^2。

(4)撒铺主层矿料。矿料撒铺应尽量均匀，避免大小颗粒集中，并应检测其松铺厚度。

(5)主层矿料碾压。主层矿料摊铺后，先用 60 ~ 80 kN 压路机进行初压，然后再用 100 ~ 200 kN 压路机进行碾压，每次轮迹应重叠 1/2 以上，并应碾压 4 ~ 6 遍。碾压要求以主层矿料嵌挤紧密、无明显轮迹而又有一定孔隙，能使沥青贯入为准。

(6)浇洒第一次沥青。主层矿料碾压完毕后，即可浇洒第一次沥青。

(7)撒铺第一次嵌缝料。主层沥青浇洒后，即趁热撒铺嵌缝料。撒铺应均匀，撒铺后立即扫匀，个别不足处要及时补充。

(8)嵌缝料碾压。嵌缝料扫匀后应立即用 100 ~ 120 kN 压路机进行碾压，随压随扫，使嵌缝料均匀嵌入，一般碾压 4 ~ 6 遍。如因气温高，在碾压过程中发生蠕动现象时，应立即停止碾压，待气温稍低时再继续碾压。

以后施工程序为浇洒第二次沥青、撒铺第二次嵌缝料、碾压；浇洒第三次沥青、撒铺封面料、终压。上面各工序的施工要求与(6)、(7)、(8)工序相同。终压可采用 60 ~ 80 kN 压路机碾压 2 ~ 4 遍，完成后即可开放交通。

施工时的初期养护工作等与沥青表面处治相同。适度的碾压在贯入式路面施工中极为重要。碾压不足会影响矿料嵌挤稳定，且易使沥青流失，形成上、下部沥青分布不均。但过度的碾压，矿料易于压碎、破坏嵌挤原则，造成空隙减少，沥青难以下渗，形成泛油。因此，应根据矿料的等级、沥青材料的标号、施工气温等因素来确定各次碾压所使用的压路机重量和碾压遍数。

三、路拌沥青碎石路面的施工

路拌沥青碎石路面是在路上用机械将热的或冷的沥青材料与冷的矿料拌和，并摊铺、压实而成。路拌沥青碎石路面的施工程序如图 11-15 所示。

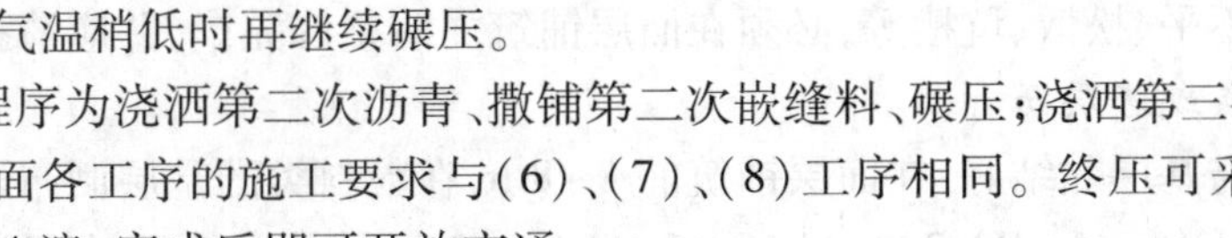

图 11-15　路拌沥青碎石路面施工工序

在清扫干净的基层上撒铺矿料，矿料可在整个路面的宽度范围内均匀撒铺，随后用沥青洒布车按沥青材料的用量标准分数次洒布，每次洒布沥青材料后，随即用齿耙机或圆盘耙把矿料与沥青材料初步拌和，然后改用自动平地机做主要的拌和工作。拌和时，平地机往返的次数视施工气温、路面的层厚、矿料粒径的大小和沥青材料的黏稠度而定，一般需往返行程 20 ~ 30 次方可拌和均匀。沥青与矿料翻拌后随即摊铺成规定的路拱横截面，并用路刮板刮平。由于路拌沥青混合料的塑性较高，故在碾压时，应先用轻型压路机碾压 3 ~ 4 遍后，再用重型压路机碾压 3 ~ 6 遍，路面压实后即可开放交通。通车后的一个月内应控制行车路线和车速，以便路面进一步压实成型。

四、热拌沥青混合料路面的施工

热拌沥青混合料路面包括沥青混凝土、沥青碎（砾）石等路面，适用于各种等级道路的沥青面层。高速公路、一级公路和城市快速路、主干路的沥青面层的上面层、中面层及下面层应采用沥青混凝土混合料铺筑，沥青碎石混合料仅适用于过渡层及整平层。其他等级道路的沥青面层的上面层宜采用沥青混凝土混合料铺筑。

热拌沥青混合料路面的施工过程主要可分为沥青混合料的拌制与运输及现场铺筑两个阶段。其施工工序如下。

（一）准备工作

1. 基层准备和放样

面层铺筑前，应对基层或旧路面的厚度、密实度、平整度、路拱等进行检查。基层或旧路面若有坎坷不平、松散、坑槽等，必须在面层铺筑之前整修完毕，并应清扫干净。

2. 浇洒黏层或透层沥青

为使面层与基层黏结好，在面层铺筑前 4 ~ 8 h，在粒料类的基层洒布透层沥青。透层沥青用油 AL(M)-1、AL(M)-2 或 AL(S)-1、AL(S)-2 标号的液体石油沥青，或用 T-1、T-2 标号的煤沥青，若用乳化沥青可用 PC-2 或 PA-2 标号。

若基层为半刚性基层，为加强面层与基层的黏结，减少水分浸入基层，可在面层铺筑前铺下封层。即在半刚性基层上洒布 0.7 ~ 1.5 L/m^2 的液体石油沥青或 0.7 ~ 1.5 L/m^2 的煤沥青后，或用 0.7 ~ 1.0 L/m^2 的乳化沥青，随即撒铺 3 ~ 8 mm 颗粒的石屑，用量为 5 $m^3/(1\,000\ m^2)$，并用轻型压路机压实。

3. 测量放样

为了控制混合料的摊铺厚度，在准备好基层之后进行测量放样，沿路面中心线和 1/4 路面宽处设置样桩，标出混合料的松铺厚度。采用自动调平摊铺机摊铺时，还应放出引导摊铺机运行走向和标高的控制基准线。

4. 拌和厂设置

为保证沥青路面施工所需的沥青与沥青混合料的供应，需要有设置与制备沥青混合料的基地。沥青混合料制备基地有固定性拌制工厂和临时性拌制基地两种。

临时性工厂和临时性基地位置的选择，首先应考虑沥青混合料供应距离不宜太远，以减少混合料的运输量，并能使沥青混合料迅速运达工地现场，保证混合料的温度不致过分降低。同时还应当考虑交通方便，使砂、石、沥青等原材料能及时运达基地。

由于沥青材料在加热时会挥发出大量有毒气体，燃料生成大量煤灰，矿料尘粉易于飞散，沥青混合料拌和基地附近环境易受污染，因此拌和基地应力求远离居民区，并应设在当地主要风向的下风方向，必要时，采取一定的技术措施，减少和限制对环境的污染。

(二)沥青混合料的拌制与运输

在工厂拌制混合料所用的固定式拌和设备有间歇式和连续式两种。前者是在每盘拌和时计量混合料各种材料的重量，而后者则在计量各种材料之后连续不断地将其送进拌和器中拌和。为保证沥青混合料的质量更稳定、沥青用量更准确，高速公路和一级公路的沥青混凝土宜采用间歇式拌和机拌和。

在拌制沥青混合料之前，应根据确定的配合比进行试拌。试拌时对所用的各种矿料及沥青应严格计量。通过试拌和抽样检验确定每盘热拌的配合比及其总重量(对间歇式拌和机)，或各种矿料进料口开启的大小及沥青和矿料进料的速度(对连续式拌和机)、适宜的沥青用量、拌和时间、矿料和沥青加热温度，以及沥青混合料出厂的温度。对试拌的沥青混合料进行试验之后，即可选定施工的配合比。

为使沥青混合料拌和均匀，在拌制时，需要控制矿料和沥青的加热温度与拌和温度。各类沥青混合料的拌制温度和运输及施工温度应满足表 11-5 的要求。经过拌和后的混合料应均匀一致，无细料和粗料分离及花白、结成团块的现象。

表 11-5　热拌沥青混合料的施工温度　(单位:℃)

施工工序		石油沥青的标号			
		50 号	70 号	90 号	110 号
沥青加热温度		160～170	155～165	150～160	145～155
矿料温度	间隙式拌和机	集料加热温度比沥青加热温度高 10～30			
	连续式拌和机	集料加热温度比沥青加热温度高 5～10			
沥青混合料出厂正常温度		150～170	145～165	140～160	135～155
混合料贮料仓贮存温度		贮料过程中温度降低不超过 10			
混合料废弃温度，高于		200	195	190	185
运输到现场温度，不低于		150	145	140	135
摊铺温度，不低于	正常施工	140	135	130	125
	低温施工	160	150	140	135
开始碾压温度，不低于	正常施工	135	130	125	120
	低温施工	150	145	135	130
碾压终了温度，不低于	钢轮压路机	80	70	65	60
	轮胎压路机	85	80	75	70
	振动压路机	75	70	60	55
开放交通温度，不高于		50	50	50	45

注:1. 沥青混合料的施工温度采用具有金属探测针的插入式数显温度计测量，表面温度可采用表面接触式温度计测定。当采用红外线温度计测量表面温度时，应进行标定。

2. 表中未列入的 130 号、160 号及 30 号沥青的施工温度由试验确定。

厂拌沥青混合料通常用自动倾卸汽车运往铺筑现场，必须根据运送的距离和道路的交通状况来组织运输。

(三)摊铺

沥青混合料可用人工或机械摊铺,高等级公路沥青路面应采用机械摊铺。

1. 人工摊铺

将汽车运来的沥青混合料先卸在铁板上,随即用人工铲运,以扣铲方式均匀摊铺在路上,摊铺时不得扬铲远甩,以免造成粗细粒料分离,一边摊铺一边用刮板刮平。刮平时做到轻重一致,往返刮 2 ~3 次达到平整即可,防止反复多刮使粗粒料刮出表面。摊铺过程中要随时检查摊铺厚度、平整度和路拱,如发现有不妥之处应及时修整。

沥青混合料摊铺厚度为沥青路面设计厚度乘以压实系数。压实系数随混合料的种类和施工方法而异,用人工摊铺时,沥青混凝土混合料为 1.25 ~1.50,沥青碎石为 1.20 ~1.45。

沥青混合料的摊铺顺序,应从进料方向由远而近逐步后退进行。应尽可能在全幅路面上摊铺,以避免产生纵向接缝。如路面较宽不能全幅摊铺,可按车道宽度分成两幅或数幅分别摊铺,但接缝必须平行于路中心线,纵缝搭接要密切,以免产生凹槽。操作过程应满足施工规范的要求。沥青混合料的摊铺温度应符合表 11-5 的规定。

2. 机械摊铺

热拌沥青混合料应采用机械摊铺。铺筑高速公路、一级公路沥青混合料时,一台摊铺机的铺筑宽度不宜超过如下规定:双车道为 6 m、三车道以上为 7.5 m,通常宜采用两台或更多台数的摊铺机前后错开 10 ~20 m,呈梯队作业同步摊铺。

沥青混合料摊铺机摊铺的过程中,自动倾卸汽车将沥青混合料卸到摊铺机料斗后,经链式传送器将混合料往后传到螺旋摊铺器,随着摊铺机向前行驶,螺旋摊铺器即在摊铺带宽度上均匀地摊铺混合料,随后由振捣板捣实,并由摊平板整平,如图 11-16 所示。摊铺机必须缓慢、均匀、连续不间断地摊铺,不得随意变换速度或中途停顿,以提高平整度,减少混合料的离析。

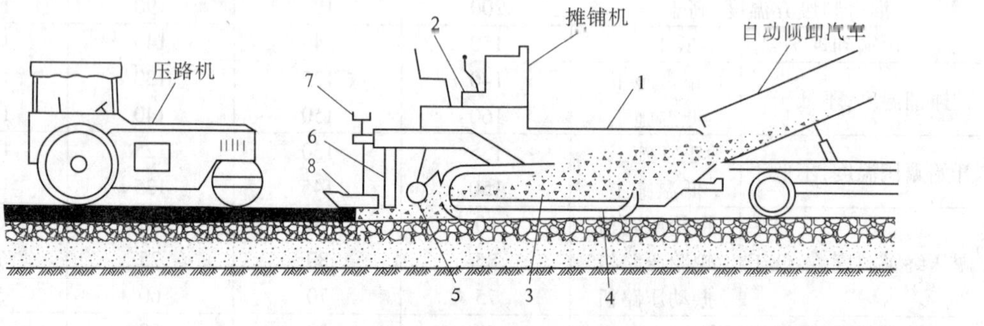

图 11-16　沥青混合料摊铺机操作示意

1—料斗;2—驾驶台;3—送料器;4—履带;5—螺旋摊铺器;6—振捣器;7—厚度调节杆;8—摊平板

摊铺机应采用自动找平方式,下面层或基层宜采用钢丝绳引导的高程控制方式,上面层宜采用平衡梁或雪橇式摊铺厚度控制方式,中面层根据情况选用找平方式。

(四)碾压

沥青混合料摊铺整平之后,应趁热及时进行碾压。碾压的温度应符合表 11-5 的规定。压实后的沥青混合料应符合压实度及平整度的要求,沥青混凝土的分层压实厚度不得大于 10 cm,沥青稳定碎石混合料的压实厚度不宜大于 12 cm。

沥青混合料碾压过程分为初压、复压和终压三个阶段。初压指紧跟摊铺机后碾压,用 60 ~ 80 kN 双轮压路机以 1.5 ~ 2.0 km/h 的速度先碾压两遍,使混合料得以初步稳定。随即用 100 ~ 120 kN 三轮压路机或轮胎式压路机复压 4 ~ 6 遍。碾压速度:三轮压路机为 3 km/h;轮胎式压路机为 5 km/h。复压阶段碾压至稳定无显著轮迹为止。复压是碾压过程最重要的阶段,混合料能否达到规定的密实度,关键全在于这阶段的碾压。终压紧跟在复压之后,用 60 ~ 80 kN 双轮压路机以 3 km/h 的碾压速度碾压 2 ~ 4 遍,以消除碾压过程中产生的轮迹,并确保路面表面的平整。

碾压时压路机开行的方向应平行于路中心线,并由一侧路边缘压向路中心。用三轮压路机碾压时,每次应重叠后轮宽的 1/2;双轮压路机则每次重叠 30 cm;轮胎式压路机亦应重叠碾压。由于轮胎式压路机能调整轮胎的内压,可以得到所需的接触地面压力,使集料相互嵌挤咬合,易于获得均一的密实度,而且密实度可以提高 2% ~ 3%,所以轮胎式压路机最适宜用于复压阶段的碾压。

热拌沥青混合料的压实机械应符合下列规定:①轮钢筒式压路机为 6 ~ 8 t;②三轮钢筒式压路机为 8 ~ 12 t 或 12 ~ 15 t;③轮胎压路机为 12 ~ 20 t 或 20 ~ 25 t。

(五)接缝施工

沥青路面的各种施工缝(包括纵缝、横缝、新旧路面的接缝等)处,往往由于压实不足,容易产生台阶、裂缝、松散等病害,影响路面的平整度和耐久性,施工时必须十分注意。沥青路面的接缝必须紧密、连接平顺,不得产生明显的接缝离析。上下层的纵缝应错开 15 cm 以上(热接缝)或 30 ~ 40 cm(冷接缝)。相邻两幅及上下层的横向接缝均应错位 1 m 以上。

1. 纵缝施工

摊铺时采用梯队作业的纵缝应采用热接缝,将已铺部分留下 10 ~ 20 cm 宽暂不碾压,作为后续部分的基准面,然后跨缝碾压消除缝迹。

当半幅施工或因特殊原因而产生纵向冷接缝时,宜加设挡板或加设切刀切齐,也可在混合料尚未完全冷却前用镐刨除边缘留下毛茬的方式,但不宜在冷却后采用切割机作纵向切缝。加铺另外半幅前应涂少量沥青,重叠在已铺层上 5 ~ 10 cm,然后再铲走铺在前半幅上的混合料,碾压时跨缝挤紧压实。

纵缝跨缝碾压时,压路机应大部分在已铺好的路面上,仅有 10 ~ 15 cm 的宽度压在新铺的车道上,然后逐渐移动跨过纵缝。

2. 横缝施工

横缝应与路中线垂直。接缝时先沿已刨齐的缝边用热沥青混合料覆盖,以资预热,覆盖厚度约 15 cm,待接缝处沥青混合料变软之后,将所覆盖的混合料清除,换用新的热混合料摊铺,随即用热夯沿接缝边缘夯捣,并将接缝的热料铲平,然后趁热用压路机沿接缝边缘碾压密实。

(六)施工安全措施

修筑沥青路面大多是高温作业,而沥青材料又为易燃品还有一定毒性(煤沥青毒性较大,石油沥青对皮肤也有刺激性),在加热、拌制和摊铺过程中如不注意安全防护,易发生工伤和中毒事故。因此,施工时必须重视安全生产,并采取以下防护措施。

(1)在开工前,建立健全安全操作规程,做好上岗人员的技术培训,使操作人员掌握有关沥青材料的性能及有关安全操作规定。

(2)凡患皮肤病、眼病、喉病、面部和手部有破伤以及对沥青有过敏反应的人,不应担任沥青(特别是煤沥青)的加工、运输和浇洒等工作。

(3)接触沥青材料或混合料的操作人员,工作时必须认真穿戴劳保用品,皮肤外露部分应涂抹防护油膏,还要滴眼药水。此外,人要尽量站在上风口操作。

(4)应经常检查机具设备是否完好,各部件是否掉落、松动或损坏变形,以免发生事故。

(5)沥青材料加工时,应清除沥青桶和锅内的积水后,再进行加热。桶装沥青,还要检查桶壁有无砂眼,并将盖子打开,以免加热时引起爆炸或热沥青突然喷出伤人。放入沥青锅的沥青材料不要超出锅深的2/3。在锅内加热脱水时,应严格控制加热温度,以防沥青溢锅而引起火灾。掺配沥青时,不得一边加热一边将稀的沥青或稀释剂掺入。

(6)施工路段应设安全标志,并派专人指挥交通。浇洒沥青时在喷头10 m以内不得有人。若遇喷头堵塞或其他故障,应立即停止泵油,并关闭喷油闸门后再进行修理。

第六节　水泥混凝土路面施工

水泥混凝土路面的施工应根据合同及设计文件,施工现场所处的气候、水文、地形等环境条件,选择满足质量指标要求、性能稳定的原材料,确定配合比、设备种类和施工工艺,进行详细的施工组织设计,建立完备的施工质量保障体系。

一、施工前的准备工作

水泥混凝土路面施工主要是浇筑水泥混凝土路面和筑造接缝,要求施工连贯、有序,技术准备充分,对机械设备、人员组织安排到位,才能保证施工顺利进行和完成。因此,要做好施工前的准备工作。

(一)编制施工组织设计

熟悉设计文件,按照设计图纸要求,结合施工技术、设备条件确定合理的施工方案,编制施工组织设计。

(二)选择混凝土拌和场地

根据施工路线的长短和所采用的运输工具,混凝土可集中在一个场地拌制,也可以在沿线选择几个场地,随工程进展情况迁移。拌和场地的选择首先要考虑的是运送混合料的运距最短。同时,拌和厂还要接近水源和电源,此外拌和厂应有足够的面积来堆放材料。

(三)室内试验

根据设计文件对混凝土面层板的技术要求,施工方法及当地材料供应情况,做混凝土各组成材料的技术性质试验,进行配合比设计。

（四）现场技术复核

根据设计文件，复测平面和高程控制桩，定出路面中心、路面宽度和纵横高程放样桩。

（五）基层的检查与整修

对基层的宽度、路拱与标高、表面平整度和压实度，均应检查是否符合要求。

二、对面层混凝土材料的要求

水泥混凝土面层受到行车荷载的冲击、摩擦和反复弯曲作用，同时还受到温度和湿度反复变化的影响，因此面层混合料必须具有较高的抗弯拉强度和耐磨性，良好的耐冻性以及尽可能低的膨胀系数和弹性模量。此外，新拌混凝土还应有适当的施工和易性，一般规定其坍落度为 0 ~ 30 mm，工作度约 30 s。在施工时，应力求混凝土强度满足设计要求。通常，要求面层混凝土的 28 d 抗弯拉强度达到 4.0 ~ 5.0 MPa，28 d 抗压强度达到 30 ~ 35 MPa。

组成水泥混凝土的材料有水泥、细集料、粗集料、水和外加剂，以下是对这几种原材料的要求。

（一）水泥

水泥是混凝土的胶结材料，其性能很大程度上决定了混凝土的质量。水泥混凝土路面应采用强度高、干缩性小、耐磨性与耐久性好的水泥。水泥品种和标号的选用，必须根据公路等级、工期、铺筑时间和方法及经济性等因素综合考虑决定。我国一般采用标号不低于 425 号的硅酸盐水泥或普通硅酸盐水泥，一般特重、重交通道路的路面采用不低于 525 号水泥，中、轻交通道路的路面采用不低于 425 号水泥。对于双层式混凝土路面的下层可用 325 号水泥。

（二）粗集料

混凝土混合料中的粗集料（>5 mm）宜选用岩浆岩或未风化的沉积岩碎石。最好不用石灰岩碎石，因为它易被磨光，导致表面过滑。合乎使用要求的砾石也可采用，但由于砾石混合料的强度（特别是弯拉强度）低于碎石混合料，故在使用时宜掺加占总量 1/2 ~ 1/3 以上的轧碎砾石。砾石混凝土一般用于双层式板的下层。采用连续级配的集料，混凝土的和易性和均匀性较好；采用间断级配的集料则强度较高。粗集料（碎石或砾石）应质地坚硬、耐久、洁净，符合规定级配，最大粒径不应超过 40 mm。

（三）细集料

混凝土中粒径在 0.16 ~ 5 mm 范围的集料称为细集料。细集料可用天然砂，也可采用轧制石料得到的人工砂（如石屑）。细集料要求颗粒坚硬耐磨，具有良好的级配，表面粗糙而有棱角，清洁和有害杂质含量少，含泥量不大于 3%，硫化物及硫酸盐含量不大于 1%，细度模数在 2.5 以上。

（四）水

拌制和养护混凝土用的水，以饮用水为宜。对工业废水、污水、海水、沼泽水、酸性水（$pH<4$）和硫酸盐含量较多（按 SO_4^{2-} 计超过 2.7 mg/cm^3）的水，均不允许使用。混凝土的用水量为 130 ~ 170 L/m^3。

(五)外加剂

为了改善混凝土的技术性质,在混凝土的制备过程中可加入一定量的外加剂。

(1)为保证混凝土具有足够的强度和密实度,水灰比应为0.40~0.55。水灰比低时混凝土和易性差,可添加塑化剂或减水剂。

(2)为使混凝土路面提早开放交通,可在混凝土中掺加早强剂。掺入早强剂的混凝土,能使路面在铺筑3~5 d后,即可开放交通。

(3)为了提高混凝土的和易性和抗冻性,以及防止为融化路面冰雪所用盐类对混凝土的侵蚀,国外常掺入引气剂,使混凝土具有3.5%~5.5%(体积比)的含气量。

(4)为提高混凝土的强度,国内外还采用干硬性混凝土,并掺入增塑剂或减水剂,以改善其施工和易性。

三、施工程序和施工技术

混凝土路面板施工程序因摊铺机具不同而不同,我国目前采用的摊铺机具与摊铺方式包括滑模摊铺、轨道摊铺、三辊轴摊铺、小型机具摊铺等,我国规范也明确提出了不同等级公路施工所应采用的施工方式和施工设备,见表11-6。

表11-6　与公路等级相适应的机械设备

摊铺机械设备	高速公路	一级公路	二级公路	三级公路	四级公路
滑模摊铺机	√	√	√	▲	○
轨道摊铺机	▲	√	√	√	○
三辊轴摊铺机	○	▲	√	√	√
小型机具	×	○	▲	√	√

注:1.符号含义:√代表应使用;▲代表有条件使用;○代表不宜使用;×代表不得使用。

2.各等级公路均不得使用体积计量小型自落滚筒式搅拌机,严禁采用人工控制加水量。

(一)小型机具施工法

小型机具施工法的施工程序为:安装模板,设置传力杆,混凝土的拌和与运送,混凝土的摊铺和振捣,接缝的设置,表面整修,混凝土的养护与填缝。

1.边模的安装

在摊铺混凝土前,应先安装两侧模板。如果采用手工摊铺混凝土,则边模的作用仅在于支撑混凝土,一般可采用厚4~8 cm的木模板,在弯道和交叉口路缘处,应采用1.5~3 cm厚的薄模板,以便弯成弧形。条件许可时宜用钢模,这不仅节约木材,而且保证工程质量。钢模可用厚4~5 mm的钢板冲压制成,或用3~4 mm的厚钢板与边宽40~50 mm的角钢或槽钢组合构成。

边模按预先标定的位置安放在基层上,两侧用铁钎打入基层以固定位置。模板顶面用水准仪检查其标高,不符合时予以调整。模板的平面位置和高程控制都很重要,稍有歪斜和不平,都会反映到面层,使其边线不齐、厚度不准和表面呈波浪形。因此,施工时必须经常校验,严格控制。模板内侧应涂刷肥皂液、废机油或其他润滑剂,以便于拆模。

2. 传力杆设置

当两侧模板安装好后，即在需要设置传力杆的胀缝或缩缝位置上设置传力杆。混凝土板连续浇筑时设置胀缝传力杆的做法，一般是在嵌缝板上预留圆孔以便传力杆穿过，嵌缝板上面设木制或铁制压缝板条，其旁再放一块胀缝模板，按传力杆位置和间距，在胀缝模板下部挖成倒U形槽，使传力杆由此通过。传力杆的两端固定在钢筋支架上，支架脚插入基层内(见图11-17(a))。

对于不连续浇筑的混凝土板在施工结束时设置的胀缝，宜用顶头木模固定传力杆的安装方法。即在端模板外侧增设一块定位模板，板上同样按照传力杆间距及杆径钻成孔眼，将传力杆穿过端模板孔眼并直至外侧定位模板孔眼。两模板之间可用按传力杆一半长度的横木固定(见图11-17(b))。继续浇筑邻板时，拆除挡板、横木及定位模板，设置胀缝板、木制压缝板条和传力杆套管。

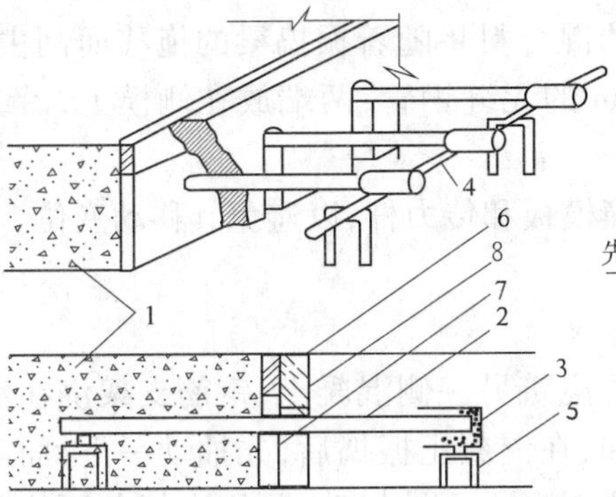

(a) 钢筋支架法

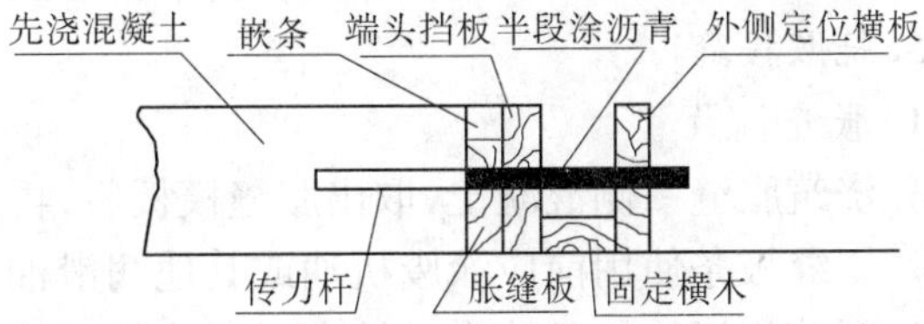

(b) 顶头模固定法

图11-17　胀缝传力杆的架设方法

1—先浇的混凝土；2—传力杆；3—金属套管；4—钢筋；5—支架；6—压缝板条；7—嵌缝板；8—胀缝模板

3. 制备与运送混凝土混合料

混合料的制备可采用两种方式：①在工地由拌和机拌制；②在中心工厂集中制备，而后用汽车运送到工地。

在工地制备混合料时，应在拌和场地上合理布置拌和机和砂石、水泥等材料的堆放地点，力求提高拌和机的生产率。拌制混凝土时，要准确掌握配合比，特别要严格控制用水量。每天开始拌和前，应根据天气变化情况，测定砂、石材料的含水量，以调整拌制时的实际用水量。每拌所用材料应过秤。量配的精确度要求对水泥为±1.5%，砂为±2%，碎石为±3%，水为±1%。每一工班应检查材料量配的精确度至少两次，每半天检查混合料的坍落度两次。拌和时间为1.5~2.0 min。

混合料用手推车、翻斗车、自卸汽车或搅拌运输车运送。合适的运距视车辆种类和混合料容许的运输时间而定。通常，夏季不宜超过30~40 min，冬季不宜超过60~90 min。高温天气运送混合料时应采取覆盖措施，以防混合料中水分蒸发。运送用的车箱必须在每天工作结束后，用水冲洗干净。

在中心拌和场地（厂拌）集中拌制时，可由搅拌运输车运送到施工现场进行摊铺。

4. 摊铺和振捣

当运送混合料的车辆运达摊铺地点后，一般直接倒向安装好侧模的路槽内，并用人工找补均匀。要注意防止出现离析现象。摊铺时应考虑混凝土振捣后的沉降量，虚高可高出设计厚度10%左右，使振实后的面层标高同设计相符。

混凝土混合料的振捣器具，应由平板振捣器（2.2～2.8 kW）、插入式振捣器和振动梁（各1 kW）配套作业。混凝土路面板厚在0.22 m以内时，一般可一次摊铺，用平板振捣器振实，凡振捣不到之处，如面板的边角部、窨井、进水口附近，以及设置钢筋的部位，可用插入式振捣器进行振实；当混凝土板厚较大时，可先插入振捣，然后再用平板振捣，以免出现蜂窝现象。

平板振捣器在同一位置停留的时间，一般为10～15 s，以达到表面振出浆水，混合料不再沉落为宜。平板振捣后，用带有振捣器的、底面符合路拱横坡的振捣梁，两端搁在侧模上，沿摊铺方向振捣拖平。拖振过程中，多余的混合料将随着振捣梁的拖移而刮去，低陷处则应随时补足。随后，再用直径75～100 mm的无缝钢管，两端放在侧模上，沿纵向滚压一遍。

必须注意，当摊铺或振捣混合料时，不要碰撞模板和传力杆，以避免其移动变位。

5. 筑做接缝

1）胀缝筑做

先浇筑胀缝一侧混凝土，取出胀缝模板后，再浇筑另一侧混凝土，钢筋支架浇在混凝土内。压缝板条使用前应涂废机油或其他润滑油，在混凝土振捣后，先抽动一下，而后最迟在终凝前将压缝板条抽出。抽出时为确保两侧混凝土不被扰动，可用木板条压住两侧混凝土，然后轻轻抽出压缝板条，再用铁抹板将两侧混凝土抹平整。缝隙上部浇灌填缝料，留在缝隙下部的嵌缝板是用沥青浸制的软木板或油毛毡等材料制成。

2）横向缩缝筑做

横向缩缝，即假缝。用下列两种方法筑做：

（1）切缝法，在混凝土捣实整平后，利用振捣梁将“T”形震动刀准确地按缩缝位置振出一条槽，随后将铁制压缝板放入，并用原浆修平槽边。当混凝土收浆抹面后，再轻轻取出压缝板，并立即用专用抹子修整缝缘。这种做法要求谨慎操作，以免混凝土结构受到扰动和接缝边缘出现不平整（错台）。

（2）锯缝法，在结硬的混凝土中用锯缝机（带有金刚石或金刚砂轮锯片）锯割出要求深度的槽口。这种方法可保证缝槽质量和不扰动混凝土结构。但要掌握好锯割时间，过迟因混凝土过硬而使锯片磨损过大且费工，而且更主要的是可能在锯割前混凝土会出现收缩裂缝。过早因混凝土还未结硬，锯割时槽口边缘易产生剥落。合适的时间视气候条件而定，炎热而多风的天气，或者早晚气温有突变时，混凝土板会产生较大的湿度或温度差，使内应力过大而出现裂缝，锯缝应早在表面整修后4 h即可开始。如天气较冷，一天内气温变化不大时，锯割时间可晚至12 h以上。

3）纵缝筑做

筑做企口式纵缝，模板内壁做成凸榫状。拆模后，混凝土板侧面即形成凹槽。需设置拉杆时，模板在相应位置处要钻成圆孔，以便拉杆穿入。浇筑另一侧混凝土前，应先在凹槽壁上涂抹沥青。

6. 表面整修与防滑措施

混凝土终凝前必须用人工或机械抹平其表面。当用人工抹光时，不仅劳动强度大、工效低，而且还会把水分、水泥和细砂带至混凝土表面，致使它比下部混凝土或砂浆有较高的干缩性和较低的强度。而采用机械抹面时可以克服以上缺点。目前，国产的小型电动抹面机有两种装置：装上圆盘即可进行粗光；装上细抹叶片即可进行精光。在一般情况下，面层表面仅需粗光即可。抹面结束后，有时再用拖光带横向轻轻拖拉几次。

为保证行车安全，混凝土表面应粗糙抗滑。最普通的做法是用棕刷顺横向在抹平后的表面上轻轻刷毛，也可用金属丝梳子梳成深 1 ~ 2 mm 的横槽。近年来，国外已采用一种更有效的方法，即在已结硬的路面上，用锯槽机将路面锯割成深 5 ~ 6 mm、宽 2 ~ 3 mm、间距 20 mm 的小横槽。也可在未结硬的混凝土表面塑压成槽，或压入坚硬的石屑来防滑。

7. 养护与填缝

为防止混凝土中水分蒸发过快而产生缩裂，并保证水泥水化过程的顺利进行，混凝土应及时养护。一般用下列两种养护方法。

(1) 湿治养护，混凝土抹面 2 h 后，当表面已有一定硬度，用手指轻压不现痕迹时即可开始养护。一般采用湿麻袋或草垫，或者 20 ~ 30 mm 厚的湿砂覆盖于混凝土表面。每天均匀洒水数次，使其保持潮湿状态，至少延续 14 d。

(2) 塑料薄膜或养护剂养护，当混凝土表面不见浮水，用手指按压无痕迹时，即均匀喷洒塑料溶液，形成不透水的薄膜黏附于表面，从而阻止混凝土中水分的蒸发，保证混凝土的水化作用。

填缝工作宜在混凝土初步结硬后及时进行。填缝前，首先将缝隙内泥砂杂物清除干净，然后浇灌填缝料。

理想的填缝料应能长期保持弹性、韧性，热天缝隙缩窄时不软化挤出，冷天缝隙增宽时能胀大并不脆裂，同时还要与混凝土黏牢，防止土砂、雨水进入缝内，此外还要耐磨、耐疲劳、不易老化。实践表明，填料不宜填满缝隙全深，最好在浇灌填料前先用多孔柔性材料填塞缝底，然后再加填料，这样夏天胀缝变窄时填料不至受挤而溢至路面。

按施工温度分为加热施工式填缝料和常温施工式填缝料两种。加热式施工填缝料有：沥青橡胶类、聚氯乙烯胶泥类和沥青玛瑅脂类等；常温施工式填缝料有：聚氨脂焦油类、氯丁橡胶类、乳化沥青橡胶类等。

混凝土强度必须达到设计强度的 90% 以上时，方能开放交通。

(二) 滑模式摊铺机施工

采用滑模摊铺机直接铺筑混凝土路面，无需在基层上安装模板。在摊铺过程中，模板固定在摊铺机上，随着摊铺机前进，模板逐渐向前滑动，同时完成摊铺、振捣、成型、打传力杆等工序。滑模式摊铺机施工的其余工序，如表面整修、锯缝、养护、填缝等与人工摊铺法相同。

滑模式摊铺机可铺筑不同厚度和不同宽度的混凝土路面，对无筋和配筋混凝土路面均可使用。工序紧凑,施工质量高,行进速度为 1.2~3.0 m/min,每天能铺筑长达 1 600 m 的双车道路面,能大大降低路面造价。

施工中要注意以下两点。

1. 准确控制摊铺面板位置与高程

准确布设定位引向导线,要调整好方向传感器位置以准确确定引向导线与路面板边距离。要调整好高程传感器的位置,确定成型板尾部高度,直接控制摊铺厚度。因此,成型板尾部为摊铺高程的控制平面。

2. 控制混凝土配合比

滑模摊铺机施工的混凝土的配合比与人工摊铺法施工的配合比不同,一般水灰比较小、砂率较大,且水泥用量不超过 320 kg/m^3。故应合理地应用减水剂调整施工和易性,保证滑模前进后的混凝土及时成型。

(三)轨道式摊铺机施工

轨道式摊铺机铺筑混凝土路面,首先在基层上安装轨道和钢模板,然后将运送卸下的混凝土用均料机均匀分布在铺筑路段内,当摊铺机在轨道上行驶时,通过螺旋摊铺器或叶片摊铺器将事先初步均布的混凝土进一步摊铺整平,并在机械自重作用下对路面进行初压,同时用插入振捣机组或弧形振捣梁进行捣实,整平机进行整平。其他工序如表面整修拉毛、锯缝清缝、养护填缝等均与人工摊铺法相同。

施工要点是:①严格控制基层强度、平整度和高程;②轨模必须安装牢固,校对高程,在摊铺行驶过程中不能出现错位现象;③均料机均布后,铺筑在路段内的混凝土要预留足够的虚高,以保证螺旋摊铺器对混凝土进一步整平,因此摊铺器前用料高度以 5~10 cm 为宜;④根据不同摊铺机的使用性能,进行相适应的配合比设计。

(四)三辊轴机组施工

三辊轴机组施工是采用振捣机、三辊轴整平机等机组铺筑混凝土路面的施工工艺,是对小型机具进行改进的技术,其施工工艺的机械化程度适中,设备投入少,技术容易掌握,主要用于中、低等级道路水泥混凝土路面的施工。机械操作简单,但对技术和管理的要求较高。

三辊轴机组施工的工艺流程与小型机具施工接近,其工艺流程为:布料—密集排振—拉杆安装—人工补料—三辊轴整平—精平饰面—拉毛—切缝—养护—填缝。两者的不同之处有两点:一是使用排式振捣机代替手持式振动棒;二是将振捣梁和滚杠两步工序合成为三辊轴整平机一步。

四、冬季和夏季施工

混凝土强度的增长主要依靠水泥的水化作用。当水结冰时,水泥的水化作用即停止,而混凝土的强度也就不再增长,而且当水结冰时体积会膨胀,促使混凝土结构松散破坏。因此,混凝土路面应尽可能在气温高于 +5 ℃时施工。由于特殊情况必须在低温情况下(昼夜平均气温低于 +5 ℃和最低气温低于 -3 ℃时)施工时应采取下述措施。

(1)采用高标号(425 号以上)快凝水泥,或掺入早强剂,或增加水泥用量。

(2)加热水或集料。较常用的方法是仅将水加热,一是因为加热设备简单,水温容易控制；二是因为水的热容量比粒料热容量大，1 kg 水升高 1 ℃所吸收的热量比同样重的粒料升高 1 ℃所吸收的热量多 4 倍左右，所以提高水温的方法最为有效。拌制混凝土时，先用温度超过 70 ℃的水同冷集料相拌和，使混合料在拌和时的温度不超过 40 ℃，摊铺后的温度有以下规定：气温为 0 ℃时不低于 10 ℃，气温为 -3 ℃时不低于 20 ℃。

(3)混凝土整修完毕后，表面应覆盖蓄热保温材料，必要时还应加盖养护暖棚。在持续寒冷和昼夜平均气温低于 -5 ℃，或混凝土温度在 5 ℃以下时，应停止施工。

在气温超过 25 ℃时施工，应防止混凝土的温度超过 30 ℃，以免混凝土中水分蒸发过快，致使混凝土干缩而出现裂缝，必要时可采取下列措施：①对于湿混合料，在运输途中要加以遮盖；②各道工序应紧凑衔接，尽量缩短施工时间；③搭设临时性的遮光挡风设备，避免混凝土遭到烈日暴晒并降低吹到混凝土表面的风速，减少水分蒸发。

本章小结

本章主要介绍了土质路基、路面基(垫)层、沥青路面、水泥混凝土路面的施工方法和施工内容，简要描述了各类施工方法的特点、适用范围和施工要点，同时对一些施工机械也进行了介绍。

复习思考题

11-1　简述土质路基填挖基本方法和使用范围。

11-2　土质路堤的基底如何处理。

11-3　简述石灰稳定土基(垫)层的施工内容和注意事项。

11-4　简述水泥稳定粒料基(垫)层的施工内容和注意事项。

11-5　填隙碎石层的施工方法有哪两种？各施工内容有什么不同？

11-6　沥青路面主要有哪几种施工方法？各有什么特点？各自主要适用于什么类型路面的施工？

11-7　简述热拌沥青混合料路面的施工工艺和注意事项。

11-8　热拌沥青混合料路面接缝如何处理？

11-9　简述水泥混凝土路面的施工工艺和注意事项。

11-10　水泥混凝土路面胀缝传力杆设置方法有哪几种？

第十二章 路基路面现场试验检测方法

本章学习重点

路基、路面压实度的测定与评定方法，路面弯沉的测定与评定方法，平整度的测定与评定方法，路面抗滑性能的测定方法。

第一节 概 述

一、路基路面现场检测的目的及意义

随着我国交通事业的发展和公路技术等级的提高，公路建设已进入以提高为主的新阶段，人们对公路运输的服务水平提出了更高的要求。为了使公路满足使用要求，公路建设者必须在精心设计的基础上，严格按照设计文件和现行施工技术规范的要求认真组织施工，抓好原材料质量控制、施工控制参数确定、现场施工过程质量控制和分项分部工程交竣工验收四个关键环节，确保公路工程质量。因此，在现场施工的质量控制中，配备与质量控制和管理相匹配的常规标准试验仪器以及采用适宜的检测方法，进行必要的试验检测，是对工程质量检查、监督和控制的根本手段。

路基路面现场检测工作是道路施工技术管理中的一个重要组成部分，也是施工质量控制和竣工验收评定工作中不可缺少的一个主要环节。通过试验检测能充分地利用当地原材料，能迅速地推广应用新材料、新技术和新工艺，能用定量的方法科学地评定各种材料和构件的质量，能合理地控制并科学地评定工程质量。因此，路基路面现场检测工作在提高工程质量、加快工程进度、降低工程造价、推动道路施工技术进步方面，起到极为重要的作用。

路基路面现场检测技术是一门正在发展的新兴科学，它融试验检测基本理论和测试操作技能及相关基础知识于一体，是确定工程设计参数、施工质量控制、施工验收评定、养护管理决策的主要手段。随着公路技术等级的提高，各级公路管理部门和施工单位已对加强质量检测与施工质量控制和验收工作予以了高度重视，有效地推动了路基路面现场检测技术的发展。一方面，新的检测仪器和方法的研究开发不断深入，并得到了广泛的应用；另一方面，试验检测技术人员培养和培训工作不断加强，一支素质较高的专业化的试验检测队伍正在形成，路基路面现场检测体系不断得到完善。

因此，要切实提高道路工程施工质量、缩短施工工期、降低工程投资，在建立健全工程质量控制检查制度的同时，必须配备一定数量的试验检测设备和相应的专职试验检测技术人员。作为工程试验检测人员或质量控制管理人员，一方面要不断加强学习，及时掌握先进的试验检测技术和现代信息技术，提高自身的业务素质和试验检测水平；另一方面，

在整个施工期间应吃透并领会设计文件，熟悉现行施工技术规范和试验检测规程，才能做好工程试验检测工作，为公路工程的科研、设计、施工和养护管理提供可靠的决策依据。

二、路基路面工程检验评定方法

现行部颁《公路工程质量检验评定标准》(JTG F80—2004)(以下简称《评定标准》)是对公路工程质量进行管理、监控和验收的法规性技术文件，是检验评定公路工程质量和等级的标准尺度。该标准适用于公路工程施工单位、工程监理单位、建设单位、质量监督部门和质量检测机构对工程质量的管理、监控和检验评定。其适用范围主要针对四级及四级以上公路的新建和改建工程。对于公路大、中修工程，由于交通部已专门制定了大、中修工程的质量检验评定标准，故该标准不再要求大、中修工程参照执行。

考虑建设任务、施工管理和质量控制需要，建设项目划分为单位工程、分部工程、分项工程三级。

在建设项目中，根据业主下达的任务和签订的合同，具有独立施工条件，可以单独作为成本计算的对象为单位工程。单位工程分为路基工程、路面工程、桥梁工程(大、中桥)、互通立交工程、隧道工程和交通安全设施等六类。

在单位工程中，按结构部位、路段长度及施工特点或施工任务划分若干个分部工程。

在分部工程中，按不同的施工方法、材料、工序及路段长度等划分为若干个分项工程。

施工单位应按此种工程划分进行质量自检和资料汇总，质量监督部门按照此种工程划分逐级进行工程质量等级评定。

路基、路面单位工程中分部工程和分项工程的划分内容详见表 12-1。

表 12-1　路基、路面单位工程中分部工程和分项工程的划分

单位工程	分部工程	分项工程
路基工程(每 10 km 或每标段)	路基土石方工程*①(1～3 km 路段)②	土方路基*，石方路基*，软土路基*，土工合成材料处治层等*
	排水工程(1～3 km 路段)	管节预制，管道基础及管节安装*，检查(雨水)井砌筑*，土沟，砌筑排水沟*，盲沟，跌水，急流槽*，水簸箕，排水泵站等
	小桥及符合小桥标准的通道*，人行天桥，渡槽(每座)	基础及下部构造*，上部构造预制、安装或浇筑*，桥面*，栏杆，人行道等
	涵洞、通道(1～3 km 路段)	基础及下部构造*，主要构件预制、安装或浇筑*，填土，总体等
	砌筑防护工程(1～3 km 路段)	挡土墙*，墙背填土，抗滑桩*，锚喷防护*，锥、护坡，导流工程，石笼防护等
	大型挡土墙*，组合式挡土墙*(每处)	基础*，墙身*，墙背填土，构件预制*，构件安装*，筋带，锚杆、拉杆，总体*等
路面工程(每 10 km 或每标段)	路面工程(1～3 km 路段)*	底基层，基层*，面层*，垫层，联结层，路缘石，人行道，路肩，路面边缘排水系统等

注：①表内标注＊号者为主要工程，评分时给以 2 的权值；不带＊号者为一般工程，权值为 1。

②按路段长度划分的分部工程，高速公路、一级公路宜取低值，二级及二级以下公路可取高值。

(一)工程质量评分方法

施工单位应在各分项工程完成后,按《评定标准》所列基本要求、实测项目和外观鉴定进行自查,按“分项工程质量检验评定表”提交真实、完整的自查资料,对工程质量进行自我评分。监理工程师应按规定要求对工程质量进行检查,对施工自查资料进行签认和评分。质量监督部门根据抽查资料和确认的施工自查资料以及监理工程师的质量管理资料对工程质量逐级进行评定,作为交工、竣工验收评定等级的依据。

公路工程质量检验评定以分项工程为评定单元,采用100分制评定方法进行评分。在分项工程评分的基础上,逐级计算各相应分部工程、单位工程评分值和建设项目的单位工程优良率及评分值。

1. 分项工程评分方法

分项工程质量检验内容包括基本要求、实测项目、外观鉴定和质量保证资料四个部分,只有在其使用的材料、半成品、成品及施工工艺符合基本要求的规定且无严重的外观缺陷和质量保证资料真实并基本齐全时,才能对分项工程质量进行检验评定。

各项工程的实测项目分值之和为100分,外观缺陷或资料不全时,须予减分。

$$\text{分项工程得分} = \frac{\sum(\text{检查项目得分} \times \text{权值})}{\sum \text{检查项目权值}}$$

$$\text{分项工程评分值} = \text{分项工程得分} - \text{外观缺陷减分} - \text{资料不全减分}$$

1)基本要求检查

各分项工程所列基本要求,包括了有关规范的主要点,对施工质量优劣具有关键作用,应按基本要求对工程进行认真检查。经检查不符合基本要求规定时,不得进行工程质量的检验和评定。

2)实测项目评分

实测项目是对规定检查项目采用现场抽样方法,按照规定频率和下列计分方法对分项工程的施工质量直接进行检测评分。

检查项目除按数理统计方法评定的项目以外,均应按单点(组)测定值是否符合标准要求进行评定,并按合格率计分。

$$\text{检查项目合格率} = \frac{\text{检查合格的点(组)数}}{\text{该检查项目的全部检查点(组)数}} \times 100\%$$

$$\text{检查项目得分} = \text{检查项目合格率} \times 100$$

对于路基路面压实度、弯沉值、路面结构层厚度、水泥混凝土抗压和抗弯强度、半刚性材料强度等检查项目,则分别采用有关数理统计方法进行评定计分。

3)外观缺陷扣分

对工程外表状况进行检查评定时,如发现外观缺陷,应区分档次进行减分。对于较严重的外观缺陷,施工单位须采取合适的措施进行整修处理。

4)资料不全扣分

分项工程的施工资料和图表短缺,缺少最基本的数据,或有伪造涂改资料,不予检查和评定。资料不全者应予减分,减分幅度可按照《评定标准》第3.3.4条所列各项逐款检查,视资料不全,每款减1~3分。

2. 分部工程和单位工程评分办法

表12-1所列分部工程和分项工程区分为一般工程和主要(主体)工程,分别给以1和2的权值。进行分部工程和单位工程评分时,采用加权平均值计算法确定相应的评分值。

$$分部(单位)工程评分=\frac{\sum(分项(分部)工程评分\times 相应权值)}{\sum 分项(分部)工程权值}$$

3. 合同段和建设项目工程质量评分方法

合同段和建设项目工程质量的评分值按《公路工程竣(交)工验收办法》计算。

$$合同段工程质量得分=\frac{\sum(单位工程得分\times 单位工程投资额)}{\sum 单位工程投资额}$$

合同段工程质量鉴定得分=合同段工程质量得分-内业资料扣分

$$建设项目工程质量评分=\frac{\sum(合同段工程质量鉴定得分\times 合同段工程投资额)}{\sum 合同段工程投资额}$$

4. 质量保证资料

施工单位应有完整的施工原始记录、试验数据、分项工程自查数据等质量保证资料,并对其进行整理分析,负责提交齐全、真实和系统的施工资料和图表。监理工程师负责提交齐全、系统的监理资料。质量保证资料包括以下6个方面的内容:

(1)所用原材料、半成品和成品材料质量检验结果。

(2)材料配比、拌和加工控制检验和试验数据。

(3)地基处理和隐蔽工程施工记录。

(4)各项质量控制指标的试验记录和质量检验汇总图表。

(5)施工过程中遇到的非正常情况记录及其对工程质量影响分析。

(6)施工中如发生质量事故,经处理补救后,达到设计要求的认可证明文件等。

(二)工程质量等级评定方法

工程质量分为合格与不合格,应按分项、分部、单位工程、合同段和建设项目逐级评定。

1. 分项工程质量等级评定

分项工程评分值不小于75分者为合格,小于75分者为不合格;机电工程、属于工厂加工制造的桥梁金属构件不小于90分为合格,小于90分为不合格。

评定为不合格的分项工程,允许进行加固、补强、返工或进行整修,当满足设计要求和评定标准后,可以重新评定其质量等级,但计算分部工程评分值时按其复评分值的90%计算。

2. 分部工程质量等级评定

所属各分项工程全部合格,则该分部工程评分合格;所属任一分项工程不合格,则该分部工程不合格。

3. 单位工程质量等级评定

所属各分部工程全部合格,则该单位工程评分合格;所属任一分部工程不合格,则该单位工程不合格。

4. 合同段和建设项目质量等级评定

合同段和建设项目所含单位工程全部合格，其工程质量等级为合格；所属任一单位工程不合格，则合同段和建设项目为不合格。

第二节　压实度的测定与评定方法

一、概述

压实，就是把一定体积的路基土基层材料或路面沥青混凝土压缩到更小的体积的过程。在此过程中，使颗粒相互挤压到一起，减少孔隙，由此提高材料密实度。高标准压实，是保证路基、路面应有强度和稳定性的一项最经济有效的技术措施。

我们通常用压实度来衡量现场压实的质量，对于路基土及路面基层，压实度是指工地实际达到的干密度与室内标准击实试验所得的最大干密度的比值；对沥青路面，压实度是指现场实际达到的密度与标准密度的比值。

在室内对细粒土或多种路面材料进行压实试验时，影响土或路面材料达到规定密实度的主要因素有：含水量、土或材料的颗粒组成以及击实功等。

在施工现场碾压细粒土的路基时，影响路基达到规定压实度的主要因素有：土的含水量、碾压层的厚度、压实机械的类型和功能、碾压遍数以及地基的强度。

在工地碾压级配集料时，影响集料达到规定密实度的主要因素，除上述因素外，还有集料的特性（包括质量、级配的均匀性和细料的塑性指数）以及下承层的强度。

此外，土和路面材料的类型对所能达到的压实度也有明显的影响。

二、压实度试验检测方法

（　）挖坑灌砂法测定压实度试验

1. 目的和适用范围

（1）本试验方法适用于现场测定路基、基层或底基层及砂石路面的各种细粒土、中粒土、粗粒土，包括天然砂砾土、级配砂砾料、级配碎石及水泥、石灰、粉煤灰稳定土等的密度和压实度。也适用于沥青表面处治，沥青贯入式路面层的密度和压实度检测，但不适用于填石路堤等有大孔洞或大孔隙材料的压实度检测。

（2）用挖坑灌砂法测定密度和压实度时，应符合下列规定：①当集料的最大粒径小于 15 mm，测定层的厚度小于 150 mm 时，宜采用 ϕ100 mm 的小型灌砂筒测试；②当集料的最大粒径大于或等于 15 mm，但不大于 40 mm，测定层的厚度超过 150 mm，但不超过 200 mm 时，应用 ϕ150 mm 的大型灌砂筒测试。

2. 仪器设备

本试验所需仪器设备如下所示。

（1）灌砂筒：为一金属圆筒（可用镀锌铁皮制作），有大小两种，上部储砂筒小筒容积为 2 120 cm^3，大筒容积为 4 600 cm^3，筒底中心有一个圆孔。下部装一倒置的圆锥形漏斗,漏斗上端开口,直径与储砂筒的圆孔相同,漏斗焊接在一块铁板上,铁板中心有一圆孔与漏斗上开口相接。自储砂筒筒底与漏斗顶端铁板之间设有开关。开关为一薄铁板,一端与筒底及漏斗铁板铰接在一起,另一端伸出筒身外,开关铁板上也有一个与储砂筒直径相同的圆孔。

(2)金属标准罐:用薄铁板作金属罐,用于小罐砂筒的内径为 100 mm,高为 150 mm,用于大灌砂筒的直径为 150 mm,高为 200 mm,上端周围均有一罐缘。

(3)基板:用薄铁板制作,用于小灌砂筒的基板为边长 350 mm、深 40 mm 的金属方盘,盘的中心有一直径为 150 mm 的圆孔。

(4)玻璃板:边长约 500 mm(用于小灌砂筒)或 600 mm(用于大灌砂筒)的方形板。

(5)试样盘:小筒挖出的试样可用饭盒存放、大筒挖出的试样可用 300 mm × 500 mm × 400 mm 的搪瓷盘存放。

(6)天平或台秤:称量 10 ~ 15 kg,精度不大于 1 g,用于含水量测定的天平精度,对细粒土、中粒土、粗粒土宜分别为 0.01 g、0.1 g、1.0 g。

(7)含水量测定器具:如铝盒、烘箱等。

(8)量砂:粒径 0.30 ~ 0.60 mm 或 0.25 ~ 0.50 mm 清洁干燥的均匀砂,一般 20 ~ 40 kg,使用前须洗净烘干,并放置足够长的时间,使其与空气的湿度达到平衡。

(9)盛砂的容器:塑料桶等。

(10)其他:凿子、改锥、铁锤、长把勺、长把小簸箕、毛刷等。

3. 方法步骤

1)室内试验步骤

(1)按现行试验方法,对检测对象试样用同种材料进行击实试验,得到最大干密度及最佳含水量。

(2)按规定要求选用适宜的灌砂筒。

(3)标定灌砂筒下部圆锥体内砂的质量,步骤如下:

①在灌砂筒筒口高度上,向灌砂筒内装砂至筒顶的距离不超过 15 mm 为止。称取筒内砂的质量 M_1,精确至 1 g,以后每次标定及试验都应该维持此高度装砂的质量不变。

②将开关打开,使灌砂筒筒底的流砂孔、圆锥形漏斗上端开口圆孔及开关铁板中心的圆孔上下对准,让砂自由流出,并使流出砂的体积与工地所挖试坑内的体积相当(或等于标定罐的容积),然后关上开关稳定量筒内砂的质量。

③不晃动灌砂筒的砂,轻轻地将灌砂筒移至玻璃板上,将开关打开,让砂流出,直到筒内砂不再下流时,将开关关上,并细心地取走灌砂筒。

④收集并称量留在玻璃板上的砂或称量筒内的砂,精确至 1 g,玻璃板上的砂就是填满筒下圆锥体的砂(M_2)。

⑤重复上述测量 3 次,取其平均值。

(4)标定量砂的单位质量 γ_s(g/cm^3),其步骤如下:

①用水确定标定罐的容积 V,精确至 1 mL。

②在灌砂筒中装入质量为 M_1 的砂,并将灌砂筒放在标定罐上,将开关打开,让砂流出。在整个流砂过程中,不要碰动灌砂筒,直到灌砂筒内的砂不再下流时,将开关关闭,取

下灌砂筒，称取筒内剩余砂的质量 M_3，精确至 1 g。

③按下式计算填满标定罐所需砂的质量 M_a：

$$M_a = M_1 - M_2 - M_3 \tag{12-1}$$

式中 M_a——标定罐中砂的质量，g；

M_1——灌砂筒装入标定罐前，筒内砂的质量，g；

M_2——灌砂筒下部圆锥体内砂的质量，g；

M_3——灌砂筒装入标定罐后，筒内剩余砂的质量，g。

④重复上述测量三次，取其平均值。

⑤按下式计算量砂的单位质量 γ_s：

$$\gamma_s = \frac{M_a}{V} \tag{12-2}$$

式中 γ_s——量砂的单位质量，g/cm^3；

V——标定罐的体积，cm^3；

其他符号意义同前。

2）现场检测步骤

（1）在试验地点，选一块平坦表面，并将其清扫干净，其面积不小于基板面积。

（2）将基板放在平坦表面上，如果表面粗糙度较大，则将盛有量砂（M_5）的灌砂筒放在基板中间圆孔上。将罐砂筒的开关打开，让砂流入基板的中孔内，直到储砂筒内的砂不再下流时关闭开关。取下灌砂筒，并称量筒内砂的质量（M_6），精确至 1 g。

当需要检测厚度时，应先测量厚度后再进行这一步骤。

（3）取走基板，并将留在试验地点的量砂收回，重新将表面清扫干净。

（4）将基板放回清扫干净的表面上（尽量放在原处），沿基板中孔凿洞（洞的直径与灌砂筒一致）。在凿洞的过程中，应注意不使凿出的材料丢失，并随时将凿松的材料取出装入塑料袋中，不要使水分蒸发，也可放在大试样盆内。洞的深度等于测定层厚度，但不得有下层材料混入，最后将洞内试洞深度的全部凿松材料取出，对土基或基层，为防止试样盘内材料的水分蒸发，可分几次称取材料的质量，全部取出材料的总质量为 M_w，精确至 1 g。

（5）从挖出的全部材料中取有代表性的样品，放在铝盒或清净的搪瓷盒内，测定其含水量 ω（以%计）。样品的数量如下：用小灌砂筒测定时，对于细粒土，不少于 100 g，对于各种中粒土，不少于 500 g。用大灌砂筒测定时，对于细粒土，不少于 200 g，对于各种中粒土，不少于 1 000 g；对于粗粒土或水泥、石灰、粉煤灰等无机结合稳定土，不少于 2 000 g。如试验的是水泥、石灰、粉煤灰等无机结合料稳定土，亦可将取出的材料烘干并称取其质量 M_d，精确至 1 g。

如沥青表面处治或沥青贯入式结构类材料，则省去测定含水量步骤。

（6）将基板安放在试坑上，将灌砂筒安放在基板中间（储砂筒内放满砂到要求质量 M_1），使灌砂筒的下口对准基板的中孔及试洞。打开灌砂筒的开关，让砂流入试坑中。在此期间，应注意勿碰动灌砂筒。直到储砂筒内的砂不再下流时，关闭开关。仔细取走灌砂筒，并称量剩余砂的质量 M_4，精确至 1 g。

(7)如清扫干净的平坦表面的粗糙度不大,也可省去步骤(2)和步骤(3)的操作。在试洞挖好后,将灌砂筒的下口对准放在试坑上,中间不需要放基板。打开筒的开关,让砂流入试坑内。在此期间,应注意勿碰动灌砂筒,并称量剩余砂的质量 M_4',精确至 1 g。

(8)仔细取出试筒内的量砂,以备下次试验时再用。

4. 计算

1)计算填满试坑所用的砂质量 M_b

灌砂时,试坑上放基板时:

$$M_b = M_1 - M_4 - (M_5 - M_6) \tag{12-3}$$

灌砂时,试坑上不放基板时:

$$M_b = M_1 - M_4' - M_2 \tag{12-4}$$

式中 M_b——填满试坑的砂的质量,g;

M_4'——灌砂后灌砂筒余砂的质量,g;

M_5——灌砂筒下部圆锥体及基板和粗糙表面间砂的合计质量,g;

其他符号意义同前。

2)计算试坑材料的湿密度(湿容重)ρ_w

$$\rho_w = \frac{M_w}{M_b} \times \gamma_s \tag{12-5}$$

式中 ρ_w——试坑材料的湿密度,g/cm³;

M_w——试坑中取出的全部材料的质量,g;

其他符号意义同前。

3)计算试坑材料的干密度 ρ_d

$$\rho_d = \frac{\rho_w}{1 + 0.01\omega} \tag{12-6}$$

式中 ρ_d——试坑材料的干密度,g/cm³;

ω——试坑材料的含水量(%);

其他符号意义同前。

4)计算稳定土的干密度 ρ_d

当以水泥、石灰、粉煤灰等无机结合料稳定土拌和时,可按下式计算干密度 ρ_d:

$$\rho_d = \frac{M_d}{M_b} \times \gamma_s \tag{12-7}$$

式中 ρ_d——稳定土的干密度,g/cm³;

M_d——试坑中取出的稳定土的烘干质量,g;

其他符号意义同前。

5)按下式计算施工压实度 K

$$K = \frac{\rho_d}{\rho_G} \times 100 \tag{12-8}$$

式中 K——测试地点的施工压实度(%);

ρ_d——试样的干密度,g/cm³;

ρ_G——由击实试验得到的试样的最大干密度，g/cm³。

当试坑材料组成与击实试验的材料有较大差异时，可用试坑材料作标准击实，求取实际的最大干密度。

5. 报告

各种材料的干密度均精确至0.01 g/cm³。

（二）环刀法测定压实度试验

1. 目的和适用范围

（1）本方法目的是在道路工程现场用环刀法测定土基及路面材料的密度及压实度。

（2）本方法适用于细粒土及无机结合料稳定细粒土的密度试验，可用于施工过程中的压实度检验，但无机结合料稳定土龄期不宜超过2 d。

2. 仪器设备

（1）取土器：包括环刀、环盖，定向筒和击实锤系统（导杆、落锤、手柄）。环刀内径6~8 cm，高2~3 cm，壁厚1.5~2 mm。

（2）天平：感量0.1 g（用于取芯头内径小于70 mm样品的称量）。

（3）其他：镐、小铁锹、修土刀、直尺、木板、毛刷、钢丝锯、凡士林、测定含水量设备等。

3. 方法与步骤

1）测定最大干密度及最佳含水量

按有关试验方法对检测对象试样用同种材料进行击实试验，得到最大干密度（ρ_G）及最佳含水量。

2）用人工取土器测定黏性土及无机结合料稳定细粒土密度的步骤

（1）擦净环刀，称取环刀质量M_2，精确至0.1 g。

（2）在试验地点，将面积约30 cm×30 cm的地面清扫干净，并铲去压实层表面浮动及不平整的部分，达一定深度，使环刀打下后能达到要求的取土深度，但不得将下层扰动。

（3）将定向筒齿钉固定在铲平的地面上。顺次将环刀、环盖放入定向筒内，并使之与地面垂直。

（4）将导杆保持垂直状态，用取土器落锤将环刀打入压实层中，至环盖顶面与定向筒上口齐平为止。

（5）去掉击实锤和定向筒，用镐将环刀及试样挖出。

（6）轻轻取下环盖，用修土刀自边到中削去环刀两端余土，用直尺检测直到修平为止。

（7）擦净环刀外壁，用天平称取出环刀及试样合计质量M_1，精确到0.1 g。

（8）自环刀中取出试样，取具有代表性的试样，测定其含水量ω。

3）用人工取土器测定砂性土或砂层密度的步骤

（1）如为湿润的砂土，试验时不能使用击实锤和定向筒，在铲平的地面上，细心挖出一个直径较环刀外径略大的砂土柱，将环刀刃口向下，平置于砂土柱上，用两手平稳地将环刀垂直下压，直至砂土柱突出环刀上端约2 cm为止。

（2）削掉环刀口上的多余砂土，并用直尺刮平。

（3）在环刀上口盖一块平滑的木板，一手按住木板，另一手用小铁锹将试样从环刀底部切断,然后将装满试样的环刀反转过来,削掉环刀口上部多余砂土,并用直尺刮平。

(4)擦净环刀外壁称量环刀与试样总质量 M_1,精确到0.1 g。

(5)自环刀取出具有代表性的试样测定其含水量。

(6)干燥的砂土不能挖成砂土样柱时,可直接把环刀压入或打入土中。

4)计算

本试验须进行两次平行测定,其平行差值不得大于0.03 g/cm³。求其算术平均值。

(1)按下式计算试样的湿密度及干密度:

$$\rho = \frac{4 \times (M_1 - M_2)}{\pi \times d^2 \times h} \tag{12-9}$$

$$\rho_d = \frac{\rho}{1 + 0.01\omega} \tag{12-10}$$

式中 ρ——试样的湿密度,g/cm³;

ρ_d——试样的干密度,g/cm³;

M_1——环刀或取芯套筒与试样合计质量,g;

M_2——环刀或取芯套筒质量,g;

d——环刀或取芯套筒直径,cm;

h——环刀或取芯套筒高度,cm;

ω——试样的含水量(%)。

(2)按下式计算施工压实度:

$$K = \frac{\rho_d}{\rho_G} \times 100 \tag{12-11}$$

式中 K——测试地点的施工压实度(%);

ρ_G——由击实试验得到的试样的最大干密度,g/cm³;

其他符号意义同前。

三、压实度检测结果的评定

路基、路面压实度以1~3 km长的路段为检验评定单元,按要求的检测频率及方法进行现场压实度抽样检查,求算每一测点的压实度 K_i。

1. 压实度的评定要点

(1)控制平均压实度的置信下限,以保证总体水平;

(2)规定单点极值不得超出给定值,防止局部隐患;

(3)规定扣分界限以区分质量优劣。

2. 检验评定段的压实度代表值K(算术平均值的下置信界限)

$$K = \bar{k} - t_a S/\sqrt{n} \geqslant K_0 \tag{12-12}$$

式中 $\bar{k}$——检验评定段内各测点压实度的平均值;

t_a——t分布表中随各测点数和保证率(或置信度)而变化的系数,高速、一级公路:基层、底基层为99%,路基、路面面层为95%,其他公路:基层、底基层为95%,路基、路面面层为90%;

S——检测值的均方差；

N——检测点数；

K_0——压实度标准值。

(1)路基、基层和底基层：$K \geqslant K_0$，且单点压实度 K_i 全部大于等于规定值减2个百分点时，评定路段的压实度可得规定满分；当 $K \geqslant K_0$，对于测定值低于规定值减2个百分点的测点，按其占总检查点数的百分率计算扣分值；$K < K_0$ 或某一单点压实度 K_i 小于规定极值时，该评定路段压实度为不及格，评为零分。

路堤施工段较短时，分层压实度应点点符合要求，且实际样本数不小于6个。

(2)沥青面层：当 $K \geqslant K_0$ 且全部观测点大于等于规定值减1个百分点时，评定路段的压实度可得规定的满分；当 $K \geqslant K_0$ 时，对于测定值低于规定值减1个百分点的测点，按其占总检查点数的百分率计算扣分值；$K < K_0$ 时，评定路段的压实度为不合格，评为零分。

四、核子密度湿度仪法测定压实度简介

非破坏性试验使用的仪器是各种核子仪，它利用放射性元素(通常是 γ 射线和中子射线)测量路基土或路面结构层材料的密度和含水量。20世纪80年代以前，这类仪器主要在美国和苏联应用；近年来，使用核子仪的国家逐渐增多，核子仪的应用逐渐普遍。美国生产的核密实度含水量测定仪，既可在现场测定密实度，也可在现场测定含水量。

这种仪器有几种不同的型号：有一种插入式核密实度含水量测定仪，在使用前需要在拟测量的位置打一个洞(洞深等于拟测的深度)，然后将探头插入洞中进行测量，此法又称为直接透射法；另一种是表面式核密实度含水量测定仪，可以直接放在表面上进行测量，无需打洞，此法又称为散射法；更先进的一种核密实度含水量测定仪还带有电子计算机。这类仪器的优点是：测量速度快，需要的人员少，可用于测量各种土(包括冻土)和路面材料的密度及它们的含水量，因此受到质量检验人员的欢迎。

但核子仪的缺点之一是，超标的放射性对人类有害。国内曾不止一次检验发现进口的核密实度含水量测定仪的放射性超过规定。使用时要注意：仪器工作时，所有人员必须退后到距离仪器2 m以外的地方；仪器不使用时，应将手柄放置于安全位置，仪器应装入专用的仪器箱内，放置在符合核辐射的安全规定的地方；仪器应当由经过有关部门的审查合格的专人保管，专人使用。

在现场选定的位置上应用核子仪测量一次，取得读数后将仪器在原位转180°测量第二次，记录读数后，再将仪器在原位置转90°测量第三次，记录数据后，再将仪器在原位置转180°，测量第四次，记录数据。最后，将四次读数的平均值作为该点核子仪湿密度与含水量的测量值，并用灌砂法测定其湿密度。取样品测定含水量后，计算用灌砂法测得的干密度。一般需要在不少于15个位置进行这种对比测定，计算两者之间的相关系数，相关系数应大于0.9。国际上通常以灌砂法作为测定现场密度的标准方法。用核子仪测定现场密度后，需用所得的相关方程将核子仪所测得的值换算成为相当于灌砂法的测定值。

核子仪测得的含水量需与含水量的标准试验方法——烘干法进行比较，计算两者的相关方程。用核子仪测定现场土或材料的含水量后，用相关方程将核子仪测得的含水量换算成相当于烘干法的含水量。

实践证明，用核子仪测得的土层或材料层湿密度与灌砂法测得的湿密度比，二者相差不大；核子仪测得的含水量与烘干法测得的含水量相比，往往有明显差别。

第三节　回弹弯沉的测定与评定方法

路面弯沉是汽车车轮荷载作用下路面表面产生的垂直变形值。它是反映路面整体抗压强度的一个综合指标。目前，我国沥青路面设计方法采用的设计指标之一是路表回弹弯沉，并规定了双轮胎轮隙中心处路面表面最大回弹弯沉值应不大于竣工验收弯沉值。在施工控制及施工验收中，用到了竣工验收弯沉值；在旧路的补强设计中，回弹弯沉值也是反映旧路强度的一个很重要的基本参数；在水泥混凝土路面中，弯沉检测用于接缝传荷能力和脱空的分析评定；所以正确的弯沉测试具有重要的意义。

路面在车轮作用下产生沉降，其总变形值等于总弯沉值。当车轮荷载卸除后，路面便向上回弹，其回弹变形值便是回弹弯沉值。总弯沉值与回弹弯沉值之差便是残余弯沉。一般总弯沉比回弹弯沉大，表明路面除了产生弹性变形外还产生塑性变形。若总弯沉等于回弹弯沉，表明路面是完全弹性体。若总弯沉小于回弹弯沉，表明路面产生隆起的塑性变形。

一、主要的弯沉测试方法

（一）贝克曼梁法

该方法是传统方法，速度慢，静态测试，比较成熟，目前属于标准方法。

（二）自动弯沉仪法

该方法是利用贝克曼梁原理快速测定，属于静态测试范畴，但测定的是总弯沉，因此使用时应用贝克曼梁进行标定换算。

（三）落锤式弯沉仪法

近年来，日本、丹麦等国研制了动力式落锤弯沉仪，并用它量测冲击载荷作用下路面表面的弯沉，它可模拟快速行车对路面的弯沉效应。

利用重锤自由落下的瞬间产生的冲击荷载测定弯沉，属于动态弯沉，并能反算路面的回弹模量，快速连续，使用时应用贝克曼梁进行标定换算。

弯沉测量的目的：一是利用弯沉仪量测路面表面在标准轴载作用下的轮隙回弹弯沉值，用做评定路面强度的指标；二是通过对路面结构分层测定所得的回弹弯沉值，根据弹性体系垂直位移理论解，反算路面各结构层的材料回弹模量值。

二、贝克曼梁弯沉仪测量法

（一）仪具与材料

1. 路面弯沉仪

我国目前多使用的贝克曼梁弯沉仪，通常由铝合金制成，上有水准泡。杠杆比（即前臂与后臂之比）一般为2∶1。弯沉仪长度有两种：一种长3.6 m，前后臂分别为2.4 m和1.2 m；另一种加长的弯沉仪长5.4 m，前后臂分别为3.6 m和1.8 m。当在半干性基层沥青路面或水泥混凝土路面上测定时，宜采用长度为5.4 m的贝克曼梁，仪器构造如图12-1所示。

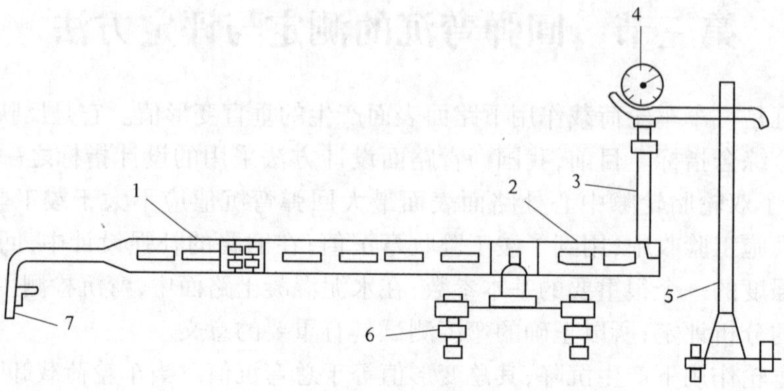

图12-1　弯沉仪构造

1—前杠杆；2—后杠杆；3—立杆；4—百分表；5—表架；6—支座；7—测头

2. 测试车

采用双轴、后轴双侧4轮的载重车，测试车可根据需要按公路等级选择，高速公路、一级公路和二级公路采用后轴为100 kN的BZZ－100型汽车。其他等级公路采用后轴为60 kN的BZZ－60型汽车。其标准轴载车的主要参数见表12-2，并要求轮胎花纹清晰，没有明显磨损。车上所装重物应稳固均匀，汽车行驶时载物不得移动。测试前应对轮胎气压进行检验。

表12-2　测定弯沉用的标准轴参数

标准轴载等级	BZZ－100	BZZ－60
后轴标准轴载 P(kN)	100±1	60±1
一侧双轮荷载(kN)	50±0.5	30±0.5
轮胎充气压力(MPa)	0.7±0.05	0.5±0.05
单轮传压面当量圆直径(cm)	21.30±0.5	19.5±0.5
轮隙宽度	满足能自由插入弯沉仪测头的测试要求	

(二)准备工作

(1)检查并保持测定车的车况及刹车性能良好，轮胎内胎符合规定压力。

(2)向汽车车槽中装载重物(铁块或集料)并在地磅上称量后轴总重量，达到规定的轴重要求，汽车行驶及测定过程中，轴重不得变化。

(3)测定轮胎接地面积，在平整光滑的硬质路在上用千斤顶将汽车后轴顶起，在轮下方铺一张新的复写纸，轻轻落下千斤顶，即在方格纸上印上轮胎印痕，用求积仪或数方格的方法测算轮胎接地面积，精确至0.1 cm^2。

(4)在沥青路面上测定时,要测定试验时气温和路表温度,并通过气象台了解前 5 d 平均气温。

(三)测试步骤

(1)在测试路段布置测点,其距离随测试需要而定,测点应在路面行车车道的轮迹带上,并用白油漆或粉笔画上标记。

(2)将试验车后轮轮隙对准测点后 3 ~5 cm 处的位置上。

(3)将弯沉仪插入汽车后轮之间的缝隙处,与汽车方向一致,梁臂不得碰到轮胎,弯沉仪测头置于测点上(轮隙中心前方 3 ~5 cm 处),于弯沉仪的测杆上安装百分表,并调零,用手指轻轻叩打弯沉仪,检查百分表是否稳定回零。

(4)测定者吹哨发令指挥汽车缓缓前进,百分表随路面变形的增加而持续向前转动,当表针转动到最大值时,迅速读取初读数 L_1。汽车仍在继续前进,表针反向回转,待汽车驶出弯沉影响半径(约 3 m 以上)后,令汽车停止。待表针回转稳定后,再读取终读数 L_2。汽车前进的速度宜为 5 km/h 左右。

(四)弯沉仪的支点变形修正

(1)当采用 3.6 m 的弯沉仪对半刚性基层沥青路面、水泥混凝土路面等进行弯沉测试时,有可能引起弯沉仪支座处变形,因此应检验支点有无变形。用另一台检验用的弯沉仪安装在检测用的弯沉仪后方,其测点架于测定用的弯沉仪的支点旁。当汽车开动时,同时读取两台弯沉仪的读数,如检验用的弯沉仪百分表有读数,则应记录并进行支点变形修正。

(2)当采用长 5.4 m 的弯沉仪测定时,可不进行支点变形修正。

(五)温度修正

沥青面层厚度大于 5 cm 且路面温度超过(20 ±2) ℃范围时,回弹弯沉值应进行温度修正。温度的修正有两种方法:一是查图法;二是经验修正法。

(六)结果的评定

(1)按下式计算每一个评定路段的代表弯沉:

$$L_r = \bar{L} + Z_a S \tag{12-13}$$

式中 L_r——一个评定路段的代表弯沉,0.01 mm;

$\bar{L}$——一个评定路段内经各项修正后的各测点弯沉的平均值,0.01 mm;

S——一个评定路段内经各项修正后的全部测点弯沉的标准差,0.01 mm;

Z_a——与保证率有关的系数,当设计弯沉值按《公路沥青路面设计规范》(JTGD50—2006)确定时,采用表 12-3 中的规定值。

(2)计算平均值和标准差时,应将超出 ±(2 ~3)S 的弯沉特异值过大的点找出局部处理。用两台弯沉仪同时进行左右轮弯沉值测定时,应按两个独立的测点计,不能采用左右两点的平均值。

(3)弯沉代表值不大于设计要求的弯沉值时得满分,大于时得零分。

若在非不利季节测定,应考虑季节影响系数。

表 12-3 保证率系数

层位	Z_a	
	高速公路、一级公路	二、三级公路
沥青面层	0.645	1.5
路基	2.0	1.645

第四节 平整度的测定与评定方法

路面平整度是评定路面使用品质的重要指标之一。它既是一个路面的外观指标,又是衡量路面质量及现有路面破坏程度的一个重要指标。它直接关系到行车安全以及车辆的通行能力和运营的经济性,还影响着路面的使用年限。

路面不平使车辆在行驶中产生行驶阻力和振动,行驶阻力消耗车辆的功率并且影响车辆动力系统和传动系统的寿命。而在冲击下产生的振动,直接影响了车辆的平顺性、乘坐的舒适性以及承载系统的可靠性和使用寿命。同时,阻力和振动也对车速和操纵稳定性产生影响。所以,路面平整度是运行环境中的主要因素。另外,路面的平整度对车辆营运费用有较大影响。一方面通过零件维修等费用明显地反映出不平整造成车辆振动,使零件与车辆破坏的费用猛增,远远超过了油耗;另一方面,影响费用的另一因素——速度,它是平整度的隐函数。用路面凹凸不平的程度,来表征平整度的质量。

测量路面平整度指标的目的:一是为了检查控制路面施工质量与验收路面工程;二是根据测定的路面平整度指标以确定养护维修计划。

路面平整度包括纵断面和横断面两个方面。测定平整度的仪器种类繁多,国外这方面从最初的直尺式测定仪发展成为可以记录车行道真实断面形状的横断面记录仪。国内除了 3 m 直尺外,还有 JLP-80N 型间断式路面平整度仪。国内最常用的测试方法是 3 m 直尺法和路面平整度仪测定法。

一、3 m 直尺测定法

3 m 直尺测定法有单尺测定最大间隙及等距离(1.5 m)连续测定两种,前者常用于施工时质量控制和检查验收,单尺测定时要计算出测定段的合格率。等距离连续测试也可用于施工质量检查验收,但要算出标准差,用标准差来表示平整程度。它与用 3 m 连续式平整度仪测定的路面平整度有较好的相关关系。

3 m 直尺测定法的特点是设备简单,结果直观,间断测试,工作效率低,用直尺与路面之间的最大间隙 h(mm)反映凹凸程度。

(一)目的和适用范围

(1)本方法规定用 3 m 直尺测定直尺距离路表面的最大间隙表示路基路面的平整度,以 mm 计。

(2)本方法适用于测定压实成型的路面各层表面的平整度,以评定路面的施工质量及使用质量,也可用于路基表面成型后的施工平整度检测。

(二)量测仪器

(1)直尺:由铝合金制造,长度 3 m,底边平直,上边装有两个把手,便于使用时握住。

(2)楔形塞尺:木制或金属制的三角形塞尺,有手柄。塞尺的长与高度之比不小于10,宽度不大于 15 mm,边部有高度标记,精度不小于 0.2 mm,也可使用其他类型的量尺。

(3)其他:皮尺或钢尺、粉笔等。

(三)量测步骤

(1)在施工过程中检测时,按根据需要确定的方向,将 3 m 直尺摆在测试地点的路面上。

(2)目测 3 m 直尺底面与路面之间的间隙情况,确定间隙为最大的位置。

(3)用有高度标线的塞尺塞进间隙处,量记其最大间隙的高度(mm),精确至0.2 mm。

(4)施工结束后检测时,按现行《评定标准》规定,每 1 处连续检测 10 尺,按上述(1)~(3)的步骤测记 10 个最大间隙。

(四)数据处理

单杆检测路面的平整度计算,以 3 m 直尺与路面的最大间隙为测定结果。连续测定 10 尺时,判断每个测定值是否合格,根据要求计算合格百分率,并计算 10 个最大间隙的平均值。

$$合格率(\%) = 合格尺数/总测尺数 \times 100$$

单尺检测的结果应随时记录测试位置及检测结果。连续测定 10 尺时,应报告平均值、不合格尺数、合格率。

二、连续式平整度仪测定法

连续式平整度仪是近年来我国用于测定路面平整度的新型仪器,它的主要优点是可沿路面连续测量。它一般采用先进的微机处理技术,可自动计算、自动打印、自动显示路面平整度的均方差及正、负超差等各项技术指标,并绘出路面平整度偏差曲线。

(一)目的和适用范围

(1)本方法规定用连续式平整度仪量测路面的不平整度的标准差(σ),以表示路面的平整度,以 mm 计。

(2)本方法适用于测定路表面的平整度,评定路面的施工质量和使用质量,不适用于在已有较多坑槽、破损严重的路面上测定。

(二)仪具

(1)连续式平整度仪:构造如图 12-2 所示。除特殊情况外,连续式平整度仪的标准长度为 3 m,其质量应符合仪器标准的要求。中间为一个 3 m 长的机架,机架可缩短或折叠,前后各有 4 个行车轮,前后两组轮的轴间距离为 3 m。机架中间有一个能起落的测定轮。机架上装有蓄电池电源及可拆卸的检测箱,检测箱可采用显示、记录、打印或绘图等方式输出测试结果。测定轮上装有位移传感器、距离传感器等检测器,自动采集位移数据时，测定间距为10 cm，每一计算区间的长度为100 m，输出一次结果。当为人工检测、无自动采集数据及计算功能时，应能记录测试曲线。机架头装有一牵引钩及手拉柄，可用人力或汽车牵引。

(2)牵引车：小面包车或其他小型牵引汽车。

(3)皮尺或测绳。

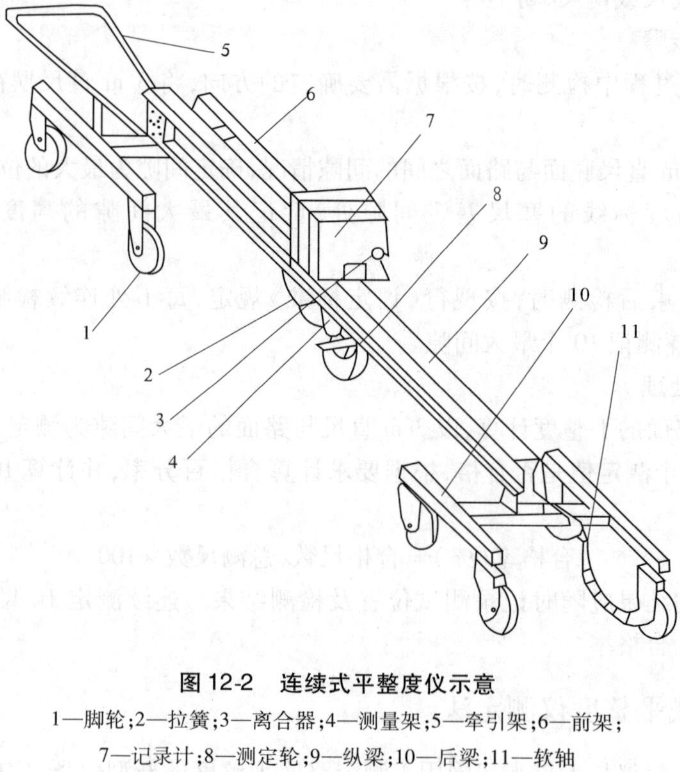

图12-2　连续式平整度仪示意

1—脚轮；2—拉簧；3—离合器；4—测量架；5—牵引架；6—前架；

7—记录计；8—测定轮；9—纵梁；10—后梁；11—软轴

(三)试验步骤

1. 准备工作

(1)选择测试路段。

(2)当为施工过程中质量检测需要时，测试地点根据需要决定；当为路面工程质量检查验收或进行路况评定需要时，通常以行车道一侧车轮轮迹带作为连续测定的标准位置。对旧路已形成车辙的路面，取一侧车辙中间位置为测定位置。当以内侧轮迹带或外侧轮迹带作为测定位置时，测定位置距车道标线80～100 cm。

(3)清扫路面测定位置处的脏物。

(4)检查仪器检测箱各部分是否完好、灵敏，并将各连接线接妥，安装记录设备。

2. 试验步骤

(1)将连续式平整度测定仪置于测试路段路面起点上。

(2)在牵引汽车的后部，将平整度的挂钩挂上后，放下测定轮，启动检测器及记录仪，随即启动汽车，沿道路纵向行驶，横向位置保持稳定，并检查平整度检测仪表上测定数字显示、打印、记录的情况。如遇检测设备中某项仪表发生故障,即须停止检测。牵引平整度仪的速度应保持匀速,速度最大不得超过 12 km/h。

在测试路段较短时,亦可用人力拖拉平整度仪测定路面的平整度,但拖拉时应保持匀速前进。

(四)检测数据的处理

(1)连续式平整度测定仪测定后,按每 10 cm 间距采集的位移值自动计算每 100 m 计算区间的平整度标准差(mm),还可记录测试长度(m)、曲线振幅大于某一定值(如3 mm、5 mm、8 mm、10 mm 等)的次数、曲线振幅的单向(凸起或凹下)累计值及以 3 m 机架为基准的中点路面偏差曲线图,计算打印。当为人工计算时,在记录曲线上任意设一基准线,每隔一定距离(以 1.5 m 为宜)读取曲线偏离基准线的偏高位移值 d_i。

(2)每一计算区间的路面平整度以该区间测定结果的标准差表示如下:

$$\sigma_i = \sqrt{\frac{\sum_{i=1}^{n}(d_i - \overline{d})^2}{\sum_{i=1}^{n-1}\sigma_i}} \tag{12-14}$$

式中 σ_i——各计算区间的平整度标准差,mm;

d_i——以 100 m 为一个计算区间,每隔一定距离(自动采集间距为 10 cm,人工采集间距为 1.5 m)采集的路面凹凸偏差位移值,mm;

$\overline{d}$——采集的路面凹凸偏差位移值的平均值,mm, $\overline{d} = \sum d_i/n$;

n——计算区间用于计算标准差的测试数据个数。

(3)计算一个评定路段内各区间平整度标准差的平均值、标准差、变异系数及合格率。

第五节 路面抗滑性能的测定方法

路面抗滑性是指轮胎沿路面表面滑动时,所承受的摩擦阻力的大小,对行驶在路面上的车辆而言,是指在一定条件下(速度、路面湿度等)车辆的紧急制动距离。路面抗滑性是反映路面安全性能最重要的一个指标。从路面管理的角度来看,抗滑性同时也是对路面耐久性的一个量度指标。当抗滑性衰减到最低可接受(安全)水平,将大幅度降低路面所期望的服务功能。

对优良的路面面层期望的抗滑性能是:高度的抗滑性、潮湿时的抗滑性应该几乎和干燥路面一样高;随速度的增加,抗滑性降低不多;抗滑性不因磨光、磨损或压密等原因而随时间过多降低;轮胎产生的噪声低和为保持可接受抗滑性的每年维护费用低。

轮胎与路面之间的摩阻力大小取决于三方面的因素:第一方面来自于行驶中的车辆,如速度、方向、轮胎的花纹种类,轮胎与路面的接触面积及轮胎的磨损程度;第二方面来自于路面,主要是表面构造、路面的潮湿程度等;第三方面来自于气候条件。纯粹从路面设计与施工的角度来看,路面的抗滑性是表面构造深度和碎石磨光值的函数,即路面的抗滑性取决于路面表面层的构造深度。

总的来说，对沥青路面抗滑性能的影响来自于集料特性，它包括：级配（尺寸）、形状、硬度及矿料组成。

抗滑性能测试方法有：制动距离法、偏转轮拖车法（横向摩擦系数测试）、构造深度测试法（手工铺砂法、电动铺砂法、激光构造深度仪法）、摆式仪法。

下面主要介绍手工铺砂法测构造深度和摆式仪法测定摩擦系数。

一、手工铺砂法测构造深度

（一）目的与适用范围

本方法适用于测定沥青路面及水泥混凝土路面表面的构造深度，用以评定路面表面的宏观粗糙度、路面表面的排水性能及抗滑性能。

（二）仪具与材料

（1）人工铺砂仪：由圆筒、推平板组成。

量砂筒：形状尺寸满足设计要求，一端是封闭的，容积为（25 ±0.15）mL，可通过称量砂筒中水的质量以确定其容积 V，并调整其高度，使其容积符合规定要求。带一专门的刮尺将筒口量砂刮平。

推平板：形状尺寸满足设计要求，推平板应为木制或铝制，直径 50 mm，底面粘一层厚 1.5 mm 的橡胶片，上面有一圆柱把手。

（2）量砂：足够数量的干燥洁净的匀质砂，粒径 0.15 ~0.3 mm。

（3）量尺：钢板尺、钢卷尺。

（4）其他：装砂容器（小铲）、扫帚或毛刷、挡风板等。

（三）方法与步骤

1. 准备工作

（1）量砂准备：取洁净的细砂晾干、过筛，取 0.15 ~0.3 mm 砂置于适当的容器中备用。量砂只能在路面上使用一次，不宜重复使用。回收砂必须经干燥、过筛处理后方可使用。

（2）按本规程的方法，对测试路段按随机取样选点的方法，决定测点所在横断面位置。测点应选在行车道的轮迹带上，距路面边缘不应小于 1 m。

2. 试验步骤

（1）用扫帚或毛刷将测点附近的路面清扫干净，面积不小于 30 cm ×30 cm。

（2）用小铲装砂沿筒向圆筒中注满砂，手提圆筒上方，在硬质路表面上轻轻地叩打 3 次，使砂密实，补足砂面用钢尺一次刮平（不可直接用量砂筒装砂，以免影响量砂密度的均匀性）。

（3）将砂倒在路面上，用底面粘有橡胶片的推平板，由里向外重复做摊铺运动，稍稍用力将砂细心地尽可能地向外摊开，使砂填入凹凸不平的路面的空隙中，尽可能将砂摊成圆形，并不得在表面上留有浮动余砂。值得注意的是，摊铺时不可用力过大或向外推挤。

（4）用钢板尺测量所构成圆的两个垂直方向的直径，取其平均值，精确至 5 mm。

(5)按以上方法,同一处平行测定不少于 3 次,3 个测点均位于轮迹带上,测点间距 3 ~5 m。该处的测定位置以中间测点的位置表示。

(四)计算

(1)路面表面构造深度测定结果按下式计算:

$$TD = \frac{1\ 000V}{\pi D^2/4} = \frac{31\ 831}{D^2} \tag{12-15}$$

式中 TD——路面表面构造深度,mm;

V——砂的体积(25 cm^3);

D——摊平砂的平均直径,mm;

(2)每一处均取 3 次路面构造深度的测定结果的平均值作为试验结果,精确至 0.1 mm。

(3)按本规范的方法计算每一个评定区间路面构造深度的平均值、标准差、变异系数。

(五)报告

(1)铺砂法试验报告应逐点记录计算路面构造深度及报告 3 次的平均值,当平均值小于 0.2 mm 时,试验结果以 <0.2 mm 表示。

(2)记录每一评定区间路面的构造深度的平均值、标准差、变异系数。

二、摆式仪法测定摩擦系数

(一)目的和适用范围

该方法目的是评定路面在潮湿状态下的抗滑能力,适用于以摆式摩擦系数测定仪(摆式仪)测定沥青路面及水泥混凝土路面的抗滑值。

(二)仪器与材料

(1)摆式仪:结构如图 12-3 所示。进行试验之前,必须检查摆式仪的调零灵敏情况,并定期进行仪器的标定。标定内容包括:①摆及摆的连接部分的总质量(1 500 ±30)g;②摆动中心至摆的重心距离(410 ±15)mm;③测定时摆在路面上的滑动长度(126 ±1)mm;④摆上橡胶片端部距摆动力中心距离 508 mm;⑤橡胶片对路面的正向静压力为(22.2 ±0.5)N。当用于路面工程检查验收时,仪器必须重新标定。

(2)橡胶片:用来模拟车辆轮胎,要求橡胶片的尺寸为 6.35 mm ×25.4 mm ×76.2 mm,当橡胶片使用后,端部在长度方向上磨损长度超过 1.6 mm 或边缘在宽度上磨耗超过 3.2 mm,或有油污染时,即应更新橡胶片。新橡胶片应先在干燥路面上测 10 次后,才能用于正式测定。橡胶片的有效使用年限为一年。

(3)标准量尺:长 126 mm。

(4)洒水壶。

(5)橡胶刮板。

(6)路面温度计:分度不大于 1 ℃。

(7)其他:皮尺或钢卷尺、扫帚、粉笔等。

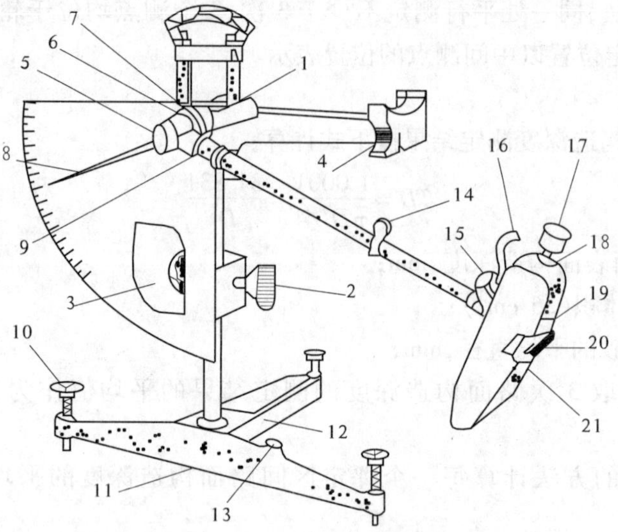

图 12-3　摆式仪的构造

1、2—固定把手；3—升降把手；4—释放开关；5—转向节螺盖；6—针簧调节螺母；7—针簧片；8—指针；9—连接螺母；10—调平螺栓；11—底座；12—垫块；13—水准泡；14—卡环；15—定位螺丝；16—升举柄；17—平衡锤；18—并收螺母；19—溜滑块；20—橡胶片；21—止滑螺丝

(三)方法与步骤

1. 准备工作

(1)检查摆式仪的调零灵敏情况，并定期进行仪器的标定。当用于路面工程检查验收时，仪器必须重新标定。

(2)对测试路段按随机取样选点的方法，决定测点所在横断面位置。测点应选在行车车道的轮迹带上，距路面边缘不应小于 1 m，并用粉笔做出标记。测点位置宜紧靠铺砂法测定构造深度的测点位置，并一一对应。

2. 试验步骤

(1)仪器调平时，将仪器置于路面测点上，并使摆的摆动方向与行车方向一致，转动底座上调平螺栓，使水准泡居中。

(2)对仪器调零。放松上、下两个紧固把手，转动升降把手，使摆升高并能自由摆动，然后旋紧紧固把手。将摆向右运动，按下安装于悬臂上的释放开关，使摆上的卡环进入开关槽。放开释放开关，摆即处于水平释放位置，并把指针抬至与摆杆平行处。按下释放开关，使摆向左带动指针摆动，当摆动达到最高位置后下落时，用左手将摆杆接住，此时指针应指零。若不指零，可稍旋紧或放松摆的调节螺母，重复本项操作，直至指针指零。调零允许误差为 ±1 BPN。

(3)对滑动长度进行校核。用扫帚扫净路面表面，并用橡胶刮板清除摆动范围内路面上的松散粒料。让摆门自由悬挂，提起摆头上的举升柄，将底座上垫块置于定位螺丝下面，使摆头上的滑溜块升高。放松紧固把手，转动立柱上升降把手，使摆缓缓下降。当滑溜块上的橡胶片刚刚接触路面时，即将紧固把手旋紧，使摆头固定。

提起举升柄，取下垫块，使摆向右运动。然后，手提举升柄，使摆慢慢向左运动，直至橡胶片的边缘刚刚接触路面。在橡胶片的外边摆动方向设置标准量尺，尺的一端正对该点。再用手提起举升柄，使滑溜块向上抬起，并使继续运动至左边，使橡胶片返回落下再一次接触路面，橡胶片两次同路面接触点距离应为(126 ± 1) mm(即滑动长度)。若滑动长度不符合标定，则升高或降低仪器底正面的调平螺丝来校正，但需调平水准泡，重复此项校核直至使滑动长度符合要求。而后，将摆和指针置于水平释放位置。

(4)用喷壶的水浇洒试测路面，并用橡胶刮板刮除表面泥浆。

(5)再次洒水，并按下释放开关，使摆在路面上滑过，指针即可指示出路面的摆值。第一次的测定，不做记录，当摆杆回落时，用左手接住摆，右手提起举升柄使滑溜块升高，将摆向右运动，并使摆杆指针重新置于水平释放位置。

(6)重复上一步的操作测定5次，并读记每次测定的摆值，即BPN。5次数值中最大值与最小值的差值不得大于3 BPN。如相差大于3 BPN，应检查产生的原因，并再次重复上述各项操作，至符合规定为止。取5次测定的平均值作为每个测点路面的抗滑值(即摆值 F_B)，取整数，以BPN表示。

(7)在测点位置上用路表温度计测记潮湿路面的温度，精确至1 ℃。

(8)按以上方法，同一处平行测定不少于3次，3个测点均位于轮迹带上，测点间距3 ~ 5 m。该处的测定值以中间测点的位置表示，每一处均取3次测定结果的平均值作为试验结果，精确至1 BPN。

(四)抗滑值的温度修正

当路面温度为 T(℃)时测得摆值为 F_{BT}，必须按下式换算成标准温度20 ℃的摆值 F_{B20}：

$$F_{B20} = F_{BT} + \Delta F \tag{12-16}$$

式中 F_{B20}——换算成标准温度20 ℃时的摆值，BPN；

F_{BT}——路面温度时测得的摆值，BPN；

T——测定的路表潮湿状态下的温度，℃；

ΔF——温度修正值，按表12-4采用。

表12-4 温度修正值

温度 T(℃)	0	5	10	15	20	25	30	35	40
温度修正值 ΔF	−6	−4	−3	−1	0	+2	+3	+5	+7

(五)报告

(1)测试日期、测点位置、天气情况、洒水后潮湿路面的温度，并描述路面类型、外观、结构类型等。

(2)列表逐点报告路面抗滑值的测定值 F_{BT}、经温度修正后的 F_{B20} 及3次测定的平均值。

(3)报告每一个评定路段路面抗滑值的平均值、标准差、变异系数。

第六节 路面结构层厚度的测定方法

一、概述

在路面设计中,不论是刚性路面,还是沥青路面,最终需要决定的是各个层次的厚度。

路面厚度测定常采用射线或超声检测技术,通常用反射法测定面层厚度,但是仅仅在水泥混凝土路面厚度中使用比较成功。对沥青路面尚在研制阶段,则难以保证测量精度。我国多采用钻取芯样或挖坑测定的方法量测沥青路面碾压的厚度,路面自动测厚仪也在研制开发。

在先进的厚度无损检测中,路面雷达测试系统能在高速行驶(100 Wh)状态下及时收集路面结构层资料,并通过计算机自动分析出路面各层厚度、湿度、空隙位置和内部破损情况,在路面检测中得到越来越广泛的应用。

公路路面工程的评价往往依据多项指标。很多发达国家都普遍装备了综合测试专用车,车上配有各种检测仪器以及数据处理等。只要到测试现场一次,就能测取各种所需的数据,方便且效率高。一台路面综合检测专用车需要人民币几百万元,如此昂贵的价格限制了它在我国的推广与应用。但由于它有许多优点,在一些检测中心配置还是可能的,以用来测定多项指标值,建立数据库,评价路面使用性能。

二、路面结构层厚度检测方法

(一)目的与适用范围

(1)路面厚度是指基层、面层材料压实成型后的厚度及路面总厚度,以 cm 计。

(2)本方法适用于路面各层施工完成后的厚度检验及工程竣工验收检查,基层或砂石路面的厚度可用挖坑法测定,沥青面层及水泥混凝土路面板的厚度宜用钻孔法测定。

(3)如无特殊规定,以 1 km 为一个检测路段,每一个检测路段内抽检的断面数以及整个已知路段抽检的检测路段数根据有关规范规定选用。

(二)仪器与材料

(1)挖坑用镐、铲、凿子、锤子、毛刷。

(2)取样用路面芯样钻机及钻头,冷却水,钻头直径 50 mm、100 mm 或 150 mm。

(3)量尺:钢卷尺、钢板尺、卡尺。

(4)补坑材料:与检查层位的材料相同。

(5)补坑用具:夯、热夯、水等。

(6)其他:搪瓷盘、棉纱等。

(三)方法与步骤

1. 用挖坑法测定厚度的步骤

(1)根据现行规范的要求:按随机取样决定挖坑检查的位置,如为旧路,该点有坑洞等显著缺陷或接缝时,可在其旁边检测。

(2)在选择试验地点,选一块约 40 cm × 40 cm 的平坦表面,用毛刷将其清扫干净。

(3)根据材料坚硬程度，选择适当的工具，开挖这一层材料，直到层位底面，在便于开挖的前提下，开挖面积应尽量缩小，坑洞大体呈圆形，边开挖边将材料铲出，置于搪瓷盘中。

(4)用毛刷将坑底清扫，确认为下一层的顶面。

(5)将钢板尺平放横跨于坑的两边，用另一把钢尺或卡尺等量具尽量在坑的中部位置垂直伸至坑底，测量坑底至钢板尺的距离，即为检查层的厚度，以 cm 计，精确到 0. 1 cm。

2. 用钻孔取样法测定厚度的步骤

(1)根据现行规范的要求，按随机取样决定钻孔检查的位置，如为旧路，该点有坑洞等显著缺陷或接缝时，可在其旁边检测。

(2)用路面钻孔机取芯样，芯样的直径通常为 ϕ100 mm，如芯样仅供测量厚度，不做其他试验，对沥青面层与水泥混凝土边可用直径 ϕ50 mm 的钻头，对基层材料如有可能损坏试件，也可用直径 ϕ150 mm 的钻头，钻孔深度均必须达到层厚。

(3)仔细取出芯样，清除底面灰土，找出与下层的分界面。

(4)用钢板尺或卡尺沿圆周对称的十字方向外置取表面至上下层的界面的高度，取其平均值，即为该层的厚度，精确到 0. 1 cm。

3. 在施工过程中的处理

在施工过程中，当沥青混合料还未冷却时，可根据需要随机选择测点，用大改锥挖掘沥青层(必要时用小锤轻轻敲打)，但不得扰动四周的沥青层。清扫坑边后架上钢板尺，用另一钢板尺量取层厚或用改锥插入坑内量取深度后用尺读数。即为层厚，精确至 0. 1 cm。

4. 用取样层的相同材料填补试坑或钻孔

(1)适当清理坑中残留物，钻孔时留下的积水应用棉纱吸干。

(2)对无机结合料稳定层及水泥混凝土路面板，应按相同配比用新拌的材料分层填补并用小锤压实。水泥混凝土中宜掺加少量快凝早强的外掺剂。

(3)对无机结合料基层，可用挖坑时取出的材料，适当加水拌和后分层填补，并用小锤压实。

(4)对正在施工的沥青路面，用相同级配的热拌沥青混合料分层填补并用加热的铁锤或热夯压实，旧路钻也可用乳化沥青混合料修补。

(5)所有坑补结束时，宜比原面层略鼓出少许，用重锤或压路机压实平整。

补坑工序如有疏忽、遗留或补得不好，易成为隐患而导致开裂，因此所有挖坑、钻孔均应仔细做好。

(四)计算

(1)按下式计算实测厚度 T_{li} 与设计厚度 T_{oi} 之差：

$$\Delta T_i = T_{li} - T_{oi} \tag{12-17}$$

式中 T_{li}——路面的实测厚度，cm；

T_{oi}——路面的设计厚度，cm；

ΔT_i——路面的实测厚度与设计厚度的差值，cm。

(2)计算一个评定路段检测的厚度的平均值、标准差、变异系数,并计算代表厚度。

(3)当检查路面总厚度时,则将各层平均厚度相加即为路面总厚度。

(五)报告

路面厚度检测报告应列表填写,并记录与设计厚度之差,不足设计厚度为负,反之为正。

本章小结

本章根据目前我国路基路面现场检测技术现状,主要介绍了路基、路面压实度的测定与评定方法;路面弯沉的测定与评定方法;平整度的测定与评定方法;路面抗滑性能的测定方法;路面结构层厚度的测定方法。

复习思考题

12-1　路基路面现场检测的目的及意义是什么?

12-2　路基工程、路面工程质量检验评定方法是什么?

12-3　论述路基压实度的评定方法。

12-4　测定路面平整度常用的方法有哪些?各方法适用场合是什么?

12-5　压实度评定要点是什么?

12-6　简述贝克曼梁测定路回弹弯沉的试验步骤。

12-7　路面抗滑性能的测定方法是什么?

12-8　某二级公路路基工程进行交工验收,已知:压实度规定值为93%,规定极值为88%,测得某段压实度数值为94.5%、95.5%、94.0%、93.5%、93.6%、92.5%、90.5%、94.5%、95.5%、95.5%,请对该段压实度检测结果进行评定。

参考文献

[1] 李维勋. 路基路面工程[M]. 北京:机械工业出版社,2005.
[2] 金仲秋,夏连学. 公路设计[M]. 北京:人民交通出版社,2002.
[3] 邓学钧. 路基路面工程[M]. 北京:人民交通出版社,2000.
[4] 万德臣. 路基路面工程[M]. 北京:高等教育出版社,2005.
[5] 宋金华. 高等级道路施工技术与管理[M]. 北京:中国建材工业出版社,2005.
[6] 王晓谋,袁怀宇. 高等级公路软土地基路堤设计与施工技术[M]. 北京:人民交通出版社,2001.
[7] 高速公路丛书编委会. 高速公路路基设计与施工[M]. 北京:人民交通出版社,1998.
[8] 孙家驷,李松青. 道路设计资料集 · 路基设计[M]. 北京:人民交通出版社,2001.
[9] 交通部公路司. 降低造价公路设计指南[M]. 北京:人民交通出版社, 2005.
[10] 栗振锋,李素梅,文德云. 路基路面工程[M]. 北京:人民交通出版社,2005.
[11] 张起森. 高等路面结构设计理论与方法[M]. 北京:人民交通出版社,2005.
[12] 尤晓伟. 现代道路路基路面工程[M]. 北京:北京大学出版社,2004.
[13] 孙德栋,彭波. 沥青路面设计与施工技术[M]. 郑州:黄河水利出版社,2003.
[14] 黄晓明,朱湘. 沥青路面设计[M]. 北京:人民交通出版社,2002.
[15] 宋金华,张彩利,张雪华. 路基路面工程[M]. 北京:人民交通出版社,2006.
[16] 夏连学,赵卫平. 路基路面工程[M]. 北京:人民交通出版社,2005.
[17] 梁富权,刘毓栋. 路基路面工程[M]. 北京:人民交通出版社,1994.
[18] 胡长顺,黄辉华. 高等级公路路基路面施工技术[M]. 北京:人民交通出版社,1994.
[19] 资建民. 路基路面工程[M]. 广州:华南理工大学出版社,2002.
[20] 万德臣. 路基路面工程[M]. 北京:高等教育出版社,2005.
[21] 杨晓丰,李云峰. 路基路面检测技术[M]. 北京:人民交通出版社,2004.
[22] 张超,郑南翔,王建设. 路基路面试验检测技术[M]. 北京:人民交通出版社,2004.
[23] 钟阳. 路基路面工程[M]. 北京:科学出版社,2005.
[24] 中华人民共和国行业标准. 公路路面基层施工技术规范(JTJ034—2000)[S]. 北京:人民交通出版社,2000.
[25] 中华人民共和国行业标准. 公路沥青路面设计规范(JTG D50—2006)[S]. 北京:人民交通出版社,2007.
[26] 中华人民共和国行业标准. 公路土工合成材料应用技术规范(JTJ/T019—98)[S]. 北京:人民交通出版社,1999.
[27] 中华人民共和国行业标准. 公路水泥混凝土路面设计规范(JTG D40—2002)[S]. 北京:人民交通出版社,2003.
[28] 中华人民共和国行业标准. 公路沥青路面施工技术规范(JTG F40—2004)[S]. 北京:人民交通出版社,2005.
[29] 中华人民共和国行业标准. 公路水泥混凝土路面施工技术规范(JTG F30—2003)[S]. 北京:人民交通出版社,2003.
[30] 中华人民共和国行业标准. 公路排水设计规范(JTJ018—97)[S]. 北京:人民交通出版社,1998.
[31] 中华人民共和国行业标准. 公路工程技术标准(JTG B01—2003)[S]. 北京:人民交通出版社,2004.
[32] 中华人民共和国行业标准. 公路工程质量检验评定标准(JTG F80/1—2004)[S]. 北京:人民交通出

版社,2005.
[33] 中华人民共和国行业标准. 公路路基路面现场测试规程(JTJ059—95)[S]. 北京:人民交通出版社,1995.
[34] 中华人民共和国行业标准. 公路路基设计规范(JTG D30—2004)[S]. 北京:人民交通出版社,2004.
[35] 中华人民共和国行业标准. 公路路基施工技术规范(JTJ033—95)[S]. 北京:人民交通出版社,1995.
[36] 中华人民共和国行业标准. 公路土工试验规程(JTG E40—2007)[S]. 北京:人民交通出版社,2007.
[37] 中华人民共和国行业标准. 高速公路交通安全设施设计及施工技术规范(JTJ074—94)[S]. 北京:人民交通出版社,1994.